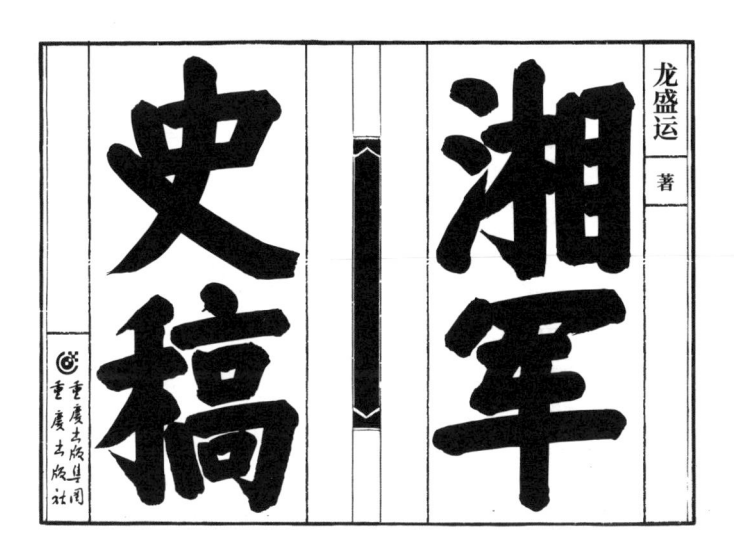

湘军史稿

龙盛运 著

重庆出版集团
重庆出版社

图书在版编目（CIP）数据

湘军史稿 / 龙盛运著. —重庆：重庆出版社，2024.8
ISBN 978-7-229-18625-8

Ⅰ.①湘… Ⅱ.①龙… Ⅲ.①湘军－史料－1852-1878 Ⅳ.①E295.2

中国国家版本馆CIP数据核字（2024）第084316号

湘军史稿
XIANGJUN SHIGAO
龙盛运 著

出　　品：华章同人
出版监制：徐宪江　连　果
责任编辑：何彦彦
责任校对：陈　丽
营销编辑：史青苗　刘晓艳
责任印制：梁善池
书籍设计：潘振宇 774038217@qq.com

重庆出版社 出版
（重庆市南岸区南滨路162号1幢）
北京华联印刷有限公司　印刷
重庆出版社有限公司　发行
邮购电话：010-85869375

全国新华书店经销
开本：889mm×1194mm　1/32　印张：17.75　字数：367千
2024年8月第1版　2025年8月第2次印刷
定价：88.00元

如有印装问题，请致电023-68706683
版权所有　侵权必究

白下段鏡江敬繪

曾文正公遺像

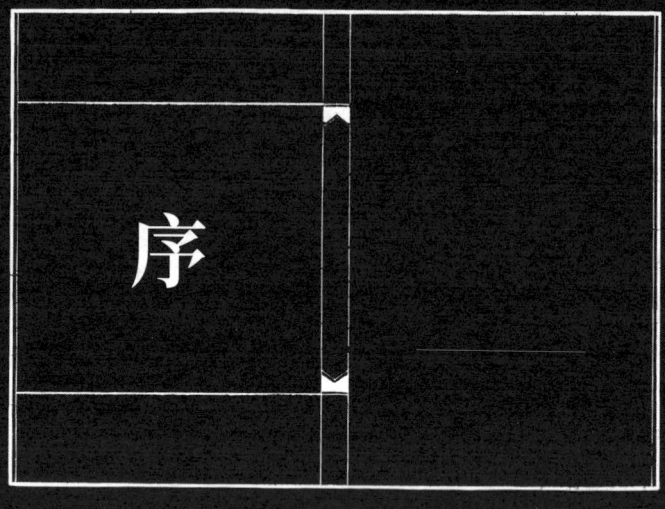

多年前龙盛运同志同我说，他要研究湘军史。龙盛运，湖南人，熟悉湖南的风土人情、历史掌故，又是从学校起就饱受马克思主义教育的年轻一代的史学工作者，正适宜于研究这一专题，所以我十分赞成，怂恿他立即着手进行。

以前是有人撰著过湘军史的。曾入曾国藩幕府，熟悉湘军事迹的王闿运著有《湘军志》，王定安著有《湘军记》。我于1938年1月，即抗日战争初期，在前中央研究院社会研究所迁往广西阳朔时，也花了半年时间，根据极贫乏的资料写过一本《湘军新志》。到20世纪50年代，只以检查资产阶级客观主义为目的对旧作进行过修改，改称《湘军兵志》，以与所撰《绿营兵志》《晚清兵志》一律，表明范围只限于兵制方面，不曾再搜集资料加以补充。

经过广泛搜集资料，龙盛运对湘军的历史进行了艰苦钻研，潜心探索。他很谦虚，称为《湘军史稿》。他这部《湘军史稿》，与旧作都不同，是从政治史的角度论述湘军的建立、发展和裁撤的。全书分十章，约三十五万字，上自咸丰二年（1852），下迄光绪四年（1878）。他把湘军产生于湖南的社会背景，湘军发展的内在原因、外部影响，湘军的各项制度，两湖后方基地，军饷状况，与满族贵族的关系，将帅与幕僚，战略战术等方面，都一一发掘出来，进行了广博深入的钻研，并用四分之一的篇幅论述了湘军与农民军作战的过程，其内容涵盖了写战史的王闿运的《湘军志》、王定安的《湘军记》和我述兵制的《湘军兵志》，而以政治史的崭新姿态全面而完整地把湘军全史再现了出来。

我以无限喜悦的心情阅读龙盛运这部即将付印的专著。读后，欣然领会了下面这五点。

第一，说明了湘军在湖南产生的原因。我在写《湘军新志》时也首先想到这个问题，由于当时无书可考，只在"领袖与将士及他们的故乡"一章中，用一节的简短篇幅，对此做了一些粗枝大叶的概述。龙盛运却根据丰富的资料，从清代湖南的社会、经济、文化等方面，以及阶级斗争的特点，探求出湘军在湖南产生的原因，他指出：湘西和湘南是多民族杂居地区，既存在尖锐的阶级矛盾，又存在较深的民族隔阂，苗、瑶等族甚至还经常发动武装反抗。这就使湘西和湘南的汉族地主养成了尚武斗狠，注意观察地方情况的传统。这是一方面。另一方面是：湖南士人有固守程朱理学，反对汉学，又热心经世致用之学的传统。

具有这两方面传统的湖南地主阶级，在鸦片战争后，全国形势剧变的情况下，表现得与其他省份的地主阶级不同。龙盛运指出：

鸦片战争后，清王朝的统治危机已有明显暴露，全国有识之士有所觉察，并发出了警告，但像湖南士人这样有紧迫感的，却不多见。有长期阶级斗争，甚至是武装斗争经验的湖南地主，自然不会因此而束手待毙。他们在窥察形势的同时，积极研究经世致用之学和军事学。……又大力提倡忠节，……教育鼓舞地主士人忠于清王朝，勇于维护地主阶级的利益，与农民革命对抗到底！

他接着指出金田起义后的情况：

> 道光三十年(1850)至咸丰二年(1852)阶级斗争的历程证明，以咸丰帝为代表的大贵族、大官僚、大地主虽然极力振作，千方百计要把革命镇压下去，但他们昏庸腐朽，没有也不可能医治清政权两百年来所形成的痼疾，他们只能损兵折将，迭失名城重镇，任凭鱼烂瓦解。与之相反，湖南地主阶级，却在暴风雨中，发扬其好武斗狠的特点，恪守程朱理学、究心经世之学的传统，在镇压本省群众斗争和抗拒太平军的战斗中凶悍狡诈，从而成功地维护了本省的封建统治。

就在这种形势下，湖南地主阶级涌现出了曾国藩这个为众所推戴的人物：

> 此前曾国藩虽因为先在北京，后又在家守制，未能在反革命战争实践中有所表现，但他在

奏折中所表现出的学识、敢于犯颜上言的精神，获得了省内士人的推崇，从而进一步提高了他的威望。正因为如此，不仅湘乡士绅不断请他指导本县办团事务，巡抚张亮基、幕友左宗棠也急切希望他能出来主持本省团练；郭嵩焘更是驰驱数百里，日夜兼程赶至曾国藩家，"以力保桑梓"为言，敦促他应诏出任本省的团练大臣。一时之间，曾国藩成了湖南地主阶级的救世主。

龙盛运把湘军为什么会在湖南产生，为什么会拥戴曾国藩这个人物，层次分明地告诉了我们。

第二，说明了湘军的特点及其影响。龙盛运从湘军各项制度、战略战术等方面探求湘军的特点及其影响。他在"筹建湘军"的结论中指出：

"改弦更张"与"赤地新立"，使湘军在制度上、人事上与经制兵八旗、绿营完全分离，自成系统。而在选将募勇方面则坚持同省同县的地域标准，鼓励兄弟、亲朋、师生一同入伍，甚至同在一营；强调对弁勇施以家人父兄式的教育，以同乡和伦常的封建情谊联结全军上下左右的关系。自筹军饷又是建立足以自存、获得持续发展的经济基础。实行帅任将、将择弁、弁招勇的层层递选制，更把官位与厚禄化作各级头目的个人恩德,使其所属弁勇感恩图报,对之忠心耿耿。曾国藩作为湘军的创建者和统帅,不仅控制着全军的各个部门和环节,也是上述种种关系和情感的体现者和凝聚点。这样,他就很自然成为全军将弁勇夫感恩图报、力图效忠的对象。……这样的湘军,不言而喻,必然疏远清廷、亲附将帅,成为曾国藩等私人或集团的军队,从而改变了封建统治阶级内部力量的结构。这种军队管理方式固然为曾国藩、左宗棠等结为一个军事政治集团奠定了基础,建立了实力后盾,但也使其他地主官僚,特别是满族贵族侧目而视。

湘军采取了一系列不同于绿营的制度,这不仅引发了清朝兵制上的变革,也引发了政治上的变动,龙盛运这个结论概要地指了出来。

第三,说明了湘军发展的内在原因。龙盛运从湘军各大头目、后方基地、多元领导、政策措施及与中小地主的关系等方面,探求湘军发展的内在原因。他做出结论说:

骆秉章、左宗棠等,在军事、吏治、财政三个方面采取上述一系列措施,既有重大的现实作用,又有深远的历史影响。由于击退了入境的太平军、天地会军和贵州起义军,镇压了省内群众起义,增加了财政收入,强化了封建统治,密切了地主阶级的内部关系，湖南就成为湘军既稳定又能提供大量人力物力的后方基地。

又说：

> 各项要政已经奏准形成制度，或准制度。更为重要的是，把持厘金、团练、湘军，乃至干预地方政务已达数年之久的士绅，在省内已形成一股巨大的力量。同时，随着湘军在省外战功日高，力量日强，湖南士绅在全国的政治地位和权势也日高日大，胡林翼、左宗棠，特别是曾国藩，往往一言可以进退督抚。在这种情况下，任何人为湖南巡抚，都不敢轻易改变行之已久的各项政策和措施，都不能不内依地主士绅，外结湘军各大头目以自固。

湘军之所以得到发展，乃是因为有稳固的湖南基地。而之所以能取得这个稳固的基地，则是因为湖南士绅具有巨大的力量。湘军发展的内在原因就在于此。

第四，说明了湘军发展的外部因素。龙盛运探索了满汉统治阶级之间既矛盾又联合的传统对于湘军发展的影响。他指出，湘军与满族贵族的关系有过两次调整。第一次是咸丰五年(1855)至七年(1857)间的初步调整，即湘军大头目湖北巡抚胡林翼与满族贵族湖广总督官文之间的调整妥协。

在咸丰五年(1855)至七年(1857),胡林翼逐渐摆正了自己和官文的位置,摸准了官文的特点,采取了明智的态度和对策,做到既接受满族贵族的监督,又不束缚自己的手脚,从而出色地完成了初步调整与满族贵族关系的任务。这是湘军集团与满族贵族关系的一个历史性突破,也是胡林翼对本集团的一个重大贡献。这不仅为咸丰七年(1857)至十年(1860)湘军经营湖北后方基地,夺取九江,威逼安庆奠定了政治基础,也为从咸丰十年(1860)开始的大调整、全国范围内的合作,树立了先声,提供了经验,打下了思想基础。

第二次是咸丰十年(1860)春江南大营崩溃后,苏、常被占领,面对危急形势,咸丰帝不得不全面调整朝廷与湘军集团的关系,采取新方针。四月,任命多年不授予督抚重任的曾国藩署两江总督;六月,实授,并任其为钦差大臣。咸丰帝病死后,深知只能靠湘军抵抗太平天国的顾命大臣肃顺,遂于两个半月之内,任命了四位湘军大员为督抚。龙盛运指出:

> 曾国藩为湘军创建者,也是咸丰帝最戒备的人。他能否出任督抚,兼掌军、政两权,就成了湘

军集团与满族贵族的关系能否进入新阶段的关键。肃顺乘时进言破关,其他人就不难继曾国藩而出任督抚。这就是说,满族贵族终于抛弃旧的方针,而采用新的方针,即由使用、限制,改为全面依靠。……咸丰朝共设八个总督(漕督、河督不计)、十五个巡抚的实缺,而咸丰十一年(1861)九月,湘军集团竟占去总督缺两个、巡抚缺七个,分别占四分之一、近二分之一,比例之高令人吃惊,更何况还有两个钦差大臣。同时,这些人大都是破格提拔……

在满汉统治阶级之间长期存在矛盾的情况下,如果不经过这两次调整,湘军不可能发挥它的反革命能量。正是由于调整了湘军与满族贵族的关系,满汉统治阶级联手合作,才取得了对太平天国战争的胜利。

第五,分析和总结了战争的过程。龙盛运对各大战役都进行了分析和总结,如九江湖口之役以及武昌、安庆的围攻战,他对双方的部署、调遣及作战经过,都加以详细地分析与总结,层层论述,就好似双方的参谋部都在他的掌中一般。王闿运称其《湘军志》足以与《三国志》《后汉书》相衡。即使如此,也只是旧史家的写法,与龙盛运掌握马克思主义的分析总结的科学方法而写的湘军战史是不可同日而语的。

我读了龙盛运这部专著得来的体会如上所述。这些体会，只是我个人的，难免所见不全，体会得浅薄。

但是，就从这些来看，我已体会到这是一部政治的、军事的、社会的、经济的、文化的等多方面的湘军全史。这样一部湘军全史是前所未有的。而这样经多方面探索钻研写成的某一时期、某一军事集团的全史，好像我国出版界也还不曾有过。

前几日，看到《人民日报》刊发了中国史学会秘书长李侃同志在"民国档案与民国史"学术讨论会上的发言《历史学要走出"史学界"》[1]。他主张要写"有骨骼和血肉、有生命和灵魂的历史，把本来就是多样复杂的历史，更全面更完整更丰满地再现出来"。我认为龙盛运这部《湘军史稿》，正与李侃同志的号召相符合。他日出版，一定是一部为广大读者所欢迎的要走出"史学界"的历史学好书。

1987年12月4日
罗尔纲谨序于北京

---

[1] 《人民日报》，1987年11月30日。

目录

第一章 /020 清朝的中衰和湖南的崛起

第一节 /021 清朝的勃兴和中衰

第二节 /035 湖南的崛起

第三节 /046 湖南地主阶级的动向

第二章 /062 筹建湘军

第一节 /063 初露锋芒的湖南地主阶级

第二节 /076 曾国藩编练湘军和稳定湖南的努力

第三节 /087 湘军的建立

第四节 /108 骨干人员的集结

第三章 /128 初期的战争和后方基地的经营（上）

第一节 /129 湖南的拉锯战

第二节 /138 武汉、九江的争夺

第三节 /147 湖南后方基地的经营

第四章 /174 初期的战争和后方基地的经营（下）

第一节 /175 湖北、江西的鏖战

第二节 /190 与满族贵族关系的初步调整

第三节 /203 湖北后方基地的经营

第五章 /224 江西、安徽、湖南等省的战争经验教训总结

第一节 /225 江西的胜利与皖北的挫折

第二节 /235 经验教训的总结

第三节 /247 湖南基地的再巩固

第六章 /260 与满族贵族关系的大调整 广西及长江中、下游的战争

第一节 /261 与满族贵族关系的大调整

第二节 /270 安庆的攻占

第三节 /285 广西、贵州、四川的战争

第七章 /306 鼎盛时期的诸方面

第一节 /307 军政实力的急剧膨胀

第二节 /318 李鸿章、左宗棠东援军的建立

第三节 /336 营制和兵种的演变

第四节 /352 军饷的剧增与饷源的开辟

第五节 /371 洋务活动的发轫

第六节 /383 军政骨干的网罗

第八章 /418 江浙的战争 胜利后的困境

第一节 /419 苏南、浙江的争夺

第二节 /429 天京的攻占

第三节 /441 胜利后的困境

第九章 /458 晚期的战争 权力再分配格局的形成

第一节 /459 『剿』捻的波折

第二节 /472 边远地区的战争

第三节 /489 权力再分配格局的形成

第十章 /506 余论

征引书目（报刊附后）/538

后记 /548

敬悼罗尔纲师

家世简述 /554

第一章 清朝的中衰和湖南的崛起

第一节　清朝的勃兴和中衰

和历代各王朝一样，清朝也经历了由盛转衰，终至覆灭的过程，但其以满族贵族为主体，并遭到西方资本主义国家入侵的特点，又使这个过程显得特别复杂。满族贵族入主中原后，为巩固统治，维护其主导地位，在镇压明末农民起义和南明势力的同时，一面为因农民起义军逼迫而自杀的崇祯帝发丧，一面借鉴各王朝，特别是明代的经验教训，采取相应的措施，以争取汉族地主阶级的拥护。

在意识形态方面，推崇儒学，特别是其中的程朱理学，将原已进入孔庙两庑的朱熹牌位，抬入大成殿内，置于"十哲"之后。又在科举考试中，强调"朱注"的权威地位。这是在向汉族地主证明，清王朝是封建道统的继承者和捍卫者，是像明朝那样维护地主阶级利益的正统王朝。为了笼络更多的士人，特别是那些有地位有声望的士人，在一般科举考试之外，又开设博学宏词科，并编修《康熙字典》《古今图书集成》和《四库全书》。其中，后者尤为宏大，聚集士人三百余，历时十年始告完成，总之，满族贵族千方百计吸引汉族地主，力图消除他们对异族入主中原的抵触情绪。

在政府体制方面，清朝仿照明制，在中央设内阁，由大学士主持，协助皇帝处理政务；下设主管各个方面行政事务的吏、户、礼、兵、工、刑六部，由各部尚书、侍郎主持。在地方上，省由总督、巡抚主持，藩、臬两司则分管行政、司法等事。府、县分别由知府、知县主持；巡、道则作为派出大员，巡察地方，督率府县。雍正时设军机处，内阁形同虚设。大学士之权由军机大臣取代，大学士成为一种荣誉职衔。上述中央各官，名义上是满汉各半，地方官则满汉杂用。

这一切极大鼓舞了汉族地主阶级，为满汉地主阶级专政奠定了政治基础。但满族贵族没有放弃种族成见，也不愿让出其主导地位。大学士或军机大臣，名义上满汉各半，实权则操于旗员之手，汉员不过备位而已。康熙帝就承认："今满大学士凡有所言，汉大学士惟唯唯诺诺，并不辩论是非。"[1]各部满汉尚书、侍郎的地位也同样如此。"凡指麾一切者，谓之当家，部事向皆满尚书当家，汉尚书伴食而已。"[2]至于军权，常备军有两种：八旗和绿营。八旗，从士兵到弁将全为旗籍，约为二十万人，除拱卫京城外，剩余部分要分驻全国要地，如荆州、江宁、福州、广州和成都等地，由将军、都统等官统领，不受督抚节制，只听命于皇帝。绿营，约六十万人，散扎全国各地，士兵全为汉人，各级军官则满汉杂用，但主要的领兵大员多是甚至全是旗员。派遣大兵出征，领兵大帅也几乎全部是满族贵族。

为了让更多旗人(有满、汉、蒙三种八旗，但以满八旗为主体)进入政府，掌握实权，为了把旗人培植为最亲信的力量，满族贵族还实行民族隔离政策，不许满汉通婚，不许旗人经营工商业，不许旗人擅自迁离其原驻地。同时，又给予旗人种种特权和优待，如规定旗人生活所需全部由国家供给，旗人犯法科罪，也轻于汉人，"有犯徒、流等罪，直以枷号代刑"[3]。徒、流为重刑，枷号之刑则极轻，重罪轻罚十分明显。而旗人进入官场的途径也多于汉人，升擢也快于汉人，如"笔帖式为满洲进身之一途"，不少旗员往往以此微官，不十年就升至巡抚等大官。甚至为父母守丧的"丁忧"期限也不一致，旗员只要三个月，而汉员则长达三年。在这种政策下，旗人特别是满族贵族自以为高人一等，一般旗丁也往往无端凌辱平民，借端敲诈勒索，以致纠纷不断，甚至引发群众性冲突。同时，旗员对同级，甚至上级汉员，也往往加以非礼，造成事端。如明末为庶吉士，入清后官至总督的张元锡，因被旗员"麻勒吉责其失仪，加以呵辱，元锡归引佩刀自刺，以家人救未绝"，清廷初议将麻勒吉革职，但旋即改为"降级留任"，张元锡不久又再次自杀，终于一命呜呼。[4]

满族贵族经过种种努力，虽然团结了大多数汉族地主，但仍有一部分汉族地主既未能消除宿怨，又不满于以上种种歧视。他们之中有的发起了敌对性的活动。如雍正时，湖南士人曾静就图谋运动川陕总督岳钟琪（汉军旗）起兵反清。更多的汉族地主则经常流露出不满情绪。如乾隆时给事中杨二酉上奏说"满洲用为外任，恐伊等于子民之道多未讲习"，不宜外任府县官。乾隆帝立即大加申斥，并说杨二酉有"满汉之见"[5]。第二年，杭世骏又不顾这一教训，上奏说："畛域不可太分，满洲才贤虽多，较之汉人仅十之三四，天下巡抚尚满汉参半，总督则汉人无一焉。何内满而外汉也。"[6] 愤愤不平之情是十分明显的。至于私下不满发牢骚者、消极抗拒者就更多了。

满族贵族对这部分人，除用革职（杭世骏）和申斥来压制外，主要是大兴文字狱，用严刑来打击这类嫌犯，制造恐怖气氛，使人不敢妄想，更不敢妄动。见于记载的文字狱就有七八十起，有的案件竟株连数百人之多，犯者家人族人、亲友师生皆不能幸免。

经过这样又拉又打，满族贵族终于巩固了以自己为主体的满汉地主联合政权，并且使这个政权取得了一系列成就。

在政治军事上，清廷对外击退了沙俄的入侵，对内平定了汉族地主的三藩之乱、蒙古贵族的准噶尔叛乱、藏族土司的大小金川叛乱，并对西藏的政治宗教进行改革，在滇、黔、川、桂、湘的少数民族地区进行改土归流，等等，从而建立了各民族关系空前密切、领土辽阔的封建大帝国。

在经济上，由于实行"更名田"，实际上承认了农民于明末农民起义中夺取的明藩王的土地和其他无主土地的所有权；推行将丁银摊入田粮内的地丁税，使农民的负担有所减轻，人身依附关系有所削弱，等等，从而使农民的生产积极性有所提高，再加上稳定的政治环境，社会生产有了很大的发展。如顺治十八年(1661)，全国田亩总数是五百四十九万余顷，至乾隆三十一年(1766)，仅一百余年，就扩大到七百八十万余顷，增加了百分之四十二。[7]手工业也同样得到了发展，不仅有上百人、数百人的工场，甚至出现两三千人的工场。农业、手工业的发展，促进了商业的繁荣。这时不仅有二三十万人口的城市，甚至有八九十万人口的城市！在这种经济繁荣的情况下，国家财政收入大增，收支相抵，多有结余，乾隆四十六年(1781)竟积累结余至七千余万两，而当时每年财政收入只有四千余万两。正因为国库这样富裕,乾隆朝才普免了三次地丁钱粮、两次漕粮。[8]

政局的稳定、经济的繁荣,促进了科学文化的发展。在科学技术方面,天文、历法、数学、农学、土木建筑、火器制造等,都有显著的进步,出现了梅文鼎(汉族)、明安图(蒙古族)等著名科学家。在传统的经学方面,汉学成就辉煌,在治学方法上完全摆脱了老一套,更为重要的是,汉学在理论上对理学进行了有力的批判,尖锐地指出,"酷吏以法杀人,后儒以理杀人",并出现了戴震、惠栋、钱大昕等一大批声誉卓著、影响深远的汉学家。文学方面,长短篇小说取得了很大进展。

总之,至乾隆朝,政治、经济、文化等方面都达到了鼎盛,呈现出全面繁荣的景象。但这种斑斓夺目的光彩掩盖不了满汉统治者日趋腐朽的事实,更阻止不了这种趋势。

体现以满族贵族为主体、满汉地主阶级联合专政的各种制度,虽然起了积极作用,但也使旗人,特别是满族贵族,居于特殊地位。他们不仅不耕而食,不织而衣,也不必如一般地主那样经营产业,甚至不必如一般士子那样勤学苦读,就可高官厚禄,过上优裕的生活。久而久之,旗人在下者游惰成性,萎靡不振;在上者既缺乏书本知识,又不知民情世事。至于汉族地主官员,虽然熟知历代统治经验,深谙民情世事,但他们一般不敢,也不愿越出从属地位而有所作为,有的官员甚至希宠固位,工于逢迎。满汉贵族生活上追求刻意奢华,对财富则贪得无厌。他们为了一碗猪肉竟要杀死五十头猪,一碟豆腐竟费至数百金，一次宴会竟历时三天三夜。乾隆后期的权相和珅，当政二十年，竟拥有财产八亿两之多，相当于当时国库年收入的二十倍。

与此同时，财政危机也相继出现。嘉庆时，由于镇压白莲教起义，军费支出太多，不仅结余用尽，还要广事搜刮，以后便"实有入不敷出之势"。道光时，鸦片战争的军费和赔款的巨额支出，致使财政状况更为恶化。另外，仕途壅塞，人满为患，由于通过考试或大挑等途径进入官场者日多，一旦入选，除了死亡和犯罪，均是终身任职，而各种官位皆有定额，这样就形成僧多粥少的局面，官场越来越壅塞。道光时，就有人指出，"今之词臣多至一二百"，"部属多至不可胜纪，到部三年乃得奏留，又迟至十余年乃得补一缺"。[9]地方政府的这种状况就更为严重。

以上种种，必然导致贪污成风，军政败坏。这在乾隆后期就已明显地暴露出来。

大贵族大官僚们越来越昏庸，他们"恶肩荷，恶更张，恶综核名实"，而以"推诿为明哲，以因袭为老成，以奉行虚文故事为得体"，[10]即遇事不负责，因循敷衍，反对任何改革。著名大官僚曹振镛历任乾、嘉、道三朝，恩眷不衰，人们向他请教做官要诀，他说："多磕头，少说话耳！"鸦片战争时，道光帝惶急无策，"屡问穆（彰阿）、潘（世恩）御侮之法。穆但曰：'着着着，主子洪福。'潘但曰：'虽虽虽，皇上天恩。'"[11]。此事正是这种大官僚习气的生动写照。清廷中央大吏如此，地方各级官吏更有过之而无不及。更严重的是，由于仕途壅塞，上官为了调剂众多的候补官，为了收受更多贿赂，就频繁调换府县官，许多是一年一换，有的甚至半年一换。这就使官吏不愿也不能有所作为，大案要案匿不上闻，"遇有命盗案件，明知署任不久，托言要证不到，沉搁不办。其行凶扰害者，前官出示访拿，藏匿一年，即可复出。作奸犯科者，前官不能钻营，等至后官，即可谋干"[12]。这就是说，直接统治人民的基层官府已经陷入疲软，甚至瘫痪的状态，以致封建统治效率日益降低。

与政府腐败同步，八旗绿营的战斗力也日弱。早在康熙年间(1662—1722)，八旗兵的战斗力就已经大不如前，至嘉庆初年白莲教大起义时，更是毫无战斗力。当时的统兵大员，满族贵族勒保就说："健锐、火器两营京兵，不习劳苦，不受约束，征剿多不得力，距达州七十里之地，行二日方至。"他要求将其"全撤回京，无庸续调"，以免"为绿营轻视"。其实，绿营虽较旗兵为优，但也常常"畏贼远避，民间有贼至兵无影，兵来贼没踪，可怜兵与贼，何日得相逢之谣"[13]。嘉庆帝承认，"军营积弊，已非一日"[14]。道光朝八旗、绿营的腐败状况有增无减，除原有积弊外，还添加了鸦片烟的毒害。

与封建统治效率日益低下、军队战斗力日弱形成明显对比的是，贪赃枉法之风却日炽。乾隆后期，贪污大案猛增，贪官日多，如陕甘总督勒尔谨、山东巡抚国泰、云贵总督恒文、云南布政使钱度、浙江巡抚福崧等。其中，甘肃一案犯罪官员多达二百余人，总督以下数十人被处死。严刑并没有止住贪污之风，嘉庆中期直隶藩台衙门司书王丽南与州县官勾结，十一年之内侵吞三十余万两。这是大案，至于一般贪污，据洪亮吉言，"三十年以前，守令之拙者，满任而归，或罢任而反，其赢余虽不多，恒足以温饱数世；今则不然，连十舸，盈百车，所得未尝不十倍于前也"[15]。可见乾、嘉两朝知县普遍贪污，并且越来越严重。道光朝三十年(1821—1850)，各方面的陋习变本加厉，但对贪污的打击却远逊于乾隆时，大案再也揭露不出来了。

这种情况必然给农民，甚至部分中小地主带来祸害和痛苦。为捞取更多的钱财，官吏首先利用，甚至制造民事、刑事和政治性案件，大肆勒索。如广东，"省垣两县案件繁多，胥吏择肥任意牵累，羁押班馆人常数千，瘐毙者日有数辈"[16]。湖南邵阳县班馆(班房)分三等，被拘押者依次入外班房、自新房、中公所，每次必行贿，否则加以刑罚，至中公所方能吃饭睡觉。福建差役"终年在通衢要路，截拏乡民，以欠粮为词，押入馆中"[17]。其次，利用徭役勒索。名义上各项徭役由官发帑雇用，实际上，"有司或阴以应领之帑贿上官，而自敛于民，数且倍蓰"[18]。有的故意多派，以便取利。如直隶，"车马骡驴，尽数查拏，其实官所取用，十无一二，余者均须贿免"[19]。最后，利用赋税渔利，其中影响最大的是地丁和漕粮。

漕粮要经地方官征收，漕运总督等官督运，仓场侍郎等官验收，各个环节都有一大批官吏。如漕运除各帮领运千总二员，各省督粮和总运官外，沿路又有"漕委、督委、抚委、河委"之催运官，"自瓜洲以抵淀津，不下数百员"[20]。此外，漕督还要在淮安盘粮，沿河还有不少闸官。而各省不但督、抚、司、道、府、县要钱，把持地方的士绅也要分肥。如江苏镇洋，就有百数十人，每年勒索银三四千两。这样层层勒索，必然导致横征暴敛，税额往往三四倍甚至七八倍于正额，粮户负担十分沉重。粮户又有"大小户之名，一以贵贱强弱定钱粮收数之多寡，不惟绅与民不一律，即绅与绅亦不一律，民与民亦不一律"，最有力之士绅，竟然全免，谓之"全荒之户"。[21]这样就使一般中小地主，特别是自耕农成为横征暴敛的对象，甚至不少无地农民也不能幸免。地丁的征收也大致如此，不过环节较少，经手的官吏较少，横征暴敛稍轻而已。

与军政败坏、贪赃枉法愈演愈烈同步的是土地日益集中，地主对农民的剥削也越来越厉害。

明末农民战争后，土地高度集中的现象有了较大缓解。但是，随着经济的恢复和发展，土地兼并的浪潮又起，并且日益严重。这首先表现在皇帝、贵族、大官僚占据了大量土地。如和珅就占有田地八千余顷，其家奴刘某、马某也各有六百余顷。各省大都有入官田地，仅直隶一省就有三千二百多顷，其中原归英和（嘉庆朝军机大臣、道光朝户部尚书），后被没入官的就有一百五十多顷。不少省还有屯田，如广东沿海屯田就达一千九百顷。据统计，这类由皇帝直接、间接掌握的官田、屯田和庄田，总数多至八千三百余万亩，占全国耕地面积的百分之十一[22]。此外，一般大地主、大商人所占土地之多，亦令人震惊。如合川县的潘一龠在嘉庆、道光年间，"以数千金起家，可四十年，拥赀数十万，买田百余顷"[23]。许多地主还趁大灾之年，压价收买田地。如道光某年湖北大水，"堤溃，民庐舍悉荡然，又重以瘟疫，死亡相枕"，田价因之大落，"索故值之半无售者"。[24]正如有的官僚指出："饥年田亩必贱，民以田易命，安问贵贱；而有力殷户往往以此大富。"[25]大地主之外，还有许多中小地主，他们个人所占的土地虽不多，但总额也极为惊人。

这样的土地兼并浪潮，后果是严重的，地主阶级中的有识之士觉察到了这一点，并提出均田限田等主张，但未被采纳。如顾琮曾"奏请举行限田之法，每户以三十顷为限"，遭到大学士张廷玉、大贵族纳亲等人的反对，乾隆帝也认为"此事断不可行"。[26]如此一来，土地兼并就愈演愈烈，无土地的人也越来越多。早在乾隆十三年(1748)，湖南巡抚杨锡绂就说："近日田之归于富户者，大约十之五六。旧时有田之人，今俱为佃耕之户。"[27]这一年至道光三十年(1850)，仅百余年，土地集中增至百分之七八十，当不是过高的估计。

地主兼并土地是为了剥削农民。这种剥削花样繁多，最主要、最普遍的是实物地租。北方各省大都秋收时主佃临场均分，南方多行定额租制，少者占产量十分之五，多的至十分之七八。此外，还要向地主缴纳鸡、鸭、猪及柴草等物。南方各省的佃农，许多还要交押租银，每亩纳银或数钱，或二三两，甚至十两。其中数额多的，在退佃时虽然如数退还，但佃户却损失了利息钱。同时，劳役地租的残余也普遍存在，如逢地主建房、婚丧，乃至外出等事，佃户必须无偿出工服役。这样沉重的基于封建地主土地所有制的剥削，必然迫使农民饮鸩止渴，求助于高利贷。借贷法定利率为三分，实际上多为五分,加倍者也不少,有的甚至本生利,利转本,一年四转,年终竟加至数倍。[28]最后迫使农民卖妻鬻子。一遇水旱天灾,农民更是背井离乡,大批死亡。如道光十一年(1831),"湖南北饥,其冬疫起",次年又"春饥益甚,疫乃大作,人死者盖三之一焉"。[29]

总之,和历代封建王朝一样,至乾隆后期,清王朝日趋腐败,土地集中日趋严重,从而导致阶级矛盾日益尖锐,各种形式的反抗有增无减。但多民族大帝国的特点,又使这种矛盾和反抗往往披上了民族斗争的外衣,不仅汉族农民提出反清复明的口号,各少数民族也以空前未有的规模加入斗争行列。由于汉族农民占人口绝大多数,并居住在经济文化最发达的地区,汉族农民便成为斗争的主力军,对于斗争进程和结局起着决定性的影响。而汉族农民的斗争则沿着历代的轨迹,不仅有一个由小到大、由低级到高级的进程,而且,秘密宗教和会党也在其中发挥了特殊的作用。这就是说,当时全国反抗清廷的革命力量大体上可分为少数民族、白莲教和天地会三大支。

农民反抗封建剥削和压迫,最常见的斗争方式是逃亡到僻远地区。如东北、内蒙古、贵州、四川、云南等省的山区,都迁入了大量的在故乡丧失土地的农民。而留在故土的农民则开展吃大户、抢米、抗租等斗争。据《清实录》中的资料统计,康熙十五年至雍正末年(1676—1735)约六十年间,抗租抗粮斗争共十三次,乾隆朝的六十年间(1736—1795),则猛增至一百余次。[30]这类斗争一般规模小,旋起旋平,没有政治目的,官府也多匿不上闻。与之不同，白莲教、天地会领导的斗争则相对有计划、有目的、有组织，官府虽多方防范，但收效甚微，因而逐渐形成巨大的力量。

白莲教由来已久，入清以后主要活动于长城以南、长江以北的广大地区，顺康雍三朝及乾隆前半期，除进行一些零星武装斗争外，主要是秘密传教，积蓄力量。乾隆三十九年(1774)，山东寿张县县民王伦，因年岁歉收，官吏横征，人民无以为生，乃带领教众起义，先后攻下寿张、堂邑、阳谷和临清(旧城)，坚持战斗达一个月之久。嘉庆元年(1796)，白莲教又在湖北襄阳起义，四川、陕西教众纷纷响应，转战三省，并攻入河南、甘肃，人数多达数十万，历时九年。仅嘉庆四年(1799)，因"教匪滋扰"，河南、陕西、四川、湖北被免征、缓征地丁的州、县、厅就有一百五十多个。为镇压如此大规模的起义，清廷共用去军费银二亿两。这次起义不仅是北方白莲教斗争的高潮，也是清代农民斗争的第一次高潮。嘉庆十八年(1813)，李文成又起义于河南，攻占滑县及山东定陶、曹县等地；同时，预先约定的林清也在北京带领教众攻入皇宫，因众寡悬殊，旋即败灭。李文成等坚持斗争三个月，才被镇压下去。从此以后，北方白莲教斗争进入了低潮。

相传，天地会成立于康熙年间，以反清复明为宗旨。这主要是由于清王朝是群众种种痛苦的根源，是人民必欲去之而后已的对象，明王朝的暴虐形象，则随着岁月的流逝，已在人民心中改观了，而这也与满族贵族的种族偏见和歧视政策有很大关系。这不仅在前述各种政策和制度上有反映，而且，驻防江宁、杭州、福州、广州、荆州的八旗，仗着歧视法规的庇护，在种族偏见的影响下，无端侮辱平民，借端敲诈勒索，引发种种纠纷，甚至造成骇人听闻的大案。如荆州驻防旗兵横行不法已久，而"地方官亦不无遇事迁就之处，遂至积习相沿，纵恣日甚"[31]。道光二十六年(1846)，因端午节看龙船起衅，旗人先后打毁商民铺户一百四十九家，烧毁武昌会馆一所，杀伤民人二十余人。[32]大大小小的此类案件，传闻所至，不能不加深人们对满族贵族的痛恨，从而为包括天地会反清复明在内的各种反满宣传提供了条件。

天地会成立以来，主要活动于长江以南、云贵高原以东包括台湾省在内的广大地区。当白莲教在北方不断举行起义时，天地会除了在台湾省有过数次，在广东发动过一次较大的起义以外，一直在秘密发展力量，至嘉庆时，特别是道光时，已是根深叶茂。嘉庆早期，广东揭阳起义会众就多达四万人；晚期，江西朱毛俚等图谋起义，事泄被杀者达七十余人。广西巡抚赵慎畛在道光元年(1821)也奏报捕获"盗犯会匪"一千二百余人。鸦片战争后的十年，江南形势急剧发展。浙江之奉化、余姚、余杭、山阴、诸暨、缙云、归安、桐乡、秀水、安吉，江苏之昭文、丹阳、句容、金山，安徽之青阳，江西之新喻、安仁、贵溪、庐陵，都先后有抗租、抗漕、阻考和阻米出境等群众性斗争，百姓不仅聚众打击地主，与官府对抗，甚至与前来镇压的清兵对阵，"形同叛逆"。昭文、归安等县群众不怕镇压，连续斗争，仅昭文县的斗争就达四次。至于武装斗争，江苏、湖北、广东时有发生，湖南与广西的尤为突出，广西天地会起义队伍更多至二三十股。

与长江以南轰轰烈烈的斗争相比，长江以北、长城以南广大地区的斗争则大为逊色。道光年间(1821—1850)，白莲教只在山西、河南各发起过一次小规模起义，为时甚短，影响不大。捻党活动较活跃，但经济性强。一般群众斗争，不论次数、规模都远不及江南。这表明全国阶级斗争中心已经南移。这种情况的出现，主观上是由于白莲教在过去历次起义中损失了革命的有生力量，一时不易恢复，而天地会却一直是蕴而未发。客观上则是由于：一、在鸦片战争中，江南各省不是第一线，就是第二线，人民既苦于繁重的军差和苛派，又为清政府在战争中暴露出来的腐败无能所震惊；二、道光年间的灾害，特别是道光末年长江流域的大水灾，致使千百万人陷于极度困苦的生活之中；三、江南是弊病最多的税收漕粮的主要征收区，横征暴敛使农民十分愤怒，也使一部分中小地主不满，从而使成分复杂的抗漕斗争愈演愈烈，加重了整个社会动荡不安的局面。

当第二次农民斗争高潮正在酝酿时，满汉统治者的昏庸腐朽却变本加厉。这时已是暮年的道光帝，经历了鸦片战争，面对财政拮据、军政败坏的积重难返的局面，只求苟且度日。而善于迎承的权臣穆彰阿就"风示意旨，谓水旱盗贼不当以时入告，上烦圣虑。国家经费有常，不许以毛发细故，辄请动用"[33]。各级官吏于是更乐得敷衍，有的甚至闹到遍地烽火，也不敢据实上陈。如广东天地会的活动已十分公开，督抚仍"不许人提'会匪'二字"。正如大官僚曾望颜所指出：

"其故总由历年不办会匪，不拿真贼，一味讳饰，遂致贼腥日肆，匪党日多。"等到统治者惊醒时，已是"蔓延邻省，祸及天下"。[34]广西巡抚郑祖琛在这方面的表现尤为突出。他一面隐匿省内鼎沸局面不上报，一面两次要求"陛见"，企图一走了之。这样，第二次农民革命高潮的序幕就在较为有利的条件下拉开了。

第二节　湖南的崛起

清代各行省中，湖南是后起的一省。就其历史而言，中原文化传入虽早，但并不发达。明万历年间（1573—1620）设偏沅巡抚于沅州，清初因之，康熙初年移驻长沙，雍正初年改名湖南巡抚，省的规模才最终定型。就其地理和居民而言，湖南各地大体上可以分成两类：湘中、湘北区，包括洞庭湖周围各府州（永定除外），衡州府之衡山、清泉、衡阳三县，宝庆府之新化，地势主要为平原、河湖、丘陵，居民几乎全为汉族；湘西、湘南区，地势主要是高山、丘陵，居民包括汉、苗、土、瑶、侗等族，几乎每县都有两个以上民族。就其经济文化而言，长期被人们视为"地瘠民贫"的"荒陋之区"，康熙帝几视之为化外，"介在边远之境"，但后来这类言谈却渐渐少了。这就是说，其经济文化有一个发展过程。

从明末崇祯八年（1635）临蓝矿夫起义，到康熙十九年（1680）吴三桂部退出，凡四十五年，湖南一部分或大部分，断断续续处于战乱之中。战争给社会经济造成了严重的破坏。如吴三桂军西撤后，常德一带，"数百里人烟俱绝，历二十年陆续得归者十仅二三"[35]。湘潭一带"生存者仅半，而田荒亦过半"。至康熙晚期，偏沅巡抚还说"叠遭兵燹难"，"民气凋残，疮痍未起"。[36]但是，战乱状态终止后不到一百年，至乾隆二十一年(1756)，湘潭一带已是"阡陌绣错，生齿殷繁"的景象；至乾隆末年而达于鼎盛，农业、手工业、商业都出现了前所未有的盛况，有的行业在全国还居于突出地位。

农林产品，不仅自给，有的还有明显的商品化倾向，大量运销外省。如水稻，湖南素称"产米之乡"，"各省每资接济"，所谓"湖广熟，天下足"，实指湖南一省而言，因为"湖北一省所产谷米不入敷一省之食，岁需四川、湖南两省米商之接济"。[37]不仅洞庭湖周围各县盛产水稻，位于湘江上游的祁阳，每年也可输出十万石水稻。又如烟叶，"各处多种，产攸县及平江者佳，市人多于衡郡制卖，故名衡烟"[38]。衡烟曾与闽烟齐名，远销各地。苎麻，郴、桂、岳、长等州府多产，贩运广东等省。其他物产，如棉花，虽不能大量外销，但也基本上可以自给。林产品更是品种多，外销量大。茶叶，运销陕、甘等省，甚至远销国外。仅安化一县，据左宗棠说，道光晚期，每年茶叶的产值就达百万。木材，不仅"湖北民间所用木植均系湖南"运来，江苏、安徽等地也是湖南木材的输出地。除了这两种人所共知的，其他产品，如桐油、茶油盛产于湘西、湘南各县，正如桑植、溆浦、道州、黔阳、江华等县志所记："其利最多"、"为利甚薄"、"民赖其利"、"其利自远"、"其利甚薄"。其中有的县，如黔阳原来不知种植桐树和茶叶,康熙元年(1662)经知县提倡,才逐渐发展到"各乡遍植"[39]。东安等地盛产厚朴,也是乾隆年间发展起来的。此外湘西、湘南还盛产白蜡,质地"莹比积雪",数量"远胜川蜀"。[40]

工矿业,当时虽然在社会经济中不占主导地位,但仍不可忽视。手工业,如衡阳的制烟业,"有九堂十三号,每堂资本出入岁十余万金"[41],可见其规模之巨大。湘潭炼钢业是在乾隆年间发展起来的,并驰名全国,"南北推其良"。湖南还素称"产铁之乡",铁大量外销,官府甚至还制定章程,以便管理。其他产业,如织布业,在全国虽不占重要地位,但巴陵每年所产布的产值亦高达二十万缗之多。至于矿业,桂阳州被誉为"八宝地",产铜、铅、银等矿,并能初步加工冶炼,"乾隆中矿最盛","矿地增多",年产砂铜、渣铜三十六七万斤,黑白铅近四十万斤;郴州亦产铅,年产十六万斤。[42]在内地各省中,这样的产量是罕见的。此外,湘潭、耒阳、宜章、衡山等县煤的产量为数亦巨,远销湖北、江苏、广东等地。

农、林、工、矿各业的发展,使湖南贸易在省际贸易中处于有利地位。正如骆秉章所奏:"从前无事之时,商民贩运谷米、煤炭、桐茶油、竹木、纸铁及各土产,运赴汉口销售,易盐而归。"[43]当然湖南还缺乏绸缎等高级产品,但所需数量不会多,并不妨碍出口大于进口这一结论。而湖南商业也因此有了雄厚的物资保障。这样,再加上水运畅通,商业也就兴旺发达起来。水路有湘、资、沅、澧四水,洞庭一湖,北可出长江,通各省;南可由湘江,或溯漓江而至广西,或溯耒水,越五岭,下北江以达广州。广州实际上是清代唯一对外贸易的港口,湘粤这条商路又是广州通内地的要道,运输十分繁忙。宜章至郴州的这一段陆路,"行李商贾,日夜络绎"[44]。运输工人多达数千,骡马多至八千匹。[45]湘潭正是这条商路的中转港口,"东南七省商货咸萃于此"[46]。市面十分繁华,"市铺相连二十里",人口达数十万,停船达数千艘。此外,如常德、衡阳、长沙的商业也很发达,甚至沅水岸边的浦市镇,"合市卖买,岁有七八百万金"[47]。

但是,上述经济发展有两点值得注意:一是嘉庆时出现停滞不前的现象,某些方面甚至在倒退,如郴、桂两州的矿业,衡阳的制烟业几乎全部倒闭。道光年间的多次水灾也给农业生产带来了相当大的打击。二是发展不平衡。湘中、湘北区不仅是水稻、茶叶的基本产地,且湖南省的主要城市湘潭、长沙、衡州、常德、岳州,也全在本地区,其中,长沙府又为本地区最为突出的一府,而湘西、湘南则比较落后。这种不平衡在人口分布中也有相应反映,后者各县平均人口数远低于前者。据光绪《湖南通志》所记嘉庆二十一年(1816)的人口统计数字,岳州府各县平均为四十五万,长沙府各县平均为三十六万,而靖州和永顺两府,则分别平均为十五万和十六万。

随着经济的发展,湖南文化也逐步发展起来。清初著名学者刘献廷不愿在湖南落籍,认为"无半人堪对语",是一个"荒陋之地"。[48]同时的长沙知县更直斥湘人"罔识礼义纲常,幸赖天朝德化所讫,稍稍驯善"[49]。康熙时举人考试也反映了这种情况,湖南中额只有湖广总额四分之一,或十分之三多一些。光绪时湘人著名学者皮锡瑞、王闿运也承认以前"湖南人物,罕见史传"[50],"自唐、宋至明,诗人万家,湘不得一二"[51]。凡此都说明湖南文化落后。但嘉庆、道光时,这种情况有了明显改变,"嘉道以后,才彦辈出,始洗蛮风"[52]。道光时何绍基的书法、唐鉴的理学、魏源的今文经学、贺长龄的经世之学、曾国藩的古文,或已享盛名,或初露头角。这在入翰林院的人数中也有相应反映:乾隆朝凡六十年(1736—1796),共二十八科,湖南入选者三十九人,平均每科一点四人;嘉庆、道光(1796—1850)共五十五年,共二十七科,入选者六十八人,平均每科二点五人,增加了近一倍。又据近人萧一山《清代学者生卒及著述表》的资料统计,湖南有著作的人,死于顺治至嘉庆间的只有八人,而死于道、咸二朝者则达到了十二人,[53]人数大为增加。其实进士中额也有类似情况。总之,道光时期的湖南文化已有了很大发展。

与经济发展不平衡相同,湖南的文化发展也不平衡,即湘西、湘南落后于湘中、湘北。这除了经济方面的原因外,还由于湘西、湘南僻远,交通不便,又多民族杂居,民族隔阂较深,中原文化的传播与深入受到种种阻滞,因而极为落后。这种差距是很明显的。如根据光绪时期的省志资料,顺治至道光进士中额人数最多的十二个县,全属湘中、湘北区,其中长沙府有六县,而无一中额的十四个县则全属湘西、湘南区。举人中额情况也大体相似。前述萧一山书中所列湖南有著作的人的地理分布状况,同样是湘中、湘北的人数高于湘西、湘南，长沙府又独占鳌头。

乾嘉时期，汉学虽然在全国"风靡一时"，直驾程朱理学而上，但湖南由于僻远，与文化发达的江、浙等省交通不便；而汉学的治学方法与学术思想，又与理学大相径庭，非师友言传身授，不易窥其堂奥。如余存吾是全省文化最发达的长沙县人，也有志于汉学，但因无人指授，而"苦无畔岸"。[54]同时，省内有影响的学者和书院，又极力维护宋学，反对汉学。在这方面，岳麓书院居于特别重要的地位。

岳麓书院是著名的四大书院之一，南宋著名理学家朱熹和张栻曾在此讲学。宋以来，特别是在清代统治者多方扶植之下，岳麓书院在全国，特别是在省内享有很高声誉。事实上，清代省内有声望的人，大都在此就读过。如罗典，乾嘉间为山长二十七年，"门下士发名成业者数百人"。继其后的欧阳厚均亦长达二十七年，"弟子著录者三千余人"。[55]这些数以千计的人回到各州县，往往是地方有势力的士绅、有声望的儒生，又各自影响了一大批人。而罗典正如其弟子所说，"倡明道术，衍朱张之传，湖湘间翕然宗之。一时俊伟奇杰之士，获闻夫子绪余者，皆务服古志道，为有体有用之学"[56]，欧阳厚均则是罗典的弟子，在岳麓时，"一遵慎斋先生遗法"[57]。其他，如欧阳厚均之后的丁善庆，罗典之前的王文清等山长，也都是程朱之徒。

这就是说，岳麓书院是省内固守程朱之学的堡垒，并在学术上和思想上有着巨大的影响力。此外，地位稍次的城南、石鼓两书院也无不是理学的阵地。而其他理学家也在竭力起着相同的作用。如唐鉴就极力引导青年人，他在给罗泽南、刘蓉的诗中写道："晦翁不复作，吾道苦无师；榛芜塞正路，何以剪剔之。乃于众木中，迥见最高枝；傲霜吾岂敢，相与共扶持。"[58] 诗中勉励青年，力扶程朱之学，排斥其他"异端"是十分明显的。如此，影响所及，人们"见有言字体音义者，恒戒以为逐末遗本"[59]，更是把汉学的精髓、戴震等人对程朱的批判，视为洪水猛兽。

这也使得湖南士人长期囿于程朱之学，对汉学无知，甚至采取敌视态度。乾嘉时，"汉学风靡一世，而湖湘学子大都独专己守残，与湖外风气若不相涉"[60]。当然后来也有少数人开始治汉学，但他们并不放弃，更不反对宋学。如新化邹汉勋一家，"考证典礼，力尊汉学，而于心性之学，则确守宋儒"[61]。同时，岳麓在学术思想领域中的这种突出地位，也进一步说明，湘中、湘北，特别是长沙府的文化最发达，在全省居于领导地位。因为岳麓书院设在长沙，而清代（至道光朝为止）本省籍山长十二人全是湘中、湘北人，其中长沙府又占去八人。

经济文化的发展，极大增强了湖南地主阶级的政治地位。一个地区地主阶级政治地位的高低，主要取决于他们在政权中分享了多少权力，即为官出仕的情况，特别是高级官吏的多寡。而清代虽屡开捐纳，但各级正印官，一般均为科举出身。湖南官至巡抚侍郎以上者，顺治至乾隆（1638—1796）凡一百五十余年，不到十人；而道光朝三十年（1821—1850），官至督抚者竟有七人之多，增幅相当大。这就使湖南地主阶级在清政府中有了较多的发言权,政治地位也有了较大提高。

经济的发展,社会财富的增加,同样也增强了湖南地主阶级的经济力量。湖南地主拥有巨额金银,有的"岁积谷钱无所用,直刳大竹盛之,委阶庭间"[62]。桂阳州的彭五中、刘敬祖等人采矿致富,竟各拥赀数十万。安福蒋氏,道咸间以富有名闻全省,其中蒋明晋在咸丰年间捐军饷高达四十万串,合银二十多万两。同时,他们还拥有巨额不动产。如衡阳刘重伟家族自康熙至嘉庆年间皆为大地主,盛时拥田万亩。蓝山彭与龄有田三千亩,长沙李象鹍（官至布政使）家有田及捐助田近万亩,慈利莫为德、莫维校各有田租万石,武陵丁炳鲲有田四千亩,湘潭王惠人有田万亩。东安"胡氏巨富,田园连蔓,六人分理之"[63],其田当有数千亩。新宁刘琢斋,"园宅壮丽,良田数百区,岁入粟数千石"[64]。湖南地主对农民的剥削,与各省相较有过之而无不及。乾隆初,湖南布政使张璨对此曾有详细叙述:正租之外,"更复设立名色,百计贪求,复逾于租谷,此种恶习楚南为最"[65]。这些"名色"计有:承佃之初,每亩纳进庄礼银数钱,米一斗或几升,庄屋地租三五石;以后每亩每年要交新鸡一只,新米几升,重阳鸡重阳酒,年糕年鸡年肉。此外,佃户有嫁娶之事,要交挂红银;地主有婚丧建屋等事,佃户要无偿服役。

与此同时,灾荒也越来越多。据同治《长沙县志》记载:乾嘉凡八十五年(1736—1820),平均三年有一丰收年,六年才有一灾歉年;而道光三十年间(1821—1850),则只有一个丰收年，灾歉年竟多至三年中有一年。特别是沿湖沿江的各县县志中的"民食草根俱尽，继食白泥"，"道殣相望"，"死者盈途"，"死者无数"，"殍亡相继"等类记载，可以说触目皆是，录不胜录。这就是说经济文化发展的全部果实，为地主阶级所鲸吞，而农民的生活却越来越困苦。这种鲜明的对比，致使农民与地主间的矛盾日趋尖锐。

湖南地主与农民之间的阶级斗争，与其他省区的斗争是相似相通的，既有频繁的吃大户、抢米等群众自发性的斗争，也有由白莲教、天地会领导的斗争，以及少数民族发起的斗争。以上各种斗争，特别是苗、瑶等族的斗争，康雍乾三朝虽时有发生，但规模小，影响也不大。到了乾隆末年，随着全国农民斗争高潮的到来，湖南也开始动荡起来。乾隆六十年（1795）正月，贵州苗民石柳邓起义，湖南苗民石三保、吴八月立即起兵响应，战火波及辰州、永顺、沅州三府。清廷命福康安（云贵总督）、和琳（四川总督）与湖广总督福宁，督七省兵围攻，嘉庆元年（1796）年底才将起义镇压下去。接踵而起的三省白莲教大起义，对湖南的影响虽不及苗民起义，但也不可低估。这不仅是因为起义的发难地区之一鄂西南与湖南紧邻，也因为教军还一度攻占龙山县，"邑人多附从者"，"土寇乘而起"。[66]贵州教军又攻入芷江，"愚民被其煽惑"[67]，永定教众也积极图谋响应。事实上，永顺、常德、澧州三府州，甚至岳州府，或卷入战火，或处于高度戒备状态；长沙府也出现动荡。嘉庆六年（1801），长沙、湘阴、醴陵三县发生大规模饥民暴动,"数千人相属于道"[68],有的地方"一日以被掠诉县至百余户"[69]。而湘西苗民大起义虽被镇压下去,但小规模斗争一直不断,直至嘉庆十一年(1806)众至数千人的石宗四起义失败后,局势才完全平静下来。这就是说,在第一次农民斗争高潮时期,湖南有六个府州被不同程度地卷进去了。

嘉庆十一年(1806)后,湖南只平静了二十余年。道光十二年(1832),斗争又起。这年,江华瑶民赵金龙起义,转战江华、蓝山、新田、常宁、宁远等县,阵斩前来镇压的湖南提督,全歼其军。清廷征调两湖、云、贵四省兵员,令湖广总督、户部尚书前来督师,历时三个多月,才将起义军镇压下去。在这期间,桂阳、酃县有人聚众欲起,新化饥民到处抢米,新宁饥民阻劫米船,宝庆城中谣言四起。这就是说,这次起义几乎波及整个湘南的衡、永、郴、桂、宝五个府州。

这次起义与嘉庆白莲教、苗民起义比较,虽然有声势,但汉、苗、瑶等族群众基本上是各自行动,很少联合,有时甚至互相排斥。道光十六年(1836),瑶民蓝正樽起义就消除了这个缺点。这在相当大的程度上要归功于白莲教的努力。进入道光朝,白莲教在湘南的活动显著加强。川人王又名传教,"愚民翕然信之,其党遍武冈、新宁境"[70],其中瑶、汉民都有,瑶民蓝正樽正是其中之一。正因为如此,蓝正樽才能团结瑶、汉族教众数千人,进攻武冈州城。起义虽不久被镇压,但开辟了瑶、汉族农民联合斗争的新局面。与此同时,天地会也加强了在湖南,特别是湘南的活动,"地方被惑者众，各乡均有头目，称大哥"，"时有放台之举，一调码则顷刻云集"。[71]

正是由于这两大组织的推动，湖南，特别是湘南的斗争日趋激烈。道光二十三年(1843)至三十年(1850)这几年间，仅武装斗争就有：武冈曾如炷起义，杀死知州；耒阳杨大鹏起义，进攻县城；东安王宗献起义；宁远胡有禄起义，进攻县城；道州李魔旺起义，余部入广西；新宁雷再浩、李沅发两次起义，其中，李沅发还转战湘、桂、黔三省边区；湘西则有苗民石观保起义；等等。至于成群结伙，欲图叛乱者亦复不少，如宝庆知府就"擒治猾盗数百余人，捣毁盗薮百数十区"[72]。茶陵、安仁、酃县，"有匪徒啸聚"，仅为官府捕获者就达三百余人。[73]安化、武陵、溆浦、桃源相邻地区，"皆有剧盗巢穴，党羽动辄数百人"[74]。湘粤边境的"烟匪"和"矿匪"的活动也早就引人注目。

上述状况表明，湖南是当时三大斗争力量(白莲教、少数民族、天地会)的交汇处；三者在省内都有雄厚的力量。在第一次农民斗争高潮中，这个地区不仅是白莲教起义的地区，还是湘黔苗民起义的中心地区。第二次斗争高潮酝酿时期，除了广西，湖南是全国起义最多的一省。如从道光十二年(1832)赵金龙起义算起，至道光三十年(1850)止，平均一年多就有一次武装起义。从道光三十年上溯至乾隆六十年(1795)，凡五十五年，中间只有二十六年(赵金龙至石宗四两次起义之间)的平静期。半个多世纪中，如此激烈的阶级对抗，环顾全国，湖南恐怕首屈一指。

第三节　湖南地主阶级的动向

在嘉、道两朝激烈的阶级斗争中，湖南地主阶级没有，也不会采取消极退缩的态度。因为他们要保护和扩大自己的既得利益，且经过一百多年的发展，他们已积储了足够的能量，有条件做出强烈的反应。这种反应是复杂的，主要表现在战场等方面。由于经济文化发展不平衡，湖南各地的阶级斗争带有明显的地域色彩。

首先，湘西和湘南是多民族杂居地区，既存在尖锐的阶级矛盾，又存在较深的民族隔阂，苗、瑶等族甚至还经常发动武装反抗。这就使湘西和湘南的汉族地主养成了尚武斗狠，注意观察地方情况的传统。如泸溪，"处处与苗寨毗连，民间于耕种而外，尤以防苗为重"，"人多习险健斗"。[75]麻阳，"地近镇黔，毘连苗寨，缙绅之家，亦知用武"[76]。

地主阶级这种传统，在镇压苗民和白莲教起义中，得到了进一步发展。如麻阳滕家圭兄弟三人，就"募勇御苗"，"倾产助军"，"屡战有功"；类似的还有滕绍光兄弟、滕竹轩兄弟。这些人，有的战死，有的"俱负重伤，战益力"[77]。又如永绥杨通伦、彭宗圣，"皆饶于资"，"出资募乡勇"。晃州姚通复，"仗义轻财"，"督办团防，威信交惬，能得人死力，一方倚以为安"，其弟则"每战怒马当先"。[78]龙山地主在镇压白莲教时，也同样凶狠，"素殷富"的招头寨地主，在士绅王冈锡等带领下，击败教军，击杀教军三百余人，使教军不得不退回湖北境内。

进入道光朝，阶级斗争更趋激烈，湖南地主也更加积极地协助官府镇压群众斗争，其发挥的作用也越来越大。如赵金龙起义时，"官兵见徭辄奔溃，惟乡兵能自固"，"徭以乡民所在团结，乏食走常宁"。[79]这一大批乡兵都是地主士绅临时招募而来的。有的士绅，如宁远石光升，还用分粮食的办法，分化瓦解欲图响应的赵文凤部瑶民数千人。而酃县的朱光贤，当"土匪响应，城乡惶惧"时，即"率子弟往擒匪魁置诸法，乱乃寝"。[80]赵金龙军击杀湖南提督后，曾经声威大震，却未能发展起来，这除了义军自身的原因外，主要是由于湖南地主武装对义军的堵截，对响应者的分化和镇压。

鸦片战争后，在镇压一些起义时，士绅更是发挥了主要作用。如王宗献起义就主要是由士绅唐玉成等镇压下去的。"唐氏大族，玉成整率子弟，化驯犷暴……每朔月会讲家祠，族人皆敬惮之。"他一听王宗献起义就令族中"少壮子弟"出击，"诸族闻唐氏起，皆相响应"。[81]义军不敌，溃散，唐某又捕获十余人，竟"自临斩之"。雷再浩起义虽多达数千人，但早为江忠源（新宁举人）所侦知。江忠源先入县城防守，并自领乡勇千余奔袭义军，又收买叛徒分化义军，很快就镇压了起义。可以说，事实上是江忠源等人把这次起义镇压下去的，江忠源因此而升官至知县。李沅发起的起义规模更大，涉及地域更广，新宁地主武装在镇压这次起义过程中所起的作用，虽然不如上次突出，但他们仍然表现出了凶狠的作风。当义军攻占新宁县城时，在江忠源兄弟、邓树堃和刘长佑等带领下，"回乡自起民团，父子兄弟更番相代，裹粮围困两旬之久，而后官兵始到"。攻城时又"乡兵居前，官兵居后"。[82]当时一京官也说攻城时，"官兵无一人前进，惟乡勇前进"。兵不用命，则是由于官"畏葸不前"。[83]巡抚由长沙至宝庆，十二天竟只走了三百里，以后又龟缩府城，不敢至新宁。

从以上可以看出，在镇压赵金龙及之后的各次起义中，湖南地主团练起了重要的甚至主要的作用，而清军却显得怯弱而无战斗力。这种情况势必使湖南地主萌发自救自卫的念头。随着多次重演，这一念头就成了相当坚定的信念。事实上，在镇压雷再浩起义时，江忠源就曾经表示不需清军前来相助。而镇压雷再浩、李沅发等起义的过程也表明，湖南一部分地主团练已经趋于成熟，其主要标志就是有比较固定的头目或核心，有相对稳定的勇丁。如新宁团练，江氏兄弟、刘长佑和邓树堃是这支武装的核心。他们平时是士绅地主，以族权、绅权、财权控制着一部分农民，加以初步组织，使之与流行的秘密宗教青莲教相隔离。早在雷再浩起义前几年，江忠源就说："新宁有青莲教匪，乱端兆矣！"并说："阴戒所亲无得染彼教，团结丁壮，密缮兵仗。"[84]正因为有了警觉和准备，一旦有事，便能带领团练出战，他们也就成了团练的指挥官。经过这次实战锻炼，这支武装更稳固了。当李沅发起义爆发时，江忠源虽然在浙江做官，但其弟江忠淑和刘长佑、邓树堃仍及时拉起了队伍，投入战斗，并发挥了重要作用。类似的情况还有靖州储玫躬（廪生、大地主），"素慷慨，负大志，每州有公事商之士绅者，玫躬辄以身任，翕然推州望"[85]，其下也有亲戚丁际可及门生戈鉴等人。道光二十九年（1849），有

"传习左道,揭竿倡乱,声势颇张,州中人人惴恐",储玫躬即"出家财招募奇零之街卒田夫,身领其众擒获首恶头目十余人"。[86]后李沅发起义,储玫躬又率团练越境抗拒于城步。又如东安谢廷芳,早在道光十七年(1837)就"结四乡为大团,以督治盗贼",并与零陵团练合力镇压"四门山寇"。[87]甚至在阶级斗争并不那么激烈的长沙,朱载阳也在"道光戊子创立乡团,名五福,守望相助"[88]。

这就是说,湖南,特别是湘西、湘南地主,好武狠斗,凶悍狡诈,在镇压群众斗争中,发挥的作用越来越大,并出现了江忠源式的比较固定的武装集团。

其次,湖南士人有固守程朱理学,反对汉学,又热心经世致用之学的传统。如罗典既恪守程朱之学,又"教学者以坚定德性,明习时务"[89]。由于嘉道年间的阶级斗争越来越激烈,热心经世之学的人也日益增多。由于各种原因,湘中、湘北与湘西、湘南又有不同的表现。

湘西、湘南地处僻远,经济文化落后,阶级斗争又最为激烈,其士人不免见闻不广,学植不丰,又为周围的斗争所困扰,因而多热衷于观察研究苗、瑶以及本地的情况。如龙山李光业,在白莲教大起义时,"诸大帅"就曾向他"询地形要害,咨贼情事,后率应验"。又如永绥宋宏广,"博涉工词章","声誉噪一时",就"尝著《平苗策》上大学士福康安,福称善"。[90]

陈起书和严如熤是这类士人中最为突出的代表。陈起书,郴州举人。赵金龙起义时,人心惶惶,他上《御瑶策》,知州"多采其策，郴得无事。嗣是愈留心世务，作《南言》十三篇，以东南险要惟郴、桂最切"。[91]由其部分篇章估算，全文可能有两三万字，综论湘南的治安民情、军事地理，并探讨赵金龙战役的经验与教训。严如熤，溆浦贡生，"先世屡宣力苗疆"，本人又长期受罗典的教育，青年时期就热心"经世大略"，研究苗民问题。苗民大起义时，他四处上书献策，得到湖南巡抚等官员赏识，被聘入幕，在镇压苗民方面起了不少作用。严如熤由此声名大起，后官至陕西按察使。同时，他还多方搜集资料，编著《苗防备览》《三省边防备览》《洋防辑要》和《乐园文钞》等书，约计八九十万字。除《洋防辑要》是谈海防，系对外的内容，其他则是对内的，对阶级矛盾尖锐的湘西、陕南所做的综合研究，并提出了自己的主张。这些书流传广泛，影响不小，湖南士人对《苗防备览》尤其重视。

康雍以来，湘西苗民时有起义，自嘉庆前期，在大兵镇压的基础上，傅鼐采用严如熤等士绅的建议，筑堡墙，设屯田，缴器械，兴义学；又自练乡勇，多训练，严纪律，厚恤养，精汰留，"数年始得精兵千，号飞队"，以为"雕剿"之用。这样，再加上其他措施，不仅镇压了多次小规模起义，且对苗民建立了严密有效的统治。傅鼐由此官至湖南布政使，得到统治阶级上下一致的推崇；严如熤、魏源、陶澍等著文大加颂扬，总结其经验，更使傅鼐的事功和经验，成了湖南士人经世之学的组成部分。

与此同时，湘中、湘北士人，也在向经世之学进军，由于经济文化较发达，交通较方便，阶级斗争也不如湘西、湘南那样白热化，因而他们有可能涉猎经世之学的各方面。如唐镜海（唐鉴）就"图纂北五省水利书"[92]，左宗棠既"讲贯见扛河、盐二务"，又"精通时务"，"胸罗古今地图兵法"，"所作舆地图，实为精绝"。[93]罗泽南"究心水利边防河患等书"，还图"细考内地边外山道水势，兼及苗疆诸务"，"其所著地理水道书，多论兵家形要"。[94]丁叙忠则编有明代王、戚诸家兵法。邹汉章，"出入子史百家，尤留心图地兵制之学，凡山川险要，道里远近，靡不歴记于心"[95]，其兄弟汉勋、汉池也同样如此。汤鹏所著的《浮邱子》，更"通论治道学术"多达四十万言，他所著《明林》有十六卷，"指陈前代得失"。[96]

湖南这两类地区士人的经世之学，虽有广狭深浅之别，但又互相影响。如严如熤是罗典的学生，而其事功著述又得到陶澍、贺熙龄的推崇，并入祀乡贤祠，"为桑梓式"，成为全省士人的榜样。而由贺长龄主持，聘请魏源编辑的《皇朝经世文编》更有力地推动了全省士人的学习热潮，"三湘学人诵习成风，士皆有用世之志"[97]。魏源也由此大治经世之学，研究河、盐、漕诸政，并在陶澍改革盐政中发挥了重要作用；其《海国图志》更开辟了经世之学的新领域，在国内外留下深远的影响。贺、魏二人合力成书的《皇朝经世文编》选录顺治至道光（1843—1850）近两百年间的经世之学力作，多达一百二十卷，近三百万字。出版后，书商竞相翻印，"风行海内，凡讲求经济者，无不奉此书为矩矱，几于家有其书"[98]。以后不断有人编辑出版续编、新编，乃至三编、四编、统编，可见其影响巨大而深远。总之,湖南经世之学,至嘉庆、道光时,有了突飞猛进的发展,在全国居于领先地位。

再次,军事学在这股经世之学的浪潮中占据突出地位,兵法、军事地理、军队现状和战争史成为研究的热门。这种情况在赵金龙起义时就已经出现。这次起义打破了湖南二十多年的平静气氛,暴露了军队的腐败。当提督和总兵同时阵亡的消息传来,就有人"心胆寒",并发出"时平将才乏,武匿兵力孱"的哀叹;瞻望未来,更不能不忧愁交加,"隐忧方未阑,孰提武冈卒"。[99]而这时就读于岳麓书院的江忠源和周寿昌,则在大谈如何练乡勇,"时瑶匪构逆,与君夜卧谈练勇事,彻夜不倦"[100]。由此也可见清军此役初期的惨败,对湖南士人刺激之深。所谓练乡勇,就是组织武装自救自保。

鸦片战争的发生,以及战后国内的动乱,更使湖南士人忧心忡忡,愈益醉心军事学,"近日尤怪事,往往爱谈兵",甚至还要执干戈以卫社稷,"何人备筹策,几士作干城?书生尔何意,毋乃兵气萌"。[101]左宗棠则指出:"和议不成,其势必将出于战",但财力人心俱不可恃,更何况"国威屡挫之余,乱民益无所忌"。这样的国内外形势,就不能不"思之令人心悸"。[102]刘蓉更进一步认为,问题不在"寇边之患",而在国内"从教者遍天下","大者以千计,小者亦以百计"的乱民,如"不幸一有水旱螟蝗之灾",就会爆发"攘臂一呼,而应之者数十万"的大乱。[103]抱有类似看法或心情的还有郭嵩焘、周子佩(进士)、邓瑶(举人)、马维蕃(教谕,刘长佑师)、杨任光(举人)、贺桂龄(举人)等一批士人。正因为感到农民大起义即将爆发,左宗棠在鸦片战争开始不久，就想仿照明末孙夏峰入易州五公山避乱的先例，"拟营一险僻之处，为他日保全宗族亲党计"[104]。胡林翼与贺长龄、贺熙龄兄弟也有同感，急于寻找避难之所，并为此与左宗棠函商。

道光后半期，特别是鸦片战争后，清王朝的统治危机已有明显暴露，全国有识之士有所觉察，并发出了警告，但像湖南士人这样有紧迫感的，却不多见。有长期阶级斗争，甚至是武装斗争经验的湖南地主，自然不会因此而束手待毙。他们在窥察形势的同时，积极研究经世致用之学和军事学。这种情形，甚至在方志的纂修中也有所表现。邹汉勋与邓显鹤等人编撰的道光《宝庆府志》，不仅用较多的篇幅论述本府各县的军事地理，大谈"历代防守之地"，"历代用兵之地"，"五州县险要之地"；同时，还"仿《华阳国志》，著其村内大姓，复别为士族表"。这样，"无事可行保甲法，有事则团练守御，方略皆具于是"[105]。

与此同时，邓显鹤等又大力提倡忠节，先后在长沙、宝庆、宁乡等地，为宋、明两代殉节于湘的人建祠，每年举行祭典，刊刻明末遗民王船山等的遗集。其他县也起而仿行，如宁远建周子祠和忠义节孝各祠。这样做的目的很明显，正如邓显鹤在议修前后五忠祠时致布政使信中所说，"于末世人心风俗摩厉激劝之微权，亦不无小补矣"[106]。这实际上就是教育和鼓舞地主士人忠于清王朝，勇于维护地主阶级的利益，与农民革命对抗到底！

以上多方面的举措，使湖南地主士人具有了自己的某些特色，这一点，到了道光后期，一些外省人也感觉出来了。如湖北陈秋门就对郭嵩焘说："楚北人才不足与比方，楚以南有由然矣。南士游京师者，类能任事务实行，以文章气节相高。人心习尚如此，欲无兴得乎？"[107]长期与湖南士人交往密切的江西人陈广敷兄弟更认为，"东南行将大乱，而戡定之人皆在湖南"[108]。

最后，湘中、湘北，特别是长沙府，是全省经济文化最发达的地区和政治中心，其地主阶级是全省政治、文化、思想的领导者，这种情况在道光年间又有了新的发展。

道光朝时，湖南最有地位和有影响力的人，共计十八人。严如熤、何凌汉和魏源均为湘西人，其中，魏源的官位低，又长期旅居在外，后定居扬州，因而只能通过编著传播其观点，而不能对湖南士人直接施加影响。其余十五人则为湘中、湘北人（内有长沙府九人）。其中，赵慎畛和陶澍在当时及后来都享有很高的声誉，是清代著名的大吏。唐鉴、贺长龄既为高官，又是理学家，唐鉴尤为著名，致仕后仍受咸丰帝召见多达十五次，可见其声誉之隆。欧阳厚均、贺熙龄、邓显鹤和丁善庆，或为岳麓、城南书院的山长，或长期为学官、地方文献学家，门徒遍及省内。周系英、曾国藩、李星沅、杨健、罗绕典、常大淳等，乃是侍郎或巡抚，有很高的政治地位。

以上是就整个道光朝而言，如就之后的十年来考察，则其中严、何、陶、周、赵、杨已于道光二十年（1840）前去世；唐、邓、欧阳与二贺又年老多病，其中三人于道光末年病逝；

丁、魏官位甚低，魏又多年与故乡分离；李则告病在家不问外事；余下为曾国藩、罗绕典，这二人虽均在外为大官，但曾国藩却有值得注意的特点。

曾国藩(1811—1872)，湘乡人，道光十八年(1838)进士，选翰林院庶吉士，道光二十年(1840)庶吉士散馆，授职检讨。在翰林院期间，得到军机大臣穆彰阿的赏识和保荐，"每于御前奏称曾某遇事留心，可大用，……自是骎骎向用矣"[109]。不到十年即升至内阁学士兼礼部侍郎衔。这样的升官速度在官场中是罕见的，正如他自己所说，"由从四品骤升二品，超越四级"[110]，"湖南三十七岁至二品者，本朝尚无一人"[111]。此后三年中，又升至礼部侍郎，并兼署兵、工两部侍郎，成为红极一时的新晋大吏。

但曾国藩并不满足于做达官贵人，还努力追求封建士大夫更高的志趣，一心要为名臣、作家和学者。为此，在这十年的京官生活中，曾国藩进行了多方面的活动：一是讲求经世之学，选录清代有关盐课、海运、钱法、河堤等方面的奏议六卷；在工部时，"究心方舆之学，左图右书，钩校不倦"[112]。二是涉猎汉学，特别致力于程朱理学，就教于唐鉴，与倭仁、吴廷栋等往还，相互切磋。他们事实上成为研究理学的小团体，也曾因此被人们视为理学家。三是与当时桐城派名作家梅曾亮及其追随者王拯、龙启瑞等人，讲论古文的写作，并取得初步成就，引起注目。四是进行广泛的社交活动。除了奔走于恩师穆彰阿之门，曾国藩还与袁甲三、王茂荫、王庆云、宝鋆往来，与同乡京官和来京人士的关系尤为密切。他积极主持京师长郡会馆事务，督修湖广会馆；后来更成为同乡京馆的领袖，每遇蠲缓湖南钱粮，即领衔具折谢恩。对于来京参加会试和大挑的同乡举人也热情接待，他还参与新化举人邹某等组织的诗文社，评讲所作，判定等级名次。这样，再加上他在家乡结识的士人，曾国藩就与湖南地主士人有了广泛的联系，并与其中一些人的关系很密切。

这一大批人中，不少人与曾国藩在志趣上、思想上有共同语言。比如，曾国藩与郭嵩焘、冯树堂曾在江忠源困难时予以资助鼓励，四处为其揄扬，但私下对其放荡行为予以批评。正如江忠源自己所说："逢人夸我贤，相对仍切偲。"对此，江忠源感恩戴德："感激欲为知者用，不辞便为牛下铎。"[113] 同时，他们还常讨论学术时政，对官僚的腐败昏庸和饥民遍地等危象忧愤不已，"达官如君千百辈，几人似君有狂疾"，"愚民饿死亦细事，众人不惧君何哀"。[114] 刘蓉虽远在湘乡，不能如此面谈，但与曾国藩书信不断。除在信中讨论时政学术外，他还劝曾国藩既身为大臣，就要"行道于天下，以宏济艰难为心"，不要效当时达官"托文采以庇身，而政纲不问；藉诗酒以娱日，而吏事不修"。[115] 罗泽南也曾给曾国藩写过类似的信。此外，曾国藩与胡林翼、左宗棠、陈士杰、郭嵩焘也有交往，而陈士杰则"受知尤深"。

这样广泛甚至密切的联系，不仅使曾国藩扩大了影响力，提高了声望，更使他能直接了解各府县的情况。因为来京的士人出自湖南各府县，且大部分出身中小地主，能亲身感受或了解各种情况，而曾国藩刚从这阶层爬到大官僚的地位不久，彼此还有共同的感情，能理解他们的处境和思想。这也有助于他敏锐地、清醒地感知各种社会问题，觉察出地主阶级的统治危机，并推动他为克服这种危机而奋斗，即刘蓉所谓"行道于天下"。这种使命感，正为曾国藩、江忠源等人所有，而一般的大地主、大贵族、大官僚并不具备。曾国藩原名子城，入翰林院后才更名国藩，他的这种使命感往往表现为对时政的激愤，正如江忠源前引诗所形容的那样——达到了"狂疾"的地步。

所有这一切使曾国藩在全国，特别是在湖南的声望日高，成为省内士人的崇拜对象。早在道光二十四年(1844)，他在"省城之闻望日隆"，在京同乡士人说他"兼经师人师之望"，宁愿舍弃优厚待遇，到曾国藩家为塾师，过清贫生活，"得从之游足矣"。[116]有湘人甚至说曾国藩："文祖韩愈也，诗法黄庭坚也，奏疏所陈，欧阳修、苏轼之伦；志量所蓄，陆贽、范仲淹之亚也。"[117]江忠源、陈士杰还先后拜曾国藩为师。这表明，在道光末年的湖南士人中，出现了以曾国藩为中心的倾向。

经济、文化取得很大成就的湖南地主阶级，在嘉、道两朝，积极参加镇压省内的群众起义，并发挥了显著作用，也由此萌发了自立自救，不依赖官府的信心。同时，他们也因此而积累了各种军事经验，提高了对经世之学，特别是其中的军事学的兴趣，从而涌现了一批有实践经验、有书本知识的士人。而这批人又逐渐向曾国藩靠拢，出现了以曾国藩为中心的苗头。

1	《圣祖实录》卷127, 康熙二十五年九月己亥。
2	徐珂编:《清稗类钞》, 第3册《爵秩类·各部堂司官琐事》。
3	赵尔巽:《清史稿》, 卷143。
4	王先谦:《东华续录》乾隆一百十三, 乾隆五十六年三月。
5	王先谦:《东华续录》乾隆十六, 乾隆七年十月。
6	王先谦:《东华续录》乾隆十七, 乾隆八年二月。
7	李文治编:《中国近代农业史资料》第1辑 (1840—1911), 第60页。
8	王先谦:《东华续录》乾隆九十四, 乾隆四十六年八月。
9	曹蓝田:《拟上时务策 (道光二十六年丙午闰五月十五)》,《璞山存稿》卷6。
10	魏源:《太子太保两江总督陶文毅公神道碑铭》,《魏源集》上。
11	欧阳昱:《开潘氏仓》,《见闻琐录》。
12	金应麟:《贵州调剂缺分折》,《豸华堂文钞》卷6。
13	魏源:《嘉庆川湖陕靖寇记三》,《圣武记》卷9。
14	王先谦:《东华续录》嘉庆七, 嘉庆四年正月。
15	洪亮吉:《守令篇》,《皇朝经世文编》卷21。案: 洪亮吉死于嘉庆十四年。
16	包世臣:《致广东按察姚中丞书 (戊子)》,《安吴四种》卷35,《齐民四术》卷11。
17	《宣宗实录》卷191, 道光十一年六月甲辰。
18	徐珂:《清稗类钞》, 第4册《谏诤类·张鏷奏併大差》。
19	贾允升:《请除外省积弊六事疏》,《皇朝经世文编》卷16。
20	包世臣:《庚辰杂著三 (嘉庆二十五年十月都下作)》,《安吴四种》卷3,《中衢一勺》卷3下。
21	李鸿章:《清查苏松漕粮积弊片 (同治二年五月十一日)》,《李文忠公奏稿》卷3。
22	戴逸:《论太平天国革命发生的原因》,《光明日报》1961年1月10日。
23	民国《新修合川县志》, 卷48。
24	杨彝珍:《胡赠君传》,《移芝室全集》卷6。
25	周天爵:《与刘次白书 (辛卯)》,《周文忠公尺牍》卷上。
26	王先谦:《东华续录》乾隆十八, 乾隆八年九月。
27	杨锡绂:《陈明米贵之由疏》,《皇朝经世文编》卷39。
28	参阅青城子:《有某者》,《亦复如是》卷2。
29	吴敏树:《壬辰书事·序》,《柈湖诗录》卷1。
30	赵靖、易梦虹主编:《中国近代经济思想史》(中华书局1964年版) 上册, 第176页。
31	《宣宗实录》卷437, 道光二十六年十二月辛酉。
32	《宣宗实录》卷432, 道光二十六年七月甲午。
33	龙启瑞:《上梅伯言先生书》,《经德堂文集》卷3。
34	金毓黻、田余庆等编:《太平天国史料》第四部分附《曾望颜沥陈广东霍乱之由奏稿》, 第523页。
35	嘉庆《常德府志》, 卷17。
36	赵申乔:《特除上行下效之积弊其砥大法小廉之实政, 以肃官箴, 以苏民困示》,《赵恭毅公剩稿》卷6。
37	张亮基:《办理收复抚恤事宜疏》,《张大司马奏稿》卷2。

38	光绪《湖南通志》,卷60。	
39	黄本骥:《湖南方物志》。	
40	同治《桂阳直隶州志》,卷21;同治《新修麻阳县志》,卷5。	
41	同治《衡阳县志》,卷11。	
42	光绪《湖南通志》,卷58。	
43	骆秉章:《采买淮盐济食分岸纳课济饷折》,《骆文忠公奏议》卷5。	
44	嘉庆《宜章县志》,卷19。	
45	张亮丞:《小谷山房杂记》,卷1。	
46	光绪《湘潭县志》,卷5。	
47	严如熤:《堡工堡田经费议》,《乐园文钞》卷5。	
48	刘献廷:《广阳杂记》,卷2。	
49	同治《长沙县志》,卷20。	
50	皮锡瑞:《师伏堂未刊日记》,《湖南历史资料》(1959年第1期),第105页。	
51	王闿运:《陈怀庭诗集序》,《湘绮楼诗文集》卷9。	
52	王闿运:《湘绮楼集外文(三)·与李子政论湘中文学》,《中和》第3卷第4期。	
53	翰林院人数据沈廷芳《国朝馆选录》资料统计,《清代学者生卒及著述表》为民国32年版。	
54	赵慎畛:《榆巢杂识》,卷下。	
55	光绪《湖南通志》,卷179、卷185。	
56	严如熤:《文会记》,《乐园文钞》卷3。	
57	同治《安仁县志》,卷10。	
58	唐鉴:《丁未八月,由长沙返棹金陵留别诗》,《唐确慎公集》卷8。	
59	罗克进:《湘潭罗府君行状》,罗汝怀《绿漪草堂文集》卷首。	
60	湖南省文献委员会编:《存吾文集四卷》(清余廷燦撰),《湖南文献汇编》第2辑。	
61	邓显鹤:《例授修职郎岁贡生候选训导邹君墓志铭》,《南村草堂文钞》卷14。	
62	王代功:《湘绮府君年谱》,卷1。	
63	光绪《东安县志》,卷7。	
64	江忠源:《诰赠奉直大夫刘琢斋双寿叙》,光绪《新宁县志》卷23。	
65	《湖南省例成案》,转引自仁井田陞:《中国法制史研究:奴隶农奴法·家族村落法》。	
66	光绪《龙山县志》,卷14。	
67	同治《芷江县志》,卷18。	
68	郭嵩焘等:《湘阴图志》,卷33。	
69	邓显鹤:《罗府君墓表》,《南村草堂文钞》卷17。	
70	道光《宝庆府志》,卷7,道光十六年二月。	
71	道光《宝庆府志》,卷7。	
72	邓显鹤:《荫庭太守(魁联)典郡一载,旋檄赴岳州承办军差,时重臣大队将入楚矣。奉寄二诗,兼讯丽生消息》,《南村草堂诗钞》卷24。	
73	光绪《湖南通志》,卷170《名宦十六·国朝五》。案:此事《宣宗实录》中亦有记载,但被捕人数较少,显然是大吏上报时有意缩减。	
74	左宗棠:《上贺蔗农先生》,《左文襄公全集·书牍》卷1。	

75 严如熤:《苗防备览》,卷9。
76 同治《新修麻阳县志》,卷5下。
77 同治《新修麻阳县志》,卷8。
78 光绪《湖南通志》,卷196。
79 同治《桂阳直隶州志》,卷4。
80 光绪《湖南通志》,卷185。
81 光绪《湖南通志》,卷186;光绪《东安县志》,卷7。
82 光绪《新宁县志》,卷6;卷16,二十九年冬十月。
83 故宫博物院明清档案部编:《监察御史黄兆麟奏冯德馨贻误军机情形折(道光三十年二月十八日)》,《清代档案史料丛编》第2辑,第73页。
84 曾国藩:《江忠烈公神道碑》,《曾文正公全集·文集》卷3。
85 郭嵩焘、罗汝怀等编:《湖南褒忠录初稿·殉防一》。
86 刘基定:《同治衔武陵学训导储石友先生死寇行状》,《湖南文征》卷119。
87 光绪《东安县志》,卷7。
88 同治《长沙县志》,卷24。案:此团后由朱载阳之子主持,曾多次抗拒太平军。
89 光绪《湖南通志》,卷194。
90 光绪《湖南通志》,卷196。
91 郭嵩焘:《湖南褒忠录初稿·殉团四》。
92 严如熤:《畿辅水利说一》,《乐园文钞》卷7。案:咸丰元年,唐鉴曾进所著水利书于清廷,当为此书定稿。
93 邹汉勋:《长沙家书》,《敩艺斋文存八》。胡林翼:《启张石卿中丞(壬子)》,《胡文忠公遗集》卷53。
94 刘蓉:《复罗仲岳书》,《养晦堂文集》卷4。吴敏树:《寄罗罗山泽南观察》,《柈湖诗录》卷4。
95 同治《新化县志》,卷18。

96	姚莹:《汤海秋传》,见汤鹏《浮邱子》卷首。
97	黄濬:《人才培植关乎国运》,《花随人圣庵摭忆》。
98	俞樾:《春在堂杂文》,《皇朝经世文续编序》4编,卷7。
99	吴敏树:《壬辰书事·序》,《柈湖诗录》卷1。
100	周寿昌:《哭江岷樵中丞(忠源)》,《思益堂诗钞》卷2。
101	吴敏树:《感秋九首》,《柈湖诗录》卷1。
102	左宗棠:《上贺蔗农先生》,《左文襄公全集·书牍》卷1。
103	刘蓉:《致某官书》,《养晦堂文集》卷3。
104	左宗棠:《上贺蔗农先生》,《左文襄公全集·书牍》卷1。
105	邓瑶:《敕授修职郎例授文林郎湖南长沙府宁乡县训导截取知县先叔父湘皋府君行状》,《双梧山馆文钞》卷19。
106	邓显鹤:《重修朱子五忠祠续修五忠祠记》,《南村草堂文钞》卷7。
107	郭嵩焘:《冯树堂六十寿序》,《养知书屋文集》卷14。
108	罗正钧:《旧待轩遗诗序》,《劬庵文稿》第4编。
109	徐珂:《清稗类钞》,第3册《荐举类·穆彰阿荐曾文正》。
110	曾国藩:《禀祖父(道光二十七年六月十七日)》,《曾文正公家书》。
111	曾国藩:《致诸弟·述升内阁学士(道光二十七年六月十八日)》,《曾文正公家书》。
112	黎庶昌:《曾文正公年谱》卷1,道光三十年六月。
113	江忠源:《发都门二首寄别涤生庶子》《次韵涤生庶子见酬》,《江忠烈公遗集》卷2。
114	江忠源:《久旱已而甚雨用东坡次孔毅父韵,呈涤生庶子》,《江忠烈公遗集》卷2。
115	刘蓉:《与曾涤生侍郎书》,《养晦堂文集》卷5。
116	郭嵩焘:《冯树堂六十寿序》,《养知书屋文集》卷14。
117	刘蓉:《与曾涤生侍郎书》,《养晦堂文集》卷5。

第二章 筹建湘军

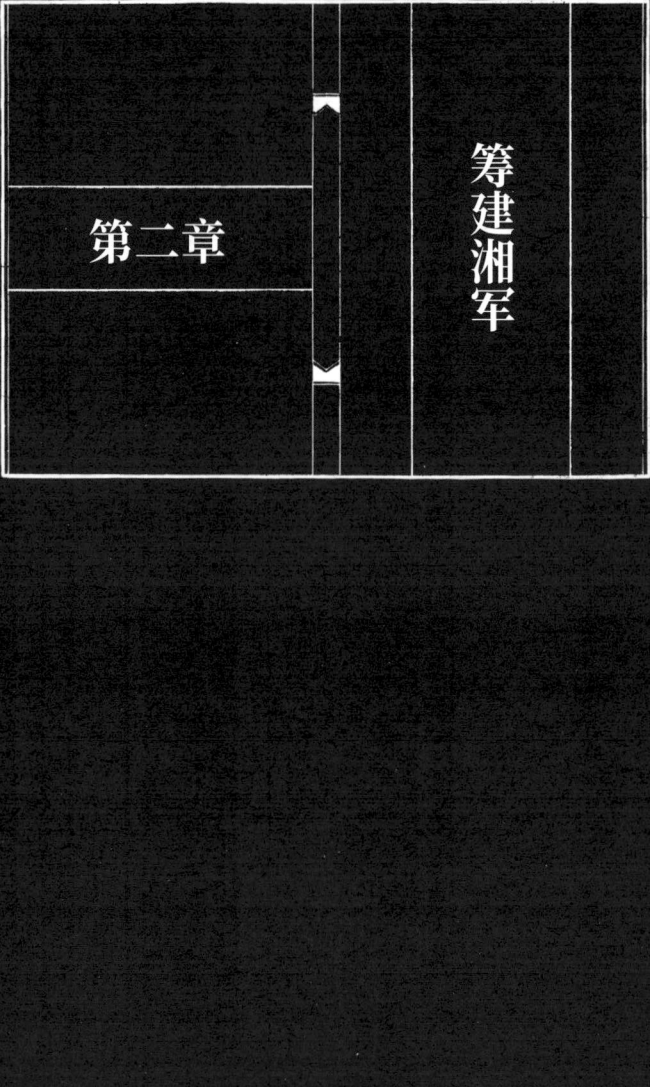

第一节　初露锋芒的湖南地主阶级

太平天国革命领袖洪秀全是广东花县人，鸦片战争前后，多次考秀才不中，又目睹耳闻了战争所暴露出来的种种丑恶事实，遂萌发了对现实的不满情绪，产生了新的探索愿望。在基督教传教小册子《劝世良言》的启发下，洪秀全在道光二十三年(1843)创立了拜上帝教，并随即抛弃了私塾中的孔子牌位。但这种新宗教，仅获得了冯云山、洪仁玕等少数人的信从，并招来了更多人的反对和冷遇。次年，洪秀全、冯云山乃决计西入广西传教。

广西的居民状况极为复杂。除了汉、壮、苗、瑶等民族外，汉民又分为定居已久的本地人，与明末清初以来从广东、福建迁入的客家人，以及从湖南、江西迁入的湖南人和江西人。这就使广西既有尖锐的农民与地主之间的阶级矛盾，又有激烈的民族纠纷和土客斗争。同时，广西由于山多田少，水急滩多，生产落后，又是全国知名的贫瘠地区之一，每年财政入不敷出，向赖外省接济。这就使本省官府对各种形式的反抗和斗争，不能也不敢采取有力的措施；而本省地主阶级则由于经济文化落后而先天不足，力量孱弱，既不敢监督各级官府，也不能对农民进行有效控制。与之不同，毗邻广西的广东、湖南，虽也有多民族，但只有一部分地区是民族杂居：广东除海南岛外，只有西北一隅，湖南则集中在湘西、湘南。土客问题，在湖南基本不存在，广东也只有少数县存在，而广西则几乎无县不有民族和土客问题。更为重要的是，两省经济文化发达，官府和本省的地主力量也远超广西。广西团练总头目龙启瑞就十分羡慕广东，"设若我省民间，如东省之富足，立团立社，经费皆不必仰于官"[1]，那就可以大办团练。这种社会矛盾复杂尖锐，而封建统治力量又十分薄弱的状况，势必使广西成为清王朝统治铁链中最为脆弱的一环。正因为如此，湖南、广东的天地会众和其他反抗者，在本省不能立足时就逃入广西，而迁居广西的两省人，又往往成为他们最好的"窝主"。

早在雍正、乾隆时，这种政治流亡就时有发生，李梅、李彩案就是其中最著名的事例。但在短时间内，大批人逃入广西的情况，则始于嘉庆后半期。当时广东大捕海盗，严缉天地会众，这些人遂纷纷西逃。道光元年（1821）广西巡抚就说"粤西自嘉庆十二年广东惩办洋匪后，内河土盗潜至西省，与依山附岭种地之各省游民"结合，组织天地会，仅嘉庆元年（1796）就奏报捕获会众一两千人。[2]鸦片战争后，这种逃亡的规模更大、人数更多，后来甚至成群结队，有时一股多达数百人。湖南的雷再浩、李沅发等起义民众，在本省不能立足时，也同样向广西转移。

在广东、湖南天地会众和其他反抗者的推动下，鸦片战争后，广西的阶级斗争迅速走向白热化。洪秀全、冯云山进入广西传教，正是顺应了这一潮流，选择了最理想的地区。后来洪秀全虽然回广东，但冯云山在桂平紫荆山区，却获得了众多贫苦农民的信从。当洪秀全在道光二十七年（1847）再来广西时，拜上帝教会众已多达两千人，之后的三年，广西的天地会斗争越来越激烈，几于全省鼎沸。在这种形势的推动和掩护下，洪秀全等积极活动，大力发展会众，扩充实力，并有条不紊地完成了起义的准备工作。道光三十年十二月十日（1851年1月11日），洪秀全在桂平金田村宣布起义，建号"太平天国"。不久，洪秀全又在武宣东乡即位，称天王。几个月后，太平军攻克永安州城，洪秀全分封杨秀清为东王，萧朝贵为西王，冯云山为南王，韦昌辉为北王，石达开为翼王。西王以下俱受东王节制。咸丰二年（1852）二月，洪秀全等自永安突围北上，围攻桂林，进军两湖，年底攻占华中重镇武昌。咸丰三年（1853）正月，号称五十万的太平军，由水陆顺长江东下，一路势如破竹。二月十日，太平军进克全国名城江宁，并建都于此，改名天京。四月，洪秀全又先后派遣北伐军，进军北京；派遣西征军，争夺长江中游广大地区。

太平天国革命者取得这样辉煌的胜利，固然有多方面的原因，但最重要的原因是他们继承并大幅发展了历代农民革命"等贵贱，均贫富""均田免粮"的反封建传统。在洪秀全《原道觉世训》等著作、《奉天讨胡檄布四方谕》等布告、《天朝田亩制度》等文献的指引和号召下，太平天国革命者向封建统治者发起了强有力的冲击。归纳起来，可以分为三个方面：一是猛烈抨击佛、道两教和其他迷信，带领群众打毁各种神佛偶像和寺庙。太平天国革命者对儒教也采取日益激烈的态度，被历代封建统治者奉为至圣先师的孔丘，成了嘲弄的对象，甚至被定为罪人："孔某向本在天堂，忽逃下凡间，变妖惑人，所以天父大怒，今已捉上高天，罚他种菜园了。"[3]孔庙被捣毁，并严禁出版和阅读儒经。其次，革命者不仅斥责历代皇帝妄自称帝是"僭越"的犯罪行为，还揭露满族贵族入主中原后，对广大汉族人民进行罪恶的统治，号召人民起来推翻以满族贵族为主导的清王朝。最后，太平天国革命者从"人人都是上帝的子女，世上一切都是上帝创造的，皆为上帝所有"出发，提出"凡天下田，天下人同耕"的原则；并把土地分为九等，按各家人口多寡，平均分配，从而在根本上否定了封建地主土地所有制。

太平天国革命者进行的批判和斗争，虽然具有浓厚的宗教色彩，但也过于简单粗糙，甚至还自相矛盾。但地主土地所有制是封建制度的经济基础，儒家思想是封建意识形态的核心，反满问题也触及清王朝的要害；同时，太平军纪律严明，有的大官僚承认："队伍整齐，约束不乱"，"将到之处，先有数人鸣锣，令各户关门，市卖食物之店令其开门，平给价值交易"。[4]清廷的情报也说："不但不掳乡民，且所过之处，以攫得衣物散给贫者，布散流言，谓将来概免租赋三年，乡民德之。"[5]

这就是说，太平天国革命者既在关系到封建制度和清王朝赖以生存的三个根本问题上，进行着强有力的冲击，又以革命行动和良好的纪律体现了革命军队的特色。这自然会对实际斗争产生巨大影响，千百万农民群众被动员起来，投身反封建反清的行列；但与此同时，这也引起了地主阶级及其卫道士的仇恨和忧虑。他们千方百计地进行反扑，力图把革命镇压下去。

道光三十年(1850)正月，道光帝病死，其四子奕詝继位，次年改元咸丰。面对正在兴起的农民革命，咸丰帝力图振作以挽危局。即位不久，他就下诏求直言；数月后，又罢斥满族贵族穆彰阿和耆英，起用当时最有声望的汉族大吏林则徐为钦差大臣，赴广西督师。在亲笔"朱谕"中，咸丰帝宣布穆彰阿、耆英二人的罪状为"妨贤病国"，"从前夷务之兴，穆彰阿倾排异己"，"耆英之无耻丧良，同恶相济"。[6]在林则徐于赴广西途中病殁后，咸丰又命汉族官僚李星沅为钦差大臣。显然，咸丰帝想以此表示他放弃种族偏见，倚重汉族地主官僚的决心。这样的姿态虽能获得汉族官僚的好感，对加强地主阶级内部团结有一定作用，但对于败坏已久的军政大局，却毫无作用。事实上，清廷各大臣仍是积习未改，"揆辅诸臣，犹各存意见，护短忌长。"对此，有的中小官僚极为愤懑，"揆辅用意，殊堪发指。"[7]而咸丰帝自己才二十多岁，既乏才能，更无阅历。首脑如此，前方的将帅和兵勇身上自然也不会出现奇迹。

李星沅道光三十年(1850)十二月初至广西，虽然不到一个月就上奏：韦正、洪秀全"私结尚弟会(上帝会)，擅贴伪号、伪示"，并断定他们"实为群盗之尤，必先厚集兵力，乃克一鼓作气，聚而歼之"。[8]但直至咸丰元年(1851)八月，仍未弄清谁是革命首领，有时甚至还把洪秀全、冯云山混为一谈。清军内部问题成堆，战局不但无大的进展，反而时有挫失。到后来，李星沅内外交困，精神完全崩溃，不但承认自己无能，说当时的情形如同病人垂危，"筋脉懈弛，疮痍溃烂，卢、扁亦将束手,况不卢、扁耶;忧心如焚,无可告语"[9];还说其他将帅也不行,"此贼非眼前诸公可了"[10]。由于忧惧交加,李星沅不久即一病不起(一说是自杀而死)。继任的赛尚阿虽贵为首席军机大臣、文华殿大学士,又调集多达四万人(一说六七万人),但"左右无一正人,无一谋士,其忌刻倾险,尽是内务府气习"[11]。而赛尚阿本人昏庸无能更甚于李星沅。继赛尚阿之后的徐广缙,与之也不相上下。太平军围长沙,徐广缙躲在湘潭;太平军围武昌,他在湖南逗留不进,并且奏报说,"武昌自可解围,乃数日之间"[12],武昌即被太平军攻下。咸丰帝对之无可奈何,只能说:该大臣如此料贼,殊堪浩叹!后以向荣代之。向荣虽略胜李、赛、徐三人,但也只是五十步笑百步而已。

至于将弁兵勇的情况,咸丰二年(1852)十一月,一位路过两湖的官僚曾概述说:"兵畏贼,不畏将;将畏兵,不畏法。"[13]可见清军上下矛盾重重,又怯弱无战斗力。李星沅承认:"非特募勇难恃,额兵亦未可知,咎在提镇因循,将备弁兵毫无顾忌,见贼辄走,已成故套。"[14]向荣所部战斗力较强,但每打胜一次,一兵需赏银一两,后改为三钱,"军中哗然,誓不出力"[15]。福建调来官兵三千人,竟"走散"近千人之多。[16]新募之"壮勇多不娴军律,人多散漫不就管束"。且有的还与太平军私相往来。同时,将帅之间,如李星沅与广西巡抚周天爵,周天爵与大将向荣、秦定三,向荣与乌兰泰,不仅互不相让,甚至互不往来,互相掣肘。将与兵的关系,正如赛尚阿大营的要员姚莹所说,"我兵心本不齐,与诸将几如路人"，再加上赏罚不公，"兵安得不以路人待将"。[17]各军之间，也是"一军胜，则争起而攘功；一军败，即按兵而自卫。甚至左进而右先退，以隐为参商；前行而后反邻，以互相抵牾"[18]。有时甚至互相仇杀，如太平军攻永安时，"适川兵与楚兵私斗，贼乃得从容袭破平乐府属之永安州"[19]。

从上可见，一方面太平天国革命者在思想上，在实际斗争中，表现了中国农民战争史上最卓越的才能；另一方面满汉统治者仍是昏庸腐朽，因袭故技，结果就是清军败至不可收拾，革命者则胜利辉煌。这种情况使得年轻的咸丰帝再也沉不住气了。咸丰三年(1853)武昌易手时，咸丰帝在亲笔诏书中，大骂"内外文武诸臣……泄泄沓沓，因循不振，禄位之念重，置国事于不问"。接着又告诫："若不痛加改悔，将来有不堪设想者矣！"[20]显然，他已感到清王朝正面临生死存亡的危机，并且已丧失必胜的信念。也有不少普通官僚地主发出类似，甚至更为悲观的哀叹："我辈无噍类矣"，"可堪痛哭"。这种种情况说明，在太平天国革命者狂风暴雨的打击下，清王朝不仅一切弊端痼疾全部暴露出来，且因医治无术，而陷于悲观绝望之中。但是，满汉地主阶级和一切剥削者一样，不会自动退出历史舞台，放弃自己的既得利益，不仅满族贵族在继续开动国家机器，各省的地主士绅也在以各种形式为镇压农民起义效力，其中湖南地主的努力最引人注目。

事实上，湖南地主士人对农民革命大风暴的到来，在思想上已有所预感，并积累了一定的实际经验，甚至还建立了江忠源那样的武装。广西与湖南紧邻，其动乱早已引起湖南地主的关切。再加上太平军又先后在道州、郴州、长沙等地驻扎战斗了六个多月，波及二十余县，使湖南地主遭到很大打击。在历史积累的基础上，再加上切肤之痛的现实刺激，湖南地主对太平天国革命的反应，就既强烈又迅速。

在全省拥有高声望的曾国藩，这时虽安居北京，但他密切关注广西局势，要求友人详细告知。如汪某就两次向曾国藩陈述有关情形，并寄来紫荆山区和浔州东北的地图等资料。同时，曾国藩还积极向皇帝上言，对时政提出自己的见解，显示出了不同于一般大官僚的胸怀。在道光三十年(1850)至咸丰二年(1852)这三年中，曾国藩共上折片十三道，除了三道无关宏旨，可以略而不论，《遵议大礼疏》专言道光帝身后礼仪方面的事，其他折片，按其内容可以归纳为两个方面。

在《议汰兵疏》《备陈民间疾苦疏》和《平银价疏》等折片中，曾国藩虽然列举了军政败坏、民生困苦等许多问题，要求加以整顿和解决，但特别强调"民心"问题。他指出隋文帝在位时国家富强，其子继位不久就"忽致乱亡"，关键在于"民心去也"；康熙前期，河患频仍，三藩之乱又"骚动九省，用兵七载，天下财赋去其大半，府藏之空虚，殆有甚于今日"，但后来清廷还是顺利渡过难关，关键在于"民心固结"。现在不仅钱粮太重，田主收租所入，完纳田赋后，所余太少，且"盗贼"多，"良民难安"，冤狱多，"一家久讼，十家破产"，从而严重影响了民心的固结。显然，曾国藩以此来证明当时危殆的形势并不可怕，只要注意固结"民心"，大加整顿，就可否极泰来。而他心目中的民，主要是指中小地主。正如前述，不少中等地主，更多的小地主，的确受到大地主和官府的欺压。这就是说，曾国藩的议论是有的放矢，提出了大敌当前，要保持地主阶级内部团结这样一个至关重要的大问题。当然，这还包括满汉团结等问题。但这时，他对满汉关系还缺乏亲身感受，因为他自己就是由满族贵族破格提拔起来的。与之相反，曾国藩家数代都是中小地主，挤入大地主行列不过十年，拥有的财产还不多，亲友又大多是中小地主。这就使他既熟悉又同情中小地主，知道他们固然有着强烈的反革命积极性，但又对大官僚大地主和官府极为不满。所谓固结民心，就是要采取措施，消除中小地主的不满，以充分发挥其反革命积极性。

在《应诏陈言疏》《条陈日讲事宜疏》和《敬陈圣德三端预防流弊疏》中，曾国藩要求咸丰帝举行"日讲"，听专职官员讲授"正心修身之体"的理财治民之道。同时，他还尖锐地指出咸丰帝即位后，虽然下诏求直言，似乎虚心纳谏，实际上却是"鲜察言之实意，徒饰纳谏之虚文"。如果再这样发展下去，那就很危险了。敢这样指陈皇帝的过失，的确要冒相当大的风险。事实上，咸丰帝阅曾国藩折后也大怒，欲加罪于他，经军机大臣力阻才罢。这说明，曾国藩为了清王朝的安危，为了地主阶级的利益，必要时敢于挺身而出，甚至不惜个人承担风险。这样，曾国藩就用见解和行动证明自己不仅才识出众，而且还是一个忠心耿耿的封建卫道士。这博得了咸丰帝的好感，其恩师穆彰阿虽被罢斥，但曾国藩自己仍官运亨通，先后兼署刑部和吏部侍郎，咸丰二年(1852)六月，又被任命为江西乡试正考官。但在赴江西途中，曾国藩却因母病殁，回籍奔丧而去职。

曾国藩的这一系列折片，在全国，特别是在湖南士人中，引起了相当热烈的反响。广西的动荡，清军的挫败，使湖南士人忧愤不已，切盼当权者扭转这种危险的趋势。曾国藩当时的权与位，虽然尚不能负此重任，但他的折片却说出了他们的要求，因而在省内得到广泛流传，"用人、行政、议礼、汰兵等疏，人争传之"。但他们还不满足，认为这些还不是问题的关键，只有提出"主德"才能抓住根本，希望曾国藩不计个人得失，犯颜直谏。为此，罗泽南致书曾国藩："盛称其言之切当，而尤冀其以正本清源为务。谓有所畏而不敢言者，人臣贪位之私心；不务其本，而徒言其末者，后世苟且之学术。"[21]罗泽南此信未到，曾国藩已在《敬陈圣德三端预防流弊疏》中说了他们要说的话。这样，省内士人对曾国藩就更加敬重了，而曾国藩也从他们那里吸取了力量，得到了鼓舞。因此，曾国藩不仅不怪罪罗泽南的直言鞭策，反而引为同志，"阁下一书乃适与拙疏若合符节，万里神交，其真有不可解者"[22]，说得很神秘，其实不过是共同的封建主义卫道士意识而已。在这种共同意识的驱使下，湖南地主士绅还直接参与镇压农民的革命斗争。这有两种情况：

一是组织团练。李沅发起义虽然失败了，但湖南农民群众仍积极响应广西的天地会斗争和金田起义。咸丰二年(1852)

春，桂阳州彭运洪图谋起事，"先建伪号，称洪顺元年，以李明光为谋主，乡愚蠢动"[23]。但以泗州寨陈士杰为首的"强族"，不仅及时得知消息，还立即调动勇丁，连夜进行袭击，杀死李明光等人，使起义流产。永兴刘代伟于三月起义，攻占郴州城，杀死知州，因外援不至，乡勇四集，旋即退出州城，转移至油榨墟，乡勇与清军又跟追而至，义军被俘杀三百余人，终于全军覆没。[24]湘乡熊聪一、王祥二等于咸丰元年（1851）冬，因漕抗官，知县朱孙诒及士绅王鑫及曾麟书（曾国藩之父）、刘东屏（刘蓉之父）等人，集团众数千人，围攻三日，乡勇死者一，伤者数十，知县亦受伤，而被捕的群众竟达七百余人。[25]邵阳士绅也领练勇数百，镇压石背洞"土匪"，屠杀数十人。太平军进入湖南，特别是围攻长沙时，全省大震，群众纷起响应，如宁乡"土匪蠭起"。而地主也纷纷组织团练，"械帜皆新，集以号炮，顷刻百千，声势颇壮"[26]，并在各乡大肆镇压响应起义的群众。在镇压攸县何奇七、黄极高起义时，团练就起了很大作用，士绅陈宪章"带勇受伤身死"[27]。酃县刘祖高聚众数百人谋攻城，也因被团绅侦知，知县召团练守城而失败。

二是组织军队。以江忠源为总头目的新宁团练，在镇压雷再浩、李沅发两次起义中，以凶悍著称，江忠源也因此声名大噪。赛尚阿督师后，调江忠源入乌兰泰军幕。乌兰泰即令江忠源募勇来广西，江忠源"募故所用乡兵五百，使弟忠濬帅以来，号'楚勇'"[28]。这五百人虽仍然保留着乡勇的特色，与经制兵绿营不同，但已不是自卫乡里、自筹军费的团练，而是出境作战，脱离生产，由官府供饷的军队。不久江忠源病归，太平军围攻桂林，江忠源又与刘长佑招募一千二百人驰援桂林。太平军解围北上，原拟顺湘江直下衡州，但江忠源却抢先在全州蓑衣渡伐木断江，伏兵西岸，结果大败太平军，迫使太平军改趋道州，严重阻滞了其行程。此后，在固守长沙的战斗中，江忠源的楚勇也发挥了重要作用。

在太平军撤围长沙，退出湖南后，江忠源又血腥镇压了浏阳征义堂起义。早在道光中叶，周国虞就"聚盟"建堂。进入咸丰年间，周国虞又假借团练名义，扩充组织，建立武装。在太平军进入湖南，围攻长沙时，其力量更迅速壮大，发展至两万多人，并控制了县城及大部分县境。而地主士绅一面组织团练相抗，多次围杀征义堂信众，竭力阻止其发展；一面不断向官府告急，甚至远在北京的御史也上奏朝廷要求迅加镇压。这时正在巡抚张亮基幕中的左宗棠，先采取麻痹策略，促使周国虞游移，不敢断然举义，然后令江忠源在镇压晏仲武起义后，于咸丰二年(1852)十二月，突然挥兵进击，血腥镇压征义堂，屠杀近两千人，迫降四百多人，四千多户自首。征义堂经营近二十年，人数众多，器械具备，技勇颇精，是咸丰元年、二年时湖南最有组织的一支最大革命力量；且浏阳地近省城，又位于湖北、江西、湖南三省的毗邻区，如不被镇压，几个月后太平军西征时，就会与其里应外合，近围长沙，远攻江西、湖北。也就是说，这次镇压实际上消除了湖南官绅的一个战略隐患。此役表面上是巡抚张亮基调度有方，但实际上前线指挥是江忠源，主力部队又是江家的楚勇，而整个行动计划则是左宗棠一手制定的，即所谓"发谋决策，皆宗棠任之，张亮基受成而已"[29]。此役是湖南地主士绅凭借自己的才干、智慧和力量获胜的。

道光三十年(1850)至咸丰二年(1852)阶级斗争的历程表明，以咸丰帝为代表的大贵族大官僚大地主虽然极力振作，千方百计要把革命镇压下去，但他们昏庸腐朽，没有也不可能医治清政权两百年来所形成的痼疾，他们只能损兵折将，迭失名城重镇，任凭鱼烂瓦解。与之相反，湖南地主阶级，却在暴风雨中，发扬其好武斗狠的特点，恪守程朱理学、究心经世之学的传统，在镇压本省群众斗争和抗拒太平军的战斗中凶悍狡诈，从而成功地维护了本省的封建统治。其中，江忠源迅速把新宁团练改组成一支军队，并取得重大胜利的事例，更为湖南地主士绅提供了方向性的经验和启示。所有这一切，虽然当时尚未能在全国引起很大反响，但对本省士人来说却是难得的实践，巨大的鼓舞。此前曾国藩虽因为先在北京，后又在家守制，未能在反革命战争实践中有所表现，但他在奏折中所表现出的学识、敢于犯颜上言的精神，获得了省内士人的推崇，从而进一步提高了他的威望。正因为如此，不仅湘乡士绅不断请他指导本县办团事务，巡抚张亮基、幕友左宗棠也急切希望他能出来主持本省团练；郭嵩焘更是驰驱数百里，日夜兼程赶至曾国藩家，"以力保桑梓"为言，敦促他应诏出任本省的团练大臣。一时之间，曾国藩成了湖南地主阶级的救世主。

第二节 曾国藩编练湘军和稳定湖南的努力

清廷于咸丰二年(1852)十一月任命曾国藩为团练大臣："着该抚传旨，令其帮同办理本省团练乡民，搜查土匪诸事务。"[30] 接着又另旨详细宣布办团练方针："着各该督抚分饬所属，各就地方情形妥筹办理，并出示剀切晓谕，或筑寨浚濠，联村为堡；或严守险隘，密拏奸宄。无事则各安生业，有事则互卫身家。一切经费均归绅耆掌管，不假吏胥之手。所有团练壮丁，亦不得远行征调。"[31] 这是镇压三省白莲教大起义的故技重演，妄图以此来割断太平军与广大群众的联系，使之得不到人力物力的支援。而团练则是不脱离生产，不拿政府军饷，不离本土本乡的地主民间武装；同时，团练还要接受地方大吏的督促和管辖，团练大臣则只是帮同办理。

但是，曾国藩对这样的团练和团练大臣没有兴趣，决心另搞一套。咸丰二年(1852)十二月二十二日，曾国藩自湘乡抵长沙，次日即上折奏陈他的计划。折中虽然也谈了办团练、"查土匪"，但紧接着笔锋一转，大谈"省城兵力单薄"，"本省行伍空虚，势难再调"；他要在"省城立一大团，认真操练，就各县曾经训练之乡民，择其壮健而朴实者，招募来省，练一人收一人之益"；并指出绿营腐败不可用，"今欲改弦更张，总宜以练兵为要务。臣拟现在训练章程，宜参仿前明戚继光、近人傅鼐成法"。在曾国藩上此折的前三天，即十二月十九日由左宗棠草拟、湖南巡抚张亮基签发的奏折中，也提出因兵力不足，欲"委明干官绅，选募本省有身家来历，艺高胆大之乡勇一二千名，即由士绅管带，仿前明戚继光束伍之法行之。所费不及客兵之半，遇有缓急，较客兵尤为可恃"[32]。

两折的内容虽有差异，但在这一点上完全一致，即要建立一支由士绅管带，以农民为勇，并用戚继光成法进行编练的军队。这与世兵制，将弁由清廷按定制委派的绿营是两种完全不同的军队。事实上，这就是曾国藩、左宗棠建立湘军[33]的最初设想。这样的决策，固然是因为他们的个人才识与魄力高于一般官僚，但也与当时的全国形势，湖南地主阶级在咸丰元年和二年对抗太平军、镇压省内群众的反革命实践，有着重大的因果关系。金田起义以来，清军与太平军在各省，特别是在湖南的半年交战，彻底暴露了八旗绿营的腐败，且毫无战斗力；而湖南地主士人，如江忠源、左宗棠、刘长佑、罗泽南、王鑫、陈士杰等，或出谋划策，或亲临前线，或结团自守，不仅有效地镇压了境内的群众斗争，还屡当大敌，取得蓑衣渡那样重大的胜利。此时的曾国藩虽在家守制，未直接参与各项事务，但通过各种渠道了解了各方面的情况，对本县团练尤为关注。在致刘蓉的信中，他提出团勇不宜太多，要求对其进行整编，"壮勇贵精而不贵多，设局宜合而不宜分"，并表达了对罗泽南、王鑫等人认真求实的办事作风的赞赏，"国藩寸衷自问，实不能及十分之二三"。[34]

这就是说，湖南士人对八旗绿营的腐败十分痛恨，对其毫无信心，只能奋起自救，他们在镇压群众起义的战争中锻炼和发现了自己的才干与力量，从而极大增强了自救的信心，甚至萌发了充当整个地主阶级救世主的野心。曾国藩、左宗棠建立新军的决策,正是湖南地主士人这种精神最集中的体现。当湘乡团练调来长沙时,左宗棠却因张亮基升任湖广总督,随同北去了武昌,之后又一直家居,直至咸丰四年(1854)三月,方应骆秉章之聘,再入巡抚幕。这样,编练湘军的任务就只能由曾国藩一人承担下来。但是,曾国藩要完成这一任务,还存在种种困难,归纳起来,有以下三个方面。

首先,就个人学识才干而言,曾国藩虽一向关心经世之学,但对军事学既未深入讲求,更无实践经验。如在前引咸丰二年(1852)十二月二十二日的奏折中,曾国藩很推崇傅鼐。其实傅鼐只不过是镇压苗民的刽子手,在军事上并没有多少建树,更未经历过大的战阵,而曾国藩却把他与著名的军事家戚继光并列,这反映了曾国藩在军事学方面的浅薄。这就是说,在军事方面,曾国藩还有一个学习前人,不断总结经验教训的过程。其次,就当时的省内外斗争形势而言,外有太平军压境,内有风起云涌的群众斗争。这就使曾国藩在编练湘军的同时,还必须与这两方对抗,否则,就不可能有筹饷练勇的安定环境。最后,就其所处地位而言,团练大臣虽然是皇帝钦命,可以上奏言事,但诏书明言"帮同办理"团练,正如曾国藩自己所说"处于不官不绅之地",其地位很尴尬。曾国藩仅仅是"帮同",对于编练新军,特别是省内政、财、吏、刑诸事务,各级官吏是不会容其插手的。而曾国藩却不安于本职,既要建军,又要干预军政事务,且遇事雷厉风行,这就导致他与省内大吏的矛盾日益尖锐。这种矛盾的加剧,又促使官吏在地方士绅中寻求支持,从而使曾国藩在士绅，甚至是湘军的士绅中，也难免遇到阻力。

总之，在完成建军任务的同时，曾国藩还必须做到：一要镇压省内的群众斗争，抗拒入境的太平军；二要处理好与省内各级官吏，特别是省中大吏的关系。建军是他事业的基础，也是他同省内官绅办交涉时赖以自重的资本。这两项则关系着湘军能否获得官绅政治上和物质上的支持，能否顺利建军。三者虽有主次之分，实则三位一体，缺一不可。

湘军建军可以分为长沙和衡州两个阶段。咸丰二年（1852）底，在张亮基的札调下，湘乡团勇千余人分两批，王鑫先带一营到长沙，随后罗泽南、康景晖又各带一营前来。[35]咸丰三年（1853）正月，张亮基赴湖广总督新任，由潘铎接署湖南巡抚。时太平军已由武汉东下，正围攻江宁，对湖南暂不构成威胁，且筹饷甚难，潘铎与曾国藩商定，裁撤新旧勇三千余人，康景晖营亦在被裁之列。[36]四月中旬，骆秉章回任湖南巡抚后，又先后招募湘勇二营，由邹寿璋和曾国葆（国藩亲弟）分别管带。不久，又因江忠源之请，曾国藩令宝庆知府魁联及江忠淑在新宁、邵阳、新化招勇两千，令朱孙诒在湘乡招一千二百人。此批甫一召集，南昌被围吃紧，其中除邵阳、新化勇外，其他全部由郭嵩焘、江忠淑等带领，再加上罗泽南一营及兵六百，共三千六百人，分三批东援江西。这是湘军作为独立的军事力量，第一次大规模出省作战。其规模之大，成军之迅速，反映出湖南地主办事既认真，效率又高，这与清廷征调之缓慢、绿营行军之拖延，形成鲜明的对照。

与此同时，曾国藩还会不定期考察省城之绿营弁兵，力求加以整顿。他一面专折奏奖塔齐布、诸殿元,褒奖塔齐布"忠勇奋发,习劳耐苦,深得兵心",诸殿元则"精明廉谨,胆勇过人",[37]要求破格提拔;一面专折奏参长沙协副将清德,"性耽安逸,不理营务",当太平军攻长沙,"轰陷南城,人心惊惶之时,该将自行摘去顶戴,藏匿民房,所带兵丁脱去号褂,抛弃满街",要求将清德"解交刑部从重治罪"。[38]此举对湖南绿营虽未起到多大促进作用,但塔齐布从此对曾国藩感恩戴德,成为湘军得力大将。在塔齐布的带领下,数百绿营兵也加入湘军行列,后益以宝勇,塔齐布营遂扩充为两营。至六月,江忠源系统的楚勇在外,曾国藩经手编练的湘军已达三千多人。其中援江西的数营虽大部分不久被汰撤,但王鑫、罗泽南、邹寿璋、曾国葆、塔齐布等营却训练有素,成为湘军的骨干力量。更为重要的是,曾国藩识拔了王鑫、罗泽南、塔齐布这样后来对湘军发展起了重大作用的将才,其中塔齐布尤为重要。塔齐布不仅凶悍死战,"每战不令士卒出己前",又能"与最下卒同甘苦",深得军心,所部"杂用兵勇,皆得其死力"。[39]而且,他还是满洲镶黄旗人,曾为三等侍卫。湘军初立,营官弁勇几乎全为湖南人,甚至多与曾国藩同县,塔齐布加入后,曾国藩又大加保举,咸丰四年(1854)即骤升为湖南提督,几成湘军副帅,这就冲淡了湘军浓厚的地方色彩,有助于减轻满族贵族的猜忌,从而在政治上,起到了其他将领无法实现的重大作用。

湖南是白莲教、天地会和少数民族反清势力三股力量的交汇区。少数民族的反抗力量虽在乾嘉大起义和之后的斗争中,遭到了很大的削弱,但白莲教、天地会的力量却在不断得到加强。金田起义,特别是太平军过境以后,虽然有的反抗力量因起义失败而有所损失,更有一部分人随太平军东去,但湖南境内仍蕴藏着巨大的革命潜力。正如曾国藩所说:"湖南本会匪卵育之区,去岁从洪逆去者,虽已分其强半,而余孽尚在伏莽。即素未入会之徒……亦且嚣然不靖,思一逞其恣睢。"据此,他预测:"土匪窃发之事,殆将月月不免,而东南山多之地,行且县县相继。"[40]其后续事态发展完全印证了曾国藩的预测。正是从这一预测出发,曾国藩认为"刻下所志,惟在练兵、除暴二事",把镇压群众与建立湘军同列并重。事实上,由于太平军东下,暂未构成威胁,再加上财政拮据,建军因饷缺而不能大举进行,在正月至五月间,曾国藩更侧重于"除暴"。他反复向官绅强调"方今吾乡之患,,在土匪犹有未尽","芟除土匪为第一要务"。[41]五月以后,太平军虽时而入江西,时而趋湖北,但他在扩军援江西的同时,仍加紧进行所谓"除暴"。

曾国藩在省内"除暴",主要通过两项措施来实行:对于正在活动,或并未活动的"会匪"或嫌疑犯,依靠团练来捕杀和控制;对于起义的革命群众,则派湘军和其他兵勇前去镇压。

湖南团练,在金田起义前后,官府已大力举办,虽其中许多有名无实,敷衍从事,但也有不少在实力奉行,如常宁。太平军进入湘南,士绅李孝经(举人、知县)、唐训方(举人)等,立即"同盟于关庙,誓贼来而不杀贼者,明神击之",并在县城设城局，主持全县团练；四乡共立三十二团，"有警每团十人入城守，有急则倍之"。**42** 又如湘乡县令与士绅商定："团练无分大小，俱令先练族，随练团。"**43** 县令发给族长、房长札委，这使族权与政权更紧密地结合在一起，从而更严密地控制群众。咸丰三年(1853)，蓝山更在办团练的基础上，建立县级武装，招募义勇，加上原有民壮，共达四百余人，号曰"蓝勇"；原有团练，"亦编为伍籍，期会操演"**44**。

曾国藩就任团练大臣后，把团与练分开，"团者，即保甲之法也。清查户口，不许容留匪人，一言尽之矣。练则制器械，造旗帜，请教师，拣丁壮"**45**。并定期操练，甚至还要立寨筑堡。前者费少事简而易行，后者费多事繁而难行。"方今百姓穷困"，经费难筹，故他力主"团则遍地皆行，练则择人而办"。**46** 一般县城条件较好，可以办练，用以守卫县城；乡间条件差，只办团。曾国藩还注意办族团，"以一方之正人，办一方之匪徒"；"以一族之父兄，治一族之子弟"。**47** 为此，他颁发了族团章程，并发给乡团、族团头目执照，令其稽查拘捕所谓"匪类"。此外，还在长沙、衡州两城，颁布街团章程，委派专人办理。

曾国藩上述办团练方针并未完全贯彻。有的州县官绅，除了在县城办练，还在乡村既办团又办练。如湘乡，咸丰三年(1853)九月，在县城募勇二百名，严加训练，作为县级武装。复令每都选派"劲勇"百名，并在《百勇练局条规》中，对其训练、派费等项做出明确规定；同时，又颁布《挨户团练章程》，令各乡各村普遍办团。这就是说，士绅积极性高涨，超过曾国藩的要求，自行加码。当然，也有敷衍了事，达不到曾国藩要求的。但曾国藩办团练的总精神在绝大多数州县得到贯彻，即依靠士绅，严密搜查监视，并残酷打击所谓"匪类"。士绅们纷纷告密，捕人送官，甚至擅杀。曾国藩不仅对此大加鼓励，号召士绅们不要管什么仁义，不要怕伤"阴骘"，要大杀多杀；同时，他自己也大挥屠刀，"一意残忍"，专门成立发审局，"匪类解到，重则立决，轻则毙之杖下，又轻则鞭之千百。敝处所为，止此三科"。[48]前两科自然是死，后一科非死即残。总之，就是杀！杀！区别只是杀的方式不同而已。这样嗜杀成性，又扬扬自得，人们就呼他为"曾剃头"。官吏们竞相仿效。如蓝山知县张嗣康在咸丰三、四年任期内，仅在清乡就屠杀群众数百人。又如，自称"秉性慈善"的宁远知县刘如玉，咸丰二年（1852）四月到任，至五年（1854）八月，"实共杀匪一千二百四十七名"。[49]宁乡团练在全县八个都（共十个都）中大肆捕杀匪类，焚烧"匪巢"。在这样疯狂的屠杀下，不少地区的秘密会党宗教严重受挫，骨干力量不是被杀，就是外逃，极少数保存下来的，也只能深匿不敢活动。如太平军入境长沙、宁乡时，就无人敢于响应，"土匪不敢窃发"，"土匪无一起而应者"。[50]

　　曾国藩的"除暴"，主要是镇压群众的武装斗争。咸丰三年（1853），湖南仍连续爆发武装起义。如湘阴周甲借团练的名义，聚众树旗，图谋起义，因过早暴露而失败。醴陵潘应光以斋教团结数千人，与团练和前来增援的湘军激战，牺牲数百人而最终失败。湘南仍是全省武装斗争的中心。正月就在常宁白沙堡揭开了本年斗争的序幕。地方官报告："匪徒"四百余人，"旗帜枪械俱全，沿途张贴伪示，称受伪东王札谕，劫掠富户，裹胁村民"。[51]曾国藩立令刘长佑、王鑫带队前往镇压，行至衡州，此股起义军已被当地兵勇击散。但衡山又有群众起义，遂移军前往，屠杀数百人，义军首领李跃亦被俘杀。五月，江西起义者入桂东，王鑫军驰往堵击，越境袭杀起义者七百余人。这时两广天地会起义军迫近湘南，曾国藩命王鑫屯扎郴州，张荣组领他支乡勇驻防永州，以为预防。七月，王鑫击走攻占兴宁的广东天地会军后，即大力办团筑堡，张贴告示，反复强调"欲求可以保民之道，断非练团练族不可"，并告诫"倘仍疲玩不遵，或奉行故事"，就要"从重究办"。[52]又传集士绅，商订练勇办团及劝捐章程，亲加督促检查。同时，还大肆进行所谓"清乡"，仅在桂东沙田墟一带，就屠杀五十余人，烧毁"匪巢"四十余所。王鑫认为这是他成功的经验，以后"所至之处，每兼办团练辅之，其能以寡胜众，亦每借助于此"。[53]

对湘南地主最大的威胁，不是两广天地会，而是本境天地会。曾国藩早在二月就指出："衡、永、郴、桂尤为匪徒聚集之薮。"以后虽不断有群众起义和斗争，但真正显示自己的力量却在这年冬。十月，常宁天地会军围攻县城，曾国藩立令湘军一营增援。后来各种情报说明，湘南天地会是一个有机整体，以何贱苟为首，在常宁、桂阳、道州、宁远等州县设立据点，且与两广天地会及太平军都有联系。正如曾国藩所说，"实与太平贼相通"，其大旗二面，"上绘龙虎，中书大字四：一曰'定中扫清'，一曰'集贤招勇'……其各种印板，如号衣、腰牌，圣兵前几军、后几军之类甚多"。[54]这与天地会传统的反清复明口号不同，而与太平天国《奉天讨胡檄布告四方谕》的思想颇为接近。其军队编制更是明显向太平军学来的。更令曾国藩等害怕的是，何贱苟等不仅有众四五千人，分布十余州县，且正在迅速发展，仅常宁洋泉一带入会者就不下四千人，有的地主，甚至士绅也被裹挟进来。这样强大的湘南天地会，一旦起义成功，其本身就足以对湖南的封建统治构成严重威胁；更何况它还可以南联两广天地会，北联正在湖北活动的太平军。这样，湖南地主家园就会被摧毁，襁褓中的湘军也行将夭折，两湖与两广的革命力量势必连成一片，从而对整个战局产生重大影响。曾国藩等人意识到问题的严重性，决定乘其初起，立脚未稳，调动两千多兵勇，在常宁、嘉禾、道州、蓝山等州县，跟踪追击，终于在十二月，将义军击溃。这次起义虽然使湘南天地会损失惨重，但何贱苟、何禄等首领仍然逃出了魔掌。

在咸丰二年、三年，湖南官绅镇压了各次起义，捕杀了大批革命群众，从而成功地扑灭了太平军过境时所掀起的革命热潮，初步达到了他们"安内"的目的。

环绕着上述"建军"和"除暴"两大任务，曾国藩与湖南官府，特别是巡抚、提督和两司的矛盾，也日益加多和尖锐起来。早在京官时期，曾国藩就对官僚们的昏庸苟且、贪赃枉法深为不满，甚至十分痛恨。就任团练大臣后，他对官场的歪风邪气更到了深恶痛绝的地步，认为正是这种作风酿成了当时的革命,"三四十年来一种风气,凡凶顽丑类,概优容而待以不死。自谓宽厚载福,而不知万事堕坏于冥昧之中,浸溃以酿今日之流寇"[55]。因之,他办事时就力矫此习,"于是攘臂越俎,诛斩匪徒,处分重案,不复以相关白"[56]。有的"犯人"已解送长沙府县衙门,他也派人强行提走,自行处置。有时甚至还直接拘杀官衙中的吏役,"奸胥蠹吏,亦时便宜诛之,牧令皆悚息"。[57]这样跋扈的做法,使得巡抚、两司十分不满,让他们也十分难堪。绿营为经制兵,向归总督、提督管辖,各级地方官,甚至巡抚(抚标在外)也无权过问。但曾国藩却令驻长沙兵与湘军一同操练,长沙协副将清德按规矩,拒不听命,对听从曾国藩的命令并认真操练的塔齐布更是"忮恨次骨",遂怂恿湖南提督鲍起豹下令禁止弁兵会操。但曾国藩毫不退让,针锋相对,奏参清德,奏保塔齐布。这就使曾、鲍之间形同水火,从而引发了兵勇武装冲突。"弁兵执旗吹号,操军火器械","寻湘勇而开仗",甚至打坏曾国藩的行馆,"杀伤门丁",[58]危及曾国藩的人身安全。巡抚衙门与曾国藩的行馆紧邻,对这样"犯上"的严重事件,骆秉章初时却佯为不知,任弁兵哄闹;后来虽不得不出来敷衍一番,但对闹事弁兵却不认真查处。原来骆秉章对曾国藩一系列侵犯官权的行为,早就不满,甚至示意曾国藩,"不宜干预兵事"。[59]这样,本来就对曾国藩不满,又善于迎意承旨的司道等官,更群起而攻之,怨曾国藩"操切"致变。

曾国藩与军政大吏的矛盾虽然很尖锐。但处于谁也赶不走谁,不能不共处的相持状态。骆秉章无明显可供参劾的劣迹，曾国藩不敢轻易一试；而曾国藩既是全省士绅的头领，又在练兵办团中做出了成绩，得到了咸丰帝的嘉许，骆秉章自然也不敢轻易一参。更为重要的是，五六月以来，不仅"内乱"时作，且太平军西征军时而袭扰江西，时而攻击湖北。在这种形势下，双方都不能不考虑省内政局的大变动，对"安内攘外"大局所造成的严重影响。正如曾国藩所说："时事如此，若非同心协力，勉强支撑，愈不可问。"**60** 为了缓和矛盾，为了便于就近镇压湘南革命群众，曾国藩决计离开长沙，于八月二十七日移驻衡州。

第三节 湘军的建立

长沙时期(咸丰三年正月至八月)，在曾国藩的主持下，湖南编练罗泽南、王錱、塔齐布、邹寿璋、储玫躬和周凤山等营，招募援江西之湘勇、楚勇两千多人。新建各营绝大多数，或在省内镇压群众起义，或在江西抗拒太平军。总的说来，建军成绩不突出，战功也不大，甚至还有严重失败；但对一入仕途，即为京官，于兵事接触甚少的曾国藩来说，这段经历却至关重要。

首先，曾国藩对绿营的腐败问题有了更多更直接的了解和亲身感受。绿营兵不但在长沙向湘勇寻衅闹事，危及他本人的安全，又在桂东对王錱营的湘勇"大肆横逆"，"持刀追杀，或牵去殴打"，以致湘勇受伤至十人之多。在江西三江口，杀伤湘勇十余人；在南昌附近，见湘军败退，袖手旁观，见死不救，致使湘军大败。而绿营纪律又十分败坏，如在永明，绿营竟进行有计划的抢劫，"分众伏于各村外，一更时忽炮声四起，既遍淫妇女，复将财物卷掳"。[61]这与太平军纪律严明，形成尖锐对照，这令曾国藩痛恨至极。"近日官兵在乡不无骚扰，而去岁潮勇有奸淫掳掠之事，民间倡为谣言，反谓兵勇不如贼匪之安静。"[62]

更令曾国藩深思的是湘勇、楚勇所暴露出来的问题。江忠源部楚勇战功多，声名甚著，但与之接触后不久，曾国藩就发现："楚勇颇多骄悍不驯，若非严加一番训饬，将来恐不可驭。即以目前论之，亦须君家兄弟乃能一扰，若隶他人麾下，则难尽受羁勒"[63]，并为此致书江忠源，要求江忠源加以注意。后来的事实证实了他的观察的准确性。江忠淑带新募楚勇援南昌，曾国藩鉴于"楚勇尚剽锐，营制疏略"，面嘱江忠淑"哨探必百里，至瑞州待湘军而行"。但江忠淑却不听，"心笑曾公怯"，既不待湘勇之至，又不派人探哨，结果"中途讹言寇至，哗而溃走，奸民噪惊之，弃军械、饷银，退保义宁"。[64]南昌解围后，江西"馈犒军银二万两，忠济尽取之，不以给士，军大噪"[65]，拥至抚院衙门，杀伤江忠源的家丁。次日，一千余人又纷纷自行散归回乡。这时，曾国藩才发现楚勇来源极为混杂，"江氏之勇，名为新宁，实则贵州、四川、衡、永、郴、桂无所不有"。[66]同时，新招未经训练的援江西湘勇，在南昌城下，初战即严重挫败，而且，还不断闹事。正如江忠源所说：湘勇虽比"楚勇尤驯，然斗山（即康景晖）所统八月二十六日为索赏项，几于欢哗，宝峰所统在德安一哄而散"[67]。

楚勇与新募湘勇虽然有种种不良表现，但与绿营相比，仍显示了新的面貌，既未有败不相救，甚至互相械斗仇杀等恶习，且剽悍敢战。江忠淑只是因为过于轻敌，湘勇则由于未经训练，临敌又无经验，鲁莽进战，先后致败。至于曾国藩亲自训练的罗、王、塔、邹诸营，不仅表现与绿营完全相反，且无江忠源军的毛病，军内外纪律与关系均较好。邹寿璋营驻防浏阳时更"颇得人心，联络众团，合为一气"[68]。这样鲜明的对比，如此丰富的经验教训，不能不给曾国藩以新的启示。随着对绿营腐败的深入了解，曾国藩认识到仅仅抛弃绿营的制度还不够，必须采取措施防止绿营习气对湘军的腐蚀；楚勇来源混杂，骄悍难驭，而未经训练的湘勇的种种不良表现，则使他对弁勇的招募、选择和训练，要求更为严格；江忠淑不听约束，更使他意识到加强对部队的个人控制、在全军树立个人权威的重要性。总之，至衡州以后，曾国藩在思想上、认识上，做好了更好的建军准备。

与此同时，客观形势也有利于曾国藩。太平军撤南昌围后，即沿江西上，在田家镇大败张亮基、左宗棠部署的防守军（江忠源也先一日到达，参与战斗），于十月初攻占汉阳。不久，太平军西征军主力东走，攻略皖北，新被任命为巡抚的江忠源带兵勇数百，匆匆赴援，固守庐州。但在离武汉不远的黄州，太平军仍留军驻守。湖北，特别是湖南的危急状态虽大为缓和，但远未解除，而省内群众斗争也时有发生，湘南情况尤为突出。这样的省内外形势，既为曾国藩建军提供了一个较为稳定的环境，也促使湖南大吏不得不继续仰仗新建的湘军。同时，曾国藩会试座师吴文镕继张亮基为湖广总督，与曾国藩书信往来不断，对曾国藩颇加支持，还采纳他的意见。这影响到了省中大吏，从而加强了曾国藩的地位。再加上曾国藩移驻衡州，与大吏的直接冲突大为减少。这样，就使原来矛盾尖锐但又不得不相互依靠的双方，关系逐渐缓和，互相支持。而清廷这几个月，正处于太平军北伐军的直接威胁中（北伐军已迫近天津），惶惶不可终日，无暇顾及两湖的军政事务，一切只能听任两省大吏和曾国藩所为。这样的省内外形势和政局，使曾国藩办事较少受到掣肘，还得到了较多支持。

正是由于具备上述较好的主客观条件，曾国藩在八月到达衡州后，至咸丰四年（1854）正月，不但扩编了陆营，还建立了水师，费时不过五个月，较长沙时间更短，成绩却更大。

据郭嵩焘自言，湘军建立水师的倡议发自他本人，但江忠源早在二月就致书曾国藩，以后又两次致书讨论此事，其中十月中旬一次最为明确。

> 方今贼据有长江之险，非多造船筏，广制炮位，训练水勇，先务肃清江面，窃恐江南、江西、安徽、湖南北各省永无安枕之日。然窃计海内人才，能办此者，惟吾师一人；能管驾船勇与狂贼相持于波涛险隘之中而不惧者，惟不肖与荫渠、罗山、璞山数人。[69]

这就把水师的战略意义，水师船、炮、人三要素，一一陈明。江忠源还指出，船、炮二者，一定要自造、自制、自练，最后还要自统。一句话，湘军要建立自己的水师。与此同时，清廷和一些官僚也看到了水师的重要性，"自六月以来，五省皆议此事，屡奉寄谕，亦以为最切之图"[70]。七月，清廷两次令两湖大吏兴办。张亮基在左宗棠的协助下，也匆匆建立一支水师。但这与江忠源上述"四自"方针不同，甚至张、左所办之水师也不例外。事实上，这支水师战船多由民船改造而成，弁勇更未按湘军办法招募和训练，正因为如此，九月田家镇一役，水师立遭覆灭。这虽不是湘军水师，但其覆灭却给人以启示。事实上，江忠源"四自"方针的提出，也正是吸取了这次教训的结果。

曾国藩虽然也十分赞赏建立水师的倡议，但由于各种原因，开始只主张调广东水师，后来又赶造木排。直至十月，才下决心在衡州设厂造船，筹划招募水勇。"此时总以筹备水师为先务……近日通盘筹划，此数万金竟不能不用。盖湖北田镇失事之后，从前炮船尽化乌有，南省亦无一船，将来两省何以御贼？"[71]这对曾国藩和湖南官绅都是一个新课题。经多方努力讲求，至咸丰四年(1854)正月，衡州、湘潭两厂先后完工，水师弁勇的招募则开始于十二月，至咸丰四年正月，五千人就已募齐，编为十营，分别以褚汝航、成名标、彭玉麟、杨载福等人为营官。

陆营从扩充到定编虽早于水师，但其过程则远较水师为曲折。大约离长沙前不久，曾国藩令储玫躬、周凤山各自将其所带勇数，添足三百六十人[72]，至衡州后，原已撤散的新化勇一再要求，又恢复编制（后由杨名声管带），这样，连同原有的罗、王、邹、曾以及塔齐布的两个营，共九营。九月，曾国藩同意王鑫增勇扩营的要求，但王鑫回湘乡十分张扬，大摆官势，"出入鸣锣摆执事，乡人皆为侧目"[73]，招勇又多至三千人。曾国藩对此颇为不满，更令曾国藩不放心且恼怒的是，王鑫与省中大吏挂上钩后，渐渐流露出不听他约束，欲自成一军的倾向。曾国藩于是断然要求王鑫除原带一营外，新招者只留二营或三营，营官由曾国藩任命，按统一营制编练。但骆秉章却不允其裁撤，并命其加紧操练，驻省听调。这样，王鑫就更拒不听命，从而导致曾、王彻底决裂。王鑫从此自定营制，自派营官，在组织上、制度上自成一军。人们以后也习惯称之为老湘军，以区别于曾国藩所统辖的湘军。

这次曾、王分裂，固然有两人的利害之争，但也是曾国藩与省中大吏矛盾的延续。它反映了骆秉章急欲直接掌握一支部队，不愿在军事上完全依靠曾国藩。事实上，在此之前，曾、骆在部队调遣方面就有过不止一次的冲突。田家镇战败后，太平军西上，骆秉章令驻浏阳的邹寿璋营移防岳州，但曾国藩却令邹寿璋原地防守，"嗣后……该军功若非接到本部堂札饬，不准轻自移营"，并说："诚使粤逆上窜，三四百人断不足以资堵御。"[74]这不仅剥夺了骆秉章对湘军的指挥权，且暗示骆秉章的指挥昏庸，几同儿戏！很多省中官员对此很不满，长沙知府仓少平（仓景恬）就致书曾国藩，指责他的行为造成"号令纷歧"。骆秉章对此自然耿耿于怀，他支持王鑫，不仅可以一泄怨气，也使王鑫对他感恩不已，更重要的是王鑫从此也只能更依靠他，更听他的指挥。

不言而喻，王鑫式的决裂如果连续发生，将对湘军，特别是对曾国藩个人的事业产生严重影响。为了防止此类事件重演，曾国藩断然割断了与王鑫的一切联系，把他逐出了教门；且在致吴文镕的信中，对王鑫大加攻击，致使吴文镕不再调王鑫军北援，王鑫也就此失去了进一步发展的机会。事实上，王鑫也由于不能援鄂，省内又财政困难，不得不将所部三千四百人，减去一千。如此一来，也就对后来可能的效法者，起了以儆效尤的作用；同时，曾国藩更刻意讲求笼络和控制部属之方，利用同乡、师生、亲朋等关系，结成以他为中心的利益集团，并对个别敢于步王鑫后尘之人，给予无情打击。

在王鑫搞分裂的三个月中，曾国藩又先后成立林源恩、邹世琦、孙弟培[75]等营，与之前已成立的塔齐布、邹寿璋、曾国葆等营，大小共十三营，五千余人。再加上暂不归曾国藩统带的罗泽南两营（一营由李续宾管带），以及由湖南巡抚节制的王鑫军数营，总计二十营，八千多人。

曾国藩在衡州不仅扩充了陆营，也建立了水师，使湘军初具规模，还认真总结了军事方面的经验教训，制定出一套比较完整的规章制度，主要有以下几个方面：

一、营制与饷章

湘军营制在三年内有两次大变动。湘乡团勇在咸丰二年(1852)末调来长沙前，虽有三百六十人为一营之制[76]，但营制不只是规定人数，也规定了武器数量。当时的步兵武器，除冷兵器刀、矛、弓箭外，还有热兵器小枪、抬枪和劈山炮等。团勇由于经费有限，武器一般很简陋，冷兵器固然有，但未必精良；热兵器，特别是抬枪和劈山炮则未必有，即便有，也必不多。而武器的合理配备，不仅关系到部队的战斗力，也关系到哨以下各队的构成，因为当时是以兵器种类来分队的，如刀矛队、小枪队和抬枪队。其他如旗帜和军装，团勇也未必齐全和正规。这就是说，湘乡团勇到长沙后，在曾国藩的主持下，补充武器装备，完善和确立哨以下各队的编制。总之，湘军陆营初期的一营之制始于湘乡时期的团勇，后经曾国藩改定补充才最终确定下来。十月，曾国藩又提出："抬枪，每杆向例用三人，此后改作四人，乃能快能准，共加十六人"[77]，外加长夫一百二十人，全营共五百人。十二月，又提出"每哨添火器二队"。最终确定：一营五百人，分为四哨，每哨八队，火器与刀矛各半；此外，再配备长夫一百八十人。[78] 以后虽有变动，至咸丰十年(1860)才最终定下来，但其大致规模则未加改动。据此年所刻营制[79]，列表于下页：

在哨长、什长、正勇、伙勇之外，尚有营官一人以及哨官四人，故每营编制实为五百零五人。另外，各营尚有帮办和其他协助营官料理杂事的人员，人数并无定额。同时，尚有三百多人的小营。湘军一直大小营兼存，但多数为大营。王鑫分裂出去以后，自有营制。江忠源的楚勇也一直沿用自定的营制。

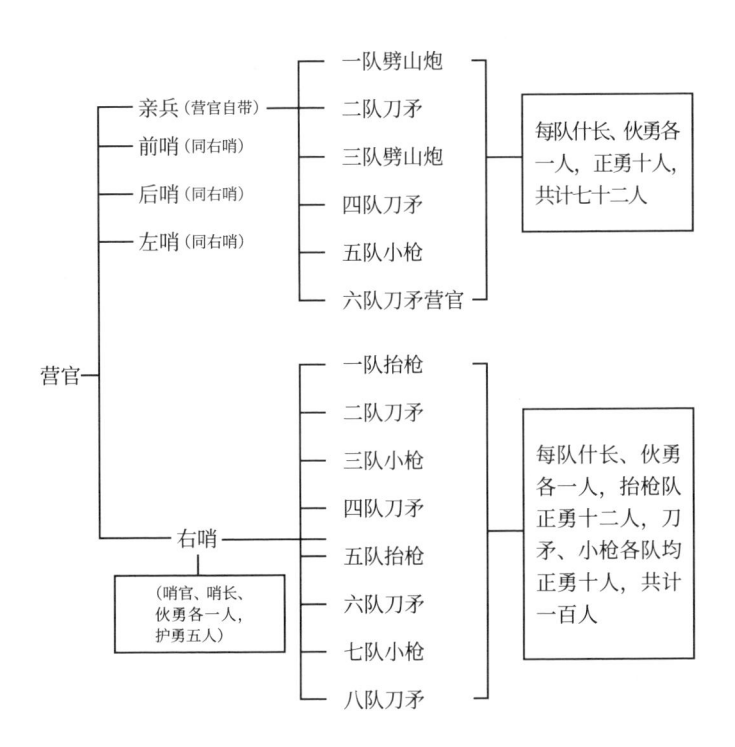

```
                        ┌─ 一队劈山炮 ┐
        ┌─ 亲兵(营官自带) ─┤ 二队刀矛   │
        │                 │ 三队劈山炮 │  每队什长、伙勇各
        │                 │ 四队刀矛   ├─ 一人,正勇十人,
        ├─ 前哨(同右哨)    │ 五队小枪   │  共计七十二人
        ├─ 后哨(同右哨)    └─ 六队刀矛营官┘
        ├─ 左哨(同右哨)
营官 ──┤
        │                 ┌─ 一队抬枪 ┐
        │                 │ 二队刀矛  │
        │                 │ 三队小枪  │  每队什长、伙勇
        │                 │ 四队刀矛  │  各一人,抬枪队
        └─ 右哨 ──────────┤ 五队抬枪  ├─ 正勇十二人,刀
              (哨官、哨长、│ 六队刀矛  │  矛、小枪各队均
               伙勇各一人,│ 七队小枪  │  正勇十人,共计
               护勇五人)  └─ 八队刀矛 ┘  一百人
```

　　营制虽各有差异，但有两个共同点。其一是讲求各种武器配备，尤其注意热兵器的配备。冷兵器利于近战，便于肉搏，而热兵器能及远，二者有机地配合起来，才能形成有层次的进攻和防御能力。曾国藩对两种兵器的配备进行了三次更动：一是先将抬一杆枪的三人改为四人，进一步提高射速和命中率；接着每哨又加添火器两队，使部队远距离的攻击力大为增强；最后在营官直辖的亲兵中，设立劈山炮两队。这样，就形成远程用劈山炮，中程使抬枪，近处放小枪三个层次的火力网。王鑫军原来每哨六队，后来也专门设立一劈山炮队。如此注意并配备这样多的热兵器，甚至还成立

了专门的炮队，这在漫长的中国军事史上是罕有的。二是招募"长夫"。长夫一般不参加战斗，但穿号褂，是营的组成部分。行军时担负运输任务，扎营后又担负挖壕筑墙任务，长夫实际上是现代辎重兵与工兵的雏形。绿营开拔时，由地方征集民夫，或由军队径自强征民夫，往往因民夫不能按时征集而使行军迁延时日；且捉夫、派夫往往会骚扰地方，严重影响军民关系。"长夫"的设立不仅避免了这一点，而且使工事的修筑、正勇的休息，得到了可靠保证，从而有利于作战。水师营制也有一个复杂的演变过程。水师的攻击与防御更多地依仗热兵器，特别是大炮；但水师依托船舰立军，而船舰又有大型快蟹、中型长龙、小型三板之分，大小悬殊，性能各异，在实战和不同水域中，各有优势和不足。这样一来，如果以营为单位的舰队各类舰船组合不合理，那就势必严重影响其作战能力，即使勇多、炮大，也无济于事。这就是说，各种船舰的合理组合，是水师的根本问题，而勇数、武器则只能随其变动而调整。而这方面可借鉴的经验远不如陆军那样多，曾国藩等人对此也所知甚少，甚至一无所知。总之，主客观因素都使水师营制的确立变得更为复杂，这些问题只能在实践中逐步解决。

在水师营制的形成过程中，曾国藩起初似乎偏重大型战舰。咸丰四年(1854)正月，定每营快蟹船四号、长龙五号、钓钩船五号；数天后，又将钓钩船加至八号，且言"以后断不更改矣"[80]；旋又因湘潭船厂所造船较大，人数配备可自行酌情增加。一军似不能两歧，全军誓师开拔时，当有统一营制[81]。

王定安《湘军记》所记营制：

> 凡水师，快蟹船一，营官领之，长龙船十，三板船十，诸哨官领之，合二十一船为一营。快蟹，桨工二十八人，橹八人，舱长一人，头篙一人，舵一人，炮手六人，都四十五人。长龙，桨十六人，橹四人，头篙一人，舵一人，炮手二人，都二十四人。三板，桨十人，头篙一人，舵一人，炮手二人，都十四人。此初定营制也。咸丰五六年间，裁快蟹，减长龙为八，增三板为二十二，合三十船为一营。

王氏所记之"初制"，每营有快蟹一艘，十营只需十艘，而咸丰四年(1854)正月开拔时，全军共有快蟹四十艘，且一营人数也只有四百二十多人，显然王氏所记并非真正的"初制"。同年，岳州靖港大败，又遭风浪打击，船舰损失甚大，于咸丰四年六月，在衡州造新船六十号，在长沙修理旧船百余号，再加上由陈辉龙、李孟群分带的从广东、广西调来的水师一千四百余人，共四千多人，于七月上旬分路进攻岳州。此时的水师，与衡州誓师时相比，有许多变动：一是有大小营之分，据曾国藩闰七月所记："通共水师大营八，小营五营。"[82]大小营在人员和船舰配备方面有所区别：外省籍弁勇占全军人员四分之一强；添加浅水拖罟、波山艇两种，快蟹仍是每营四号。七月中旬，水师在城陵矶大败，褚汝航、夏銮二营失去快蟹四号，李孟群营失去四号。不久又立小划营，招水勇千余，共小划一百五十号，一船或六七人，或三四人。这年年底，水师在湖口九江大败，又遭大风，上援武汉者为外江水师，陷于鄱阳湖者为内湖水师。外江虽有快蟹，但当时形势紧迫，财力也不如咸丰三年(1853)，似不可能多补充大型舰快蟹。内湖水师，原无快蟹，曾国藩曾计划赶造十余号，但咸丰五年(1855)二月中旬，他又说："快蟹未毕，目下本不须此。"[83]对原计划已不积极，大约只完成了已动工的快蟹，转而力求多补充长龙、舢板，并设立小划营。这就是说，上述《湘军记》所记之"初制"，大约是咸丰五年(1855)春夏间水师营制，因为快蟹补充困难，故每营只配备一号。至咸丰六年(1856)终于裁去快蟹。从以上水师营制的演变过程可以看出，通过实践，曾国藩终于认识到在内陆水系作战，大型战舰并不实用，而舢板、小划则灵活机动，再配以适量中型战舰长龙，可使舰队(营)的编制更切合实战的要求。这就是说，曾国藩终于放弃初时重大轻小的方针，转而颠倒过来，采取去大、减中、增小的方针。

从上述水陆营制的演变可以看出，湘军营制和其他军队一样，随着武器装备的变化而改变。

湘军饷章仿照江忠源楚勇发饷章程制定。楚勇月饷分为五两及四两八钱两种，曾国藩认为太高，乃定正勇月饷为四两二钱，在本省训练与作战时则有所减少。亲兵与护勇，则略多于正勇。水师，舱长日给银一钱六分，舵工与陆营正勇同，其余头篙、炮手、桨工依次递减。如此一来，湘军正勇的收入不仅与一般农民有天渊之别，即使与绿营口粮相较，也比马勇多一倍，比战兵、守兵多数倍。如此丰厚的月饷，对农民自然有很大吸引力，使其踊跃应募。不少农民为了能入伍，甚至不惜自己先出钱，如杨某"冒充官长，在平江招勇数百，不惟不给日食，且先索应募之勇每名钱三百文，始准入册"[84]。

湘军官弁的薪饷规定，营官月饷五十两，陆营哨官日给银三钱，水师哨官日给银四钱。后来部队日渐扩充，又添设统领与分统两级，其月薪则以所统人数多少而增减。营中帮办、管账、医生等人的月薪以及旗帜、号褂等项的开支，则统于全营之公费银一百五十两之内，由营官自行酌情发放。

二、选将与募勇

曾国藩认为建立湘军，不仅要在制度上改弦更张，抛弃绿营那一套，而且，还要看到绿营官兵腐败的"积习深入膏肓，牢不可破"。为杜绝其恶劣的影响，他又提出"扫除陈迹"、"赤地新立"的原则，"须尽募新勇，不杂一兵，不滥收一弁"。[85]这就是说，选将募勇首先要排斥绿营官兵。

湘军初期选将，实际上就是选营官。曾国藩为此，"数月以来，梦想以求之，焚香以祷之，盖无须臾或忘诸怀"。他认为营官必须"才堪治民"、"不怕死"、"不急急名利"、"耐受辛苦"；而"忠义血性"又是最根本的，有则"四者相从以俱至"，否则，"终不可恃"。[86]这就是说，他选拔将才，不论资格官阶，只看才与德。具备五条，特别是最后一条，就入选，否则就不予考虑。曾国藩提出的这五条标准，有其历史和现实根据。湖南有一大批出身于中小地主，甚至家境贫困并饱受程朱理学熏陶的士人。其中许多人，在咸丰二年、三年(1852—1853)激烈的阶级斗争中，以行动履行自己忠义的誓言，他们所表现出的干练的才能、踏实吃苦的作风，与腐败乱象和绿营习气形成强烈对照。这使曾国藩看到了希望，得到了启示，制定出新的人事方针。此外，曾国藩还选择了一批小官吏和绿营下级军官，他们都是在咸丰二年、三年表现较好，得到舆论认可的人，前者如平江县知县林源恩，后者如周凤山、杨载福等。

湘军初期募勇由营官全权负责，如咸丰三年(1853)令新化邹汉章回县募水师一营，曾国藩只发给邹汉章营制一纸、经费银两百两，其余概不过问，但咸丰四年(1854)初成立的褚汝航和夏銮两营水师则不同。这两营先由曾国藩派人至湘乡募齐，而褚、夏两人则一直在湘潭监造船舰。两营被带至湘潭后，其弁目虽经二人委任，但他们"于湘乡水勇则言语不通，情意不达"[87]，致使湘勇不久就与褚汝航所带的广勇互殴，并且不服褚汝航的管束。这使曾国藩更坚信前一种方式可行，而摒弃了后者，进而形成层层递选的方式："先择将而后募勇，有将领而后有营官，有营官而后有百长(即哨官)，有百长而后有什长，有什长而后有散勇。"这样，将领、营官、哨官、什长、散勇彼此"相习有素，能知其性情才力之短长"。[88]当时交通闭塞，人们交游一般多为同县，甚至同里之人，因之，这样的招募方式必然导致一营全是同一县的人。事实上，曾国藩也提倡这样做，甚至要求水手四千人，

"皆须湘乡人，不参用外县的，盖同县之人易于合心故也"[89]。

此外，曾国藩还要求招募勇丁"须择技艺娴熟、年轻力壮、朴实而有农民土气者为上；其油头滑面，有市井气者，有衙门气者，概不收用"[90]。咸丰三年(1853)虽尚无明文公布，但在致有关人员的信中，已有类似内容。正是基于这一理由，曾国藩又力主在偏僻的山区州县募勇，反对在城市募勇。同时，还规定所招各勇，必须"取具保结"，造具籍贯、里居、亲属，乃至箕斗清册，存档备查。但初时对水勇的要求比较松，这是因为"陆路应募者极多，而水路则久不能齐，是以有来即行收留……姑以充数"[91]。通过这套办法招募入伍的勇丁大多为农民，也有一定数量的手工业工人和船工。如咸丰三年(1853)冬，在湘乡招勇一千名，其中铁匠四五十人、挖煤者三百余人。[92]水营因技术性较强，更招了很多舵工、水手。这些人是劳动者，且一般出身农民家庭，甚至本身并未完全脱离土地。

曾国藩这样选将募勇的目的在于笼络人、控制人，为全军达到"诸将一心，万众一气"[93]，打下组织基础。被招入伍的勇丁，骤获优厚的饷银，对录用他们的将弁，自然感恩戴德；且与将弁又是同县同乡，再加上籍贯、亲属、箕斗早已注册入档，因此在感情上被笼络，在组织上被控制，不愿也不敢与将弁对立，不敢不服从，更不能犯上官非，否则家属也难免受株连。营官以上各将领，对曾国藩也同样如此。他们既感激曾国藩的委任提拔，又复有同乡师生之谊，这样，就为曾国藩控制全军，使湘军融为一个固结的团体，奠定了基础。

三、训练

曾国藩自称"教练之才，非战阵之才"，事实上，他也确有独到之处。他认为"训"与"练"的内涵不同，不能混淆。两相比较，他更看重"训"，力图用以思想教育为内容的"训"，推动和统率技术性的"练"。他甚至认为"练者其名，训者其实"。[94]

"训"，就是向部队进行以三纲五常为核心的思想教育和军纪教育，曾国藩称之为"训家规""训营规"。早在长沙时，曾国藩就"每逢三八操演，集诸勇而教之，反复开说至千百语"，"每次与诸弁兵讲说，至一时数刻之久"。[95]曾国藩这样重视思想教育不是偶然的。他虽然不同意把太平天国革命归咎于汉学反对程朱理学，造成人心混乱的荒唐说法，但他也认为"今日百废莫举，千疮并溃，无可收拾，独赖此精忠耿耿之寸衷，与斯民相对于骨岳血渊之中，冀其塞绝横流之人欲"[96]。这样，就把说教提高到救国总战略的高度，力图以此来激发地主士人和大小官弁镇压农民起义的热情，以欺骗应募入伍的勇丁。

但是，曾国藩反对把思想教育弄成空泛乏味的说教，要求各级将领以父兄教子弟的方式，结合勇丁的切身利害进行教育。"训作人，则全要肫诚如父母教子，有殷殷望其成立之意，庶人人易于感动。"[97]如禁扰民，禁嫖赌，禁鸦片，就说

"切不可使他因扰民而坏品行，因嫖赌洋烟而坏身体"[98]。同时，他还利用宗教迷信来束缚勇丁。他认为"人心所以扰扰不定者，只为不知命"[99]，于是就反复宣传宿命论，"你若不该死时，虽千万人将你围住，自有神明护佑，断不得死"[100]。王鑫对这方面也十分重视，且有自己的特色。他几乎把兵营变为学塾，以"四书"、《孝经》为课本，"常教士卒作字读书，书声琅琅，如家塾然。又时以义理反复训谕，若慈父之训其爱子，听者至潸然泪下"[101]。王鑫死后多年，有人对此仍然赞赏不已，认为王鑫的教育很有成效，"至今从老湘营出身者，犹秩秩有文焉"[102]。

"练"，就是教弁勇技击、枪法和阵式。前两者是勇丁个人技能，既要练冷、热兵器的使用，还要练跑坡、跳坑、系沙袋步行。后者是部队作战时的各种队列，如三才、一字、二字等阵式。曾国藩对"练"也十分重视，访求武术师和猎户，教勇丁技击和射击，并提出严格要求。咸丰四年(1854)春，更排出十日一转的操练日程表，定日亲自下教场督操，有时甚至亲自进行单兵考核，并亲笔记下：某勇"善扒墉跳沟"，某勇"善打火毯"。[103]对军中利器劈山炮的射击技术，曾国藩尤加意讲求，亲自总结，告诉各统领，要求他们"须将各营亲口教之，亲眼验之，乃不失劈山炮之妙用"[104]。

曾国藩深知仅靠思想灌输，仅有熟练的技艺和阵法是不够的，他反复向各级将领强调"治军以勤字为先"，"百种弊病，皆从懒生"。为此，他制定营规七条，规定从凌晨到晚间二更，每营必须派三成队站墙子两次，各哨点名两次，操练两次；全营点名会操，每月四五次。此外，平时驻防，每夜派一成队；临敌扎营，则派二成队，防守营墙。与此相辅而行，又颁布禁令七条：凡抽洋烟、赌博、奸淫、结盟、拜会、妖言惑众、身着华服者，轻则责罚革退，重则斩决。这样双管齐下，就使弁勇在高度紧张的生活之中，养成节奏快、行动齐、耐劳苦的习惯。这不仅有利于提高部队战斗力，也使一般弁勇无闲暇、无机会去为非作歹。少数不安分者，又慑于严厉的禁令，也不敢有越轨的行动；再加上纲常伦理的思想教育，弁勇就会比较顺从地投入曾国藩所设计的战争机器，为他的平乱中兴事业流血卖命。

四、后勤

曾国藩对后勤十分重视，不仅注意其大问题，而且小事也不忽略。后起的湘军大帅胡林翼、左宗棠等人也同样如此。这是因为湘军要自筹军饷，自办后勤，不同于绿营出征。绿营是由清廷另派大员主持全部后勤工作。在咸丰三四年湘军初建时，湘军的这一特点和曾国藩的这种作风，已在兵器和船舰制造、军粮等物资的储运方面，有十分明显的表现。

在兵器、船舰制造方面，曾国藩反复强调与太平军作战，"器械须十分讲究"，"一械未精不可轻出"，甚至把制器与练勇、选将视为三个最重要的问题，"日夜思维，总以此三者为虑"。[105]对于具体问题，他总是抓住不放，如规定矛杆用竹必须"老而坚者"，"椆木必须小树，圆身大树锯开者不可用"。[106]他发现邹寿璋捐办的矛杆不合规定，立即下令更换。后来，他还亲自研究炮子的打造，将原来以生铁为原料，改为熟铁，结果既解决了炮子"经药辄散"的难题，又使射程"多一里有奇"。这种炮子大如葡萄，每炮装子百余颗，或三四百颗，"喷薄而出，如珠如雨，殆无隙地，当之辄碎"。[107] 杀伤力之大，可以想见。当时国内造炮技术原始，多方讲求，也无大的进展，于是决意在广州采购洋炮千尊，但至咸丰四年(1854)二月，只解到三百二十尊，以后陆续采购，洋炮大有增加，成为湘军水师的主要利器。

在造舰方面，湖南虽不乏造船技工，但工艺水平不高，只会造民用船，而曾国藩及其僚属对此也所知甚少。咸丰三年(1853)十月在衡州先造样船，但因无人办过，结果不尽如人意。十一月初，岳州营水师守备成名标和广东工匠先后到衡，造舰才得以顺利进行。十二月初，又在湘潭设厂赶造。咸丰四年(1854)正月，两厂先后毕工。以后，随着湘军向前推进，又在湖北、江西、安徽等地多处设厂，修理和制造船舰。

对于军需物资的储运，在咸丰三年(1853)冬，曾国藩逐渐形成这样的设想，以后行军作战，水师舰队要"与陆路之兵同宿同行，夹江而下"。这样，水陆两军在战斗中既可以互相支援，又能及时充足地供应各种物资。为此，他准备征用大批民船，"凡米、煤、油、盐、布匹、干肉、钱项、铁铅、竹木之类，百物皆备，匠工皆全。凡兵勇扎营，即以船为市：所发之饷，即换吾船之钱；所换之钱，即买吾船之货"。这是力图以船舰为依托，建立包括物资运输、储藏、供应、消费、军工修理，乃至银钱兑换等在内的完整后勤系统。他认为这不仅可以充分保障部队物资的供应，使弁勇不受市场上银钱和物价波动的影响，"如此辗转灌输，银钱总不外散，而兵勇无米盐断缺之患，无数倍昂贵之患"，[108]还可以杜绝兵勇因与商民买卖，而发生强买勒索，影响部队声誉的弊病。

这个设想实行后，因征用大批民船，水师显得臃肿。初时确实有一定成效，但随着战线扩大，陆营与水师的分离有时就不可避免，这个看似完美的后勤系统也就失去了作用。但利用长江中下游水系、水师护航乃至储运物资，仍是湘军战略考虑的一个重要原则。这就是说，曾国藩这个设想虽不免过于理想化，不完全切合实际，但仍有巨大的战略价值，宏观上契合长江中下游的地理情况。

除了以上四个方面，曾国藩还是最早提出自筹军饷的将帅之一。这有一个过程。江忠源的楚勇在广西和本省作战，由赛尚阿大营粮台或湖南官府拨给。湘勇至长沙的三营也同样如此。但省内财政拮据，再加上与大吏矛盾日益尖锐，曾国藩力图改变依赖官府济饷的局面，"不欲取之藩库"[109]，乃决计自筹军饷。为此，他一面呼吁湘潭富户解囊相助，一面拟定简明章程，在有关州县设局劝捐，并敦请郭嵩焘等人及各地士绅相助。据郭嵩焘说，成绩可观，"甫及一月捐得十余万金"[110]。有的富户慷慨捐输，如湘乡首富朱某，一次就捐万金；衡州前湖北巡抚杨健之子也捐银万两，安福蒋某更捐钱三十余万串，但多数人并不踊跃。曾国藩决计勒捐，"捐输一事，竟亦非勒不行，侍已决计行勒之药"[111]。不仅勒捐一般富户，已故两江总督陶澍、湖北巡抚常大淳家也不例外。这样，至十二月，捐款有了增加，竟达六万串。此外，曾国藩还奏准清廷拨银四万，湖广总督吴文镕咨准截留两万。

但支出更多，仅军饷一项，十二月曾国藩言及需七八万金。此外，造船所费亦巨，如奏准截留之四万金，约十一月中旬到衡，至十二月七日，就"已用去三分之二"。当时正"大招水勇，所费不赀"，这就使曾国藩不得不向骆秉章告急，"务须省库一为协济，乃可了此一局"。[112]事实上，到衡州后，留在长沙一带的湘军勇营，仍由藩库供饷，曾国藩自筹之饷，只能满足衡州四营及大营的日常开支。这就是说，曾国藩依靠捐输以自筹军饷，"不欲取之藩库"的计划并未实现，仍不得不依赖省中大吏的支援。这是骆秉章顾全大局，并认识到支援曾国藩，正是保卫湖南，保住自己的官位，乃至身家性命的明智措施。有此一番经历，曾国藩痛切地认识到不能对清廷拨款和士绅自行劝捐集饷抱有过高期望，依靠地方政权筹饷较为有保障。

按照以上四个方面建军，固然提高了部队的素质，增强了部队的战斗力，但同时也使满汉统治者的力量对比产生了新的变化，带来新的矛盾和问题。"改弦更张"与"赤地新立"，使湘军在制度上、人事上与经制兵八旗、绿营完全分离，自成系统。而在选将募勇方面则坚持同省同县的地域标准，鼓励兄弟、亲朋、师生一同入伍，甚至同在一营；强调对弁勇施以父兄式的教育，以同乡和伦常的封建情谊联结全军上下左右的关系。自筹军饷又是建立足以自存、获得持续发展的经济基础。实行帅任将、将择弁、弁招勇的层层递选制，更把官位与厚禄化作各级头目的个人恩德，使其所属弁勇感恩图报，对之忠心耿耿。曾国藩作为湘军的创建者和统帅，不仅控制着全军的各个部门和环节，也是上述种种关系和情感的体现者和凝聚点。这样，他就很自然地成为全军将弁勇夫感恩图报、力图效忠的对象。曾国藩竭力维护自己的这一地位，他对王鑫的处理，正是这种努力的生动例证。这样的湘军，不言而喻，必然疏远清廷、亲附将帅，成为曾国藩等私人或集团的军队，从而改变了封建统治阶级内部力量的结构。这种军队管理方式固然为曾国藩、左宗棠等结为一个军事政治集团奠定了基础，建立了实力后盾，但也使其他地主官僚，特别是满族贵族侧目而视。

第四节　骨干人员的集结

在咸丰三年(1853)和四年(1854)，曾国藩等选拔大批文武人员，并把他们安插在湘军各个职位上。这批人的实际情况和素质，既关系到湘军今后的发展与成败，也是深入了解湘军必须探讨的一个重要方面。现将他们的基本情况列表于下，其中，武职只限于营官，文职只列重要幕僚；各营帮办、一般委员之类的官员地位低，作用小，资料也缺乏，均略而不列。此表仅限于咸丰三年(1853)和四年(1854)，咸丰五年(1855)以后另节讨论。为了能较准确地说明这批人参加湘军前的社会地位，在个人出身一栏，除了填注文武科举功名，还特别补入官职。

姓名	籍贯	家庭成分	个人出身	职务	官至	备注
曾国藩	湘乡	地主	进士 侍郎	统帅 钦差大臣	大学士 一等侯爵	
胡林翼	益阳	地主	进士 道员	统帅	湖北巡抚	咸丰十一年病死军中
左宗棠	湘阴	地主	举人 幕僚	统帅 钦差大臣	大学士 二等侯爵	
江忠源	新宁	地主	举人 知县	统领	安徽巡抚	咸丰三年兵败自杀
罗泽南	湘乡	地主	生员 孝廉方正	营官 统领	宁绍台 道道员	咸丰六年伤死
王鑫	湘乡	地主	生员	营官 统领	道员	咸丰七年病死军中
李续宾	湘乡	地主	贡生	营官 统领	浙江布政使	咸丰八年战死
邹寿璋	善化	地主	监生	营官	州同	
储玫躬	靖州	地主	廪生 训导	营官	同知	咸丰四年战死
曾国葆	湘乡	地主	生员	营官 分统	知府	更名贞干，同治元年病死军中
林源恩	四川安县[113]	地主	举人 知县	营官 分统	同知	咸丰六年战死
塔齐布	北京旗人		参将	营官 统领	湖南提督	咸丰五年病死军中
周凤山	道州		千总	营官 统领	罗定协副将	
康景晖	湘乡	地主	士人	营官	直隶州知州	
谢邦翰	湘乡	地主	生员	营官	训导	咸丰三年战死
易良干	湘乡	地主	士人	营官	从九	咸丰三年战死
杨虎臣	湘乡		武生	营官 统领	副将	
钟近衡	湘乡	地主	士人	营官	从九	咸丰四年战死

姓名	籍贯	家庭成分	个人出身	职务	官至	备注
褚汝航	江苏吴县[114]	地主	监生同知	营官	道员	咸丰四年战死
夏銮	江苏上元	地主	生员知县	营官	同知	咸丰四年战死
胡嘉垣	湘乡	地主	商人	营官		
胡作霖	湘乡	地主	商人	营官		
朱孙诒	江西青江	地主	知县	分统	浙江盐运使	
夏廷樾	江西新建	地主	知县	幕僚	湖北布政使	
陈士杰	桂阳州	地主	拔贡小京官	幕僚分统	山东巡抚	
刘蓉	湘乡	地主	生员	幕僚	陕西巡抚	
郭嵩焘	湘阴	地主	进士编修	幕僚	广东巡抚	
李元度	平江	地主	举人	幕僚统领	贵州布政使	
江忠濬	新宁	地主	士人	统领	四川布政使	
丁锐义	长沙	地主	士人	营官分统	运同	咸丰八年战死
刘长佑	新宁	地主	拔贡	营官统领	直隶总督	
李瀚章	安徽合肥	地主	贡生知县	幕僚	湖广总督	
邹汉勋	新化	地主	举人	幕僚	同知直隶州	咸丰三年战死
洪定陞	宁乡	农民	行伍	营官分统		咸丰九年战死
刘培元	长沙		武生	营官分统	处州镇总兵	
秦国禄				营官		

姓名	籍贯	家庭成分	个人出身	职务	官至	备注
孙昌国	清泉	农民	行伍	营官分统	提督	
白人虎	华容	地主	童生	营官	守备	咸丰四年战死
段莹器	祁阳	地主	士人	营官	同知	咸丰九年病死军中
李朝斌	善化	农民	行伍	营官分统	江南水师提督	
李成谋	芷江	农民		营官分统	长江水师提督	
蒋益澧	湘乡	地主	童生	营官统领	广东巡抚	
何敦伍	巴陵	地主	士人	营官	道员	
钟近濂	湘乡	地主	童生	营官		咸丰四年战死
何南青	湘乡		生员	营官		咸丰四年战死
王文瑞	湘乡	地主	士人	营官分统	赣南兵备道	
成名标	广东		守备	营官		
诸殿元	辰溪	地主	武举人	营官	都司	咸丰五年战死
邹汉章	新化	地主	生员	营官		
邹世琦	新化	地主	生员	营官		
龙献琛	湘乡			营官		
杨载福	善化	地主	千总行伍	营官统帅	陕甘总督	后更名岳斌
彭玉麟	衡阳	地主	生员	营官统领	兵部尚书	
杨名声	武陵		署守备	营官分统	总兵	
伍宏鉴	沅江	地主	生员	营官		咸丰四年战死
普承尧	云南新平[115]		武进士都司	营官分统	九江镇总兵	

姓名	籍贯	家庭成分	个人出身	职务	官至	备注
彭三元	善化		武进士守备	营官	参将	咸丰五年战死
魏崇德	宁乡	农民	农民	营官	守备	咸丰五年被冤杀
施恩实	安徽青阳	地主	士人从九品	营官		咸丰四年病归
李原瀎	平江	地主	贡生教谕	营官分统	知县	咸丰五年战死
黄三清	祁阳		外委	营官	副将	
黄玉芳	常宁		把总	营官		
唐训方	常宁	地主	举人教谕	营官分统	安徽巡抚	
萧捷三	武陵		武举人千总	营官分统	都司	咸丰五年战死
李新华	新田	地主	监生	营官	知府	咸丰七年战死
李孟群	河南光州	地主	进士道员	营官统领	署安徽巡抚	咸丰九年被俘死
陈辉龙	广东高州[116]	地主	登州镇总兵	营官	登州镇总兵	咸丰四年战死
江忠淑	新宁	地主	生员	营官分统	道员	
朱宗程	湘乡	地主	童生	营官		
厉云官	江苏仪征		知县	幕僚	湖北布政使	
王闿运	湘潭	地主	举人	幕僚		
王柏心	湖北监利	地主	进士小京官	幕僚	学者	
岳炳荣				营官		
何越琎	广东			营官		
俞晟				营官		
郭鸿焘				营官		

姓名	籍贯	家庭成分	个人出身	职务	官至	备注
黄翼升	长沙	农民	行武	营官分统	长江水师提督	男爵
孙弟培		地主	知县	营官		
萧启江	湘乡	地主	监生	营官统领	四川按察使	咸丰十年病死军中

上表必须再作以下几点说明和分析：

首先，上表共七十九人，其中当时或后来为湘军大帅、统领、分统者，或位至督抚两司者，共四十一人，占总人数的百分之五十一。其实，在当时营官以下的帮办哨官，甚至勇丁中，还有一批后来飞黄腾达的人。可见，在这两年中，曾国藩不仅成功地建立了湘军，而且还为其物色了一批骨干人员，为湘军建立奠定了组织基础。

其次，从表中人员的籍贯看，五人籍贯不明；外省有十五人，约占总人数的百分之十九；湖南有五十九人，约占总数的百分之七十五。其中，湘乡有二十人，约占湖南人的百分之三十四。这就表明，湘军以湘乡人为核心，基本由湖南人组建，因而具有浓厚的地方色彩。外省人可以分为两类：一类以褚、夏、陈、李、成五人为代表，他们作为水师的专门人才，由曾国藩访求或奏调而来。湖南一般士绅对于水师几于一无所知，不得不向外省访求。另一类则是官声较好、得到士绅认可，甚至与湘军关系很深的外省人：林源恩为平江知县，在任时官声甚好，热衷于办团练，还自己出赀练勇，颇有成效，又致书曾国藩，要求加入湘军。施恩实是曾任临武、新田等县知县的施富之子。施富为官、练勇均颇著声闻，为"永州三良吏"之一。李瀚章不仅为曾国藩在京师时所收门生，与之关系甚深，且在湖南永定等县为令，官声亦好。夏廷樾，历任湘阴、湘潭等地知县，大得士绅赞赏，左宗棠称其"历著循声"，与曾国藩也为至好，曾国藩自言与夏廷樾乃"金石至交"。[117]朱孙诒是道咸之交湖南著名的能干县令之一，王鑫等人得以顺利办团练勇，与当时在湘乡为县令的朱孙诒的大力支持分不开。事实上，王鑫、刘蓉、罗泽南等在县内初露头角也是他识拔的结果。塔齐布的情况前已陈述。普承尧为湖南绿营下级军官。这七人虽以外省人加入湘军，但并未淡化湘军强烈的地方色彩，因为他们人数既少，又与湖南有这样的特殊关系。

再次，从家庭成分看(外省人不计)，除去不能判定的十四人，其他可以判定为农民，如李成谋，"家贫，以补釜为业，父死不能殡葬"[118]。魏崇德，"出身微贱"[119]。另外还有行伍出身的人，当时家中如略有产业，显然不会去当兵，因之，也可以推定他们为农民。以上共六人，约占湖南人的十分之一。

可以判定为地主者，共四十四人，约占湖南人的百分之七十五。他们又可分为三类：

一类地主，如胡林翼等。从胡林翼上溯六代，其祖先俱为地主。其祖父胡显韶，更居于县中士绅前列，"邑中修城垣、书院、学宫等事，必推首领"[120]。其父胡达源为一甲第三名，官至少詹事，家中拥有田产数百亩。曾国藩家也是数代地主，其祖父曾玉屏因游荡而使家业一度中落，后又努力操持家务，不仅家业渐起，其祖父也成为当地令人"惮慑"的土棍。后来曾国藩为大官，更腾达于名门之列。王鑫的祖父王燦为贡生，"家故饶"，"笃厚好施"，道光晚期其家因水灾中落，但其父仍"好行阴德，所周恤虽家人有不知者"，[121]显然仍有不少产业。邹寿璋家族在其祖父时大约已颇有家产，到了其父邹立英时已为大地主，曾"减佃租千余石为母寿"，又捐田六十亩。分家后，邹寿璋兄弟几人的田产大减，但邹寿璋兄弟四人，中举人者二，为贡生、监生者各一，当仍不失为一个中等地主。[122]储玫躬，其祖父与父亲俱为秀才，其父曾独资办育婴堂，"收养甚众"，他也一次捐谷五百石，[123]甚至自己出钱办团练，镇压群众。邹汉勋、汉章、世琦三人是一家，为新化巨族，其族人在同治县志中立传或挂名举人、贡生、秀才之类多达数十人。从汉勋算起，上溯五代，俱为地主。至汉勋兄弟辈，虽因分家而财产减少，但仍有相当资产，如世琦曾捐谷一千石。伍宏鉴，其父为秀才，"好施与，所耗散千金，家顿落"，但鉴"豪宕负奇气，力能开两石弓，好击刺诸技，又好客，有患难，以身维持之，以义侠闻湘沅间"[124]，仍然是有钱人的气派。李新华，先捐赀为监生，继捐千总，后捐官知府，非有中等地主财力不能办此。刘蓉，其曾祖刘必麗为"乡饮宾"，"好施与"，"捐赀不惜"；其祖刘暐为"乡约正"和族长，全族数万人，奉命唯谨；[125]其父刘振宗咸丰初年领乡团镇压群众斗争。郭嵩焘，曾祖郭诚世"富甲一邑"[126]，子孙为举人、副榜、贡生、廪生者以十计；至其父因屡遭水灾而中落，但其兄弟三人，分别为进士、举人、生员，并有名于时，政治地位反而上升了。丁锐义，其祖父丁宏会"性慷慨，急人之急，推解无所吝"，子孙数十人，"一门孝友，乡里矜式"；其父辈兄弟三人，均有名于时，曾国藩认为不仅可与新化邹氏、湘阴郭氏(即邹汉勋、郭嵩焘)兄弟比美并称，甚至凌驾而上，"殆将过之"。[127]李元度之父及三代祖先俱为士人，其中秀才二，监生一；其祖父时，"家故不丰，而谨身节用，岁有羡余"[128]；后虽因婚嫁、医药、丧葬频仍而中落，但李元度仍能就读岳麓书院，甚至远去京师活动，显然仍有相当资产。白人虎家世不详，但在咸丰四年(1854)数月之内，先捐赀募勇抗拒群众起义，后又捐米二百石作军饷，非有相当财产，不能兴办此事。江忠源、江忠淑兄弟，曾祖江登佐为监生，祖江献鹏"居常释讼平争"，"邑中治道成梁，率先为之倡首"，当有相当资产；其父江上景虽为贡生，但除了忠源，其他三子"皆以治生废学，牵车服贾以谋致养"，[129]似家道有所中落，至忠源为举人、知县才扭转过来，且更发达了。刘长佑曾祖为秀才，祖为监生，但家产不多，至其父经商，"善治生所入，故日赢"，大办善举，上升为中等地主。李续宾，据其年谱，其曾祖李本桂"甚富"，祖亦捐数百金办善举，父李登胜"家中赀"。[130]

二类地主，如左宗棠等。左宗棠祖先为监生、秀才，虽延绵六七代，但财产不多。其父死后，只有田四十余亩，兄弟苦读，宗植中进士，宗棠为举人，家产和地位也因之而增加和提高。罗泽南家境贫苦，但中秀才后，又为廪生，终至孝廉方正，声名日盛，曾国荃在家信中也称罗泽南"有本有原，有体有用，真吾乡之典型"[131]，从学者日多，束脩所入日高日多，家境有了根本好转，还娶了妾。陈士杰祖与父为一般士人，"好客乐施"，"邻里假贷"，虽"资恒不给"，也多有所报，但他少年时曾参加过田间轻微劳动，且就读岳麓书院时还有族人资助，可见资产并不多。[132]唐训方曾祖唐侃为秀才，"望重一县"，但至其父唐棣林时，"产不及中人"，又"困场屋三十年"，[133]再加上分家，财产更少了；唐训方中举人后，其家当又逐渐上升。彭玉麟父为巡检，原有田亩，但被族人吞没，后只追回二十亩；他中秀才后，为衡州知府、衡州协副将赏识，家境当有所好转。

三类地主，如诸殿元等。诸殿元为武举人，却能"书画弹琴雅歌"，甚至还能召集族中子弟为勇。杨载福之父为绿营高级军官——副将。何敦伍，"少倜傥有大志"，后协助常大淳在岳州办防务。[134]胡嘉垣为商人，在湘潭有相当大的活动能力。钟近衡、近濂为兄弟，其母"出自名门"，又"乐周恤"，兄弟二人为其母六十生日祝寿。[135]康景晖（斗山）兄弟两人俱从学于罗泽南，其父辈"昆仲怡怡一堂，后进皆彬彬有礼法"，道咸之间，十年内两次为其祖母祝寿。[136]以上数家虽不能判定其为哪一类地主，但各家为地主当无疑义。

以上各类地主既相异，亦相通。

一类地主中，胡林翼家最突出，不仅财产较多，其父官位也较高，他又就婚于两江总督陶澍家，可以说是同类地主中最为典型的大地主。其次是曾国藩家，随着其官位的升高，至道光晚期，其家进入了大地主行列，但财产仍不多。这类地主中，一部分本来就是中等地主，一部分原来虽算作大地主,或接近大地主,但其中除储玫躬、邹寿璋之外,其他人在道光后半期,或因分家,或因天灾,或因挥霍,而逐渐下降为中小地主。这类地主家族财产较多,且多数习惯性延续数代,但他们大都亲自经营田产,规划田庄农事,监督雇工劳动,与佃户计较租谷成色,有不少甚至还兼营商业。如李续宾家既是经营地主,"田所佣三人,畜两犊牛,而躬率之耕";又是商人,"诸兄懋迁"。[137]曾国藩、江忠源等家也与李家类似。同时,这类地主中不少人的家业曾一度中落,经过奋斗经营,终于得以维持地主地位,甚至飞黄腾达。曾国藩祖父玉屏就是一个生动例证。曾玉屏青年时期,终日游荡,"与裘马少年相逐";后痛自悔改,每日"未明而起",督促长工,不顾"垄峻如梯,田小如瓦"的自然条件,"凿石决壤,开十数畛而通为一"。[138]同时,又大力创造条件,督促子孙勤学苦读,以便猎取功名。结果,财产加多,子孙也做了高官。王鑫、李续宾、郭嵩焘、李元度等家都曾一度中落,如李续宾家曾不得不出卖田地,但努力经营,刻意剥削长工劳动,再加上在宝庆开设店铺的商业收入,农业复兴,终于把出卖的田地赎买了回来。李元度之祖,连丧二子二女,孙子又年幼,家境日窘,但事力"樽节",终于扭转危局。

二类地主,财产少,底子薄,在顺利的情况下,依靠剥削和其他收入,积少成多,还可以发家致富,进入中等地主行列;但如若家运多舛,或灾荒时作,即便不破产,也要大吃苦头。如左宗棠幼年时,家乡"大旱,母屑糠为饼食之,仅乃得活"[139]。成年以后,又长期过着较为贫困的生活,不能按当时习俗，及时婚娶，后入赘湘潭富户周姓家，婚礼所用"袍褂冠履之属，皆假借得之"。周家也深感门第不相配，"喃喃詈媒氏误我"。左宗棠中举后，始"易欢容"。[140]那些由贫民进入这类地主行列的人，所遭受的磨炼就更甚。如罗泽南少年时，"家业零落，四壁萧然"。为供给他读书，"恒典衣质物易食食之，大父一布袍亲持入典肆者六七次"。成年后为村塾师，由于家中"大故频加"，依然十分困难，有时甚至"无一米之存"。[141]

这就是说，湘军初期的大小头目，虽然大多数出身于中小地主，甚至大地主，但与高高在上，过着奢华生活，将家业委人经管，与底层完全隔离的大贵族、大官僚、大地主不同。一类地主不仅要自己经营田产，有不少还兼营商业，且其中不少人都有家业一度中落，经刻意经营，方得回升的曲折历程。另一类地主所遭受的生活磨炼更远超前者。这一切，除养成他们刻苦耐劳、认真踏实、不怕挫折的习性之外，还使他们与商人、雇工、佃农保持接触，能较多较快地了解社会底层的情况。

其四，从政治地位看，胡林翼父亲的官位较高，但只是闲官，且为时不长。其他人的先辈，都是庶民地主，只有秀才、贡生、监生之类功名，有的甚至并此亦无。这样，他们在全国和本省，甚至在本县，没有政治地位和权势，但他们凭着这点最低功名，再加上自己的家产，在本乡本土却大多能获得一定的地位和权势。如刘蓉的祖父，"屈服其乡人，吉凶之礼，饮食之讼，靡纤靡钜，咨而后行"[142]。邹汉勋祖父邹睿为监生,"岁时常施谷数十石",又"性严厉为乡里所惮"。[143]曾国藩之祖,"声如洪钟,见者惮慑",常常调解"邻里讼争","厉辞诘责,势如霆摧而理如的破,悍夫往往神沮"。[144]这就是说,他们已经成了判定一方是非、祸福本乡的士绅,是绅权的代表者。

绅权往往与族权相结合,或以族权为基础,即先控制同族,再以一族之势,影响本乡本土。事实上,刘蓉的祖父就是族长。这在湖南具有普遍意义。省内居民大多聚族而居,又十分重视宗法组织的建设。邹汉勋与邓显鹤编撰的《宝庆府志》就以十一卷的篇幅,记载府内各族源流、里居和功名。而各族一般都通过森严的族规、联结屡代为一脉的族谱、大小不一的宗祠、名目繁多的族产以及定期的祭祀等活动,把族众紧密地固结在一起。利用这样强化的宗法组织、族长之类头面人物,平时可以控制族众,威福乡里;一遇非常变故,就可以诱迫族众,来维护本乡的封建秩序;再通过大族之间的联合,大族对小族的影响,在大范围内形成强大的镇压力量。江忠源以"兵法部勒乡人子弟",就是以族众为核心办团练;陈士杰也利用其陈姓大族办团练,取得了很好的效果,建成了一支很有战斗力的团练武装。正因为如此,曾国藩才一再强调族团的重要性,并采取相应措施。

由以上可见,这批湘军骨干人员,虽非出身显赫家族,在全国、省内也没有什么地位,但在本族本乡,甚至本县却有一定权势,是不可忽视的地方士绅。这既培养了他们的权势欲、作威作福的习性,也锻炼了他们的组织才能,以及处理各种事态，观察、分析、判断社会底层动向的能力。

其五，从个人出身看（外省人不计），上表士人共四十人，占湖南人总数的百分之六十八以上，可见，士人是湘军初建时期的骨干力量。他们有以下几点值得进一步加以说明：一是他们之中进士、举人仅九人，生员、贡生、监生之类也只有十九人，其他均为无功名之人。也就是说，他们绝大多数是地位较低的士人。二是在年龄方面，除曾国藩、左宗棠、胡林翼、唐训方、储玫躬、罗泽南等少数人在四十岁以上外，其他都是二三十岁。三是他们之中的一部分人，虽然在道光朝前半期已中举人、进士、文生，但除极少数人之外，一般在后半期，地位仍有所上升，或不断升官，如曾国藩、胡林翼；或由举人而进士，如郭嵩焘；或由文生而知县、举人、贡生、孝廉方正，如唐训方、罗泽南、江忠源等。其他大部分人都是在道光朝后半期，甚至咸丰初年取得功名的。四是他们不仅笃信程朱理学，而且受到热衷于经世之学的湖南学风的熏陶。其中，在岳麓、城南两书院就读的有曾国藩、刘蓉、郭嵩焘、李元度、陈士杰、刘长佑、江忠源、左宗棠、胡林翼、罗泽南等，而这两个书院正是这种学风的倡导者。有的人则有这方面的家学渊源，如江忠源之父江上景为塾师，对门徒"尤以存廉耻，重气节为勖"[145]。左宗棠的曾祖左逢圣"以孝义闻"，祖左人锦"承家教"，又极重视"律躬"；[146]其父既有家教，又就读于岳麓。而罗泽南还把他笃守的程朱理学灌输给他的门徒，"从之游者数百人"[147]，王鑫、李续宾、蒋益澧、钟近衡、钟近濂、朱宗程、谢邦翰、易良干、罗信南等都是其中的代表人物。唐训方、储玫躬也有类似情况，只不过门徒人数和影响不及罗泽南而已。

这种学风，再加上湖南地主好武斗狠的风气，他们就必然成为既顽固又强悍的封建主义的卫道士，抱定"居下，则排一方之难；在上，则息万物之嚣"[148]的宗旨。江忠源、刘长佑、陈士杰、王鑫、彭玉麟、唐训方等，在道光末年和咸丰初年，主动积极镇压群众起义，正是这种情况的生动例证。王鑫二十岁时，就在本乡制定了《乡约》，并力图以此来维护本乡的封建秩序。以后，"凡县中除盗及诸不平事，辄攘臂与焉。不但为杞人之忧，且常欲学移山之愚"[149]。

总之，湘军初期的骨干人员，基本上由来自中小地主家庭的湖南士人组成。他们中的多数年龄较轻，地位较低，有很大的上升空间，又受理学、经世之学并重学风的影响。

1　罗尔纲：《龙启瑞致蒋达书》，载《广西师范学院学报》1981年1期《龙启瑞致蒋达书跋》。
2　《宣宗实录》卷12，道光元年正月壬戌。
3　张汝南：《金陵省难纪略》，《中国近代史资料丛刊·太平天国》第4册，第719页。
4　王茂荫：《条陈兵事折》，《王侍郎奏议》卷5。
5　张德坚：《贼情汇纂》，《中国近代史资料丛刊·太平天国》第3册，第271页。
6　《文宗实录》卷20，道光三十年十月丙戌。
7　黄辅辰：《戴经堂日钞（节录）》（咸丰三年二月初六日），《太平天国资料》，第45—46页。
8　李星沅：《会奏筹办金田逆匪恳调提镇大员协剿折子》，《李文恭公奏议》卷21。
9　李星沅：《徐仲绅制军（十二月十四日）》，《李文恭公文集》卷9。
10　朱琦：《记李文恭公遗札后》，《怡志堂文初编》卷6。
11　胡林翼：《复张石卿中丞启》，《胡文忠公遗集》卷55。
12　《文宗实录》卷79，咸丰二年十二月癸巳。

13	赵畇:《遂翁自订年谱》,咸丰二年。
14	《周敬修中丞(正月初五日)》,《李文恭公文集》卷11。
15	《钦定剿平粤匪方略》,卷6,第20页。
16	《钦定剿平粤匪方略》,卷25,第4页。
17	姚莹:《贼营当以次攻破状》,《中复堂遗稿续编》卷1。
18	江忠源:《与徐仲帅制军书》,《江忠烈公遗集》卷1。
19	张培仁:《粤西之乱》,《妙香室丛话》卷11。
20	《文宗实录》卷82,咸丰三年正月己未。
21	郭嵩焘:《罗忠节公年谱》,卷上。
22	曾国藩:《复罗罗山(咸丰元年)》,《曾文正公全集·书札》卷1。
23	同治《桂阳直隶州志》,卷4,咸丰元年。
24	光绪《湖南通志》,卷89。
25	曾麟书:咸丰元年十一月初九日家训(言刘东屏剿匪事),《湘乡曾氏文献补》,第47—49页。
26	民国《宁乡县志》,《故事编·第六兵备录·团练》(咸丰元年)。
27	同治《攸县志》,卷25,咸丰二年。
28	李元度:《江忠烈公别传》,《天岳山馆文钞》卷5。
29	郭振墉:《湘军志平议》,"丁亥,遭江中源讨浏阳流土寇"条。案:其他有关此役资料,分见同治《浏阳县志》卷13《兵防·征义匪之难》和《张大司马奏稿》卷2中有关征义堂的折子(《剿办征义堂土匪竣事折》)。
30	曾国藩:《敬陈团练查匪大概规模折(咸丰二年十二月二十二日)》,《曾文正公全集·奏稿》卷1。本节引此折语,不再加注。
31	《文宗实录》卷81,咸丰三年正月癸丑。
32	张亮基:《筹办湖南堵剿事宜折》,《张大司马奏稿》卷1。
33	湘军之名称有一个演变过程。郭嵩焘言咸丰四年(1854)"立水陆各十营,号曰'湘军'"(《湘阴县图志》卷12),即一成军就自称"湘军"。此说虽尚有待探讨,但之后湘军之称屡见不鲜,如咸丰九年胡林翼就有"湘军万人循固始、商城,出六安"的说法(胡林翼十月十一日致李续宜的信,见《胡文忠公手札》)。但其含义并不一致。如刘长佑在同治元年二月十一日奏折中称他所统之部队为"楚军",蒋益澧所统之部队为"湘军"。这就是说,在咸丰、同治年间,湘军各头目对所统之军尚无统一、公认的名称,他们所言"湘军"只是其中的一支。一般多指以湘乡人为主体的部队,如蒋益澧、李续宾等军。至于把曾、左、胡、江所统之部队概称为湘军,究竟始于何人何时,尚待进一步探索。但王闿运在光绪初年撰写《湘军志》时,确已这样做了。
34	曾国藩:《与刘霞仙(咸丰十年二月)》,《曾文正公全集·书札》卷1。
35	关于最初的三营,有三种不同说法。三种说法中皆有罗泽南、王鑫两营,第三营则分别有康景晖、罗信南、邹寿璋三种说法。其中,邹寿璋率第三营的可能性最小,因为邹寿璋为善化人,似无在湘乡办团练之可能,而且其为营官是在五月。第三营是康景晖部的可能性最大(见彭洋中:《湘勇源流记》)。
36	曾国藩在《严办土匪以靖地方折》中言,与潘铎商定裁汰"新旧招募之勇"。新勇当指上年底来长沙之湘乡勇。《曾文正公年谱》在咸丰三年三月也明言湘勇也被裁。但罗泽南、王鑫两营已先后去湘南,康景晖营未再提及。而邹寿璋营是五月间新成立的,故推定康景晖营此时被裁。六月援江西,康景晖从行,那是新组建的。曾国藩在给张亮基的信中言:"湘勇一千,除罗罗山所带之三百六十业经训练,余皆新集之卒。"[《曾文正公全集》《书札·与张石卿制军(咸丰三年六月二十五日)》]可见康景晖营也是新招的。同卷《复陈岱云》(四月十六日)中言:"招募勇士七百余人,日日训练。"案:此信又言其家眷四月十日至

武昌,"大约本月可到省"。而曾国藩家眷五月三日到省,推知此信当作于五月一日。此时邹寿璋营未成立,只有罗泽南、王鑫两营,故云七百余人。此信亦可补证湘勇最初三营到长沙后不久,即被裁去一营。

37 曾国藩:《保参将塔齐布千总诸殿元折(咸丰三年六月十二日)》,《曾文正公全集·奏稿》卷2。

38 曾国藩:《特参副将清德折(咸丰三年六月十二日)》《请将副将清德交刑部治罪片(咸丰三年六月十二日)》,《曾文正公全集·奏稿》卷2。

39 朱孔彰:《忠武公塔齐布别传》,《中兴将帅别传》卷6上。

40 曾国藩:《与江岷樵(咸丰三年二月十五日)》,《曾文正公全集·书札》卷2。

41 曾国藩:《复邓小耘(咸丰三年正月)》《与徐玉山太守(咸丰三年二月)》,《曾文正公全集·书札》卷2。

42 同治《常宁县志》,卷5,咸丰二年。

43 同治《湘乡县志》,卷5,咸丰二年。

44 民国《蓝山县志》,卷7,咸丰三年十二月。

45 曾国藩:《复文任吾(咸丰三年二月)》,《曾文正公全集·书札》卷2。

46 曾国藩:《复吕鹤田侍郎(咸丰三年十一月十七日)》,《曾文正公全集·书札》卷4。

47 曾国藩:《零陵县禀奉发团练告示及致各绅士信函,分别发贴送交该县地方现无匪徒拜盟结会仍当随时访查认真拿办由》,《曾文正公全集·批牍》卷1。

48 曾国藩:《复欧阳晓岑(咸丰三年二月)》,《曾文正公全集·书札》卷2。

49 刘如玉:《禀复骆中丞批饬严缉逃匪》,《自治官书偶存》卷1。

50 民国《宁乡县志》,《故事编第六·兵备录下·团练》;光绪《善化县志》,卷29《古迹·附冢墓·太傅毅勇侯湘乡曾文正公国藩墓》。

51 张亮基:《湖南剿办土匪情形片》,《张大司马奏稿》卷2。

52 王鑫:《兴宁劝办团练示》,《王壮武公遗集》卷24。

53 骆秉章:《北路官军越境剿贼获胜现办情形折》,《骆文忠公奏议》卷8。

54 中国社会科学院近代史研究所资料室编:《曾国藩未刊往来函稿》,第39—40页,《致骆俞门(咸丰三年十一月)》。

55 曾国藩:《复胡润芝(咸丰三年正月)》,《曾文正公全集·书札》卷2。

56 曾国藩:《复龙翰臣(咸丰三年十二月十六日)》,《曾文正公全集·书札》卷4。

57 王定安:《湖南防御篇》,《湘军记》卷2。

58 曾国藩:《与吴甄甫制军(咸丰三年九月初六日)》,《曾文正公全集·书札》卷2。

59 曾国藩:《与张石卿制军(咸丰三年)》,《曾文正公全集·书札》卷2。

60 曾国藩:《复骆中丞(咸丰三年十二月十五日)》,《曾文正公全集·书札》卷4。

61 光绪《永明县志》,卷32《武备志》。

62 曾国藩:《与张石卿制军(咸丰三年)》,《曾文正公全集·书札》卷2。

63 曾国藩:《与江岷樵(咸丰三年二月十五日)》,《曾文正公全集·书札》卷2。

64 王闿运:《湘军志·曾军篇第二》。

65 徐珂:《清稗类钞》,第2册《兵刑类·楚军》。

66 中国社会科学院近代史研究所资料室编:《曾国藩未刊往来函稿》,第6页,《致骆俞门(咸丰三年九月)》。

67 江忠源:《答曾涤生侍郎师书》,《江忠烈公遗集》卷1。

	68	曾国藩：《与骆俞门中丞（咸丰三年九月初三日）》，《曾文正公全集·书札》卷2。
	69	江忠源：《答曾涤生侍郎师书》，《江忠烈公遗集》卷1。
	70	曾国藩：《与夏憩亭（咸丰三年十月二十日）》，《曾文正公全集·书札》卷3。
	71	曾国藩：《与骆中丞（咸丰三年十月二十一日）》，《曾文正公全集·书札》卷3。
	72	曾国藩：《与王璞山（咸丰三年八月二十日）》，《曾文正公全集·书札》卷2。《王壮武公年谱》上册（三年九月）亦录有此信，但人数不同，令周凤山"所带三百之勇""添为四百六十，合仆所定营制，储石友所带三百六十，亦再添湘人一百"。案：王壮武的年谱成书在《曾国藩全集》出版后，且明言此信写于八月二十日，必有所本。又据同治《浏阳县志》卷13记载，邹寿璋在浏阳驻防时为四百六十人，据此来说，似湘军一度有四百六十人一营之制。但尚有一说，即三百六十之正勇，外加长夫一百零八人，一营共四百六十八人。四百六十人，不过言其整数而已。
	73	骆秉章：《骆文忠公自订年谱》，卷上（咸丰三年）。
	74	曾国藩：《管带湘勇右营军功监生邹寿璋禀奉抚宪札委调赴岳州防守并在浏获匪由》，《曾文正公集·批牍》卷1。
	75	孙弟培，各书均未记有此人。据李元度《天岳山馆文钞》卷7《赠按察使郭君别传》记载，孙弟培为候补上令，与郭式源同领一营，郭式源佐之。孙营在靖港一役即被裁去，其人以后亦未再出现，其事不彰，故赘述于此。
	76	彭洋中《湘军源流记》（《皇朝经世文编续编》卷82）言：咸丰二年（1852）王鑫带团勇至湘乡城，当时的知县朱孙诒即规定三百六十人为一营之制，但又说不久增至八百人，可见当时实无定制。王鑫当时匆匆募勇，匆匆分防各处，也无暇定制。三百六十人一营之制，大约是朱、王等人接到巡抚张亮基调团勇至长沙的命令后，准备起行之时所定。曾国藩《复刘詹崖（咸丰十年八月二十一日）》（《曾文正公全集·书札》卷1）云："咸丰二年冬奉旨办团，即募乡勇一千零八十人，在省训练。"正如我们所指出，这一千余人非曾国藩所募，而是张亮基所调的，但所言人数与三百六十人为一营之三营，总人数恰好相符，由此亦可见，此制在来长沙前已确立。正因为王鑫是其制定人之一，故王鑫视为自己一大功劳，后来曾国藩改定为五百人为一营，王鑫就抗不遵行。
	77	曾国藩：《与骆中丞（咸丰三年十月三十日）》，《曾文正公全集·书札》卷3。
	78	曾国藩：《与塔智亭（咸丰四年正月十三日）》，《曾文正公全集·书札》卷5。
	79	曾国藩：《营制》，《曾文正公全集·杂著》卷2。
	80	曾国藩：《复胡维峰（咸丰四年正月十三日）》，《曾文正公全集·书札》卷5。
	81	曾国藩：《水师得胜歌并序（咸丰五年江西南康水营作）》与《报东征起程日期片（咸丰四年二月初二日）》。咸丰四年正月，开拔时，水师营制似为：每营快蟹四号，长龙五号，三板十号，钓钩船十二号；快蟹配四十五人，长龙配二十四人，三板配十四人。如是，仅前三种船，每营已达五百一十人，与水师五千之数不符，但不管怎样，快蟹每营多至四号，当为定论。
	82	曾国藩：《致诸弟》，《曾国藩家书》，咸丰四年闰七月廿七日。
	83	曾国藩：《致诸弟》，《曾国藩家书》，咸丰五年二月二十九日。
	84	王鑫：《王壮武公遗集》卷20，咸丰六年十二月初八日（日记）。
	85	曾国藩：《与李少荃（咸丰三年十一月十七日）》，《曾文正公全集·书札》卷4。
	86	曾国藩：《与彭筱房曾香海（咸丰三年九月十七日）》，《曾文正公全集·书札》卷3。
	87	曾国藩：《复褚一帆（咸丰四年正月初九日）》，《曾文正公全集·书札》卷5。
	88	骆秉章：《援军将领滥收游勇债事请旨革讯折》，《骆文忠公奏议》卷11。
	89	曾国藩：《复朱尧阶（咸丰三年十二月十四日）》，《曾文正公全集·书札》卷4。
	90	曾国藩：《营规》，《曾文正公全集·杂著》卷2。

91	曾国藩:《复骆中丞(咸丰四年正月二十一日)》,《曾文正公全集·书札》卷5。
92	曾国藩:《与邹叔明(咸丰三年十二月二十四日)》,《曾文正公全集·书札》卷4。
93	曾国藩:《与王璞山(咸丰三年八月二十日)》,《曾文正公全集·书札》卷2。
94	曾国藩:《复胡宫保(咸丰九年十月十八日)》,《曾文正公全集·书札》卷2;《与张石卿制军(咸丰三年)》,《曾文正公全集·书札》卷2。
95	曾国藩:《与张石卿制军(咸丰三年)》,《曾文正公全集·书札》卷2。
96	曾国藩:《与江岷樵左季高(咸丰三年二月十八日)》,《曾文正公全集·书札》卷2。
97	曾国藩:《统领韩字营全军韩参将进春禀奉委招勇抵省立营管带由》,《曾文正公全集·批牍》卷2。
98	曾国藩:《与朱云崖》,《曾文正公全集·书札》卷17。
99	曾国藩:《曾文正公手书日记》,咸丰九年三月十七日。
100	曾国藩:《晓谕新募乡勇》,《曾文正公全集·杂著》卷1。
101	罗正钧:《王壮武公年谱》,卷上,咸丰四年。
102	郭嵩焘:《复黄伯海明府元龄》,《云卧山庄尺牍》卷1。
103	曾国藩:《人记》,《湘乡曾氏文献》第4册,第2355页。
104	曾国藩:《致沅弟(同治元年十月八日)》,《曾文正公家书》。
105	曾国藩:《复江达川(咸丰三年十月三十日)》,《曾文正公全集·书札》卷3。
106	曾国藩:《与骆中丞(咸丰三年十月三十日)》,《曾文正公全集·书札》卷3。
107	曾国藩:《干盾·挡牌》,《曾文正公全集·杂著》卷2。
108	曾国藩:《与王璞山(咸丰三年十一月初六日)》,《曾文正公全集·书札》卷4。
109	曾国藩:《与吴甄甫制军书(咸丰三年九月二十三日)》,《曾文正公全集·书札》卷3。
110	郭嵩焘:《玉池老人自叙》。
111	咸丰三年十月初八日,《曾国藩致骆秉章书》(近代史所藏抄本)。案:此信亦见于《曾文正公全集·书札》3中的《与骆中丞(咸丰三年十月初八日)》,但此三句被删去了。
112	中国社会科学院近代史研究所资料室编:《曾国藩未刊往来函稿》,第50页,《致骆龠门(咸丰三年)》。
113	一言为四川达州人。安县之说,则根据何应祺《守默斋杂著》和李元度《天岳山馆文钞》(卷七)两书的林源恩传。
114	一言广东人。
115	据《湘乡曾氏文献》第4册言,普承忠为云南新平人,而张集馨《道咸宦海见闻录》(中华书局1999年版)第315页则言普承忠为普承尧之弟,故推知如此。
116	亦言为吴川人。
117	曾国藩:《复黄子春(咸丰三年)》,《曾文正公全集·书札》卷4。骆秉章:《复陈夏藩司朱牧能否带勇片》,《骆文忠公奏议》卷7。
118	朱孔彰:《李勇悫公成谋》,《中兴将帅别传》卷28下。
119	民国《宁乡县志》,《故事编第六·兵备录上》。
120	同治《益阳县志》,卷14《人物志上》,并参考卷15《人物志上》、卷16《人物志中》、卷17

《人物志中》。

121 光绪《湖南通志》，卷181；《王壮武公年谱》，卷上。

122 光绪《善化县志》，卷24。

123 刘基定：《储石友先生死难行状》，《湖南文征》卷119。

124 郭嵩焘：《湖南褒忠录初稿·殉防一》。

125 同治《湘乡县志》，卷17。

126 光绪《湖南通志》，卷177。

127 同治《长沙县志》，卷24。曾国藩：《复王璞山（咸丰三年十二月二十六日）》，《曾文正公全集·书札》卷4。王闿运：《丁锐义传》，《湘绮楼诗文集》卷5。

128 李元度：《诰赠光禄大夫先大父星垣公事略》，《天岳山馆文钞》卷14。

129 光绪《新宁县志》，卷26。罗汝怀：《诰授通奉大夫广西布政使司布政使江公墓志铭》，《绿漪草堂文集》卷27。

130 傅耀琳：《李忠武公年谱》，卷1。

131 曾国荃：咸丰二年四月初一日家书（告桂林已为贼围且近一月及省垣筹防贼事），《湘乡曾氏文献补》，第503页。

132 郭嵩焘：《赠光禄大夫陈府君墓志铭》，《养知书屋文集》卷21。王闿运：《桂阳直隶州泗州砦陈侍郎年六十有九行状》，《湘绮楼诗文集》卷8。

133 光绪《湖南通志》，卷185；同治《常宁县志》，卷8。

134 光绪《巴陵县志》，卷34。

135 罗泽南：《钟母徐孺人六旬寿序》，《罗忠节公遗集》卷4。

136 罗泽南：《节母康母胡孺人七旬寿序》，《罗忠节公遗集》卷4。将此文与《王壮武公遗集》卷12中的《与康斗山直刺（六年十一月二十三日）》对照，就可以判定康斗南为斗山之兄，胡孺人即他们的祖母。罗泽南此文即王鑫馆中提到的罗泽南所作之序。限于篇幅，不再详细论证。

137 傅耀琳：《李忠武公年谱》，卷1。

138 曾国藩：《大界墓表》，《曾文正公全集·文集》卷4。

139 罗正钧：《左文襄公年谱》，卷1。

140 李桓：《宝韦斋类稿》，卷98《宾退纪谈五》。

141 郭嵩焘：《罗忠节公年谱》，上卷。

142 罗泽南：《刘公灿华先生墓志》，《罗忠节公遗集》卷8。

143 同治《新化县志》，卷25。

144 曾国藩：《大界墓表》，《曾文正公全集·文集》卷4。

145 邓瑶：《岁贡生候选训导新宁江府君墓表》，《双梧山馆文钞》卷16。

146 罗正钧：《左文襄公年谱》，卷1。

147 刘蓉：《钟君墓表》，《养晦堂文集》卷9。

148 曾国藩：《大界墓表》，《曾文正公全集·文集》卷4。

149 王鑫：《复曾季洪茂才（三年七月十八日）》，《王壮武公遗集》卷8。

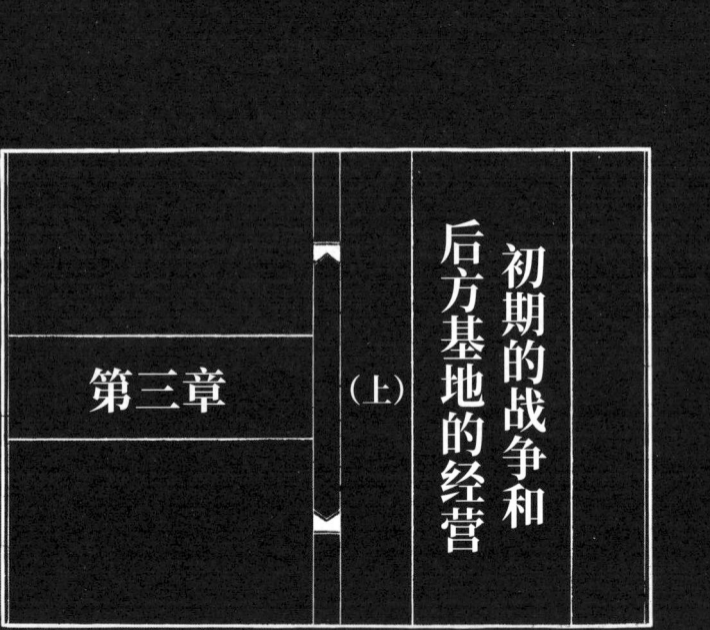

第三章 初期的战争和后方基地的经营（上）

第一节　湖南的拉锯战

新建成的湘军，在清军与太平军的战争全局中，具有十分重要的战略地位。咸丰三年(1853)冬和四年(1854)春，清军与太平军的战区大致可分为：包括扬州、镇江，以天京为中心的东战区；直鲁境内，堵截太平军北伐军的北战区；争夺两湖，以武汉为中心的西战区。在这三个主要战区征战的清军主力部队分别是：东战区，为向荣、琦善统带的八旗绿营，即江南、江北两大营；北战区，是僧格林沁、胜保统带的八旗绿营，并配有从内蒙古、东北调来的满蒙骑兵、步兵；西战区，则是吴文镕统带的驻守湖北的绿营兵，以及尚在湖南的湘军。这样的兵力部署反映了当时的八旗绿营，虽然遭太平军的不断打击，日益衰落，但在清军中仍占主导地位，而新起的湘军已走上历史舞台，并开始占据重要地位。

随着战局的变化，清军这种兵力结构也在不断变动。中间虽有反复，但总的趋势是：八旗绿营越来越弱，由主要降为次要，终至微不足道；而湘军则越来越强，由次要上升为主要，并最终取代八旗绿营。太平军正是这种变动的外部推动者。随着太平军北伐部队被阻截，东战区扬州被清军围困，太平军因西战区兵力不足而退出汉口、汉阳，东王杨秀清等人终于认识到分兵四出的战略错误，决心缩短战线，夺取安徽，再集中兵力继续西征，攻占两湖。这样，太平军不仅能据有长江中游两岸富庶地区的人力物力，为夺取全国胜利奠定物质基础，而且还可以把大清帝国腰斩为南北互不相连的两大块，为各个击破三大战区创造了条件。这就是说，太平军已经把两湖地区列为主攻方向，西战区将成为战争全局的关键地区。

咸丰三年(1853)冬，太平军开始表现出上述战略转变的苗头。十一月，扬州太平军弃城突围，接着又放弃仪征。十二月，太平军攻下庐州，新任安徽巡抚江忠源自杀，太平军的安徽根据地基本形成。胜利之师除分兵一部救援北伐军之外，又分兵一部增援西征军。得到加强的西征军，咸丰四年(1854)正月，在黄州附近一举歼灭了吴文镕军。这样的形势就使湘军的战略地位进一步提升，成为西战区清军唯一的主力部队。其实两个月前，吴文镕就已预感到了，他致书曾国藩："东南大局，恃君一人，务以持重为意，恐此后无有继者！"[1]歼灭吴军后，太平军势如破竹，数天后三克汉阳、汉口，进围武昌，前锋直逼湖南北大门岳州。这样，湘军不出战或出战而失败，两湖就要全部归入太平天国版图，大清帝国就要被腰斩，湘军也会因无后方基地而无法维持，从而不可避免地走向土崩瓦解的结局。

在这种形势的逼迫下，虽然水师未经训练，装备舰队的洋炮未到齐，但曾国藩也不得不出师迎战，并发布了著名的《讨粤匪檄》，力图与军事反扑相配合，在政治上、思想上向太平天国发起进攻。

在檄文中，曾国藩首先把太平天国革命者描绘成"荼毒生灵数百万"，"人民无论贫富，一概抢掠罄尽，寸草不留"的魔鬼，并力图利用乡土观念挑起人们对以两广人为首的太平天国革命的仇恨，"粤匪自处于安富尊荣，而视我两湖、三江被掳之人，曾犬豕牛马之不若"。太平军纪律严明，人们到处传颂，而清军则纪律败坏，肆意奸淫抢掠，人们无不同声斥责。正如曾国藩所承认的，"兵勇所至，辄兴如箅如洗之谣，致吾民反颂贼而畏兵"[2]。所以，他的上述造谣污蔑，自然起不了多大的作用。但曾国藩在宣传战线上的主要目的是激发地主士人的热情，号召他们起来镇压农民起义。而当时太平天国革命者大力宣传上帝教，反对旧的宗教迷信，严厉打击儒教，反对私有制，并声讨满族贵族入主中原后的罪行，号召人民反满。对于了解满族贵族发迹过程的人来说，反满的号召，难免会产生不同程度的影响。而事实上，有人就是怀着反满的动机加入太平天国革命或其他反清斗争行列的。对此，曾国藩不仅无法进行有力的辩驳，甚至不能触及此话题。另一方面，太平天国革命宣传上帝教等言行，引发了地主阶级及其士人的惊慌和仇恨，甚至也引起了部分群众的困惑。

正是基于这种情况，曾国藩在檄文中极力避免提及满汉问题，转而对革命者进行以下三点责难和污蔑。一指责革命者反对私有制，反对地主土地所有制，"农不能自耕以纳赋，而谓田皆天王之田；商不能自贾以取息，而谓货皆天王之货"，力图煽动地主、商人和有产农民起来反对太平天国。二指责革命者废除封建的"上下尊卑"，造谣说革命者不要父母，"凡民之父，皆兄弟也；凡民之母，皆姊妹也"；还把上帝教歪曲为"洋教"，说是"窃外夷之绪，崇天主之教"，力图利用人们仇恨外国侵略者、重视家庭伦常的心理，煽动人们起来反对太平天国。三指责革命者反儒，使"士不能诵孔子之经，而别有所谓耶苏（耶稣）之说，《新约》之书。举中国数千年礼义人伦、诗书典则，一旦扫地荡尽。此岂独我大清之变，乃开辟以来名教之奇变"。这样，就避开了革命者大张旗鼓提出的反对满族贵族的政治号召，把问题提高到维护或反对封建主义根本原则的高度。接着，他又进一步指出，在这样的斗争中，士人不能旁观，没有妥协的余地，"凡读书识字者，又乌可袖手安坐，不思一为之所也"，他要求"血性男子，号召义旅，助我征剿"，"仗义仁人，捐银助饷"。[3]

在军事上，曾国藩还制定了与太平军针锋相对的战略。早在咸丰三年(1853)秋，江忠源、吴文镕等人就与曾国藩商讨战略问题，提出要创立水师，与太平军争夺长江中下游江面的控制权；使两湖与江西、安徽联防，控制和巩固长江中游各省，进而逼攻天京。对此，曾国藩十分赞赏。他除了着手创立水师外，还在理论上进一步加以发挥。他认为长江出四川以后，"有三大镇，荆州为上镇；武昌为中镇，九江次之；建业为下镇，京口次之"。太平军已占领建业（天京），又在九江、安庆据城自守，建立根据地，"若更陷鄂城，上及荆州，则大江四千里遂为此贼，专而有之"。这样大清帝国就会被腰斩，"北兵不能渡江而南，两湖、两广、三江、闽浙之兵不能渡江而北，章奏不克上达，朝命不能下宣"。因此，武昌的战略地位就变得十分突出，"鄂省之存亡，关系天下之全局固大，关系吾省之祸福尤切"。援鄂自然就成了湘军既照顾全局，又保卫家乡，一举两得的头等重要而又十分迫切的任务，"然则今日之计，万不可不以援鄂为先筹"。[4]

曾国藩等三省或四省联合作战的计划，虽因吴文镕、江忠源军败亡而流产，但力争长江控制权，确保武汉安全，进而争夺安徽，以图天京，则是湘军始终坚持的根本战略。与之不同，清廷重视北防。咸丰三年(1853)三月，镇江、扬州均失，陈金绶领兵至江北，奏称拟先克扬州，"再行南渡"。咸丰帝认为太平军虽可能东下苏、常，但北防更为重要。"扬州复后，犹须随时酌度，断断不可拘泥"，即行南渡，并且说，"朕为天下主，非惑于浮言，忍置江南不顾，第根本微摇，将来不堪设想"。[5]同时命令向荣先不要进攻天京，"总当毁贼浮桥，烧贼船只，使江面先就肃清，贼匪无从北窜"[6]。这就是说，清廷在北京，必须首先保证北方防务绝对安全，不受威胁。太平军北伐后，这种偏重北防的思想就更为突出。咸丰四年(1854)正月，咸丰严令向荣、琦善拨兵会攻新失的庐州，因为"庐州关系北路要冲，若不迅图剿灭，于大局更不可问"[7]。四月，武昌被围已久，新任湖广总督不能救援，北退至鄂豫交界要地武胜关。咸丰帝认为，"现在江北盼望援兵，情形紧急，甚于武昌"，竟命令湖北巡抚抽出兵力赴武胜关助守。[8]

湘军与清廷在战略上的分歧，固然是由于他们所处的环境地位不同，因而利害关系互异，但也反映出各自的判断力确有高低之分。咸丰三四年之交，满族贵族既没有觉察出北伐军已是强弩之末，更没有洞察到太平军集中兵力，将两湖作为主攻方向的战略转变。而曾国藩则高出一筹，敏锐地看出了太平军这一战略转变的意图。但这种分歧在咸丰四年(1854)春并未引发双方的矛盾，因为当时湘军远在湖南，为太平军阻断，只能打下武汉，才能与北方相连接。

正月二十八日，曾国藩统军自衡州出师，开往长沙，准备北上迎击太平军，全军有陆军大小十三营，五千余人；水师十营，五千人，各式船舰三百六十余艘(拖罟一、快蟹四十、长龙五十、舢板一百五十，余为钓钩)。各舰共配置洋炮三百二十尊，其他炮二百五十多尊。外雇辎重船百余艘，装载煤米三万余石，油盐七万斤。此外，还有陆军各营长夫、辎重船水手和其他丁役六千多人。全军总计一万七千人。王鑫军两千多人，虽归湖南巡抚统辖，但这次与曾国藩部一同行动，因此，实际上全军共两万多人。罗泽南、李续宾两营留防本省，以便随时镇压群众起义。

曾国藩出师前后，太平军兵分三路，一路围攻武昌，一路挺进鄂西，一路南下。二月，南下太平军先后攻占岳州、湘阴，前锋抵靖港，逼近长沙。曾国藩留防长沙，令王鑫、储玫躬等分头堵击。二月十三日，储营与太平军在宁乡发生遭遇战，储玫躬等被阵斩，但太平军不明湘军虚实，也随即退出宁乡、靖港和湘阴。塔齐布、王鑫先头部队跟追，太平军又自行退出岳州。贵州补用道胡林翼先经吴文镕奏调，率自募黔勇六百援鄂，未至而吴文镕已败死，乃滞留湘鄂边境，至是亦引军来会。三月初，曾国藩率后续部队进抵岳州，命胡林翼、林源恩等固守平江北境，进图通城；后又加派塔齐布等军。王鑫进图蒲圻，水师搜索内湖，这是力图肃清侧翼威胁，巩固后方，伺机进军武汉，以实现前述之既定战略方针。塔齐布军虽攻下通城，但王鑫军却大败于羊楼司，退回岳州。太平军尾追，王鑫等又败。曾国藩司令部一直设在水师舰上，城内各将领无人统率，各行其是，结果湘军不得不在水师援救下，由水路狼狈逃出。水师虽无败挫，但被大风打沉打坏船舰五十余艘。这样，再加上太平军的压力，曾国藩决计全线后撤，退保长沙。

尾追而来的太平军再占靖港，分兵绕道南行，大败奉曾国藩命扼守宁乡的伍宏鉴等营，乘胜"卷甲疾趋"，于二十七日顺利攻占湘潭。这样，南北水陆通道要隘已失的长沙，就陷入了太平军正在形成的大包围之中。曾国藩也兵分两路，自领军攻靖港，令塔齐布、江忠淑等陆营约五千人和水师五营攻湘潭。曾国藩出师不利，水陆两军接连在靖港挫败，弁勇相率溃逃，他亲自仗剑督阵亦不能止，乃愤而投水自沉，被人救起后溃退长沙。原来与曾国藩矛盾较深的官僚又群起责难，令曾国藩更愤不欲生。但与此同时，攻湘潭的水路各营，经过数日反复厮杀，杀伤击溃数以万计的太平军，并于四月五日收复湘潭。这一胜利，在军事上，使太平军退出靖港、湘潭，长沙的威胁彻底解除；在政治上，冲散了因多次败绩所造成的，且越来越严重的心理阴云，使湘军一变而成为湖南官绅心目中真正的救星，甚至也给清廷留下了深刻印象。

岳州、湘潭战役，虽以湘军先败后胜告终，但仍然暴露了不少问题。如王鑫因胜而骄，轻敌冒进而败；伍宏鉴等在宁乡不积极构筑营垒，鲁莽应战而覆军；等等。最突出的问题是，相当多的弁勇稍受挫折，就溃不成军，甚至狂奔远扬，不复归伍。其中，水师表现得尤为突出。三月下旬，未经大战，就逃走数百人，有的甚至全哨合谋弃舰同逃，更为严重的是，不少水勇在应募入伍时，就假报姓名里居，以便他日逃走时，官府无从追查。针对这一情况，除了更加严格执行各项规定外，曾国藩决计大加整编，遣撤作战不力之营，严格禁止逃勇归伍。如此一来，再加上大批伤亡的弁勇，原有各营和勇丁竟减去二分之一以上，只留下参加湘潭战斗的塔齐布、杨载福和彭玉麟等营，以及防守平江的林源恩、岳州战斗表现突出的邹寿璋两营，共计四千多人。

与此同时，曾国藩又积极补充和扩编湘军，修理和新造舰船。湘潭之捷使全省官绅倚湘军为长城，且太平军虽退出湘潭、靖港，但不久又连下华容、安乡、澧州，常德等地纷纷告急，此时，应骆秉章之聘，四月又入抚幕的左宗棠，从中支持和策应，就这样，在多种因素的促进下，曾国藩的计划进展很顺利。三月至六月间，长沙、衡州两船厂，赶造新舰六十余艘，修理旧舰一百多艘。成立新营、补充旧营的进展也很快。除按规定在本省招募外，又从广西调来道员李孟群所募两广水勇千人、总兵陈辉龙所带广东水师四百余人。再加上罗泽南、李续宾两营，全军战勇共达一万三千余人，与年初衡州出师时相比，勇数反而增加了。另外，江忠淑等所带勇四千多人，也在平江一带待命，再加上胡林翼军和岳州知府魁联所招宝勇一千人，与太平军作战的湘军总兵力，已在一万九千人左右（不包括长夫）。王鑫军，由于羊楼司和岳州两次大败，几乎全军覆灭，虽经骆秉章、左宗棠一力维持，令其新招一营，但王鑫军已无法随同曾国藩作战，只能开赴湘南，接替罗泽南军的防务。

湘军这次大举再出，分兵三路：西路由胡林翼、周凤山等带领，趋常德，堵御自华容入境的太平军，并镇压响应太平军的群众起义；东路由江忠淑、林源恩等带领，固守平江，进趋湖北通城，威胁岳州太平军侧翼；中路为全军主力所在，有塔齐布、罗泽南等陆营和水师，进攻岳州。四月，西路军先期行动，但出师即败，太平军击溃周凤山军，攻占龙阳、常德，胡林翼军因镇压安化抗粮群众而后至，西路军只得退保益阳。五月，曾国藩令塔齐布领中路军趋岳州。太平军探知湘军大举北进，决计缩短战线，集中兵力应战，遂于六月自行撤出龙阳、常德等地，在岳州集结。曾国藩乃令周凤山东撤，以加强中路，西路只留下胡林翼。这样，岳州附近的战斗就日趋激烈。双方水陆军几次交战，太平军连续失利后，又自行退出岳州城，在城陵矶筑垒固守。再克武昌的湖北太平军，也派水陆军前来增援。七月初，曾国藩领后续部队自长沙北上。中下旬，两军连续大战，湘军水师先胜后败，陈辉龙、褚汝航等阵亡，战船陷失数十号，兵勇死伤甚多。但陆营塔齐布、罗泽南两军却连获大胜，十八日擂鼓台之战尤为激烈，太平军由著名勇将曾天养督阵，塔齐布几死于太平军刀下，被亲兵救起后，拼死力战，反败为胜。曾天养英勇战死，全军为之夺气。闰七月初，太平军终于被迫放弃城陵矶。与此同时，东路军也攻下通城。

经过半年多的反复争夺，湘军终于迫使太平军退出湖南，这既稳定了本省统治秩序，为第一个后方基地的建设奠定了基础，又为顺流东下，争夺武汉开辟了道路。

第二节　武汉、九江的争夺

攻下城陵矶后，闰七月中下旬，湘军水师顺流东下，先"遍搜支湖小河"太平军残部，攻占蒲圻；接着又乘虚攻占沿江要隘，进扎距武昌六十里之金口。塔齐布、罗泽南等陆营，在八月中旬攻下崇阳、咸宁之后，进占武昌远郊之纸坊，曾国藩座舰及后续水师进扎金口，部署进攻武汉。武汉被长江、汉水分割，形成三足鼎立之势：其中，汉口只是著名的商业要埠，并无城墙可守；汉阳也只是普通的府城；武昌则不同，不仅城大墙高，江湖外绕，蛇山内踞，易守难攻，且是省会所在，向为华中重镇，全国名城，具有重要的政治和军事意义。武汉之役，实际上成了武昌争夺战。

太平军守军有两万余人，配有数以千计的船舰，又在武昌城外构筑坚固防御工事，如花园就筑有大营三座，外绕宽沟，内环木城砖城，沟城之间又布满了各种障碍物。但是，庞大的太平军水师全是由民船改装而成，有的甚至并未改装。民船既不灵活，又不坚固，不能承受大炮的后坐力，甚至"每放一炮，全(船)身震破"[9]。再加上配备的又绝大部分是土炮，"二三千斤重者，其为用或尚不逮数百斤夷炮之远，徒嫌笨重，又虞炸裂"[10]。更为重要的是，太平军水师缺乏有经验的将领，且战区统帅石凤魁、黄再兴又是"不谙军务"的庸人，在湘潭、岳州连遭大败之后，更产生畏敌怯战的心理。

与之相反，湘军在兵力方面，虽因江忠淑等军，或留防湖南，或驻守通城等地，有较大减少，但荆州将军官文派魁玉、杨昌泗和李光荣等兵勇五千人前来增援，因而总兵力仍在两万人左右。士气方面，屡次大胜之后，湘军将领兵勇信心大增，凶悍敢战。如攻崇阳时，"城上枪炮如雨，滚木擂石，纷纷并下，兵勇多带重伤，然屡胜之余，人人皆以退缩为耻"[11]，结果，仍然冒死迅速攻克城池。对于水师，曾国藩精益求精，一是吸取实战经验，改进船舰的制造，夏季所造，"皆精坚可爱，比去年好到三倍"[12]。二是增加洋炮配备，至七月共装备洋炮六百尊。洋炮既可参加水面战斗，也是水师陆战的利器，"湘潭、岳州两大胜仗，实赖洋炮之力"，"击岸上之贼，炮多子众，顷刻之间，尸横遍地"。[13]三是增强机动灵活性。七月中，象骨港一战，"因贼划围绕太多，我军眩乱致败"[14]。曾国藩就立即仿效，招募小划百五十艘，每划六七人，或三四人，共增千余人。这就是说，在咸丰四年（1854）夏秋间，湘军水师与过去相比，船舰更坚固，火力更猛烈，行动更灵活。

在以上基础上，曾国藩又根据武汉三镇特点，制定水师清江面，割断三镇太平军往来，协助陆营，以炮火攻击沿岸太平军营垒；陆军集中力量进攻武昌，汉阳则由魁玉等湖北兵勇围攻的作战计划。这个计划充分体现了曾国藩十分注意发挥水师优势，集中兵力各个击破的军事策略。事实证明这是正确的。八月二十一日，湘军水陆军同时发起进攻。水师分两批出战，利用火力优势，击沉烧毁太平军船舰五百余艘；陆营塔齐布军攻占洪山，控制了武昌南面重要高地和"陆路汇总之处"，罗泽南军也于同日攻下花园营垒。这时，守军一派混乱，不少人纷纷缒城外逃。次日再战，湘军水师又沉毁太平军船舰数百，武昌和汉阳城外太平军大小营垒全被攻破。在这种情况下，黄再兴等惊惶失措，无心再战，竟于第三日凌晨弃城出逃。太平军汉阳守军亦同日弃城东走。第四日，湘军水师又乘大胜之机，围攻来不及撤走的汉水太平军船队，船舰千余号，或被烧毁，或被击沉，无一得脱。

在这四天中，湘军只伤亡两百多人，却一举攻克华中重镇、全国名城武汉，使太平军损失船舰两千余艘，丧师数千。这样小的代价，换来如此巨大的战绩，实在出人意料。正如曾国藩所说，"非臣等梦想所敢期"。喜出望外的大胜，使整个满汉统治者精神为之一振。只付出极小代价，便掠得武汉三镇大量财物，还得以加官晋爵的湘军将领和弁勇，更以为太平军不堪一击，把从军作战视为无风险又可名利双收的终南捷径，从而跃跃欲试，力图在新的战役中攫取更大的利益。

在这种气氛鼓舞下，曾国藩辞谢署理湖北巡抚之命，以便一意领军东下，并制订三路进兵，先破田家镇，再攻九江的计划。九月上中旬，三路军先后出动。长江北岸以魁玉、杨昌泗等绿营兵勇为主力，但该军战斗力差，为太平军堵于蕲州一带，不能前进。南路湘军主力塔齐布、罗泽南两军，分别进克兴国和大冶，既巩固了武昌南面的防御，又扫清了东进的障碍。接着，两军分头进逼半壁山和富池口。中路水师与太平军舰队小有接触，互有胜负。

半壁山、田家镇是湘军东下九江的必经之地，也是太平军重点设防的要隘。太平军在北岸田家镇筑土城，屯有重兵；在南岸半壁山扎营驻守；还在江面设有连缀两处的铁链两道，江心委泊小船和木排，排上立有木城，城内安炮驻兵。同时，吸取武汉战役兵力不厚、无权威性统帅的教训，结集兵力四万人，并派燕王秦日纲前来督师。这样的部署看来虽然相对缜密，但整个战役指导思想仍蹈上次覆辙。曾国藩的前述部署不仅北路兵力较为单薄，且战斗力也差，统领魁玉是太平军的手下败将，更为重要的是兵力集中对抗前敌，后方十分空虚，湖广总督杨霈又昏庸不知兵事。秦日纲见不及此，没有采取积极防御、化被动为主动的方针，既不在北路主动出击，更不敢乘虚蹈隙，深入敌后，而是采取一味待敌的消极防御，结果陷入被动挨打的境地。

针对太平军的部署，曾国藩决定先以主力进攻兵力较少的半壁山。与上述战略中的消极防御不同，太平军没有利用坚固的防御工事和险峻的地形条件，诱使湘军攻坚，挫其锐气，歼其有生力量，反而在营垒之外进行野战。十月一日，当罗泽南军行至半壁山前二三里处时，太平军就主动出击，田家镇大营亦派队渡江南援。结果，大战一天，太平军损兵数千。与太平军这样浪战相反，罗泽南很注重把控战斗的节奏，当次日太平军又来求战时，他命令部队紧闭营门，一连休整了三天。四日再战，秦日纲亲自督队，结果死伤更多，其半壁山大营亦失。罗泽南与已攻占富池口的塔齐布军联为一气，南岸尽为湘军所有；接着湘军水师又于十三日大举出击，或破江中铁链木排，或攻击太平军舰队，或烧太平军辎重船队，结果太平军江防尽破，数以千计的舰船也同样被焚毁。在这种情况下，田家镇大营和蕲州太平军不得不相继东撤，从而为湘军打开了东进九江的大门。

但太平军在北岸广济、黄梅仍设有重兵屯守，且后续部队也在不断增援。与之相持的魁玉等军及屯守黄州一带的湖广总督杨霈所部，均不耐战，而南岸防务则比较巩固，塔齐布、罗泽南两军处于无用武之地。针对这一情况，曾国藩决计"先剿北岸，次清江面(指九江一带)，以图攻克九江郡城"[15]。为此，他重新调整部署，命塔齐布、罗泽南两军北渡，进攻广济、黄梅等地。这样，就可以避免太平军由北岸乘虚西进，威胁武汉。十月下旬至十一月中，经过几次大战，湘军不仅迫使太平军退出广济、黄梅等地，就连九江对岸之小池口要塞的太平军也不得不主动撤出，从而为水陆军直接围攻九江扫清了道路。早在十月下旬，湘军水师趁田家镇大胜，九江以上已无太平军水师，进泊九江附近江面。太平军舰队奋起迎战，湘军虽获得胜利，但"伤亡亦殊不少"，有的甚至人船两失。曾国藩称之为"苦战"。十一月初的战状更不如前，水师不仅折损弁勇，且为太平军新战术所困。正如曾国藩所说，"每夜以火球、火箭近岸抛掷"，使湘军船舰无处停泊，"连日雨雪交加，师船泊中流则为风波所撼，泊岸边则为陆贼所扑"。对此，他"反复筹思，不得所以破之之法"。[16]这表明，与武汉、田家镇两役相比，太平军在战斗力和战术两个方面有了很大的提高和变化。

这一变化不是偶然的。吸取武汉、田家镇两役惨败的教训，太平军对湖口、九江之战做了认真的准备，采取了有力措施。首先，建立既可独立作战，又可相互支援的防御体系。在加强九江、湖口两城防御工事的同时，为弥补两城相距六七十里，中间又为鄱阳湖入江水道阻隔的地理缺陷，太平军在湖口对面西岸的梅家洲兴筑木城两座，并于水面扎泊两大木排，置兵安炮镇守。这样，就可以东与湖口就近相互策应，西与九江相呼应，使三者连为一体。其次，大治水师。一反过去以民船做战舰，企图以多取胜的方针，在安庆仿照湘军船式，赶造各型战舰，使太平军水师面貌一新。正如曾国藩所报告："该逆水中屡次大败，皆因民船太多"，而此次"民船甚少，纯用大小战船，抵死抗拒，又以两岸及洲中营盘、木排互相保卫，局势为之一变"。[17]再次，加强领导。以谋略素优、指挥果断、地位很高的翼王石达开为总指挥。石达开奉命后，即由安庆移驻湖口，以便就近指挥。同时，以著名战将罗大纲守梅家洲，林启荣守九江。最后，在指挥上，一反过去呆板少变、只知内线死守的消极防御方针，石达开等既注意内线防御，又不时以灵活方式做战术性出击；同时，积极寻求战机，捕捉湘军的失误和弱点，在外线进行战略性出击。

曾国藩对以上变化，虽有所觉察，但了解很不全面，认识更不深入。这固然与情报来源不足有关，但与湘军屡次大胜，从上到下滋长了盲目性关系更大。当时左宗棠就致书曾国藩议论此事，但曾国藩对此缺乏清醒的认识，"将士之气渐骄，将帅之谋渐乱，弟尝贻书戒之，而不我察也"[18]。一般湘军将领更认为攻九江或湖口，都是"破竹势成，无难立堕"[19]。在这种盲目乐观的气氛之中，曾国藩决计先集中兵力攻夺九江。除所部水陆两万人外，又抽调在上游防守的胡林翼军前来会攻。他以为这样就可以迅克九江，甚至如武汉那样，一举三得。这显然低估了太平军守军的战斗力，在实践中就不能不碰壁。

十一月中旬，湘军水师经过几次战斗，控制了九江附近江面后，塔齐布、罗泽南、胡林翼等军立即南渡，在九江城下集结。二十日以后，除部分水师对湖口梅家洲做牵制性进攻外，陆营在"攻具未备"的情况下，开始攻九江城。但遭到太平军的顽强抵抗，弁勇"伤亡甚众"，罗泽南亦两处负伤。曾国藩这时才不得不承认"其坚悍凶顽，实出意计之外"。[20]十二月初，曾国藩又变计，留塔齐布继续攻城，并命王国才由小池口移营南渡助攻；同时又抽调罗泽南、胡林翼军移攻梅家洲，水师策应两处，并相机入鄱阳湖追击。这时，总兵力虽约三万人，由于一分为二，分散了兵力，且江北沿江一带，因胡林翼、王国才两军南渡，又形成很大空隙；而鄱阳湖水面广阔，水师一入其内，就会与外江呼应不灵。

湘军这样先骄后乱的指挥，给太平军反攻提供了可乘之机。十二日，当湘军水师性能灵活的长龙、舢板一百二十艘入湖追击时，太平军立即封锁湖口，将湘军水师分割为互相孤立的外江、内湖两大支，并连夜出动小划围攻湘军外江水师的各种笨重大船，共烧毁五十余艘。骄狂已久的湘军水师，立即被这晴天霹雳似的大败消息吓破了胆，幸存各舰纷纷擅自西撤至九江。太平军趁机大举反攻：在梅家洲对罗泽南、胡林翼连续夜袭，迫其退回九江；在江面，再次以小划夜袭，夺取曾国藩的座船；一场大风，又打沉打坏湘军船舰四十余艘；同时，太平军又北渡抢占小池口。曾国藩意识到这是大战略行动的前奏，两次命令湘军北渡反攻，但均被击退。接着太平军在外线出击，大举西上，于咸丰五年(1855)正月初攻占武穴、蕲州；与此相配合，皖北的太平军也大举西进，两军矛头直指武汉。杨霈所部闻声败退，溃不成军。

　　武汉不仅是如前述的全国军事政治重镇，而且对湘军更有特殊意义。湘军的人力、物力、军饷大多或全部靠湖南由长江水路运至；且两湖唇齿相依，太平军已数次由鄂入湘。这就是说，如武汉不守，不仅后援被切断，家园亦将不保。当时的湘军水师，外江一支损失甚多，军心摇动；内湖一支既无威望素著之统领，又多为小型战船，"几有溃散之虞"，迫切需要加以整顿和扩充。陆营主力部队塔齐布、罗泽南两军，未遭水师那样的挫折，尚可再战。据此，曾国藩一面令外江水师余存的一百三十多艘船舰，与胡林翼、王国才六千余人分批驰援武汉，一面令塔齐布、罗泽南两军加紧围攻九江，并于十六日，由九江亲至南昌，与江西巡抚商定扩充和整顿内湖水师。他认为这样做，一可以保卫武汉，安定湖南人心；二可以避免因撤九江之围，使太平军全力西上，从而形成更为被动的局面；三可以在攻下九江后，带领扩充了的内湖水师东下，进攻太平军势所必救的安庆、天京，从而变被动为主动。

战局并未按曾国藩的主观愿望发展，而是恰恰相反。塔齐布、罗泽南两军不但未攻下九江，且因饶州一带告急，不得不令罗泽南军三千赴援，九江城下只有塔齐布军五千，力单势孤，"但主坚守，不复仰攻"；湖北方面，北岸两路西进太平军所向披靡，先后攻克汉口、黄州、汉阳等地，杨霈则"旬日之间，昼夜奔驰"，东逃西窜，最后龟缩德安以自保。同时，太平军还分兵南渡，兴国、崇阳、通山等地群众纷起响应，鄂南又入太平军版图。这样，不仅武昌第三次处在太平军的围攻之中，且江西、湖南北部边境也同时告急。被太平军这一闪电式进攻弄昏了头脑的湖北大吏，束手无策，匆匆闭城自守。湘军李孟群、彭玉麟、胡林翼等水陆军，虽然正月上中旬撤至武汉外围，但水师进攻汉阳受挫，旋又因大风打沉打坏战舰七十多艘，仅存六十余艘，实力锐减，军心也随之更形涣散。至于陆营，胡林翼军虽赶至外围，但所部只有两千多人，大败之后，胡林翼又畏敌怯战，"见贼势盛，不即进，营于汉阳之沌口"，名义上是与水师会攻汉阳，实际上是坐视武昌城败，逃避与城共存亡的责任。正因为如此，当巡抚陶恩培"飞檄召"胡林翼入武昌助守时，他拒不应命。[21]王国才军三千多人，出发既迟，又由于曾国藩命其绕道兴国、武宁回援武昌，兼防鄂南的太平军南下江西，因而迟至二月中旬才赶到武昌城下。这就是说，武昌实际上是孤立无援的，曾国藩回援武汉的部署并无多大作用。而武昌城内只有绿营兵勇数千，陶恩培等大吏又素不知兵，根本挡不住太平军猛烈的进攻，不到半个月，二月十七日武昌第三次为太平军攻克。李孟群、胡林翼等水陆军西退至金口。曾国藩回援武汉的计划至此彻底失败。

第三节　湖南后方基地的经营

清王朝继承并发展明王朝的统治体制，将军权、财权、司法权和官吏任免等权力集中于中央，一切取决于皇帝。为贯彻和维护这一体制，清廷又颁布各种法规，中央和地方大吏只能照章行事，奉命唯谨，不敢有丝毫触犯。如军队出征，大帅将领的任免、部队的调发、军需的筹拨，乃至主持后勤的大员，无不由皇帝决定。这种严格的封建君主专制的中央集权制度，在农民革命风暴的猛烈打击下，终于出现了裂痕，并且呈现出日益扩大的趋势。

金田起义以后，猛增的军费使早已拮据的国库陷入破产的境地。咸丰三年(1853)六月，户部上疏告急："度支万分窘迫，军饷无款可筹。"[22]当时已支出军费三千万两，部库仅存银二十余万两，不足一月支出。更为严重的是，原来的大宗税款，如丁漕、盐课等，因战争影响，或锐减，或仅存虚名，或被大吏截留。如盐课，"两淮盐课甲天下，而淮南尤偏重之区。自逆匪窜入长江，销路梗阻"，咸丰三年(1853)夏已是"片引不行，课款一无所出"。[23]如地丁，咸丰三年(1853)九月、十二月，户部先后查明山东、河南两省各应解银一百多万两，而实际上或"迄今尚未拨解",或以"无款可筹"奏复。[24]

在这种情况下,清廷厉行节流。如咸丰三年(1853)停发王公大臣(三品以上)俸银,减成发放养廉,并对二百多项支出,分别予以裁汰,乃至减成、暂停发放。但这只是杯水车薪,对缓解支绌起不了什么作用。同时,又广开财源。一是铸大钱、发钞币。但这立即引发市面波动,北京"各项店铺之歇业者,竟自日多一日",以致"民心皇皇,几于不可终日"。[25]再加上私铸盛行,官吏贪污渔利,以致大钱钞币很快就不能流通,最后只剩下面额较小的当十大钱尚能通行市面。二是举办借征。咸丰三年(1853)十月,清廷令山西、陕西、四川,将"咸丰四年钱粮,即行借征一年,于今冬开征,明年春季全数征完。其咸丰五年钱粮,即于明年秋季接征,按年递推"[26]。三是开办捐输。这方面收入颇多,如咸丰三年(1853)十一月山西奏报,一般捐输已有四五十万两。但随着开办次数日多,捐输所入势必日减。有钱的大官僚、大地主,往往凭借地位,多方躲避。如咸丰三年(1853)太平北伐军至天津附近,"上命督兵剿御,无粮饷",于是王公大臣集议捐输,劝大学士孙瑞珍出银三万。孙瑞珍"甚有难色,争于众",言仅有家产七万,"若有虚言,便是龟子王八蛋",因而"互相争论,几斗殴"。[27]一般富民自然也同样如此。道光中期捐一名监生共用银一百五十多两,咸丰七八年间只用十七两,但捐者仍不踊跃,"乡民反跙趄不肯前,必施威以吓之,假言以笼之"[28]。四是开征新税。这主要是咸丰三年(1853)江北大营创办的,咸丰四年(1854)后各省相继仿行的厘金税。这种分坐厘(商店营业税)、行厘(货物通过税)的商业税，由于有既可普遍开办，又能持续征收的优点，就逐渐成为各省最重要的财政收入来源。"自厘捐法行"，"一省之中，每年或得数十万，或得百余万，或得二百余万"，对反革命战争起了很大的财政支援作用。所以当时的人就认为满汉地主阶级在战争中获胜，"厘捐之力居多"[29]；有的甚至说"遂为裕饷中兴根本"[30]。

以上各种措施，反映清廷在财政上已陷入病急乱投医、不计后果的困境。孙瑞珍的丑剧正是这种状况的一个缩影。与此同时，清廷的财政体制也开始受到严重冲击。例如，地丁漕粮的征收、起解与存留，向有定章，督抚只能照章行事。咸丰二年(1852)，漕粮因运道被太平军截断，不得不改征折色，军政大吏往往以军饷不继为由，随意截留。清廷因无饷可拨，也只得照准。这样年复一年，两税事实上为地方大吏所控制。捐输等项收入也同样如此，其中厘金尤为突出。厘金是江北大营军务帮办雷以鍼倡办的，以"江都仙女镇各会馆旧有抽收厘金章程，于是仿行以济军饷"[31]。所谓济军饷，就是济江北大营之饷。这就是说，厘金一开办就是军政大吏自征自用。而作为一种新税，清廷又无定章定额；且商业随季节、农业年景好坏、战局变化而波动，厘金收入也因而时有衰旺多寡之别。在这种情况下，清廷对厘金的收入与支用，都无从稽查，只能听任军政大吏自行其是，无法过问。这一切不仅说明清廷的财政大权正在旁落，原有财政管理体制正在遭到破坏，而且，也势必使清廷直接掌握的财政收入日益减少，国库越来越形同虚设。

清廷军权旁落的情况，虽不如财权这般严重，但苗头已经出现，并且正在发展。这样，危机不仅表现在经制兵素质低劣，缺乏战斗力，也表现在其数量不足以应付日益扩大的战争。绿营原来虽号称六十万，实则在道光时不仅腐败不能战，且空额甚多。至咸丰朝，这种情况并未因进入战争时期而有所好转，仍在继续发展。咸丰六年(1856)有人揭露广东"惠州提标五营、协标二营，额设防兵五千余名；其中，有额无兵者，十居其三；有兵不能调者，十居其四"[32]。这样，能应调赴敌者就只有十分之三。又如，山西原有兵两万余人，咸丰三年(1853)"裁兵案内"，裁去两千余人。而未裁之兵，"除虚冒廪粮，稽延建旷外，又复以老弱与吸食洋烟者充数"；"而各署之伴当，以及杂色夫役占侵不少，复不入伍同操"。[33]这就是说，也有不少是"有额无兵"、"有兵不能调"，致使绿营兵可供调遣的兵数不足六十万。而前三年的战争，据清廷咸丰三年(1853)三月宣布，已经征调了二十余万人，其中，除少数旗兵外，都是绿营兵。再加上还必须留一部分士兵震慑各地民众。这样，能再续调的绿营兵，最多也不足二十万。

此外，还有各地驻防及京城的旗兵。但正如第一章指出的，旗兵之腐败更甚于绿营，其中，江宁、镇江和一部分近畿驻防旗兵已被太平军歼灭，其他"有额无兵"、"有兵不能调"的情况比绿营更为严重。如京师旗营官兵近十五万人，咸丰三年(1853)春，咸丰帝令其"时加训练"。但不得不承认，"近来该管王大臣，点验军器，仍不免虚应故事"。[34]沉疴已达一百多年，再严厉的督促，也无能为力。此外，盛京、黑龙江等地尚有旗兵可调，虽然周天爵称其"断不可用"[35]，王茂荫也言察哈尔"兵丁多形怯弱，马匹亦瘦""仅可壮声威，难济实用"，[36]要求调回原地。但其素质仍较关内旗兵略胜一筹。至咸丰七年(1857)夏，吉林、黑龙江两省的旗营马队在关内"留营备剿者"也只有八千名。[37]可见，为数亦不多。

正是由于原有常备军的质与量都远远不足以镇压革命，再加上调遣方面又存在问题，所以道光三十年(1850)以来，在大批征调经制兵的同时，各地军政大吏又大量招募乡勇。正如赛尚阿所奏，"臣到粤之初，各处所招壮勇已属不少"[38]，向荣赴援江宁途中，全军两万余人，其中，招募的广东各勇就有八千人，几占二分之一。而所招之壮勇，"大抵市井负贩之徒，乞丐无籍之辈，甚且盗魁恃为逋薮，奸民借以寄食"[39]。且作战不力，纪律败坏，甚至暗中与太平军往来。向荣就因为这种种原因，将其所部广东各勇八千人，一次性裁去七千。但由于经制兵存在的问题无法解决，各军将领仍不得不招募壮勇，从而出现时裁时募、此军裁彼军募的怪现象。不用说，所有这样的招募与裁撤，清廷无从遥控，由军政大吏自行其是。这样，清廷的军权就无形中丧失了一部分。

这种因常备军的质与量均不足恃，不得不乱招壮勇，以致造成新问题的情况，有力地说明清廷在军事上已经陷入没有出路的泥潭中。这虽然预示着八旗绿营将继续遭到惨重打击，最终不得不退出历史舞台，却为湘军的建立与发展创造了条件与机会。事实上，曾国藩于咸丰二年(1852)十二月，也是以"本省行伍空虚，势难再调；附近各省又无可抽调之处"

为理由，利用广招壮勇的浪潮，以在"省城立一大团"的名义，开始编练湘军。[40]而湘军，正如前章所述，在制度上与绿营完全不同，具有浓厚的地方色彩，又为曾国藩等人牢牢掌握，清廷实际上无法掌控这支军队。这对一向看重军权的清廷来说，自然是一个严重的挑战。

上述情况说明清廷的大权正在旁落，封建君主专制的中央集权制度，已经遭到破坏，但这只是统治阶级内部权力结构的变动，且隐而未显；而正在蓬勃发展的太平天国革命则关系着统治阶级的生死存亡，事穷势迫，在这种显晦缓急判然的情势下，满汉地主阶级不得不集中全力镇压革命，而无暇顾及彼此的权力消长。这样，虽解燃眉之急，但使清廷的大权进一步旁落，趁此时机，湖南地主阶级在创立湘军，为挽救满汉地主阶级的危亡开辟了一条新路的同时，又力图建立能使部队生存发展，进而战胜对方的物质基础。这就是要为湘军建立稳定的人力、物力、财力供应基地。

早在咸丰三年(1853)湘军创立时，湖南就提供了大量的人力、物力和财力，成了事实上的湘军后方基地。但这仅仅是开始。这样的后方基地，不仅在军事上要安内攘外，既能抵抗太平军的入侵，又能镇压境内群众斗争，使封建秩序得以维持，社会经济得以正常运转；而且，还必须最大限度地调动地主士绅的积极性，充分发挥各级官府的职能，尽可能地铲除各种消极因素。这就要求在军事、吏治、财政、治安等方面，采取强有力的措施，进行综合治理和整顿，甚至进行某些必要的改革。这样做，就势必同一部分官绅的个人利害与陈见相矛盾，甚至会触犯清廷颁行已久的制度和法令。这样复杂艰巨的任务，自然需要既清廉又有才干、有胆识的巡抚出来主持。骆秉章虽不是这样的"英雄"，但风云际会，负此重任，并且大体上完成了任务。

骆秉章(1793—1867)，广东花县人，道光十二年(1832)中进士，此后十几年间在京为御史、鸿胪寺少卿、顺天府丞、詹事府右春坊右庶子，道光末年外任湖北按察使、贵州布政使、云南布政使；咸丰帝即位，升任湖南巡抚，咸丰二年(1852)调任湖北，咸丰三年(1853)又回任湖南。为京官时，虽无干练声名，却有办事认真，拒收巨额陋规的美誉。至湖南后，对他有深入了解的郭嵩焘认为他"才实短乏"，却能做到"利不足以动其心，阿谀谄附不足介其意"。[41]久为骆秉章属吏的黄文琛评价骆秉章"廉洁自守"，只是"其才不足以应变，其识不足以决机"。[42]与他共事多年的满族贵族、成都将军崇实对他十分推崇："第一不可及曰清操，而才略尚在其次，最能推诚用人。"[43]这些评语或摘自私人日记，或是他人回忆之词，并非官场奉承套话。综合这些评语，骆秉章虽才干平庸，但清廉自持，推诚用人，不为阿谀奉承所动，但长期的官宦生活，也使骆秉章善于权衡利害。湖南内有众多的革命群众，外有太平军压境，原有的军政力量又不足以安内攘外；而湖南地主士绅既能办团练，又成功地编练了湘军，表现出了非凡的才干和潜力。在这种形势下，具有前述素质的骆秉章，很自然地会与本地士绅合作；而通过交往，了解骆秉章的士绅也会做出相应的反应，竭诚拥护他。这就为湖南官绅合作，把湖南建成湘军后方基地提供了可能性。

这种可能性,要完全变为现实,也需要一个过程。骆秉章与湖南士绅的合作,大体上可分为探索与深入合作两个阶段。从骆秉章咸丰三年(1853)四月回任湖南巡抚,至咸丰五年(1855)为前期。此期,双方虽然大体上是合作的,但矛盾甚多,有时还大起冲突,以致曾国藩愤而离开长沙去了衡州;咸丰四年(1854)三月,左宗棠虽再入巡抚幕,但骆秉章对他并不十分信任,这说明双方尚在相互了解,逐步建立相互信任的过程中。这期间,双方的态度十分重要。骆秉章虽与曾国藩有较大矛盾,但竭诚支持建立湘军,甚至当司道等官怂恿他趁靖港之败奏参曾国藩时,也被他断然拒绝。这样以大局为重的品格,无疑给士绅以深刻印象。而曾国藩也向骆秉章承认了自己的一些错误,左宗棠在幕中更表现出了非凡的才干与忠诚,获得骆秉章的信赖与赏识。这样,就为咸丰五年(1855)开始的双方全面深入持久的合作铺平了道路。

自咸丰三年(1853)以来,特别是在咸丰五年(1855)开始的官绅合作的推动下,湖南先后采取了一系列措施,大力进行整顿,甚至还进行了必要的改革。归纳起来,有以下几个方面。

一、军事方面

建立多级武装力量。曾国藩领军出省作战以后,骆秉章、左宗棠即加紧省级武装力量的建设。主要有以下几支:王鑫军。王鑫军经羊楼司、岳州城两次大败,全军瓦解,骆秉章、左宗棠仍命王鑫募五百人镇压桂、郴、永三府州一带的民众，兼防两广的天地会军。次年即扩充至一千五百人，咸丰六年(1856)更扩充至三千人，成为省内湘军的主力部队，同时在湘南的还有周荣耀军。周荣耀虽为绿营守备，但凶悍敢战，曾国藩称他为本省武弁第一流人才。周荣耀部最多时曾至三千多人(包括其暂统的)，虽不如王鑫军那样严格按湘军规矩组建，兵勇混杂，但仍有较高的战斗力。咸丰五年(1855)十一月，周荣耀战死，所部亦星散。另外，还有江忠济军。江忠济为江忠源二弟，在镇压李沅发起义时，已为江家军主将；咸丰五年(1855)从庐州归，即被命率三千多人守岳州，以防太平军入境，次年四月，大败于通城，江忠济及所部一千多人战死，全军瓦解。湖南的湘军，还有刘长佑军。刘军在咸丰五年(1855)成军时即有一千五百人，次年出境作战后又不断扩充至八九千人。此外，如周金城的南勇、何忠骏等的平江勇、李辅朝的楚勇、刘腾鸿的湘勇、田兴恕的虎威勇，以及长胜军等，多者两千人以上，少亦数百人。其中，有的后来并入刘长佑和王鑫等大支主力军。

与此同时，多事地区的各府县也自行组建地域性武装。蓝山县有蓝勇，衡州有衡勇，郴州有郴勇，其他如耒勇(耒阳县)、邵勇(邵阳县)、永勇(永州府)、东安勇，等等。府县级各勇营一般虽只有数百人，由各府县官绅自筹军饷，自行统带，但仍是一支脱离生产、有固定饷源的正式军队。如桂阳有勇四百人，"按粮养勇，每粮一石派钱二千有奇，更岁五载，耗财七万"[44]。且经过认真训练，大多统带的士绅或弁目亦凶悍敢战,如统带衡勇的魏承祝,统带新田勇的李金旸等。

此外,还有众多的团勇虽不脱离生产,战斗力不及上两种武装,但不少团练仍起了重要作用。邻近两广的湘南各县团勇早就闻名于世。咸丰三年(1853)以后,太平军或由鄂入境,或陈兵北境,处于前线的岳州、长沙两府团练也日益著名。如湘阴以黄森为头目的长乐团,在阻击太平军南下时就发挥过相当大的作用,一次竟能集众近两万人。咸丰五年(1855)至七年(1857),浏阳"事棘时,调团丁至四五千名,大小战凡八,以军功得奖者二百余人,请祀昭忠祠节孝祠者,六百余人"[45]。

以上三级,再加上出省征战的部队,湖南实际上就组建了四级武装力量。它们虽然在饷项的筹集发给、弁勇的招募任命、领导体制,乃至武器的配备等方面,存在不同程度的差别,但都是掌握在湖南官绅手中的武装体系必不可少的组成部分,各尽其职,互相补充。有了这样的武装,湖南官绅就能够对各个地区的大小动乱做出迅速反应,有效地维护封建统治。同时,四级武装各个部分的弁勇也经常相互流动。刘腾鸿、田兴恕、李金旸原来仅各领数百人,为省级部队,但随着所部在战斗中声誉日隆,故而先后扩充,成为出省作战部队。而出省作战部队的将领弁勇,由于各种原因回籍在家,遇有省内外紧急情况,又可加入或组建省级部队。咸丰五年(1855),刘长佑再出,招募新军,围攻入境天地会军,就是一个生动例证。这样的交流,不但可以不断补充出境部队,给予新鲜血液,也可以使省级部队不断获得骨干。

经过咸丰二年、三年的残酷镇压，湖南的白莲教和天地会严重受创，但在太平军西征的影响下，衡山、常宁、蓝山、永顺、桑植、华容、溆浦、黔阳仍连续不断有群众起义，太平军所到之处，民众更是纷起响应。如湘潭，"土匪蜂起，实繁有徒"。巴陵，"土匪复起，以百人为聚者不胜数，皆红巾"。[46] 咸丰五年(1855)形势更为严重。太平军攻占武汉后，即分军进逼岳州，六月甚至一度攻入湘阴境内；被阻后，又大举入江西，攻占不少州县。同时，两广天地会则由南向北，深入湘南。广东天地会何禄等先在边境歼灭赵启玉军，后又击溃来援之王葆生军，五月三十日攻占郴州，接着又分兵进克桂阳州、茶陵、永兴。与之相响应，广西天地会于上年十月攻占广西灌阳等地，建立升平天国，至是亦大举北上，于四月十六日攻占东安。几年来较为平静的湘西，也因十月贵州徐廷杰起义军攻占铜仁，后又分军攻占麻阳、晃州而顿时陷入危局。在两广天地会军的推动下，衡阳、武冈、酃县、茶陵等州县民众也纷起响应，其中，衡阳白莲教众拥李某为王，声势浩大，失败后退走衡山时尚有六七百人。

这就是说，咸丰五年(1855)，湖南官绅不仅处于四面包围之中，而且有的已在境内建立起临时根据地，省内民众又有纷纷大起之势。这样，如果发展下去，湖南地主就面临太平军分进合击，中心开花，大局彻底瓦解的危局。这是继咸丰二年、四年以后，湖南地主阶级面临的第三次危机。这三次危机不仅关系湖南地主，也关系清王朝的命运。咸丰二年(1852)，如太平军攻下长沙，在湖南站住脚，那就堵塞了湘军诞生的通道。咸丰四年(1854)，如太平军在湘潭大胜，那就会将湘军扼杀在摇篮之中。这次如果任其发展，不仅湖南版图要变色，湘军也将因无后方基地、家园破碎而陷于瓦解；而且，这还意味着太平军、两广天地会和贵州起义者将在湖南会师，使粤、桂、黔、湘、鄂连成一气，从而为太平军腰斩大清帝国的战略奠定基础。

和前两次一样，这一次湖南地主又转危为安。这有两个方面的原因。两广天地会军虽有北上与太平军会师的意图，但攻入湖南后，朱洪英等对自己小小的升平天国仍难割舍。何禄等也迷上"郴州绾毂楚粤，可以号召两省匪徒"的战略地位，力图建立以桂阳州为犄角、茶陵为北进门户、郴州为中心的根据地，因而"归重则仍在郴城，粮糗甲仗炮械均聚于此"。[47]这样，就使两广天地会陷入屯兵不前，株守待机的局面。太平军虽欲进入湖南，但决心不大，后来更大力经略江西。贵州义军虽有"取道辰州，顺流而下湖北"的意图；但他们进入湖南时，因两广天地会军或败灭，或转移，而陷入势孤力单的危境。

针对以上种种情况，左宗棠采取各个击破的作战方针，先以王葆生等军防堵何禄，以主力王鑫、刘长佑、江忠淑等围攻东安。广西天地会军顽强抵抗，十天之内，王鑫等军伤亡二百余人；五月，湘军兵力增至五千多人再度围攻，"汗血苦攻"，以"千勇中受伤至六七百名之多"的代价，[48]至七月底东安始告攻克。胡有禄溃走祁阳，全军覆没，朱洪英败回广西。然后又令王鑫、刘长佑两军东向，与王葆生等军及郴、桂陈士杰等团勇,先下桂阳州和茶陵,再进围郴州。外围要地已失的郴州,终因势孤援绝粮尽,于十一月下旬失守。何禄等突围南走,沿途又为湘军团勇截杀,除一部分先期入江西会合的太平军外,何禄军几乎全军覆没,何禄亦战死。

这两支天地会军多达数万人,装备又好,何禄部尤为出色,"洋枪抬炮火箭喷筒等件,制造极精,放用又其素习"[49];且战斗力也较强,"东安一股,阴鸷凶悍,实与金陵巨贼无殊"[50]。但经过八个月的战斗,结果都遭到毁灭性打击。这证明湖南三级武装的建设是成功的,既足以应付突发事件,也可以有效地投入中等战役。其中东安一役,更是一场时间长、难度大的攻坚战。同时,这对两广天地会军也是惨痛的教训,从此他们不敢再大举进入湖南,这使湖南地主得以全力向北争夺武汉。在这种情况下,省内民众自然不敢轻易尝试起义。这就是说,经过这场搏斗,湖南地主稳固了省内的封建秩序。从当时的战争全局看,这实际上是在太平天国和孕育着巨大革命能量的两广之间,设立了不可逾越的高山大海,使其不能协同行动,紧密联合,从而便于各个击破。

二、吏治方面

和全国其他省一样,湖南官吏大多数不是贪污自肥,就是苟且昏庸,甚或两者兼而有之,从而严重地削弱了各级政权的职能,危及封建统治的稳固。金田起义后,这个问题更加突出,要求整顿的呼声更加强烈。咸丰二年(1852),左宗棠在张亮基幕中时就指出:"吏治不修,故贼民四起。此时再不严治奸民，慎择牧令，事更不堪问矣！"[51]这就是说，整顿吏治与镇压群众固然同为医治当时乱世的两大要政，但前者是治本，是清除祸乱之源，更为重要。而身为巡抚的骆秉章一向清廉，主管吏治的藩司文格也同样如此，正如王闿运所说，骆秉章"自以廉俭率下，文格亦无求所取"[52]。同时，骆秉章又勤于政事，"当寒暑冗忙时，每便衣见客，设鉐筒，收匿名揭帖，贴四柱清册于照墙"[53]。这样既能使来谒者便于进言，又让由于各种原因不敢、不愿、不能上言者，有陈述自己意见的渠道。郭嵩焘十分称道骆秉章的这种作风，"汲汲求民疾苦，以验知吏治之修废，有闻焉必究，有见焉必咨"[54]。作为全省最高行政长官，能如此正己，能这样求治，这就为整顿湖南吏治打下了良好的基础。在官绅共同推动下，湖南对原有官僚队伍做了整顿，并采取了颇具特色的新措施。

咸丰二年(1852)以来，张亮基、骆秉章在左宗棠等协助下先后以"年力衰颓"，"材质拘迂"等理由，参革新化、黔阳、桃源、嘉禾、龙阳、东安、巴陵、临武、宁乡等县知县，澧州知州，岳常澧道道员，以及大批武弁。同时，又保举重用夏廷樾、魁联、朱孙诒、塔齐布等一批文武官员。其中夏廷樾，道光时为湘阴知县，"精明强干，听断如流"。巨盗曾独手有徒众数千人，历任知县放任不管，夏廷樾则悍然捕而"毙之狱，一时讹言且劫狱，廷樾不顾"。[55]又如黄淳熙，"在官廉明静俭，上官不悦，遂引疾去"，骆秉章竟亲至其家，"强起之，乃复出"。[56]以巡抚之尊，亲自登门动员赋闲在家的知县出山，这在官场中是罕见的殊荣，在社会上是不胫而走的少有新闻。

这样的一参一保，不能不在湖南官场中引起相当大的震动，使原来振作有为者受到鼓舞，昏庸腐败者有所警醒，有的甚至改辙易途。

这套办法是整顿吏治的故技，其特点是去其最恶者，奖其最优者，以儆其次恶者，鞭策其一般者。不言而喻，这对于恶习已很深的官场，只能起到有限的作用，如要进一步发挥各级政权的作用，还必须采取新的措施。长期以来，与封建政权并存的绅权，只作为政权的补充，起着极为有限的作用。现在骆秉章、左宗棠趁着清廷大权正在旁落、政权体制混乱之机，打破常规，大量起用士人，赋予他们亦绅亦官的新权位，让他们参与各种行政事务，从而达到了既不太多地触动原有官僚体系，又能加强和改善封建统治的目的。

曾国藩是这套措施的倡导者和保护神。作为倡导者，咸丰三年、四年，在镇压群众、办理团练、创立湘军、插手地方政务等方面的所作所为，大多是其他团练大臣不愿也不敢做的侵官越权之事。这种不安于亦官亦绅地位，悍然径行的行事作风，已经取得初步的成功，既极大地鼓舞了本省士绅，又为扩大绅权开创了颇具声势的先河。他创立的湘军，使湖南地主士绅掌握了国家机器中最主要的部分。这本身就是扩大绅权的一个方面，而且以此为后盾，既可以在其他方面扩大绅权，又能保护已经到手的绅权。后来，曾国藩为节制四省的钦差大臣，按己意进退疆吏统帅，任何人为湖南巡抚都不能不仰承曾国藩之意向，这些事实上默认了绅权的存在。

左宗棠在扩大绅权方面，有着特殊的地位，起了极为重要的作用。左宗棠再入湘幕，既可以补骆秉章才干不足的缺点，又可以代表士绅向骆秉章朝夕进言，甚至以骆秉章的名义推行他们的主张。这样就避免了过去曾国藩与骆秉章官位相当，有时径自出面办事，使骆秉章过于难堪的局面。此外，骆秉章还聘请郭嵩焘入幕，命王鑫等统领省辖湘军，令黄冕等人办理税政等事务。骆秉章与左、郭、王等人关系极为融洽，彼此十分信任。正如左宗棠所说："自入居湘幕……骆文忠初犹未能尽信，一年以后，但主画诺，行文书，不复检校。"[57]郭嵩焘与骆秉章，也"诉合无间，视君所为，若出其身；君亦视所治事，若治其私"[58]。王鑫更认为骆秉章对己有"生死肉骨之恩"[59]，他对左宗棠也有同样的情感。这样，就使左宗棠、郭嵩焘得以放手办事，以致形成喧宾夺主之势。后来，这种情况几乎成了尽人皆知的秘密。尹耕云甚至在奏折中也说，"楚军之得力，由于骆秉章之调度有方，实由于左宗棠之运筹决胜"，甚至说"国家不可一日无湖南，即湖南不可一日无宗棠"。[60]曾国藩等十分珍视左宗棠这一特殊地位，反对左宗棠离位他去，"季公似不宜赴鄂，目下湘中亦多事"，"必家乡平安而后湘勇之在鄂者无内顾之忧"。[61]总之，湖南事实上形成以骆秉章、左宗棠为首，由文格、郭嵩焘、黄冕等人组成的官绅一体的领导核心。

与左宗棠、郭嵩焘等人和骆秉章建立特殊的共事关系相呼应，各州县以及税、政部门也大量任用士人，扩大绅权。在曾国藩的批准支持下，各地士绅大办团练，任意捕人，甚至杀人。骆秉章、左宗棠共掌省政后，又继续予以支持，致使绅权日大，甚至凌驾于州县官之上。如衡阳常豫，出家赀筑堡塞，"丁夫数百，常若勒兵已"，又任意捕人，自为惩治，县令虽然不以为然，但得到巡抚的支持，"请无不听"。在其严酷统治下，竟然出现"夜不闭户，无赖遁迹"的盛世景象。[62]同治初年，衡阳、清泉"捕诛土匪数案，发纵指示多邑人杨澍力也"[63]。而湘乡知县竟成了士绅的傀儡，"一惟局士之言是徇，致外间物议沸腾，谓事由局而不由县，权在绅而不在官"[64]。这样，州县官之权虽有所削弱，但其贪赃枉法、敷衍苟且的行为却会有所收敛，从而使封建统治得到加强。

筹饷方面，大量引用士绅，除了捐输委派士绅劝捐，并设局办理，最突出的是在厘金的征收上。厘金是一种新税，厘金局卡是新立的部门，不受原有制度的约束，更便于采用新制度，引用新人。咸丰五年(1855)四月设立的厘金总局，虽然名义上由盐法道裕麟主持，但事实上士绅起了主要作用。"规划皆由黄冕手定，崑焘佐之，裕麟总其成，而左宗棠斟酌其当否。"[65]规划中的一项关键措施就是"务洗向来衙署关务一切陋习，仿唐臣刘晏委用士流之意，屏退吏胥市侩，访择廉干士绅，资以薪水，令其随同委员赴局办理"[66]，语意虽然含糊，但已透露出为了避免官场习气的腐蚀，决心采用新办法，大量引用士人，以保证厘金税的征收，力争取得最大的成效。为达此目的，并提高士绅在厘金局中的权位，实际上并不是士绅随同现任官员的委员办事，听其指挥，而是颠倒过来，委员听士绅之命。"院司虽或委员，总成列衔而已。"[67]"湖南初榷厘金，倚任士绅，委员皆折节下之，执礼甚恭。"[68]甚至厘局士绅与当地州县冲突,"辄将州县撤委","故湖南有绅大于官之谣"。[69]这样的做法,虽与曾国藩"改弦更张""赤地新立"两大建军原则不尽相同,但两者之间相通相贯是很明显的。即尽可能在制度上摆脱原有的一套,在人事上,或不用少用原有官吏,或虽用而又限其权。这实质上是在部分更新原有国家机器。

被大量引用的士人,除少数曾为官任职外,其他都是举人、监生、秀才,有的甚至就是一般士人。现在竟得到这样重用,自然感恩图报,认真勤奋办事;且官绅共治,又可以起到互相监督制约的作用,彼此都不敢恣意妄为。再加上大举参革保举,骆秉章、左宗棠等人又能正人先正己,清廉自持。这样,就使湖南吏治有了显著的改观,各级官府局卡的职能得到较好的发挥,腐败的官场习气有了较大的改变或收敛。这一点,对湘军集团有所揭露的王闿运也加以肯定:"威行于府县,贪靡之风几革。"[70]

三、财政方面

战时财政,实际上就是筹集军饷,正如一个长期在湖南为官的人所说:"湖南,小行省耳,岁入不及百万,在无事时,勉可支展。"[71]地丁百万外,漕粮只十五万石,其他税收微不足道。总收入不仅远不及江浙等大省,甚至不及江西、安徽等省。但咸丰四年(1854)以来,不仅要支付湘军巨额粮饷,还要协济邻省,即所谓"频年裹粮从征,迄无虚日,且时须协济江、鄂、黔、粤饷需,统计每岁须银二百万两内外,而本省额兵之饷不与焉"[72]。其实，除此之外还有本省文武官员的养廉和京饷，后者虽各年多寡不一，但两者合计为数亦甚多。常规收入那样少，战时支出这样庞大，这给省财政提出了一个十分艰巨的任务。骆秉章、左宗棠等人，主要依靠捐输、田赋、厘金三项收入。这样，就逼使他们在大力搜刮的同时，采取措施，加强领导和监督，杜绝中饱和偷漏，甚至进行某些改革，从而最大限度地挖掘税收潜力。

第一，捐输。金田起义以前，清廷就屡次开办捐输，以应付非常开支，弥补财政支绌。金田起义以后，各省军政大吏竞相仿行，湖南也不例外。骆秉章踵而行之，在省城设总局，各州县设分局，以士绅办之。捐输大致有三种。或个人捐输，多者捐银以万计，如安福蒋氏、衡阳杨家。少者则视所捐名目为等第，各有价目，形同买卖。或按一定标准，在县内普遍征收，如浏阳按亩出资作为团练经费，然后汇总上报，作为全县捐输，给予永广学额或暂广学额以为奖励。或因湘军某部撤遣，军饷积欠太多，除了补发一部分，其余作为一县之捐输，亦报以增广学额之奖赏。其中有将领个人的捐输，如耒阳人"榆林镇总兵刘厚基捐未领薪水银六万，请加永额二名"[73]。更多的是全部队的欠饷捐输。此外，也向在外省经商做官的湖南人劝捐，外省也同样在湖南开办这样的捐输。同时，湘军将帅有时也直接在省内开办捐输，所得捐款也归其所有。这样就使捐输远比厘金复杂。

自咸丰二年(1852)至十一年(1861)九月，湖南巡抚先后奏报捐输银二十五次，同治朝继续开办。自咸丰二年(1852)至同治三年(1864)永广学额共二百七十六名[74]，以捐银一万两，永广一名计之，共捐银二百七十六万两。此外，尚有暂增(一次)学额。清廷规定永额不得超过十名，捐数过十万后，续捐至两千两，即暂增学额一名。如醴陵捐银多达二十万两，一半(即十万两)增永额十名，另一半则增暂额五十名。安福此期这样的暂额更多达九十四名，这就是说安福、醴陵尚有二十八万八千两未计入以上总额。有的捐数不足一万，只能按两千两折算，给以相应的暂额。这样，全省暂额总数并不少，折算的捐银当达百万。同时，省志所记载的上述资料并不准确，如宁远此期永额为四名，而省志误为两名；且捐输头绪多，情况复杂，遗漏势所难免。总之，此期湖南捐输银应远超二百七十六万两，估计总数当在四百万两左右。这样大的款项对湖南省财政的补助自然很大，对州县的补助尤为突出。事实上，各县团练大都恃此为财源。如浏阳咸丰三年(1853)团丁军需银两万三千多两，驻防杨承义楚勇四百人，军饷全部靠"劝捐抵销"；咸丰四年(1854)，大集团兵勇防边"所费军需多由民科亩捐济"；咸丰五年至七年(1855—1857)又不时集勇，"事棘时，调团丁至四五千名"，共费银十八万多两，上面只给钱一万九千多串，不到总数十八分之一，[75]其他全由县内劝捐支给，或竟亏空拖欠。

捐输虽然是筹饷的重要办法之一，事实上也起了很大的作用，但存在明显的局限性。富有者中，不少人都是有地位的士绅，劝捐过多，必遭抵制；如进行勒捐，势必引起士绅内部冲突，如曾国藩勒捐陶澍儿子，就遭到其岳丈左宗棠的强烈反对，为曾、左矛盾埋下了一个根苗。同时，随着战争的延长，劝捐次数日积日多，捐数必然成反比例，越来越下降。与之不同，厘金是工商业税，与社会经济生活紧密相连，可以持久大量征收；且税虽征自商人，但商人可以转嫁给买者，商人不会过于抵制。

第二，厘金。骆、左除采取前述措施，大用士绅外，为杜绝漏税和中饱，还规定各局每月公布税入和上解数，并随时增设或减少局卡。咸丰六年(1856)，更根据淮盐因运道受阻，川盐、粤盐乘机倾销，茶叶出口畅旺，本省生产销售大增等情况，又设立盐茶总局，在有关要地如郴州、岳州、湘潭、澧州等处设分局，开征盐茶税。这种种措施，不仅消除了士绅的抵制，使厘金在全省得以顺利开征，也获得了最大的经济效益。《湘军志》言，"初年岁百四十万"；经手其事，深悉内中情况的郭嵩焘则认为不止此数，估计每年收入当近两百万。

第三，地丁漕粮。从定制看，湖南的两税税率并不重，与江浙两省相比，甚至可以说是很轻。但由于官吏中饱浮收及银贵钱贱的影响，实际税率大为提高。"增加地丁正银一两，民间有费至数两者；漕米一石，民间有费至数石者欤。"[76]其实，有的县的情况还要严重，"浮收勒折，自倍蓰至十百不止"[77]。粮户如不能依限期完纳，其中大多为小地主或有田地的农民的两税大多由吏胥代垫，然后他们再向粮户任意勒索，"尽产物犹不免，破家相踵矣！"[78]不少"贫民有久羁拖毙者，有威逼自尽者，有卖妻鬻子者"[79]。有些州县，还"私立甲长"，逼迫没有政治地位的富户充当，令其催征田赋，一有拖欠，即横加威逼勒索，"以良懦富民充之，报充者虽破家不免"[80]。

这种情况在经济上造成税收愈欠愈多，如湘潭每年收课银四五万两，咸丰四年(1854)所放竟不足原额十分之一，只有四千两。在政治上，一部分中小地主的不满情绪增长，自耕农和有一点土地的农民更加对立。嘉庆，特别是道光年间，田赋问题的上告案件、闹漕抗粮的斗争越来越多，越来越严重。耒阳杨(阳)大鹏起义是这方面最著名的事例。其他如道光元年(1821)醴陵渌口闹漕，民众被处死及瘐死狱中者竟有二十八人之多，宁乡自道光十一年(1831)至三十年(1850)，先后告至总督、巡抚、知府衙门者达十二次，咸丰元年(1851)更是爆发数千人至县署哄闹的大案。虽然如此严重，但要大加整顿，阻力也不小。因为一大群官吏，一部分士绅以及吏役等，靠田赋弊端以自肥，如湘潭仅"本府及粮道岁规各六百金；道府同官漕馆以百数，各视势分为轻重，多者百金，少必数两；至于丁役胥吏咸有分润，一漕至三四千金；解费房费不在此数，漕口所分亦数千金，办漕书吏费以万计"[81]。任何变动，如触及这群人的利益，势必引起他们的强烈反对；而那些因循已久，担心因触动陈规旧法而招来处分或失败的人也会游移不定，甚至起而阻拦。但如仍依过去惯例办事，那就势必严重影响湖南的稳定和军饷的供应，后方基地云云，也就大打折扣，甚至成为一句空话。

以左宗棠为代表的士绅，不仅深知上述种种弊端及其危害性，有的还身受其害。而骆秉章，虽不欲以田赋苛敛取利，但迫于军饷奇缺、省内动乱日多的形势而不得不如此。因此，骆秉章、左宗棠等官绅都想根除这一痼疾。在这个基础上，左宗棠发挥其虑事周密、敢作敢为的特质，选择全省田赋弊端最重、他又最熟悉情况的湘潭作为突破口。

咸丰五年(1855)，左宗棠决心"改制，取中饱者充公佐饷"。他先与湘潭士绅周某商议，令周某等"以助军为名，定丁粮两加四钱，减于前三钱；漕折石银三两，减于前四两；南折石一两，减于前二两。凡减浮收银四万余两，实增于正纳三万余两"。[82]骆秉章立即批准照此完纳。但湘潭书吏抗而不收税，骆秉章又断然许士民设局，自征自解。结果，十月开征，至十二月止，不仅本年田赋全部交纳完毕，历年旧欠亦交纳过半，总计收银十多万两，长沙、善化两县见湘潭大减浮收，亦纷纷要求仿照办理。但藩司粮道令差役禁阻两县士绅递呈，粮道更以"与部例不合"，难获奏准为理由，与骆秉章"当堂力争"，甚至出语"近不逊"。[83]骆秉章即撤换粮道和善化县令。

这一改革，在财政上增加了收入，不仅解决了拖欠田赋的难题，使以后各年得以足额征收，以前各年旧欠得以补交；而且，每年实际入库税金大为增加。如漕折，原为石银七两或六两，其中入库者不过一两多，其余全部中饱；新规定虽只有石银三两，但内中正税一两三钱、军饷八钱，其余为平水及办公等费。前两项可全部入公做军饷，增加十分明显。政治上，此举极大增进了地主阶级内部的团结。骆秉章、左宗棠等人那样大力支持士绅的要求，抑制官僚们的反对，不能不使地主们感到这是他们自己的政府，从而密切了官绅的关系。同时，经济上也极大地减少了地主的税金支出，如漕折原来要交六七两，现在只交三两，减少了二分之一以上。仅湘潭一县地主实际上就减免了四万余两。据说全省共减免了数百万。正因为得了这样的政治经济上的利益，湖南地主对这一改革无不表现出"欢欣鼓舞"，"输将踊跃"，"歌颂不忘"，"靡不闻风欣动"。

除上述三项财政收入外，骆秉章、左宗棠还将省及各州县常平仓及各种慈善事业的动产和不动产变价充饷。其中前者数目可观，如湘阴常平仓积谷近四万石，虽遭侵吞，但咸丰初年仍存留近三万石，咸丰三年(1853)全部变价解省。

骆秉章、左宗棠等，在军事、吏治、财政三个方面采取上述一系列措施，既有重大的现实作用，又有深远的历史影响。由于击退了入境的太平军、天地会军和贵州起义军，镇压了省内群众起义，增加了财政收入，强化了封建统治，密切了地主阶级的内部关系，湖南就成为湘军既稳定又能提供大量人力物力的后方基地。同时，各项措施，大多与体现中央集权的原有法规制度，不是不相符合，就是背道而驰；且在提出和实施的过程中，骆秉章、曾国藩、左宗棠等人或故意含糊其词，或有意隐瞒真相。如曾国藩把编练湘军，说成是在省成立一大团；骆秉章说厘金年收入在七八十万两至一百一二十万两之间，但郭嵩焘私下却指出此收入不止一百四十万两。凡此都说明官绅经营湖南后方基地时，也在逐步分割原属清廷的大权，加强自己的权力。

1. 黎庶昌:《曾文正公年谱》卷2,咸丰三年十二月。
2. 曾国藩:《复张石卿中丞(咸丰三年三月初七日)》,《曾文正公全集·书札》卷2。
3. 曾国藩:《讨粤匪檄》,《曾文正公全集·文集》卷3。
4. 曾国藩:《与王璞山(咸丰三年十月初八日)》,《曾文正公全集·书札》卷3。
5. 《文宗实录》卷87,咸丰三年三月癸丑。
6. 《文宗实录》卷86,咸丰三年二月癸卯。
7. 《文宗实录》卷117,咸丰四年正月癸卯。
8. 《文宗实录》卷126,咸丰四年夏四月庚午。
9. 曾国藩:《致澄、温、沅、洪四弟(咸丰四年闰七月十四日)》,《曾文正公家书》。
10. 曾国藩:《致劳辛皆中丞(咸丰四年正月二十四日)》,《曾文正公全集·书札》卷5。
11. 曾国藩:《官军克复崇阳战胜咸宁水师迭次获胜折(咸丰四年八月十九日)》,《曾文正公全集·奏稿》卷3。
12. 曾国藩:《致澄侯、温甫、子植、季洪(咸丰四年六月二日)》,《曾文正公家书》。
13. 曾国藩:《请催广东续解洋炮片(咸丰四年七月十一日)》《水陆续获胜仗现筹进兵折(咸丰四年八月二十二日)》,《曾文正公全集·奏稿》卷3。
14. 曾国藩:《官军水陆大捷武昌汉阳两城同日克复折(咸丰四年八月二十七日)》,《曾文正公全集·奏稿》卷3。
15. 曾国藩:《陆军双城驿大捷克复黄梅县折(咸丰四年十一月十一日)》,《曾文正公全集·奏稿》卷4。
16. 曾国藩:《水师小胜并陈近日剿办情形折(咸丰四年十一月十一日)》,《曾文正公全集·奏稿》卷4。
17. 曾国藩:《陆军克复广济县水师九江获胜折(咸丰四年十一月初六日)》,《曾文正公全集·奏稿》卷4。
18. 左宗棠:《与王璞山》,《左文襄公集·书牍》卷2。
19. 唐训方:《落镫溃围》,《唐中丞遗集·从征图记》。
20. 曾国藩:《水陆屡胜围逼浔城折(咸丰四年十二月初三日)》,《曾文正公全集·奏稿》卷4。
21. 庄受祺:《湖北兵事述略》,《枫南山馆遗集》卷5,第6页。
22. 《文宗实录》卷97,咸丰三年六月己丑。
23. 王庆云:《户部请饬淮南筹办盐税折》,《王文勤公奏稿》卷4。
24. 《文宗实录》卷106,咸丰三年九月己未;卷114,咸丰三年十二月戊寅。
25. 王茂荫:《请筹通商以安民业折(咸丰三年三月二十五日)》,《王侍郎奏议》卷3。
26. 《文宗实录》卷101,咸丰三年十月戊戌。
27. 邓文滨:《龟子虚言》,《醒睡录·人事类》,并参考《文宗实录》(卷85,咸丰三年二月辛卯)。
28. 钟琦:《皇朝琐屑录》,卷34。
29. 陈其元:《钱东平创厘捐法》,《庸闲斋笔记》卷12。
30. 李滨:《中兴别记》,卷8。
31. 《平贼纪略》,见《太平天国史料丛编简辑》(以下略称《简辑》),第1册,220页。
32. 《文宗实录》卷205,咸丰六年八月丁酉。
33. 龙汝霖:《整顿营务议》,《坚白斋集·杂稿存一》。
34. 《文宗实录》卷85,咸丰三年二月壬辰。

35	《文宗实录》卷84，咸丰三年二月丁丑。	
36	王茂荫：《请将察哈尔调到兵马资送回牧片》，《王侍郎奏议》卷4。	
37	《文宗实录》卷228，咸丰七年闰五月辛丑。	
38	《钦定剿平粤匪方略》卷10，第21页。	
39	《钦定剿平粤匪方略》卷78，第27页。	
40	曾国藩：《敬陈团练查匪大概规模折（咸丰二年十二月二十二日）》，《曾文正公全集·奏稿》卷1。	
41	郭嵩焘：《郭嵩焘日记》卷1，咸丰十一年正月初七日。	
42	黄文琛：《与朱石翘太守》，《思贻堂书简》卷2。	
43	崇实：《惕庵年谱》，同治六年。	
44	何名俊：《田赋勇条约六》，《湖南文征》卷106。	
45	同治《浏阳县志》，卷13。	
46	左宗棠：《与周汝充》，《左文襄公全集·书牍》卷2。光绪《巴陵县志》，卷21。	
47	骆秉章：《郴州克复阵斩逆首折》，《骆文忠公奏议》卷6。	
48	王鑫：《连日会攻城贼并湘左勇驰援石期市禀（五年六月三十日）》，《王壮武公遗集》卷3；《遵札保举永明东安出力员弁禀（五年十二月初一日）》，《王壮武公遗集》卷5。	
49	王鑫：《连日进剿获胜并进攻郴城外贼营禀（五年十月十九日）》，《王壮武公遗集》卷4。	
50	骆秉章：《广东贼陷郴宜，广西贼陷东安，衡阳、武冈土匪响应剿办情形折》，《骆文忠公奏议》卷3。	
51	左宗棠：《答陶少云》，《左文襄公全集·书牍》卷2。	
52	王闿运：《湘军志·湖南防守篇第一》。	
53	徐珂：《清稗类钞》，第3册《吏治类·骆文忠设筦简》。	
54	郭嵩焘：《松锡侯廉访五十寿序》，《养知书屋文集》卷15。	
55	郭嵩焘等：《湘阴县图志》，卷31。	
56	郭嵩焘：《谥忠壮赠布政使衔记名道黄淳熙》，《湖南褒忠录初稿·外纪一》。	
57	左宗棠：《答郭筠仙侍郎》，《左文襄公全集·书牍》卷26。	

58 郭嵩焘：《樗叟家传》，《养知书屋文集》卷18。
59 王鑫：《与左季高先生（四年八月初五日）》，《王壮武公遗集》卷8。
60 尹耕云：《荐湖南举人左宗棠疏（代）》，《心白日斋集·奏议》卷1。
61 曾国藩：《复胡宫保（咸丰九年正月十二日）》，《曾文正公全集·书札》卷7。
62 同治《衡阳县志》，卷7《常豫列传第廿七》。
63 同治《清泉县志》，卷末《事纪·兵事》。
64 刘蓉：《复温甸侯邑宰书》，《养晦堂文集》卷8。
65 郭振墉：《湘军志平议·筹饷篇第十六》。
66 骆秉章：《保举盐茶厘金两局出力官绅折》，《骆文忠公奏议》卷12。
67 王闿运：《湘军志·筹饷篇第十六》。
68 朱克敬：《暝庵杂识》，卷2。
69 曾国藩：《复马谷山（同治三年五月十三日）》，《曾文正公全集·书札》卷24。
70 王闿运：《湘军志·湖南防守篇第一》。
71 黄文琛：《上骆抚部》，《思贻堂书简》卷1。
72 骆秉章：《历陈湖南筹饷情形折》，《骆文忠公奏议》卷12。
73 光绪《耒阳县志》，卷3。
74 光绪《湖南通志》，卷67。非捐输广额未计入。
75 同治《浏阳县志》，卷13。
76 骆秉章：《历陈湖南筹饷情形折》，《骆文忠公奏议》卷12。
77 光绪《湘潭县志》，卷6。
78 光绪《湘潭县志》，卷6。
79 民国《宁乡县志》，《故事编第三》。
80 同治《衡阳县志》，卷5。
81 光绪《湘潭县志》，卷6。
82 光绪《湘潭县志》，卷6。
83 骆秉章：《骆文忠公自订年谱》，卷上（咸丰五年）。

第四章

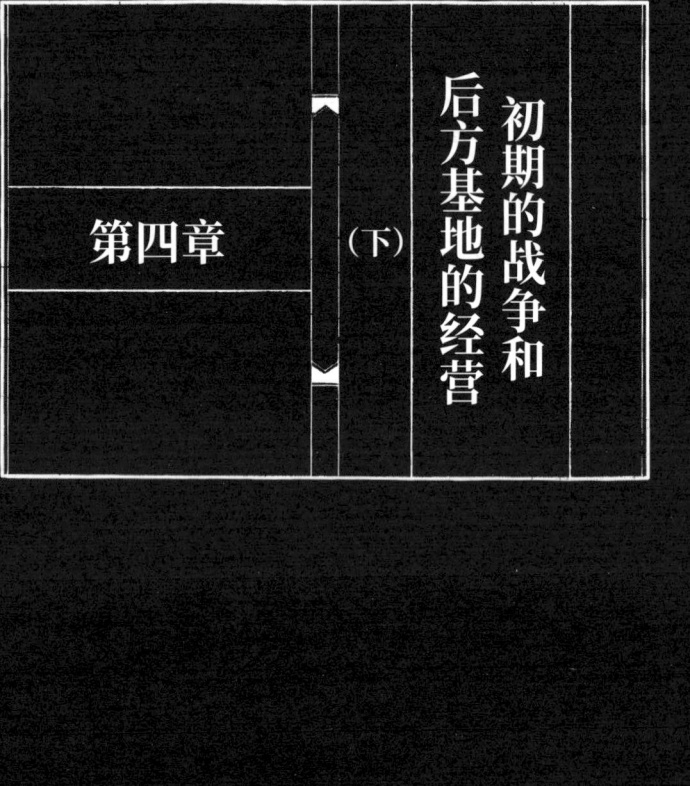

初期的战争和后方基地的经营（下）

第一节 湖北、江西的鏖战

湘军虽然在湖口—九江战役中遭到沉重的打击,但有利因素也在逐步滋长。这来自敌对双方:太平天国革命者已经获得很大的胜利,但由于无法摆脱农民阶级的局限性,无力抵制封建意识的毒害,内部矛盾正在增长、加剧,领导集团争夺权位的斗争也在悄悄地进行。与之相反,湘军却在形成新的发展格局:左宗棠取得湖南巡抚骆秉章的信任,不仅有了"参谋长"的地位,甚至成了事实上的"司令",正在把湖南建成湘军的后方基地。胡林翼在湖北有了更为重要的进展——由臬司而藩司,咸丰五年(1855)三月,又奉命署理巡抚,掌握了湖北一省的政权;而其统率的部队,也在湖南的支援下,补充水陆勇近四千人、船舰百余艘,加上原有的,已是人过一万、船舰达两百多艘的大军。这样,再加上在江西的曾国藩,就有三大支军队,三个既能指挥部队作战,又能扩充部队实力的司令部。

以太平天国为中心的革命高潮已经形成,湘军如要成为反革命主力军,必须扩充实力,扩大活动范围。上述领导格局的初步形成,正为湘军这两个方面的发展创造了条件。但能否成为事实,还要看曾国藩、胡林翼、左宗棠等人是否团结,军事政治措施是否正确。一般来说,多中心往往会不团结。但当时的革命声势浩大,给他们造成了很大的外部压力,而湘军作为一个新兴地主集团,羽翼还不丰满,地位更不巩固。抱有种族偏见的满族贵族,虽然会利用湘军,但并不放心。同时，左宗棠虽事实上获得很大权力，但毕竟还只是一个幕僚；胡林翼也刚登上巡抚的宝座，曾国藩更是被困于江西，他们都面临着许多困难和问题。在这种情况下，他们只有团结互助，才能巩固和发展自己的地位和实力。至于军事政治措施，他们要处理好与地主阶级其他集团和势力，特别是与满族贵族的关系，尽力减小湘军集团发展过程中的内部阻力；另一方面，也要迅速地扩大湘军实力，采取正确的战略战术。这是一个十分复杂的问题，需要逐步探索，逐个解决。而当时首要解决的问题是，必须迅速扭转湖北、江西两个战区日益恶化的局势。

湖北战区，除胡林翼部的湘军外，汉阳、汉口以北有杨霈及新近来援的西安将军札拉芬等军，汉水以西有荆州将军官文军，但这两支军队的战斗力甚差。四月，札拉芬在随州大败，几乎全军覆没，本人亦战死。杨霈更是只知避战自保。清廷乃命围歼北伐军的得胜之师分军来援，以察哈尔都统西凌阿为钦差大臣，率军前来，并革杨霈职，以官文为湖广总督。此二人并不比杨霈高明，西凌阿不久即因大败而革职留任，至九月，更是由官文兼任钦差大臣。这就是说，湖北战区，仍不能不依靠胡林翼军。

但初任统帅的胡林翼也缺乏指挥经验，他不顾自己实力单薄，竟命令水陆军分别进攻汉阳、武昌，从而使自己陷于兵分力更单的困境。而太平军则凭城固守，伺机主动出击。五月，太平军先一举攻破武昌城郊纸坊的湘军营垒，接着，又大举进攻金口。胡林翼先期得到情报，及时驰援，才避免了更大的失败。在这种情况下，胡林翼决计集中兵力攻汉阳，并令李孟群领三千人守金口，以固后路，兼防太平军西趋。六月，杨载福领增援水师，由湖南进泊金口，官文部也于七月进占汉川，与围攻汉阳的胡林翼军会师。形势似乎有所好转，但太平军于八月初，调集通城、义宁等地的驻军，与武昌守军会攻金口，大败李孟群军，胡林翼不得不退扎参山，太平军乘胜连续进击。欠饷已达八九十天的胡林翼军拒不出战，强之始出，又临阵溃走。胡林翼不能约束，只得只身匹马逃窜，巡抚关防亦失。

两次大败之后，胡林翼率水陆军西走，退扎靠近湖南的新堤（今洪湖）。太平军以为胡林翼军已失去战斗力，对武汉再无威胁，从而错过了围歼胡军的大好时机。胡林翼则趁机一面总结经验教训，认为要攻取太平军固守的汉阳、武昌，"必须粮多兵足，分截要隘，四面环攻，期以时日"[1]，而不能如过去那样，尽管兵单饷绌，却分散兵力，急于进攻。为此，他要求四川于九月、十月两月各协济军饷十万，并奏调罗泽南来援。同时，积极整顿部队。收集溃散部队后，胡林翼先镇压了带头闹事的勇丁，接着裁撤溃卒弱勇，补募新勇。

曾国藩在江西的情况，比胡林翼更坏。曾国藩以空头侍郎衔领兵，过去依靠湖南大力支援，现在只有依赖江西接济饷需。而江西巡抚陈启迈不但与骆秉章同样缺乏才干，气度方面还远不及骆秉章，甚至刚愎自用。曾国藩又一如往日，遇事径行，不免干预省内行政。长此以往，两人的矛盾越来越尖锐。正如曾国藩所说：陈启迈遇事"多方掣肘，动以不肯给饷为词";"凡省中文武官僚，晋接有稽，语言有察","凡绅士与我营款恰，则或因而获咎"。[2]陈启迈甚至不经过曾国藩，径自指挥调遣罗泽南等军；且朝令夕改，使人无所适从。巡抚如此，其下各级官吏自然仰承意旨，也处处与湘军为难，"部将官至三四品者，每为州县扑责"。曾国藩劝捐，"所给印收，州县辄指为伪，拘讯捐户"。[3]

在这种情况下，曾国藩除了尽可能地迫使陈启迈多供军饷，如奏准支江西漕折银外，又多方联络本省士绅，如委任刘于浔办江西水师，黄赞汤主持全省捐输。黄赞汤为前刑部侍郎，位高望重，为全省士绅首领，陈启迈对之也不能不有所退让。而黄赞汤一心依靠湘军保护家乡安全，也竭力相助湘军。至十月底止，劝捐多至八九十万两，实际支用亦达六十余万两。曾国藩利用这些钱款赶造船舰，招补水勇，很快就使内河水师成为一支拥众三千多、船舰二百余艘的大舰队。此外，还与江西合募平江勇四千余人，其中，三千由李元度统带，其余一千多人属江西省军，由前德安知县刘希洛管带。再加上塔齐布、罗泽南两军八千五百人，在江西的湘军就达一万六千多人。

与此同时，曾国藩又暗中搜集陈启迈的材料，并于六月专折奏参。文俊接任巡抚后，双方的紧张关系虽有所缓和，但仍然矛盾丛生，曾国藩的处境也并无多大改善。与曾国藩积怨甚多的王鑫也说，"涤帅遭际若是，真令人急煞","涤帅所处真是不易，其尤难者仍是饷项一节耳"。[4]曾国藩之所以有如此景况，问题在于他只有军权，而不能如胡林翼以巡抚统辖地方之权筹饷。正如曾国藩所说："军事非权不威，非势不行，弟处无权无势之位，常冒争权争势之嫌，年年依人，顽钝寡效。"[5]

军事方面，曾国藩则陷入明知被动，而又无法摆脱的困境。

二月中旬，咸丰帝两次令曾国藩回援武汉，甚至令曾国藩自己领军赴援。曾国藩回奏："论天下之大势，则武昌据金陵上游，为古来必争之地；论行兵之常道，则上下皆贼，而臣军坐困于中段，亦非万全之策。"客观上，大举西援，与太平军争夺武汉，困难甚多。因为这势必要撤九江城下攻城军西上，那九江、湖口太平军不全力西进两湖，就会南下江西腹地；且军饷不足，江西不能筹给开拔费，湖北胡林翼军欠饷甚多，无力再供给西援军。因此，他认为"与其千里驰逐、卒以饷匮而致意外之虞"，如果会引发部队哗变，还不如株守江西，徐图改变局势。[6]

但株守也不易，改变局势更是渺茫。太平军因九江城下有湘军主力扼守，不能出击，便在守御薄弱的弋阳、广信、金谿等地大举进攻。广信为"江西富饶之区，奏报必由之路"，"江、浙转饷之路"，[7]势所必救。二月，曾国藩令罗泽南军三千多人驰援。三月下旬，曾国藩大营亦由南昌移至吴城，与水师后队会合。不久，又移驻南康，水师前队进泊青山。这样，既便于联络罗泽南军，又可就近策应九江城下塔齐布军。曾国藩计划，一俟罗泽南军肃清东路，就令罗军移攻湖口，再加上李元度、塔齐布两军和全部内河水师，就可以恢复上年冬进攻湖口、九江之态势，进而改变"困于中段"的被动局势。三月至五月间，罗泽南虽先后收复广信、弋阳、德兴、景德镇等地，但湖北太平军五月攻占义宁，接着又歼灭来援之江西省军，南昌大震，曾国藩不得不改变计划，令罗泽南军反攻义宁。

罗泽南军成为游击应援之师后，九江城下只有塔齐布军五千人，面对坚城，根本无能为力。数月之内，双方只有一些零星小战斗。六月，太平军在城外筑垒，并调集船舰四百余号，似图大举出击。塔齐布先发制人，于凌晨大举反击，太平军损失数百人，但湘军亦伤亡数十人，彭三元等悍将也受伤。这样的胜仗，实际上是以攻为守的防御战。曾国藩力图打破这种相持的局面，拟以塔齐布军东移，与内湖水师攻取湖口，这样既可以使九江太平军陷于孤立境地，又为水师冲出鄱阳湖，进入长江作战创造条件。但塔齐布于七月病死，接统的原营官之一周凤山，虽深得曾国藩赏识，但实际上，才干既平庸，又巧滑不任战，为同僚所不服。一向重视军中上下情谊相孚的曾国藩，面对这种情况，自然不敢再令其与水师合攻湖口。

与塔齐布军半年来毫无战绩不同，内湖水师大加扩充，增加了不少战舰，连续成功沉毁了数以百计的太平军辎重船只，多次挫败太平军舰队的进攻。有的战斗出动的船舰多达一百多艘。曾国藩力图依靠这支舰队，再加上李元度军，先攻下湖口，再与周凤山军合取九江。七月下旬，李元度军攻入湖口城内，水师亦击毁太平军船舰二十余艘，冲出大江。

但靠近湖口的石钟山的太平军堡垒却未被攻下，且水师统领萧捷三又阵亡，致使李元度不得不退出湖口。太平军从九江、安庆来援，八月初一战，内湖水师失去长龙舢板二十余号，陆营也再无进展。战局进入相持状态。曾国藩改变"困于中段"的第三个计划，实际上又告失败。

这三次计划的失败或流产，萧捷三特别是塔齐布的死亡，使曾国藩一时无法摆脱被动的局面。更为重要的是，湘军第一支劲旅塔齐布军从此离心离德，锐气大减。内湖水师的士气也受到很大影响。在遭到这一连串打击之后，曾国藩又面临新的难题。七月中，收复义宁后，罗泽南又上书曾国藩力主进援湖北，争夺武汉，并以此自任。他如此积极，固然是从战争全局着眼，但也希望摆脱江西困境，为自己谋取更好的发展机会。而在这之前，继胡林翼之后，骆秉章也奏调罗泽南军援鄂。这对曾国藩无疑是一个巨大压力。当时曾国藩直辖的只有塔齐布、萧捷三、罗泽南、李元度四军，前两军已今非昔比，战斗力锐减；李元度军新建，未经大战，战斗力不强，只有罗泽南军战力旺盛。一旦罗泽南军西调，就会使曾国藩因失去唯一劲旅而处境更加困难。如坚不允调，则不仅武汉收复无期，湖北战局好转渺茫，甚至会危及湖南；且将使骆秉章、胡林翼耿耿于怀，大拂罗泽南的兴头，从而导致内部矛盾加剧。两相权衡之后，曾国藩终于忍痛令罗泽南军八月西援，并增派原塔齐布军彭三元、普承尧两营随行。主力部队五千人西行后，曾国藩再也无力进行第四次扭转被动局面的尝试，只能坚守观变。

罗泽南军于九月初进入鄂南，连下通城、崇阳。胡林翼命李孟群、王国才等在北岸防守汉阳的太平军西进，自领三千余人和一部分水师策应罗泽南军，再加上湖南所遣江忠济、李原濬等军五千余人，鄂南西部共集中湘军一万五千多人。太平军方面，据胡林翼奏报，有从武昌来的韦俊两万人和从安庆来的石达开军三万人。这个数字自不免夸大，但太平军兵力多于湘军当为事实。湘军的目的是肃清鄂南，确保湖南安全，以便进攻武汉；太平军则企图由鄂南入湖南。双方兵马云集，战略又针锋相对，决战似乎不可避免。

但事实上并非如此。九月中，韦俊部太平军大战一天，攻破羊楼司江忠济军营垒，迫其退回岳州。驻军崇阳的罗泽南立即分军堵御，并令彭三元、李杏春等一千三百人进攻壕头堡。这时石达开军赶至，大战三天，覆其全军，彭三元、李杏春亦阵亡。罗泽南认识到分军三处的错误，集中全军拼力反击，两次大败太平军。但太平军又在通城歼灭了平江军李原濬等四营。这样，战至十月初，互有胜负，打成平手。胡林翼不欲与太平军在鄂南相持，力争主动，制定与太平军由鄂入湘、攻湘军所必救、保卫武汉的针锋相对的战略，攻太平军所必救，引军东下，连下蒲圻、咸宁、金口，于十一月中旬水陆进扎纸坊、沌口，兵临武昌城下，韦俊退保汉阳。石达开因广东天地会军攻占安福、分宜，江西似唾手可得，便也改计南入江西。

兵临武昌后，胡林翼不断扩充兵力，除罗泽南军由五千增至八千外，咸丰六年(1856)又陆续招募九千人，水师也由四千人扩编至万余人，加上原有部队及一部分乡勇，总兵力达三万多人，在汉阳一带，由官文指挥的马步军尚在外。同时，提拔了一批悍将，如原水师营官鲍超，胡林翼见其凶悍、敢战、善战，即破格令其募陆勇三千。这就是后来成为湘军最精锐的劲旅"霆军"的肇端。其他如后来以能战闻名的李续宾、蒋益澧也在此时被提拔，委以统领数千人的重任。在水师中，除了提拔早有善战声誉的杨载福为外江水师统领外，还保荐了李成谋等人。依靠这批骨干，胡林翼建立起有效的各级指挥系统，巩固了正在迅速扩充的部队。这就是说，湘军虽然在江西被困受挫，实力大减，风采今非昔比，但在湖北却取得了巨大的发展，足以补充江西所失而有余。这样的建军成就，再加上以巡抚兼掌军政两权，胡林翼在湘军集团中的地位，几有凌驾于曾国藩其上之势！

十一月下旬，湘军开始进攻武昌。太平军吸取上次教训，对城防进行更严密的部署。城外要地筑垒，有的"筑大石，垒高与城等"，各垒"炮眼密布，重沟深凿，竹签木桩，纵横杂错。城上遍设望楼，积滚木巨石于其上"。[8] 战至咸丰六年(1856)二月初，太平军城外营垒绝大部分被湘军先后攻破。九日，第一次大规模攻城，"前队已伤，后队又缘梯而上，彼勇阵亡，此勇又逾沟而前"[9]。猛攻七时之久，伤亡至六百余人，却一无所获，但湘军仍猛攻不已，伤亡也越来越多。三月六日一战，罗泽南受重伤，迁延二日而死。胡林翼虽令敢战善战又颇孚众望的李续宾接统其军，士气仍不免受到影响。罗泽南部另一悍将蒋益澧与李续宾素不相能，过去在罗泽南手下尚能勉强共事；李续宾为主将后，双方矛盾日益激化，后竟发展到败不相救，蒋益澧愤而离职回乡的地步。这就是说，李续宾接统后，所部尚有一个小小的重新组建过程。这时，曾国藩因江西全局瓦解，已数次乞援，他与家中信息不通，家人焦急万分，其父又令其弟曾国华长途跋涉至湖北，向胡林翼面求。胡林翼乃于四月初分军四千余人，由曾国华等带领驰援，恰值江忠济军在通城覆灭，江忠济阵亡，太平军正拟乘胜偷渡长江，进捣江北完善地区，以牵制对武汉的进攻，曾国华等遂移军拦击，并追至湖南。

武昌城下，湘军历时三个多月的强攻，不仅使悍将罗泽南丧命，还伤亡了勇丁三千人、将弁一百多人，但仅仅攻下了大部分城外营垒。这样得不偿失的攻坚战，使胡林翼从争一城一地得失的狂热中清醒过来，再加上曾国华等四千余人他去，兵力更显不足，胡林翼不顾清廷迅速攻下武昌的诏旨，毅然改强攻为断接济、打援军的"长围坐困之计"。为此，在武昌城郊要隘大修工事，外抗援军，内防守军。同时，发挥水师优势，全力攻击武汉太平军舰队，牢牢地控制了长江，基本上切断了汉阳、武昌的船只往来，并派舰队远至武汉下游巡逻，截击太平军接济武汉的运输船队和护航舰队。依靠这一战略转变，凭借各种防御工事，湘军以最小的代价，在五月和六月成功地击败了古隆贤所率领的太平军援军，且使武汉守军的处境日益困难，获得接济的机会越来越少。

与湖北战区湘军的优势日益明显相反，江西战区的湘军处境却每况愈下。罗泽南军西援后，十月，石达开军即大举入境。至十二月初，石达开军与广东天地会军，先后攻占赣水以西的大部分州县和以东的重镇樟树镇。曾国藩令九江城下周凤山军和一部分水师赶来堵击，并夺回樟树镇，使得南昌的危急形势暂时得到缓解。咸丰六年(1856)正月，石达开攻下吉安后，于二月中旬猛攻樟树镇，周凤山军大败，伤亡千多人，营盘辎重俱失，狼狈逃回南昌。数天后，另外一支太平军又攻占东部之抚州，接着金谿、建昌、宜黄、丰城、南康等府县也相继为太平军占领。江西十三府竟有八府四十多个州县(一说五十个州县)入了太平天国的版图，致使南昌处于大范围的军事包围之中。与此同时，石达开的各项政治措施也大得民心，"贼行权术，示民无畏，散者渐回"[10]。不少地主，"或馈遗求全，或趋赴恐后"[11]。在这样的军事政治形势面前，向以强毅著称的左宗棠也失去了信心，"江西事恐不可为，以民心全变，大势已去也"[12]。困居南昌的曾国藩更陷于"呼救无从，中宵念此，魂梦屡惊"[13]的狼狈境地。正月至三月中，曾国藩五次派人闯道向湖北求救，去者俱无下落，直至三月底，才得到胡林翼的"细字复书"。与湖南的联络也同样困难，因为太平军"悬赏，购奸民捕杀。湖南致书者，无一幸免"[14]。

形势是严峻的，更令曾国藩头痛的是，主力周凤山部四千人已溃败不能战，林源恩平江军三千(一说两千多)新招，未经战阵，全军能战的水陆军不过万人。在这种情况下，曾国藩决计采取确保省城、兼顾东路、力争外援的方针。在向清廷，特别是两湖求援的同时，曾国藩命青山大营的陆营回守南昌，李元度军停止进攻湖口，南下进攻抚州(林源恩军亦并入此路），以攻为守，防止太平军进入广信、饶州两府。水师退守吴城，既可兼顾南昌，又可为李元度东路军提供声援。南昌是省城，广信、饶州是完善之区，这些地区既可以提供饷源，也是通奏报、与江浙联系的通道。总之，曾国藩要力保心脏和呼吸道，维持苟延残喘的局面。

二月底，因江南大营围攻甚急，杨秀清命石达开领军东援，以解天京之围。这样，太平军在江西就基本上停止了进攻，且调走了一部分主力部队，从而使湘军获得喘息的机会，有了组织反攻的机会。三月，平江军先后攻占进贤、东乡，开始进攻抚州。更为重要的是，除了湖北所派曾国华援军，湖南在这个关键时刻，又一次显示了它的后方基地作用。在骆秉章、左宗棠的筹划和指挥下，刘长佑、萧启江所统之五千人，于二月分两路入江西，连下萍乡、万载。五月进围袁州，遭到太平军顽强抵抗。后刘长佑、萧启江两军虽增至九千人，但仍无进展。六月，曾国华军绕道湖南入境，攻下新昌、上高，接着又直攻邻近南昌的瑞州（今高安）。这样，既可以威胁袁州太平军侧翼，更能沟通两湖与南昌的往来。事实上，曾国藩也自南昌派军前来会攻，从而解除了被包围的危局。

湘军在江西虽全面展开反攻，并获得较大进展，但遭到太平军顽强有效的抵抗，太平军成功地固守了瑞州、袁州、抚州等城。这种情况，与湖北顿兵武汉城下相同，这也说明当时的湖北、江西战局是湘军略占优势的相持状态。但这种相持局面，很快就被八月初爆发的太平天国领导集团的内讧所破坏。太平天国革命领导者忙于争夺权位，互相残杀，不仅江南、江北大营获得了喘息之机，得以卷土重来，西线湘军的反攻也节节胜利。

反观同时期的湖北战区。七月，石达开领大军三万人援武昌，胡林翼闻讯，立令进攻黄州的蒋益澧军撤回武昌，扼守洪山大营南面的鲁家巷，北岸官文亦令马队四百人南渡增援。湘军利用早已构筑的工事，发挥水师、马队的优势，打退了石达开的进攻。并未受到重大打击的石达开军，却在八月三日一战之后屯兵不前，不久，又撤出战线。这是因为同一天，韦昌辉在天京诛杀杨秀清后，又疯狂屠杀革命群众，石达开自武昌前线赶回天京，严斥韦昌辉的暴行，韦昌辉竟又欲杀害石达开。石达开逃至安徽起兵靖难，从此陷于内部斗争，无心西顾。而守武昌的太平军主将韦俊，乃天京事变罪魁韦昌辉的弟弟，自然更加心烦意乱，再加上增援无望，早已无意坚守。十一月二十二日，武昌、汉阳太平军虽同时成功地突出重围，但在湘军重重拦截下，损失惨重。湘军乘胜追击，先后攻下黄州、广济、兴国、大冶等城。南岸的李续宾军于十二月九日，再次兵临九江城下；北岸的都兴阿等也进扎小池口。

与湖北这种土崩瓦解的败象相反，江西太平军对湘军的进攻，组织了顽强的抵抗。刘长佑在击退吉安、临江的太平军增援部队后，利用其援绝粮尽的严峻形势，采取分化瓦解手段，诱降太平军守将李能通，于十一月初攻占袁州。同月，湖南又加派曾国荃、周凤山六千余人入境，攻占安福，指向吉安。但至咸丰七年(1857)春，这两路和围攻瑞州的曾国华一路，均进展缓慢，且有反复。刘长佑在向临江挺进途中，克复新喻后，又大败于太平墟，营垒辎重全失，刘长佑亦受伤，退保新喻、分宜。虽不久即整军前进，但士气不免仍受到影响。曾国华、曾国荃两军虽在瑞州、吉安外围不断取得胜利，但两城完好如故。与西路这三军相较，东路抚州一带的李元度、林源恩军虽克复宜黄、崇仁，但自咸丰六年(1856)九月中一战，大营失陷，林源恩等阵亡后，就一蹶不振。咸丰七年(1857)正月，毕金科军更覆灭于景德镇。总之，湘军在江西虽然取得了较大的进展，但远没有取得决定性的胜利。

咸丰五年(1855)春至七年(1857)春这两年中，湘军在湖北、江西两个战区，虽然遭到严重的挫折，但在三个司令部的通力合作下，经过反复鏖战，终于获得显著成就。这归纳起来，可分为以下三点：

首先，攻下武汉，夺回湖北全省，并在江西的全面反攻中取得较大成就，奠定了以两湖为基地，稳踞中游，顺流东下，争夺下游的战略态势。其次是壮大了湘军。这两年，曾国藩、胡林翼、左宗棠等先后提拔了杨载福、彭玉麟、鲍超、唐训方、蒋益澧、李续宾、刘长佑、萧启江、曾国荃、田兴恕、李元度、曾国华、周凤山、刘腾鸿等人为统将，其中除极少数人之外，后来都成为湘军得力的大帅、统领和分统。在新营官一级中也有这样的骨干人才，如周宽世、何绍彩、蒋凝学、张运兰等。同时，湘军的实力也有了很大的增长，至咸丰七年(1857)春，骆秉章、左宗棠统率的军队有：岳州的王鑫军，四千多人；江西临江、吉安外围的刘长佑军，九千人；周凤山、曾国荃军，六千多人；赵焕联、刘拔元军，近三千人；驻防本省的江忠义、万年新等军，两千多人。曾国藩与骆秉章、左宗棠共同指挥的瑞州曾国华等军近万人。曾国藩统辖的江西李元度军四千人，内湖水师约四千人。胡林翼统辖的外江水师一万多人，李续宾军八千多人，鲍超军三千人，以及襄阳、兴国等地的军队七千多人。此外，江西、湖南还有一些零散部队。此时，湘军总兵力当有八万多人。最后，战略战术有了重大改变。与历史上犯流寇主义错误的农民革命军不同，太平军建立起以城市为中心的各级政权，并十分重视自身建设，又善于打以城市为依托的防御战，从而使攻城与守城成为这次战争的主要形式。湘军开始对此缺乏认识，更无实际经验。咸丰四年(1854)，武汉之战，一举成功；九江之战，为时不长；攻防双方都未真正展开。咸丰五年、六两年情况大变，湘军在武汉、袁州、瑞州三役中，终于在严酷的事实面前，认识到了太平军的这一特点。正如左宗棠所指出的，太平军"以守城为得计，而官军长于野战，短于攻城；贼长于守城，短于野战。贼避短而用长，我弃长而就短"[15]。武汉太平军，凭借坚固的城防工事，以枪炮，甚至用滚木、大石造成湘军数千人的伤亡。这时，胡林翼才不得不改强攻为"长围坐困"之计，兴修大量围城工事，内围守军，外拒援军，并取得了重大胜利，从而为湘军攻坚战创造了成功的经验，为围点打援战术的形成打下了基础。

正因为在咸丰五年和六年两年中，湘军建立了有效的领导格局，奠定了有利的战略态势，稳健地扩充了部队，成功地积累了攻坚战的经验，所以当咸丰七年(1857)二月，曾国藩丁父忧，与其弟曾国荃、曾国华匆匆回籍守制时，湘军并未受到多大影响，继续在各个战区展开有力的反攻。

第二节 与满族贵族关系的初步调整

在满汉地主阶级联合专政中占主导地位的满族贵族，经过两百年的时间，对汉族地主的戒心已大为减弱，掌握地方军政大权的总督数量，在道光中晚期有五年是汉员多于旗员，三年旗汉各半。太平天国起义后，林则徐、李星沅、徐广缙、向荣等人又先后被任命为钦差大臣，但种族偏见远未被消除。咸丰四年(1854)，就有人对此表示不满，上奏要求咸丰帝："一满汉以示大公，一事权以重责成。"[16]私下不满者更多，官至布政使的张某，就对旗员有恃无恐、胡作妄为很有意见，"汉人胆小无言，断不敢肆无忌惮"[17]。

满汉统治者间的关系，是湘军前进途中一大难题。除塔齐布这样的少数旗人外，湘军全是汉人，且基本上是响应曾国藩的号召，由曾国藩组织起来的湖南人。对于这样的军队，任何王朝的最高统治者都会心存戒备。历史上不乏以军队起家，割据一方，进而问鼎的事例。但曾国藩毕竟是清王朝培养起来的大臣，湘军更是地主阶级利益的忠实捍卫者，有比八旗绿营高出千百倍的战斗力。而且，在当时长江中游的广大地区，除了湘军，没有一支足以与太平军对抗的军队。这一基本情况预示满族贵族与湘军集团的关系，将是十分曲折复杂的。双方的关系未来如何发展，不仅取决于国内战争的演变，更取决于双方，特别是湘军集团的明智和才干。

最初的一年多时间中，咸丰帝对湘军时加赞许，双方关系十分和谐。咸丰四年(1854)八月，湘军攻占武汉，咸丰帝一接捷报，便"立沛殊恩，以酬劳勋，曾国藩着赏给二品顶戴，署理湖北巡抚"[18]。但曾国藩的辞谢折未到京，咸丰帝又改任他人为巡抚，只令曾国藩以空头侍郎衔领军东下作战。这样出尔反尔是由于某军机大臣的进言："曾国藩以侍郎在籍，犹匹夫耳，匹夫居闾里，一呼蹶起，从之者万余人，恐非国家福也。"咸丰帝一听，便"默然变色者久之"。[19]这一进言，揭示了曾国藩巨大的潜势力，而湘军又是他个人掌握的军队，两三天之内攻下华中重镇武汉的事实则显示了湘军惊人的战斗力。对曾国藩及其湘军有了这样的认识，咸丰帝便断然收回任命曾国藩为鄂抚的成命，使曾国藩不仅不能调动一省人力、物力、财力去扩充湘军，甚至为了维持现有规模，也不能不仰赖地方大吏，乃至清廷的支持，从而达到控制湘军的目的。咸丰帝如此出尔反尔，曾国藩自然会有警觉。事实上，几个月后就有人密告曾国藩："有传述某相国对显皇帝语者，公闻之黯然，因语及夕(凡)阳亭事，怆叹久之。"[20]刘蓉再三劝说，今昔情况不同，东汉太尉杨震为权贵所逼，在几阳亭自杀的悲剧，绝不会在他身上重演。曾国藩虽然思虑过重，但以空头侍郎领兵，几乎成了他不可改变的命运。

但是，满族贵族中有人明智地认识到要把农民起义镇压下去，必须重用包括湘军人员在内的汉族官僚，文庆姓费莫，为"满洲八大姓"之一，"族中代有传人，四世凡有大学士数人"。[21]文庆乃道光初年进士，屡任尚书、军机大臣，咸丰初起复，又任军机大臣、大学士等职，在满族贵族中享有较高的声誉。他力言"欲办天下大事，当重用汉人，彼皆从田间来，知民疾苦，熟谙情伪"。"平时建白，常密请破除满汉藩篱，不拘资地以用人"。文庆对曾国藩，特别是对胡林翼很赏识。早在道光年间，他与胡林翼分任江南乡试正副主考官时，"就奇其才略"；咸丰五年(1855)又力荐胡林翼出任湖北巡抚，胡林翼"由贵州道员，一岁间，擢巡抚湖北，所请无不从者，公实从中主之"。[22]同时，湘军建军时，胡林翼在贵州，咸丰四年(1854)奉命援鄂后，才与曾国藩等逐渐结合。在此以前与曾国藩只是一般同乡关系，且胡林翼中进士、入翰林院均早于曾国藩。这就是说，从历史上看，胡林翼不是曾国藩的亲信党羽。这样，破格提拔胡林翼为巡抚，既令胡林翼感恩戴德，效忠清廷，又大幅提高了胡林翼在湘军集团中的地位，使其与曾国藩分庭抗礼，甚至凌驾其上，从而可以分而治之。

正是出于这样多方面的考虑，咸丰帝采纳文庆的建议，任命胡林翼为湖北巡抚，令其兼掌军政两权，但对胡林翼并不放心。两湖自咸丰三年(1853)太平军由武汉东下，向荣尾追东去后，不论战局多么激烈复杂，清廷一直未再任命钦差大臣；而胡林翼为巡抚后，却先后任命西凌阿、官文两位旗员为钦差大臣。官文为上三旗之一的正白旗人，道光时由头等侍卫出任广州、荆州驻防八旗副都统，咸丰初年升为荆州将军。咸丰帝以这样的亲信人物，一身兼任钦差大臣和湖广总督，显然是要他监督巡抚胡林翼。正如人们所说，胡林翼"手握重兵，朝廷忌之，特任官文督鄂，阴为监视"[23]。

太平天国起义后，清廷一反过去惯例，起用林则徐、向荣等汉员为钦差大臣。咸丰四年、五年，先任命曾国藩为鄂抚，旋即罢之，几个月后，又不得不任命胡林翼为鄂抚，使其兼掌军政两权。这说明，满族贵族已经意识到，在生死关头，必须调整满汉地主阶级间的关系，改变不让汉员掌实权，特别是兼握军政两权的旧规。但清廷又不放心，故以西凌阿、官文就近加以监督。这种新的合作关系能否维持，并进而加以发展，虽然取决于许多因素，但其中关键一环是监督要适度，使被监督者既可以接受，又可以发挥才干；而被监督者不仅要接受监督，又不能唯命是从，缩手缩脚，从而丧失自己的特点。这是一个既敏感复杂，又关系湘军集团，乃至整个统治阶级命运的大问题。历史让官文、胡林翼来探索解决之路。

官文一直在贵族圈子和八旗系统中生活，与军事、吏治、民情鲜少接触，更谈不上实践和经验，自然也就说不上才干。久为其属吏的罗遵殿，说他遇事"茫然"，"与兵事未曾用心，亦毫无定见，但知何处请兵，即敷衍何处而已"，[24]但生活上却奢侈无度。湖北邓文滨在《醒睡录》中记述官文出省巡视，当地知府"每日奉百金，制早晚二席，厨者麾之，谓是区区者，不足治酏饭一餐"（酏即粥）。这样势必贪污自肥，用人不当。人们指责他"政以贿成，群邪森布"[25]。同治时，他自湖北罢总督回京，"银多不能悉载归，乃连开九当铺"[26]。

胡林翼(1812—1861)，字润之，道光十六年(1836)进士，改庶吉士；道光十八年(1838)散馆，授职编修；道光二十六年(1846)捐升知府，分发贵州，历任安顺、镇远、黎平等府知府。其父官至詹事府詹事，其岳父陶澍为两江总督。他年少时，一度过着颇为放荡的贵公子生活。但自其岳父、父亲相继去世，仕途又遭挫折之后，早年所受程朱理学教育及陶澍的名臣榜样，对其影响日甚，他开始执着追求封建士大夫的高级趣味，一心要为名臣，留名后世。在出任贵州，辞别故里时，他"遍谒先茔，誓不取官中一钱自肥"，"立志做一清忠官"。[27]此后，他清廉自守，终身履行这一誓言，且勤于公事。在镇远知府任内四个月中，努力研究当地少数民族问题，"画图将及百幅，考证察访将盈百人"[28]，并自练乡勇，多次残酷地镇压群众斗争。任鄂抚后，继续保持这种作风，甚至大病垂危，日吐血二百余口，仍日夜奋力治事不已。对太平天国革命，他更有十分清醒的认识，反复指出，当时为"盗贼充斥之时，非比叛国叛藩，可以栖隐，非我杀贼，即贼杀我"[29]，这虽不及曾国藩所说，"此岂独我大清之变，乃开辟以来名教之奇变"[30]那样深刻，但思想是一致的。他们都认识到当前的斗争，关系着封建统治的存亡，没有妥协旁观的余地。这样的认识，不仅促使他们凶狠地镇压革命，也使他们能以更广阔的眼界去处理地主阶级，特别是与满族贵族的矛盾，力求团结对敌。

官文、胡林翼两人的家世、经历、才略、人品如此不同，又在非常时期，分任督抚，同在一城，同办一事，且所办之事，多非平时之例行公事，或无章可循，或有章不能循。这样,双方势必发生矛盾冲突,甚至决裂。这在平时,大多是官僚个人间的恩怨,但在当时,却意味着湘军集团是否接受监督,清廷控制使用湘军的方针能否贯彻,即满汉地主能否团结对敌。事实证明,满族贵族与湘军集团圆满地解决了这个大问题,但这有一个曲折的过程。

早在咸丰五年(1855),官文、胡林翼初任督抚时,虽然一在江北,一在江南,但关系很紧张。胡林翼鉴于军政废弛已久,亟欲大加整顿。他见署提督讷钦(旗员)打仗时"见贼先溃,唯恐不速",但任其部下到处勒索,讷钦自己也违例坐索行装银万两,官文却视而不见,不加处治,胡林翼遂愤而单衔奏参。太平军退出省境后,胡林翼决心进行全面整顿,于咸丰六年(1856)十二月三日,一日之内同上五折,其中《敬陈湖北兵政吏治疏》,更是纲领性的文件。折中所陈三事,除了吏治为巡抚职内事外,他要求对官文统下的湖北兵勇大加裁汰,因为他们太腐败,毫无战斗力;另外要求大力编练新军。奏疏虽然"语多含蓄",但明显地揭了官文的短,侵越了总督的职权。

同时,胡林翼与官文暗中钩心斗角,甚至冲突更为频繁激烈,他们"往往以征兵调饷,互有违言,僚吏意向,显分彼此,抵牾益甚。文恭于巨细事不甚究心,多假手幕友家丁,诸所措注,文忠尤不谓然"[31]。咸丰六年(1856)秋冬,高二先起义于襄樊,"始事不过二百人",但官文所信任和提拔的知事海某和盐道常某,惊慌怯弱,以致起义规模越来越大。胡林翼"欲劾海守,尼之者颇力,转先劾罗与马以抵牾我心"。罗当为罗遵殿，马当为马秀儒，均为胡林翼赏识之人。官文等酿事于前，又不欲根究负责人，敷衍了事于后。这使胡林翼十分气愤，"楚中之祸不止如子常之贪、费无极之谗，使屈子、贾生当此，正不知如何离忧，如何痛哭！"甚至说"楚事殆无可为，十万兵亦终必败"，准备一死了之，"率其所部，一意东下，觅我死所"[32]。正是在这种悲愤情绪的驱使下，胡林翼竟不顾官场惯例和体制，一意孤行，"事多独断独行，遇生杀黜陟，中堂与之商酌，多不以其议，而用己议"[33]。

这些做法和想法，不仅是胡林翼个人的，也是湘军集团的。早在咸丰五年(1855)四月，曾国藩在《湖北兵勇不可复用折》中，就痛切要求大加裁汰。胡林翼上奏后数天，即将此事告知驻军岳州的王鑫，王鑫立即转告左宗棠，并对胡林翼深表同情。"北岸冗杂之众，数至五万，求其不酿成大变斯为幸耳，尚望其能剿贼耶！润公深以为忧，鑫亦为之危也。"[34]左宗棠也为胡林翼担心，"惟近与制军不合，痛陈一疏，不知圣明以为何如"[35]。左宗棠指出此疏矛头指向官文，获胜希望不大，甚至可能带来严重的后果，"近闻大官专以酿乱为事，尤恐一击不中"，那就会"恶焰益张"，湖北将全部落入官文手中，湖南也将受到官文的控制。这样不仅会让两湖作为湘军集团的地盘和战略后方、湘军的进一步发展壮大成为一句空话，湘军的现有力量也会受到损害，进而危及两湖的安全。正是基于这一估计，左宗棠又进一步指出，官文、胡林翼斗争的结局"关乎两省治忽之机"[36]。

咸丰帝看了胡林翼的奏折后，虽然说"剀切详明，实为今日要务",并全部肯定了他的主张,但对官文未加一句斥责之词,反而说,"其武汉豫设水陆重兵,为扼守上游、控制长江之计,前已谕令官文等筹办,即着该抚会同办理"。[37]这显然是暗示胡林翼:官文的地位是不能动摇的,有关军政大事,你不能独断专行,要与官文一同办理。咸丰七年(1857)五月,胡林翼又擅自奏请开复过去失职武员的官位,咸丰帝在批复中更明确指出:"胡林翼现在军营,惟伊本营之将弁可由伊具奏,仍应会同总督。况官文有钦差大臣关防,军务、营伍,均该督专责;若委之巡抚,殊非朕倚任该督之意也。"[38]表面看来是责备官文,实际上却是告诫胡林翼:你可以多出力,多办事,但不得飞扬跋扈,必须受到我在武汉的特派代表官文的监督。

与此同时,湖北官绅也在竭力调解官文与胡林翼的矛盾,最早当推魁联。魁联为内务府正白旗人(官文早先亦隶内务府正白旗),道咸之交任湖南辰州、宝庆等府知府,官声甚好,得到曾国藩、江忠源等人的好评。咸丰五年(1855)升湖南按察使,被骆秉章、左宗棠奏参降为知府,旋由官文调至湖北,总理营务。魁联利用与双方的关系,从中调和,"反复解释,用成大功"[39]。后来阎敬铭也向胡林翼痛切陈言:"公欲去官公,保来者非官公耶?以一巡抚能去若干总督,即曰能之,满人不能与闻军计,公又何以自保?"[40]王家璧、王柏心和胡兆春等士绅也对官、胡不和忧心忡忡,力劝胡林翼克制,"钦公心似无他,但耳软耳,事多掣肘,未必尽出本心。诚能动物,而忍克济事"[41]。胡兆春更"缮陈夙构《和将策》一道,时文忠惩楚中吏治惰窳，励精整饬，而制军官文恭公方务博大收豪俊，各持意见不相下，盖隐以寓讽也"[42]。

在上压下劝的情况下，胡林翼终于明白官文的地位不能动摇，唯一的办法是与官文搞好关系，于是就改变作风，针对官文的特点，大施权术，力求既尊重官文钦差大臣和总督的双重权势，又不束缚自己的手脚。其做法有以下三点：

首先，竭力与官文建立个人间的亲密关系。这方面清人记载甚多。胡林翼令其母认官文宠妾为义女，使两家内眷亲密往来；自己也不时拜谒官文母；与官文平时私函，略去官场礼仪，直呼之为"老兄""中堂老兄"。有的记载还说胡林翼与官文结拜为兄弟。其次，在公事上，则"专从里子切实讲求，而不占人面子"[43]。即抓实权，坚持按己意埋头处理军政事务，而每遇可得美名、邀封赏，如"收城克敌"等事，则推首功于官文。在奏折信札中极力称誉官文"宽仁博大""仁厚公忠""能开诚心，布公道者，惟中堂一人"。再次，对官文贪污之举不仅视而不问，还每月以盐厘金三千金，划作督署公费。此钱实则进入官文的私囊。

从咸丰七年(1857)春[44]至十一年(1861)官文病死，其间二人虽有矛盾，但胡林翼对官文使用外圆内方的方针还是坚持了下来。官文对此自然心中有数，但仍然积极响应。据说胡林翼的母亲来武昌，官文亲自带领文武官员去河岸迎接。其实，在胡林翼转变以前，官文对胡林翼和左宗棠的某些冒犯行动，就以含忍的态度对待。如咸丰五年(1855)官文派人至湖南劝捐，结果被拒绝，且咨文很不客气。官文置而不较，自称

"彼时若斗笔墨，或竟奏请圣训，徒失和衷共济之雅"，甚至表示不为此而怪罪骆秉章、左宗棠，"不惟不咎秉笔者，即主政者亦并不怪"，俨然一副"廓然大公，所见者大"的样子。[45]事实上是积怨于心，准备伺机给予左宗棠致命打击。官文对地位低的左宗棠如此，对胡林翼更是慎之又慎，反复权衡。正如官文对幕僚所说"我辈之才皆不及彼"，"我无彼不能御敌"。[46]这说明他深知胡林翼的地位一动摇，就无人能指挥湘军克敌制胜，他的种种地位和荣誉也就会丧失，甚至身家性命也难保。因之，他一直拒绝奏参胡林翼。现在胡林翼对官文顿改旧态，官文又有功可居，有誉可邀，有银可使，就一心依靠胡林翼。正如薛福成所记，遇事乐得"画诺仰成而已，未尝有异议"。这样胡林翼就大体上如曾国藩所说"乃独得少行其志"[47]，"事无大小，推贤让能，多由抚署主政"[48]。这种情况就像左宗棠在湖南那样，是当时"遐迩共知"的事实。

但是，官文并不是胡林翼的傀儡，正如曾国藩所说，官文"城府甚深，当胡文忠在时，面子极推让，然有占其地步处必力争，彼此不过敷衍而已，非诚交也"[49]。所谓"占其地步"，除了一己私利外，官文始终未放弃他的满族贵族的立场，未忘记他的监督职责，并为此进行了一系列颇有成效的活动。

首先，官文成功地笼络了一批湖北官吏，如咸丰初年就在湖北为官，后来升至藩司的庄受祺；长期在湖北为官，后升至督粮道的张曜孙；在湖北多年，官至盐法道的顾文彬。三人均同为江苏南部人，或为儿女亲家，或"益倾襟莫逆"；

同时，三人均先后在官文手下工作，后才为胡林翼办事，相比而言，他们更倾向、更接近官文。其中庄受祺尤为突出。他不仅倾向官文，且与胡林翼时有矛盾，甚至发生正面冲突。如咸丰十年(1860)，为某一清查事件，胡林翼决定在省中设局。时为布政使的庄受祺不同意，"逐一驳回"胡林翼的意见，甚至"不肯一临"，拒不到局视事，以示抗拒。胡林翼"复书仍极和平，而局议仍不可废"。[50]庄受祺与胡林翼最赏识的严树森势如水火。正因为如此，庄受祺在胡林翼死后所写《湖北兵事述略》，对官文很推崇，对胡林翼虽也推崇，但指摘也很严厉，如揭露胡林翼咸丰五年(1855)春拒不遵巡抚札调入武昌助守，并认为胡林翼如不畏敌怯战，武昌不会失，太平军也易于歼灭，"金陵之举，何俟十年后哉"。这说明庄受祺对胡林翼积怨颇深。文中对严树森，更是加以露骨地讪笑贬斥。其次，努力扩大旗员都兴阿、多隆阿等所带的马队。正如庄受祺所指出的，官文从满族贵族特有的情感出发，"念本朝节次军需皆以盛京、黑龙江、吉林骑士成功，故全寄任于东三省将卒"[51]，后将骑兵扩充至两千。其中多隆阿表现最为突出。多隆阿及其部将穆图善、金顺等乃黑龙江、吉林八旗兵，仍然保留着部分满族贵族未入关前吃苦耐劳、剽悍敢战的传统；且多隆阿本人经过几年实战，也锻炼成为出色的将才，"军兴以来诸战帅，罕有及其能者"[52]。都兴阿回荆州将军本任后，其职位即由多隆阿接统。多隆阿又在官文的支持下，向胡林翼要求扩充所部马步至一万五千人，并索取前敌总指挥的职权。官文还抓住时机，拉拢了一部分湘军将领，如王鑫等。王鑫于咸丰五年(1855)在本省屡立战功，声誉鹊起。咸丰六年(1856)驻防岳州，连克湖北四城。官文立即奏请加王鑫按察使衔，以道员留湖北简放。骆秉章、左宗棠见官文欲收王鑫为己用，立命王鑫仍驻岳州；左宗棠还函告王鑫，"此公为众所不与，润公已与构隙"，如投官文，乃"明珠暗投，固已大辱"，"老兄一军为邦人所倚藉，岂可竟为局外牵帅"。[53]此次拉拢之事虽因此而受挫，但官文仍不放过一切机会。当李续焘、赵克彰、何绍彩、朱希广等人因战败将受胡林翼严厉惩处之时，官文不仅降低处分力度，且令他们招募新营，编入督标，拨归多隆阿统带，从而使这些湘军将领对他感恩戴德。

依靠这一套，官文就摆脱了被胡林翼架空的危险，建立了以自己为中心的势力，从而对胡林翼起了制约作用。清廷对此十分满意，不仅给予他种种奖赏，使其成为咸同两朝中在任时间最久的钦差大臣；且与之配合，也着意提拔都兴阿、多隆阿等旗员将领，并命胡林翼任多隆阿为前敌总指挥。

对于官文这一系列做法，胡林翼采取分别对待的办法：官文与庄受祺等人关系密切，胡林翼只能听其所为，但心中有数。多隆阿军有较强战斗力，所部除骑兵基本上为旗员旗勇，除步队石清吉、曹克忠、雷正绾等少数将领和一部分兵勇非湘人外，其他都是湖南人，有不少是从湘军中拨来的。实际上，他们仍是湘军一部分，这样的扩充，既对大局有益，又对湘军无大害，甚至对湘军有益，胡林翼自然不反对。但多隆阿"再四以权分势均为言"，伸手要权，且以"天子之使"

骄临同列，[54]引起鲍超等人的反感。对此，胡林翼一面致书官文，反对给多隆阿过大的权力，"札饬总兵道员概归节制调遣，亦颇未当"，[55]一面不顾曾国藩等人的反对，按照咸丰帝的意图，以多隆阿为前线总指挥，严令鲍超等人听其调度。事实上，随着战局变化，多隆阿这一临时职务，不久即被无形剥夺。与此同时，胡林翼也多方笼络旗员，不仅在公私文件中，推崇旗员战功，盛赞马队英勇，且与舒保等人的关系十分亲密，"与舒辅廷、李希庵约定，永不相离，亦情亦势也"[56]。

胡林翼这样顾大局、有分寸的让步获得满族贵族的进一步好感和信任。这样，再加上过去的战功、治绩，满族贵族就把胡林翼当成罕见的挽救危局的英雄，把他和官文的合作视为难得的榜样。当咸丰八年(1858)胡林翼丁母忧离任时，皇族绵洵就上奏挽留，"臣前在军营见督臣官文宽而能明，抚臣胡林翼严而有法，和衷共济"；"若令其丁忧离任，不但督臣大失指臂之助，且虑南省各营无所统制，东南大局攸关"。[57]都兴阿也上奏要求胡林翼迅速回任，并指出官文在军事上的指挥调遣能力远不及胡林翼。官文不仅希望胡林翼早日回任，且仍按胡林翼所立规章办事，"鄂省军务仍率由旧章，其办牙厘文案各员均未更易"[58]。同时，胡林翼也认为官文是最好的合作者。咸丰九年(1859)，湘军东下进入安徽，胡林翼担心将受另一钦差大臣胜保控制，托人向咸丰帝面奏仍归官文节制，"楚军征皖，不须另假兵符，揆帅(指官文)宽仁敦大，近时所独出,实可遥总兵事,不致我军掣肘,若易以他人,则不能如此吻合无间也"[59]。

在咸丰五年(1855)至七年(1857),胡林翼逐渐摆正了自己和官文的位置,摸准了官文的特点,采取了明智的态度和对策,做到既接受满族贵族的监督,又不束缚自己的手脚,从而出色地完成了初步调整与满族贵族关系的任务。这是湘军集团与满族贵族关系的一个历史性突破,也是胡林翼对本集团的一个重大贡献。这不仅为咸丰七年(1857)至十年(1860)湘军经营湖北后方基地,夺取九江,威逼安庆奠定了政治基础,也为从咸丰十年(1860)开始的大调整、全国范围内的合作,树立了先声,提供了经验,打下了思想基础。

第三节 湖北后方基地的经营

以两湖为湘军战略后方,是曾国藩、胡林翼、左宗棠等人早已有之的想法。太平军退出湖北后,这更成了他们迫切的议题。左宗棠认为,"武汉三失三复,人物凋尽,不稍稍停待填抚之,无以壮上游而为灭贼之本"[60]。胡林翼更认为只要"水陆东征之师恃武汉为根本",那就会有多方面的优势和方便,"大营有据险之势,军士无反顾之虞,军火米粮,委输不绝,伤痍疾病,休养得所";并指出湖北虽已收复,但问题还很多,而不是"已治已安"。[61]这就是说,应以湖北为湘军后方基地,但要做到这一点,还必须大力经营。为此，胡林翼命李续宾领军攻九江，他自己留驻武昌，着力经营湖北，并在以下几个方面采取了一系列措施。

第一，治安方面。湖北阶级斗争虽不如湖南激烈，群众起义"不及湖南之多"，但西部为白莲教重要活动地区，武昌府既有白莲教，还有天地会，东部黄陂一带的金鼓莲会、北部的捻党、沿江的"水盗"都是根深叶茂。咸丰二年(1852)太平军攻克武汉，境内群众斗争风起云涌，官绅惊呼："土匪竞起""土匪四起""闻风响应""势如猬毛"。其中大者如广济之抗漕起事，众至数万人；次者如通城、咸宁一带之刘立简、何天进等起义，亦有数千人、千余人。这些"土匪"一部分或随太平军东下，或遭到张亮基、江忠源镇压；但战局紧张，湘军兵力有限，且不久又相继他调，只能一扫而过，各州县仍保有强大的革命力量。同时，咸丰四年(1854)至六年(1856)这几年中，太平军多次入境，并在部分地区建立较久的统治，群众既反复接受革命的影响，又亲身体验新政权的仁政，"诸逆伪行仁义，民且怀之"[62]，因而愈益倾向革命：太平军未至，暗中与之联系；太平军一至就群起参加；太平军退走，则潜伏待机。"通山、崇阳民情叵测，官军获胜则薙发反正，貌为良民，及贼势稍张，则白梃红巾甘为贼役。"[63]兴国州"不特农工皆出为贼，即士商亦皆出为贼，以习惯成自然"[64]。咸丰六年(1856)，松滋彭升科(生科)建立"穷团"，"谓富民取租太苛，乃以私意定为条例"，[65]勒令当铺减息、雇主增加雇工工价。襄阳高二先等拥朱中瑞(中立)为王，聚众起义，队伍迅速发展至六千余人；咸丰七年(1857)春，又与哗变川勇会合，转战鄂、豫、陕毗邻地区。

面对这样根深叶茂的革命力量，湘军集团深知不安内就难攘外，而"乱本已深，非尽拔其根株，不可以望治"[66]。这就是说，他们要施展其凶残故技，对革命群众斩尽杀绝。早在咸丰四年(1854)，胡林翼驻军崇阳，一个月之内，就捕杀三千余人。咸丰六年(1856)王鑫又在崇阳、通城、通山、蒲圻等县，先以军队镇压已参加太平军的成股革命力量，然后勒令新办理团练，大肆搜捕。胡林翼则派军驻兴国，进行所谓"清洗"，仅兴国一地，就搜捕屠杀一千四百余人。对于高二先等大股起义军，胡林翼不仅派后方驻军去镇压，有时甚至从对抗太平军的前线抽调援军。如舒保之骑兵、唐训方之湘军，就在镇压高二先起义中起了主力的作用。

经过咸丰三年(1853)至六年(1856)这几年湘军反复镇压，湖北革命力量受到了极大的摧残，虽然尚保留一部分，并且意志坚定的群众，"崇阳经我军戡定，而满发积贼尚有藏匿民间者，其嗜乱之心，牢不可破"[67]，但已无力进行较大规模的斗争，对湖北的封建统治已不能构成大的威胁。这就是说，湘军已经基本上达到了安内的目的。

第二，吏治方面。早在咸丰三年(1853)，张亮基就在奏报(左宗棠草拟)中指出："湖北仕风习成玩泄"，"公务疲滞特甚，终觉运掉不灵"。[68]并因此而参革了一部分官吏。胡林翼署巡抚后，对此尤为重视，认为"救天下之急症，莫如选将；治天下之真病，莫如察吏。兵事如治标，吏事如治本"[69]，并对"视纪纲法度漠然无动于心，所谓悍然罔顾"的官僚，断然予以参奏，甘为"众怨之府"，[70]"立去不职者数十人，登剡牍者数十人"[71]。同时，胡林翼又十分重视人才的选拔，认为"天下之患不独在盗贼，患在人心不转、人才不出耳。人才随时而生，患在人之不求耳"[72]。为多方搜求人才，他接见僚属亲朋时，"必问所见人才，所学何方，已效安在，且令指实事一一证之，兼注考语"，记入手册，"几席所在，手折数十"。[73]经过这样详细调查研究，再加上审慎的选择，胡林翼又把网罗而来的人才，按其所长，或予以适当职位，或令暂居储才馆（后改名为宝善堂）以待选用；或破格予以重用，认为"办事全在用人，用人全在破格"[74]。为此，他要求清廷允许他破除成规，选用新人。

胡林翼用人，既要才，更看德。"周公之训，人无求备，大抵圣贤不可必得，必以志气节操为主"，"有气节则本根已植"。[75]但他并不看重那些似乎有德的道学家，如方宗诚标榜程朱理学，经直隶按察使吴廷栋等人吹嘘，渐有名于时。咸丰十年（1860）春，方宗诚至胡林翼处，并将至李续宜处，胡林翼即预先告知李续宜："方腐儒尚在英山，不日即来尊处。"[76]同时，胡林翼反对引用私人，反复告诫下属，并以身作则，"厘局招引私人，其弊颇大。弟用许多乡人，除周寿山一人以外，究无一人是咸丰四年以前认识之人"[77]。当亲朋至湖北，胡林翼也只给银钱送回，而不录用。

正是由于注意这两个方面，胡林翼重用之人，虽有很多湖南人，但大体上都发挥了好的作用。如邢高魁在军事吏治方面做了不少事，几十年后，湖北人还对其大为称颂，"实心为民，勇于兴利，宽养善类，严锄非种"[78]。其他如黄式度、黄益杰、徐芝、周乐、方大湜、钟谦钧、孙守信、唐际盛等，或为秀才，或是举人，按规定不得为州县官，但胡林翼破格录用，先后任以知县、知府等官。这些人不仅当时以干吏著称，身后也为湖北人所肯定，"百废俱兴"，"郡民感之"，"其民咸有来暮去思之感"，"勤于所断，囹圄几空"。同时，胡林翼也提拔了许多非湘人。如阎敬铭，其原为陕西籍小京官，经人推荐，奏调来鄂，胡林翼许为"天下正人"，"可为一代人物"，[79]委以总理粮台重任，保升湖北按察使。以后阎敬铭逐渐升为山东巡抚、户部尚书等官，成为同、光年间著名的有作为、有风骨的大臣。在山东巡抚任内，他"参劾巨亏牧令九十余员"，整顿地丁，"每年多三百余万"；[80]在户部"数年，为国家撙节库，储二百余万"[81]；甚至对那拉氏批准的不合理开支也敢于拒不执行。罗遵殿，安徽人，湖北道员，咸丰六年（1856）本应补两淮盐运使，胡林翼以其"实心任事，清风亮节，众望允孚"[82]，加以密保，奏留湖北，其后升至布政使。后来罗遵殿在浙江巡抚任内为抗太平军自杀而死，其身后家境清贫，"四壁萧然，实为当世第一清官"[83]。其他如栗耀（晋人，官至鄂藩）、李鸿裔（川人，官至苏臬）、严树森（川人，官至豫抚、鄂抚）等，都对湖北军事、财政、吏治起了很大的作用。如栗耀为荆宜施道时，"兼督钞关，军饷皆仰资盐榷，耀综核严密，税入羡余，悉籍入公"[84]。

胡林翼这样大批罢斥不职官吏，甚至予以从重惩处；同时又大批网罗人才，予以重用，不能不震动湖北官场，使因循腐败的官吏有所改变，使原来表现一般或者较好的官吏，会有大的改变，甚至更加奋发有为。这样，就使原来"运掉不灵"的政权系统，能较好地发挥作用，从而有利于巩固统治。

第三，财政方面。据张亮基奏报，湖北财政收入（似未计入漕粮），道光晚期各年，最多七八十万两，少则六十万两，外省协款常达二三十万两。太平天国军兴，湖北成了双方反复争夺的战区，工农业生产和经济往来遭到严重破坏，税收更大幅度下降。胡林翼咸丰五年(1855)署巡抚后，所部增至一万多人，加上其他开支，"每月总需十万"，胡林翼"千方百计总不过月筹三四万"，[85]入不敷出甚多。外省虽有协济，如山西当年就解四十万两，但多为官文分用，胡林翼只能靠湖南接济，以致军饷匮乏，至八月，竟积欠至二十余万两。

咸丰五六年时，胡林翼就力图改变这种情况，并在厘金方面采取了一些措施。太平军退出省境以后，他又全面整顿了税政。

在厘金方面，胡林翼首先进行税收机构的调整，在省城设厘金总局，管理全省厘金税收，各地或增设新局，或裁撤旧局。如沙市原设厘局，征收入川出川货税，但地点不扼要，漏税甚多。"自蜀入楚者，土膏（鸦片烟）是其大宗；自楚入蜀，花布是其大宗"，但沙市厘局于两者征税很少，"试取沙市月帐核之，土膏一项，挂一漏万，花布一项，亦千不取百"。[86]胡林翼乃下令在沙市上游"更为扼要"之平善坝增设一局。又如新堤原非商业区，后来十分繁荣，"市井甚闹，数倍岳州城，灯火万家，街长五六里"[87]，胡林翼乃移原设监利县之越关于此，易名新关，抽收竹木厘金税，另设盐厘、土厘等局，并将原驻黄州之汉黄德道移此，兼任总监督。对著名的土特产集散地则设专局，如蒲圻、嘉鱼、崇阳、通山、咸宁等地盛产茶叶，就在羊楼峒设茶厘局，并在岛口、通口、崇阳等处设分局和卡。

其次，重用士绅，严加稽查。胡林翼认为："理财之道，仍以得人为先。"[88]而能办事之人只有官吏士绅，其中，士绅不仅无官场习气，且"士民之稍异庸流者，望顶戴官职如登天，驾驭而用之，破格以优之，其力自倍"[89]。因之，胡林翼大量引用湖北士绅，并把这一方针上报清廷："办理厘金，尤为军需之急务，假手吏胥，弊端百出，非士绅出力，则经理必难得人。"本省士绅也群起响应，出而办事。事实上，早在咸丰五年(1855)一二月间，胡林翼由九江回援武汉时，在籍小京官胡大任、王家璧和一些举人生员就在新堤、沙市、施南等地劝捐办厘，颇有成效。几个月后，胡林翼就奏请给予奖叙，并令胡大任、王家璧两人"总司各属捐局厘金局务"。[90]以后各厘局大多由本省士绅为总办,主持一切,"总办云何?不仰鼻息于州县丁胥而已矣"[91]。咸丰十年(1860),郭嵩焘由京返湘,路经襄阳、沙阳、汉川等地,所见各厘局,都由士绅主持。

厘局这银钱出入之地,贪污中饱势所必有。胡林翼对此十分注意,一有发觉就严加惩处。如汉川知县曹某,私设厘金局卡四十七处,接任之张某又贪污自肥,均奏参革职,彻底追查;另委官绅接办,六个多月就收税钱七万多串,而张某半年间竟只交三千七百多串。对主持厘局的士绅,胡林翼严禁他们引用子弟入局办事,一旦觉察弊端严重,就加以撤换。为了能及时更换作弊人员,胡林翼令宝善堂养了一批人。他认为宝善堂"为厘金根本","所费至少,所益至大,倘无此处,则明知分局之有弊,而无人可易"。[92]总之,多用士绅,严加稽查,是胡林翼在厘金方面的用人方针。

此外,胡林翼告诫官吏,不要囿于"恤民"之说,"搜刮之政,儒者不尚;然军政系亿万生灵之命,军饷系水陆三万余兵勇之命。两害相形,则取其轻,两利相形,则取其重。与其饥军而误地方,无若取商贾之利,以援大局"。这就是说,满足军饷需要是绝对的,如因此而冒搜刮之名,也情有可原,更何况"厘多一文,即货贵一文",可以转嫁于消费者,于商人并无损害。这样反复说教,无非是说,征收厘金不能手软。同时,他还重弹"重农抑商"老调,严厉斥责"州县之敬市侩,如见大宾"的现象,并要他们"摧抑"那些敢于表示不满的商人。如果商人敢于聚众罢市，不仅要查封其商店，必要时，甚至可以"派兵调将"去镇压。[93]胡林翼还严令州县官支持厘局，以致"鄂省竟传其袒委而抑印"。其目的也是及时惩办一切阻挠和破坏征厘的人，树立厘局的威势，"印官不以权势辅照之，则委绅之号令不行，局务立坏也"。[94]

经过多方努力，湖北厘金收入大增。曾国藩说胡大任"在湖北本籍七年，倡办全省牙厘，岁入二百数十万两"[95]。曾国荃则言咸丰七年(1857)三月至同治元年(1862)，厘金共收入六百四十万两，平均每年只一百二十万两。[96]后数明显偏少。刘蓉也说胡林翼"举办盐货厘金岁五六百万"，估计当在三百多万至四百万两之间。[97]

再次，整顿漕粮地丁。湖北有漕粮州县三十三个，额征近三十万石，积弊极深。各级官员有漕规，士绅土棍也效尤分肥。黄梅一县这样的人就有一百多个。州县官以此为借口，大肆浮收。办漕之总书、册书又从而把持牟利，这样就使浮收越来越多。折色少者每石浮收五六千文，多者竟达二十余千文；本色每石浮收少者五六斗，多者至三石余。此外，尚有田单、券票、样米、号钱等费。有势力的大户不任浮收，中小户就成了浮收的负担者。地丁积弊较漕粮为轻，但问题也不少。这种情况带来两方面的后果，在政治上，包括一部分地主在内的各种形式的闹漕抗粮斗争日多。道光二十一年(1841)，崇阳"暴敛横征，钱粮陡逾常例"，富户钟人杰、汪敦族等"起而矫之，令遂以聚众抗粮叛官等情详报",捕钟人杰等于狱。"崇民万口同声,联名保救","士民焚香顶祝,扶老携幼,跪寨街衢",前来镇压的官员以为"民情畏怯,可假借冒功,诡称教匪蠢动,有讨无赦",[98]结果激成攻城陷邑的数千人大起义。通山还发生闹粮阻考的斗争,"定期考试之日,忽有乡民张斗一等宣言阻考,以致该廪保童生为其所惑,不肯投结画押"[99]。这两种情况都证明一部分地主程度不同地卷入了斗争浪潮。咸丰初年,通城、广济又爆发了类似斗争。在财政上,拖欠漕粮地丁的事越来越多,官吏为规避处分,往往捏报灾荒,要求缓免,再加上水灾频仍,结果就造成田赋收入锐减。道光晚期全省岁收不及原额一半,有的县竟不及原额十分之二。咸丰三年、四年(1853—1854),继续锐减,全省岁收竟不及原额十之三四。

咸丰七年(1857),胡林翼对这种致使税收锐减,并造成社会动荡,甚至严重影响地主阶级团结的痼疾,施行大手术。为此,他先令督粮道、有关知府分赴有漕州县,调查实情,"持节行郡国,遂历抵所至延吏民询谋衷诸是"[100],调阅案卷,了解情况,并亲自致书有声望的士绅征求意见,请他们协助。在此基础上,胡林翼颁布征收漕粮的新章程:一、奏定北漕粮折色每石一两三钱,外加耗银一钱三分;南米每石一两五钱,外加耗银一钱五分。二、重新规定每石漕粮折钱数额。如监利每石漕粮原收钱二十余千文,江陵原收十六千文,石首原收十千文,均新定为五千文,分别减去十五千余、十一千、五千。也有少数县减额很少，如武昌原为五千四百文，新定为四千四百文，只减去一千；通山县原为五千文，新定为四千八百文，则只减去二百文。三、裁去一切浮收陋规，只准按新定钱数征收，余外不能多收一文。

新规定颁布执行后，胡林翼又派人多方稽查执行情况，发现荆门直隶州知州方某在规定征额之外，每票另外勒收五六百文至两千文不等。胡林翼立即将方某"革任提审"，从而保证了新规定的贯彻。与此同时，对地丁征收中的弊端也予以清除。如兴国州，向来"正银一两完州平苏纹银一两五钱五分，除应缴耗羡倾销及应补库平足色外，计余银一万两千七百两，则皆上下规费也"[101]。浮收中饱竟过正额一半以上，胡林翼重新核定，正额一两，只准加征三钱八分，较原额减去一钱多。

这些强有力的措施取得了可观的政治、经济效益。有漕州县地主因大幅度裁除陋规，每年免去浮收钱高达一百四十余万千文，百姓无不感恩戴德，同声歌颂不已："利国利民，独不利于中饱之蠹。"[102]有人赋诗："岁省费无涯，利垂千万祀"，"吾侪见宽法，浩荡乐无比"。[103]甚至卅年后，人们还在称颂，"除积弊定新章，令各乡刻石遵守，至今便之"[104]。这就提高了湘军集团的威信，加强了地主阶级的团结。同时，也大幅增加了财政收入，"民情极为欢悦，完纳俱形踊跃，漕粮除缓征外，均已全完。南粮向须延至一二年始能征完，今已完至九分，为数十年来所未有"[105]。这就消除了多年的拖欠现象。三十万石的北漕南粮，折色为四十二万两的巨额现银，基本上完清，再加上提存银三十余万两，共达七十余万两，其中除了一部分支付旗、绿营兵饷，其余可作省内湘军军费开支。至于地丁，据王庆云《石渠余记》记载，湖北定额为一百十四万两，道光晚期各年大多只能收足原额的半数，甚至不及一半。经过整顿后，完纳情形当与漕粮相似，每年当可收入百余万。这就是说，仅漕粮、地丁两项，湖北财政每年就有较为稳定的一百七八十万两的收入。

田赋厘金之外，湖北还有其他捐税，如荆关、新关征竹木两税，原归工部，不在厘金之列。其中新关咸丰八年、九年(1858—1859)，均收税近三万两。此外，还有房捐、劝捐。其中劝捐收入颇为可观，咸丰八年(1858)七月奏报，共收捐银近百万两。另外，胡林翼还令人在武昌、宜昌、东湖、襄阳等地，挖出埋藏的和存留的铜铅一百二十多万斤，在武昌开炉铸钱，获利亦不少。

以上厘金总计三百多万两，田赋一百七八十万两，再加上捐输等收入，正常情况下，湖北每年的财政收入当达五百多万两。较之道光末期，猛增了六七倍。这就为湘军在湖北的发展，打下了坚实的财政基础。

最后，军事方面。胡林翼虽早在贵州时就自练乡勇，但规模小，更未形成系统经验。咸丰四年(1854)至两湖后，湘军不仅已经建成，且其建军经验已被事实证明是成功的。这样，他在建军方面就自然不能再有多大创新。但运用曾国藩的经验，凭借湖北的物质条件，胡林翼在军事方面，仍然进行了许多卓有成效的活动，为湘军史写下了十分重要的篇章。

胡林翼统带的湖北湘军大体上可分为四个时期：咸丰四年(1854)调补鄂臬至咸丰五年(1855)署鄂抚为第一期，即隶属于曾国藩时期。这时，胡林翼只是曾国藩的一个统领，在扩军方面既无多大成绩，对战局也无多大影响。署鄂抚后至攻下武汉为第二期。此期既依赖曾国藩的支援，又开始大规模扩军。胡林翼在遭到沉重打击、处境危殆之时，顶住了太平军的进攻，收复了全省，且使湘军扩展至约三万人，提拔了李续宾、鲍超等得力将领，但物质上，很大程度仍然依赖湖南的支持。军事上，曾国藩拨来的罗泽南军，不仅是湖北主力部队，且胡林翼部素质的增强，也得力于罗泽南军。罗军未来援前，正如胡林翼所说，"苦心挑练之勇，一溃于金口，再溃于奓山，十去其三，又从而汰之。"[106]罗泽南至，不仅告胡林翼以治军之法，且以所部训、宝等营与胡部混编，一同作战。"罗公亦稍稍分其众隶公，俾部勒其士卒，由是尽传楚军规制，变弱为强。"[107]武汉收复至咸丰八年(1858)李续宾全军覆灭为第三期。此期军饷自给，由胡林翼一手编练的鲍超军，虽尚不及李续宾军，但已表现出凶悍善战的素质。这是湖北自练湘军完全成熟的标志。咸丰八年(1858)李续宾覆灭至咸丰十一年(1861)胡林翼病死为第四期。李部覆灭后，湖北不仅不再有大支的曾国藩旧部，而且，由于财力大增，先后将鲍超、李续宜、多隆阿三军分别扩充为六千、九千、一万多人的大军，其他如唐训方、余际昌等军也大为扩充。这样，湖北就有足够的力量，来支援友邻部队。

外江水师扩充的过程与以上虽不大相同，但演变趋势是相近的。即军中将弁虽多是曾国藩旧部，但旧营经过多次变迁，大多面目全非，新营更不用说。不过在外江水师补充和扩大的过程中，湖南骆秉章、左宗棠于人力、物力和编练方面的出力不下于湖北，可以说外江水师的壮大是两湖合力促成的。不仅船舰勇弁的补充是如此，甚至重大人事调动也是这样。咸丰五年（1855），外江水师开始仍由李孟群统带，三月，骆秉章、左宗棠以"水师一军多湖南人，李孟群所带广勇除伤病散遣外，存营者不过数百名，向与湖南水勇不相亲附"，"恐临时调遣不能得力"，[108]要求将李孟群调走，由杨载福接统。咸丰帝对这种湖南化的要求很反感，不同意调走李孟群。但胡林翼却不动声色地命李孟群调带陆营，接着又令李孟群领军援安徽，从而消除了李孟群在湘军水陆军中的影响和势力。经过几年努力，在胡林翼的主持下，至咸丰十年（1860）秋，湖北已建立了包括马步水陆军六万多人的大军，其中，除了多隆阿等所统骑兵和少数步兵为旗人和非湘人，其他绝大多数湖北军都是湖南人组成的湘军。

在建立湖北湘军过程中，胡林翼十分重视曾国藩的建军经验，并要求部下加以遵守，同时又表现出相当大的灵活性。如鲍超赴湖南募勇，胡林翼就嘱咐鲍超："弟可先选将官三员，每人可将五百人者。先择其勇，次择其才，尤须深择其品"，"异日即以为营官，勇由彼招，必能得力"，并要求至僻远山乡之道州、宁远、江华招勇，"勇丁以山乡为上，近城市者最难用，性多巧猾也"。[109]这完全是按曾国藩那一套行事。但后来鲍超却在长沙一带募勇，以后相沿成例，霆军多是这一带人。胡林翼对此并未加以责难，曾国藩对此也颇表惊异："霆军之营哨弁勇，长沙省城人居多，朴者颇少，而能屡拒大敌，兵事诚不可以一律相绳乎？"[110]在营制方面也同样如此，除了曾国藩旧部用曾国藩规定之营制，胡林翼也订有《鄂军章程》，但各营人数并不一律，有五百、六百、七百人，乃至三百八十人等数种。

胡林翼还尝试组建湖北人的队伍。他是从战略的高度来考虑这个问题的。"兵事尚非三四年可毕，若不及时将湖北士民教成敢战之风"，只依靠湘军，湖北就不能真正"自强"起来；况本省山区各县，也有"精悍敢战，一可当十之士"；关键是择将，"无将故无兵"，[111]反之，有将则不患无兵。为此，他委托士绅陈光亨"物色有胆略可带兵"的湖北人[112]。早在咸丰五年(1855)，他就令武昌人余云龙在省内募三百人，后又令余云龙扩充为五百人，组成智字营，随李续宾攻九江；又令谷城人、绿营武弁余际昌在省内募四营，不久又扩充为七营，共三千五百人。曾国藩虽然"屡嘱我不用湖北勇，希庵(李续宜)屡以余际昌不可恃为戒"[113]，但胡林翼决心尝试到底。此外，多隆阿部也有兴国人赵丰山组成的湖北勇营。这批湖北将弁带领的勇营虽表现出一定的战斗力，但总的来说并不出色，余际昌军更在咸丰十一年(1861)因溃败而撤散，胡林翼也自认选将不当而追悔不已。

此外，为了挖掘地方士绅在军事上的潜力，胡林翼还下令筑碉堡，办团练，练乡兵。湖北虽早就办团，但大多数"团长喜生事自用，与众不协，团辄罢，或至构讼"[114]，因之，并无多大成效。胡林翼大加整顿，令"各集各团"，"高处建寨，低处修堡，坚壁清野"，[115]先在黄州，接着"武昌、襄阳、德安、宜昌、荆州皆依次举办"[116]。胡林翼对鄂东尤为注意，不仅普建碉卡，如罗田就多达七十多个，还重点构筑防线。唐训方奉令督同士绅，"凡界英山、太湖、宿松等邑诸险隘，亲按其地，详审形势，设卡八"；又在张家塝筑总关一座，并令捐田租千石为岁修费。[117]各个关卡的城墙多以石料砌成，最长者达百多丈，最高者达二丈六尺。其他如松子关，也如此兴建。平时以民团戍守，紧急时以部队增援。同时，在黄冈等县，设立由州县官发给口粮的官团、由各乡自备口粮的团勇，黄州府还有府勇。这种官团与府勇已是与生产相脱离的地方部队，战斗力自然比一般团勇大为增强，再与堡寨防御工事和团练相结合，就成为较为可恃的军事力量。平时震慑地方，防御太平军的突然袭击；紧急时，协助增援部队抗拒太平军。如咸丰七年(1857)，太平军西进，黄梅"乡团堵剿七昼夜"，"时王镇（即王国才军）各营驻扎魏家亭，颇形单弱，因乡团数万人抵御前敌，增垒浚濠，从容整顿，始得相持数月之久"。[118]团勇也伤亡达千人之多。其他如罗田、麻城团勇亦剽悍能战。咸丰八年(1858)湘军进入安徽，胡林翼又在皖西边区同样办理，对设防办团卓有成效的潜山知县叶兆兰，大加奖赏，四处揄扬，并破格提拔其为安庆知府（后升为皖南道）。

总之，胡林翼着眼于地主阶级的根本利益，在施政过程中，既清除了妨碍地主阶级内部团结的积弊，又广开门路，吸引地主士绅直接投身扑灭农民起义，使他们获得政治、经济的双重利益。这就极大地团结了地主阶级，调动了地主士绅的积极性，充分发挥了他们的潜力。湘军集团则因此获得了湖北地主阶级的支持，从而使湖北成为湘军的第二个可靠的后方基地。大量事实也证明了这一点。咸丰八年(1858)攻占九江的李续宾军，人力、物力乃至军饷的供应，无不是湖北一力承担。咸丰九年(1859)，石达开大举进入湖南，湖北就派出水师八营、陆营十三营，共计万余人，并每月自带军饷五六万，前往支援。咸丰十年(1860)，曾国藩初任两江总督，兵力不足，胡林翼又将鲍超军六千人拨归曾国藩；不久，又将外江水师拨归曾国藩，并继续供应其全部军饷。咸丰十年、十一年(1860—1861)，围攻安庆的三大主力部队，除曾国荃是曾国藩所属之外，李续宜、多隆阿两军则是胡林翼一手编练的，且由湖北供应全部军饷。这是对外省、对友邻的大宗支援，其他小宗支援就更多。可以毫不夸大地说，没有湖北后方基地的支持，就不可能有九江、安庆的攻克。

1	胡林翼:《整顿诸军援师会剿请敕川省迅筹军饷疏(九月初一日)》,《胡文忠公遗集》卷3。
2	曾国藩:《致九弟(咸丰七年十二月二十一日)》,《曾文正公家书》;《奏参江西巡抚陈启迈折(咸丰五年六月十二日)》,《曾文正公全集·奏稿》卷5。
3	王定安:《援守江西上篇》,《湘军记》卷4。
4	王鑫:《复李迪葊都传(六年十一月二十六日)》《致左季高先生(六年十二月初二日)》,《王壮武公遗集》卷12。
5	曾国藩:《与邵位西(咸丰九年二月十八日)》,《曾文正公全集·书札》卷7。
6	曾国藩:《谨陈水陆军情折(咸丰五年三月二十三日)》,《曾文正公全集·奏稿》卷5。
7	曾国藩:《陆军攻剿弋阳克复县城折(咸丰五年四月初一日)》,《曾文正公全集·奏稿》卷5;《抚州失陷调回水陆各军片(咸丰六年三月初一日)》,《曾文正公全集·奏稿》卷7。
8	胡林翼:《进攻武昌省城大获胜仗疏(十二月初二日)》,《胡文忠公遗集》卷5。
9	胡林翼:《陈奏水陆官军连日获胜疏(六年二月初七日)》,《胡文忠公遗集》卷7。
10	同治《新喻县志》,卷6《武备·武事》(咸丰三年)。
11	邹锺:《悔不读书斋记》,《志远堂文集》卷3。
12	左宗棠:《答署鄂府胡润之中丞(丙辰)》,《左文襄公全集·书牍》卷3。
13	曾国藩:《陈明邻省援兵协饷片(咸丰六年五月二十三日)》,《曾文正公全集·奏稿》卷10。
14	曾国藩:《曾国华殉难三河镇折(咸丰九年正月十一日)》,《曾文正公全集·奏稿》卷10。
15	左宗棠:《与王璞山(丁巳)》,《左文襄公全集·书牍》卷4。
16	《文宗实录》卷124,咸丰四年三月己未。
17	张集馨:《道咸宦海见闻录》,《张继馨日记》(同治三年十一月廿五日),第379—380页。
18	曾国藩:《谢恩仍辞署鄂抚折(咸丰四年九月十三日)》,《曾文正公全集·奏稿》卷3。
19	薛福成:《书宰相有学无识(丁亥)》,《庸庵文续编》卷下。案:黎庶昌《曾太傅毅勇侯别传》(《拙尊园丛稿》卷3)亦记有类似言论,但时间与后果与薛福成所记不同。从当时各方面情况考察,黎庶昌之说似不足信。又:某相国,清人言为祁寯藻,近来的学者认为是彭蕴章,与曾国藩对祁寯藻积怨颇深、耿耿于怀看,似前说可信。
20	刘蓉:《曾太傅挽歌百首》,《养晦堂诗集》卷2。
21	崇彝:《道咸以来朝野杂记》,第47页。
22	薛福成:《书长白文文端公相业(丁亥)》,《庸庵文续编》卷下。
23	陈灂一:《胡林翼之智谋》,《睇向斋秘录》。
24	佚名:《罗遵殿致李希庵信》,《道咸同光名人手札》第一集。
25	左宗棠:《与王璞山》,《左文襄公全集·书牍》卷3。
26	汪康年:《汪穰卿笔记》,卷五《杂记》。
27	梅英杰:《胡文忠公(林翼)年谱》卷1,道光二十七年丁未。
28	胡林翼:《致魏将侯(庚戌)》,《胡文忠公遗集》卷53。
29	胡林翼:《致席砚香宝田太守》,《胡文忠公遗集》卷74。
30	曾国藩:《讨粤匪檄》,《曾文正公全集·文集》卷3。
31	薛福成:《书益阳胡文忠公与辽阳官文恭公交欢事(乙酉)》,《庸庵文编》卷4。
32	皮明庥等编:《胡林翼致王家璧书》,《出自敌对营垒的太平天国资料》,第297页。
33	欧阳昱:《官中堂》,《见闻琐录》。
34	王鑫:《致左季高先生(六年十二月十一日)》,《王壮武公遗集》卷12。

35	左宗棠:《答夏憨亭》,《左文襄公全集·书牍》卷3。
36	左宗棠:《与王璞山》,《左文襄公全集·书牍》卷3。
37	《文宗实录》卷215, 咸丰六年十二月甲午。
38	胡林翼:《武当山窜贼歼除襄郧肃清疏(五月二十一日)》,《胡文忠公遗集》卷17。
39	郭嵩焘:《按察使衔湖北督粮道魁联》,《湖南褒忠录初稿·外纪一》。又据光绪《巴陵县志》卷35《人物志八·列传》的"廖景象传"所述, 魁联为岳州知府时与廖景象相知, 廖景象后随胡林翼至湖北, 为胡林翼所倚重, 遂奔走于魁联、官文、胡林翼之间, 促成官、胡和解。
40	曹孟其:《说林》,《甲寅周刊》第一卷(第25号)。案: 薛福成《书益阳胡文忠公与辽阳官文恭公交欢事》,亦记有类似说法。薛福成言是胡林翼丁母忧起复后的事。阎敬铭原为小京官, 经胡林翼奏调, 约于咸丰九年冬到湖北, 时左宗棠之"樊燮案"已发(详见本书五章三节), 官文和胡林翼的矛盾一度紧张, 阎敬铭进言当在此时。
41	皮明庥等编:《上举主胡中丞(咸丰六年丙辰九月初八日)》,《出自敌对营垒的太平天国史料》, 第104页。
42	光绪《汉阳县志》, 卷3。
43	方宗诚:《柏堂师友言行记》卷3, 第9页。
44	据王家璧言, 咸丰七年一月十一日, 胡林翼渡江与官文面商"两宪粮台, 合而为一""合衷共济"。(《出自敌对营垒的太平天国资料》, 第118页)。此时当为官、胡和好的转折点。
45	近代史研究所藏:《魁联给胡林翼信》(正月二十九日到)。
46	震钧:《天咫偶闻》, 卷7。
47	曾国藩:《致郭筠仙中丞(同治四年闰五月二十九日)》,《曾文正公全集·书札》卷24。
48	曾国藩:《查复严树森被参各情折(同治元年八月二十九日)》,《曾文正公全集·奏稿》卷16。
49	赵烈文:《能静居日记》(同治六年五月十八日)。
50	胡林翼:《致庄蕙生方伯(二十五日)》《致严渭春阎丹初(二十六日)》,《胡文忠公遗集》卷71。
51	庄受祺:《湖北兵事述略》,《枫南山馆遗集》卷5, 第8页。
52	郭嵩焘:《郭嵩焘日记》, 卷2, 同治元年正月廿三日。
53	左宗棠:《与王璞山》,《左文襄公全集·书牍》卷3。
54	胡林翼:《致曾涤帅三首(十五日)》,《胡文忠公遗集》卷67。
55	胡林翼:《致官揆帅(十六日)》,《胡文忠公遗集》卷67。
56	《阎敬铭存札》(近代史所藏原件), 第四十九号。
57	《钦定剿平粤匪方略》, 卷200, 第16—17页。
58	中国社会科学院近代史研究所资料室编:《曾国藩未刊往来函稿》, 第161页,《杨载福来函(咸丰八年九月十九日到)》。
59	胡林翼:《致钱萍矼典试(八月初一日)》,《胡文忠公遗集》卷65。
60	左宗棠:《与王璞山》,《左文襄公全集·书牍》卷3。
61	胡林翼:《敬陈湖北兵政吏治疏(六年十二月初三日)》,《胡文忠公遗集》卷14。
62	王鑫:《致左季高先生(六年十二月初二日)》,《王壮武公遗集》卷12。
63	骆秉章:《贼犯湖北通城江道血战捐躯折》,《骆文公奏议》卷7。
64	《彭玉麟致曾国藩书》(咸丰十一年六月十六日到),《简辑》第6册, 第213页。
65	民国《湖北通志》, 卷73。

66	王鑫:《与孙小石司马(六年九月二十三日)》,《王壮武公遗集》卷11。	
67	王鑫:《王壮武公遗集》卷21,咸丰七年一月十三日日记。	
68	张亮基:《举劾两湖各属文武折(咸丰三年六月二十二日会衔)》,《张大司马奏稿》卷7。	
69	胡林翼:《致周笠西司马》,《胡文忠公遗集》卷59。	
70	胡林翼:《致郑小珊(敦谨)少卿(丙辰十一月廿五日)》,《胡文忠公遗集》卷59。	
71	庄受祺:《湖北巡抚赠总督胡文忠益阳专祠碑铭》,《枫南山馆遗集》卷2。	
72	胡林翼:《致阎丹初(敬铭)农部(十六日)》,《胡文忠公遗集》卷63。	
73	徐珂:《清稗类钞》,第3册《荐举类·胡文忠荐举人才之法》。	
74	胡林翼:《致庄蕙生方伯(七月初一日)》,《胡文忠公遗集》卷65。	
75	胡林翼:《致汉阳府刘冰如(正月二十三日)》,《胡文忠公遗集》卷60。	
76	沈云龙主编:《曾(国藩)胡(林翼)手札》(十二午刻致李续宜的信),《近代中国史料丛刊》第24辑,第421页。	
77	胡林翼:《复李香雪(十一日)》,《胡文忠公遗集》卷62。	
78	民国《湖北通志》,卷122。又:方大湜、黄式度、周乐、徐芝、孙守信诸人资料也见于此卷。	
79	胡林翼:《复严渭春方伯》,《胡文忠公遗集》卷74。	
80	邹钟:《书阎中丞事》,《志远堂文集》卷8。	
81	继昌:《行素斋杂记》,卷上。	
82	胡林翼:《乞暂晋升任道员襄办军务粮台疏(四月初八日)》,《胡文忠公遗集》卷8。	
83	曾国藩:《复李申夫(咸丰十年四月十四日)》,《曾文正公全集·书札》卷11。	
84	赵尔巽:《清史稿》,卷434《列传第二百二十一·栗耀》。	
85	梅英杰:《胡文忠公年谱》卷2,咸丰五年乙卯公四十四岁。	
86	胡林翼:《荆宜施道等禀陈沙市客帮公恳变抽厘章程批》,《胡文忠公遗集》卷84。	
87	赵烈文:《能静居日记》(咸丰十一年十二月四日,学生书局影印本),第789页。	
88	胡林翼:《致周笠西(丙辰)》,《胡文忠公遗集》卷59。	
89	胡林翼:《启吕方伯(壬子)》,《胡文忠公遗集》卷50。	
90	胡林翼:《整顿诸军援师会剿请,敕川省迅筹军饷疏(九月初一日)》,《胡文忠公遗集》卷3。	
91	皮明庥等编:《胡林翼致王家璧书六》,《出自敌对营垒的太平天国资料》,第298页。	
92	胡林翼:《致罗澹村方伯(十五日)》,《胡文忠公遗集》卷62。	
93	胡林翼:《荆宜施道等禀陈沙市客帮公恳变抽厘章程批》,《胡文忠公遗集》卷84。	
94	曾国藩:《临川县禀贞顺行私卖客油无贴私充由》,《曾文正公全集·批牍》卷6。	

95 曾国藩：《胡大任请奖片（同治三年十二月十三日）》，《曾文正公全集·奏稿》卷21。

96 曾国荃：《牙厘出力各员恳照原折奖叙疏（同治六年十月十六日）》，《曾忠襄公奏议》卷4。

97 刘蓉：《复李雨苍京堂书》，《养晦堂文集》卷7。案：厘金收入，与农业丰歉，特别与战局变动大有关系，因而常有变动；且大吏奏报又常有隐瞒，故可靠数字不易获得。曾氏兄弟所言厘金收入，当不包括盐厘。刘蓉所言则指全部收入。据《湘军志·筹饷篇第十六》记载，川盐厘金原只收入三十余万两，后每年收入达百万。咸丰六年，官文奏言：咸丰四年九月至五年十二月，荆宜二局盐厘共四十余万（民国《湖北通志》卷51《经政志九·盐法》），与前数接近，当时湖北相当广大的地区陷入战乱，川盐销数不多，至太平军退出，销数加多，盐厘收入也随之增加，当超过百万，加上其他厘金二百数十万，故估计每年厘金总数，当在三四百万两之间。

98 邓文滨：《平崇雅奏》，《醒睡录·人事类》。

99 龙启瑞：《严饬闹粮阻考札》，《经德堂文别集》下。

100 王柏心：《百柱堂全集》，卷16。

101 陈光亨：《答胡润芝中丞论钱粮规费书》，《养和堂遗集》卷3。

102 邓文滨：《蝗虫吃漕规》，《醒睡录·人事类》。

103 王柏心：《百柱堂全集》，卷16。

104 光绪《应城志》卷8。

105 胡林翼：《奏陈漕务章程办有成效疏（六月十六日）》，《胡文忠公遗集》卷30。

106 胡林翼：《致郑谱香（乙卯九月）》，《胡文忠公遗集》卷59。

107 薛福成：《叙益阳胡文忠公御将（戊寅）》，《庸庵文编》卷4。

108 骆秉章：《请饬杨副将统领水师片》，《骆文忠公奏议》卷3。

109 胡林翼：《致鲍春霆游戎（丁巳）》，《胡文忠公遗集》卷59。

110 王定安：《论近时名将》，《求阙斋弟子记》卷23《军谟上》。

111 胡林翼：《副训营禀请添招勇丁批》，《胡文忠公遗集》卷86。

112 陈光亨：《答胡润芝中丞论钱粮规费书》，《养和堂遗集》卷3。

113 胡林翼：《复城守公局（十一年四月十一日）》，《胡文忠公遗集》卷82。

114 洪良品：《先府君行状》，《龙冈山人文钞》卷7。

115 胡林翼：《司道禀报襄阳团勇溃散批》，《胡文忠公遗集》卷84。

116 民国《湖北通志》，卷74。

117 唐训方：《蕲东设险》，《唐中丞遗集·从征图记》。

118 中国社会科学院近代史研究所资料室编：《曾国藩未刊往来函稿》，第176页，《邓廷筠来函（咸丰九年十月十七日到）》。

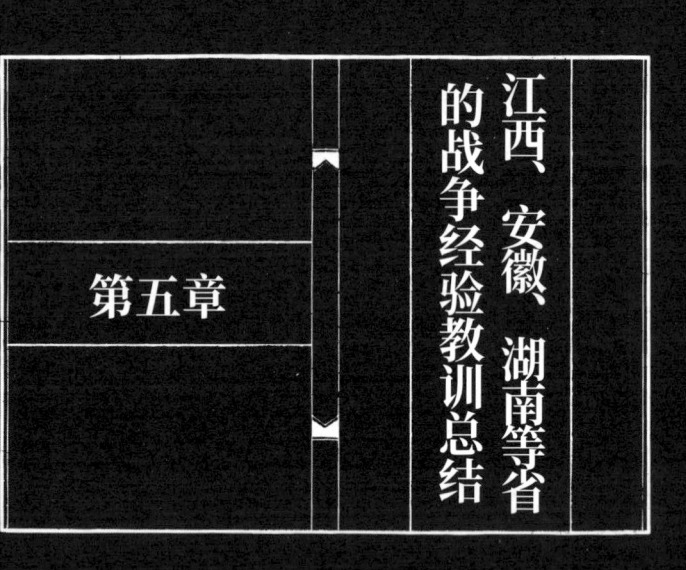

第五章 江西、安徽、湖南等省的战争经验教训总结

第一节　江西的胜利与皖北的挫折

在咸丰七年、八年、九年(1857—1859)三年中，湘军的实力和影响又有很大的增长，分别在江西、安徽、湖南等八个省作战。但战况不平衡，江西、安徽、湖南是主要战区，其中江西尤为突出，战绩和战争规模都远超其他省份。

咸丰七年(1857)春，太平军在江西虽仍然占领许多州县，实力也超过湘军，但存在严重的危机。这表现在：一、继天京事变之后，这年五月，石达开又与天王公开决裂，并鼓动大批部队随他出走，致使太平天国内部更加混乱，人心更形涣散。二、江西根据地是石达开一手开辟的，因而他的分裂行动对江西各地太平军的影响也最大，且他又急于执行自己的分裂计划，不愿全力解救江西危局。三、石达开在咸丰五年(1855)席卷江西时，吸收了大批广东天地会军，并允许他们保留自己的建制，与太平军一同驻守吉安、临江、袁州、抚州等城。这样，势必会造成两军隔阂，甚至发生摩擦；况且天地会军中有的头目，在危难时刻，又容易动摇，甚至变节。针对这种情况，湘军大肆进行分化、瓦解活动，"密购内线，设法间离"[1]。这就使各城守军更加离心离德，同床异梦，有时甚至相互火并。

与之相反，湘军集团则致力于收复江西。为了进一步巩固两湖基地的安全，扫除东下争夺安庆的障碍，骆秉章、左宗棠、胡林翼不惜人力、物力、财力，与太平军进行争夺江西最后的决战。除了进攻瑞州、临江、吉安、九江四支部队和彭玉麟、李元度两军，咸丰七年(1857)三月湖南又加派王鑫一军，合计六万多人，且绝大多数是精锐的主力部队。军力之盛，远超其他各省湘军。这些部队中，李元度军战斗力较差，人数较少，僻处广信一带，与其他各支联系不多，且参加的战争规模小，胜负影响也不大，对江西全局无关紧要。其他各支，按其隶属和指挥系统、战场地理位置，以及相互战略关系的疏密，分属腹地战区和九江战区。

腹地战区，包括南昌以南，赣州以北的广大地区。自曾国藩丁忧回籍以后，本区粮饷供应，援军组建，基本上由湖南负责，战略决策、全局指挥实际上由左宗棠主持，江西及其大吏只起次要的作用。这种情况，在咸丰七年(1857)最为明显。

早在咸丰六年(1856)进攻瑞、袁两城时，左宗棠就反对攻坚，"猾贼诡计多端，若悉力稳踞瑞、袁两城，官军专务攻坚，与之死斗"，会导致大量伤亡，陷入被动，太平军反居于以逸待劳的主动地位。他要求各军，"相机搜剿，将旁近股匪次第歼除。贼如出城授应，即可乘机痛剿；倘仍负固一城，则枝叶凋枯，本根亦当自萎。似亦反客为主，致人而不致于人之一说也"。[2]他在致刘腾鸿信中，又重申上说，"自古攻城无善策，徒伤壮士，非断接济，觅内应，不为功"，并说这是他对多年的教训反复思考后得出的结论："自金田起事以来，即以守局疲我而挫其锐，俟我之锐气挫，则徐起乘之。近年因九江环攻不得，益悟守城之易"。[3]在这里，左宗棠披枝叶、打援军、施离间、长围坐困的一整套攻坚思想，已有明显的初步表述。咸丰七年(1857)春，瑞州、临江、吉安三城久攻不下，刘长佑又大败于太平墟，更使左宗棠确信并丰富了自己的上述想法。他命驻防岳州的王鑫军进援临江，并"密饬其不必专注一隅，惟确侦悍贼大股所在，卷甲趋之"[4]。这是以王鑫军为游击之师，专门进击太平军援兵。左宗棠围城打援的思想至此已完全成形，并在部署中体现出来。事实上，当时太平军在固守三城，吸引大批湘军的同时，又在赣江以东集结大批援军，伺机西渡与各城守军合力打击攻城的湘军，以使其猝不及防，腹背受敌。刘长佑在太平墟，就因此而战败。

王鑫根据左宗棠的指示，协助刘长佑完成临江围城长壕之后，于五月下旬东渡赣江，一意打援。至七月止，在乐安、广昌、永丰、宁都、吉水等地，先后多次挫败胡寿阶、萧复胜、杨辅清等部太平军。与此同时，水师也加强了对赣江的巡逻，阻击太平军渡江西援，力图断绝两岸太平军的往来。这样，就为围攻三城的湘军创造了有利条件，使三城战役进入一个新阶段。

瑞州偏处江西省西北，邻近南昌，距赣江以东太平军占领区较远，有利于湘军围攻，不利于太平军防守。曾国华奔丧回籍，此军由刘腾鸿接统。刘腾鸿见久攻无甚进展，乃决计挖长壕三十余里，并兴筑营垒炮台，外拒援军，内困守军。战至六月，守军中三四千人趁风雨之夜突围而去。刘腾鸿加紧围攻，但均被守军击退。至七月，攻城战进入最后阶段，湘军先攻毁东门城楼和南岸炮台。十三日，又破桥北炮台，刘腾鸿中炮死，但战至当夜，城中火药中炮起火，湘军趁势冲入，瑞州遂告攻克。

临江的守军趁王鑫军东渡，大举夜袭新营。刘长佑见"众心难免摇动，贼若乘此猛扑，新营恐难保其无失"[5]，遂下令后撤，退守老营。闰五月、六月，刘长佑等一面凭借营壕工事，多次击退守军的出击；一面派队进攻东岸太平军集结地新淦，以便孤立临江守军，但战败而归，双方形成相持状态。八月，王鑫病死于军中（后由张运兰、王开化分统其众），且所部数月苦战未得休息，因而战斗力大减。太平军遂趁机西援，渡过赣江，进占"为临江、吉安、瑞州、袁州四郡必争之地"的阜田，兵分两路向临江挺进，连败湘军，使瑞州南下之普承尧援军"营垒尽陷，辎重俱失"，狼狈北退莺歌岭，袁、瑞、临三府"民情震惧殊甚，纷纷迁徙。援军腹背受敌，万难支持"。[6]这时，刘长佑军"饷道既断，民贸全无，各勇嗷嗷，朝不谋夕"[7]，纷纷要求撤围北走。刘长佑力排众议，认为太平军屡胜之余，军心既松懈，又分为两大支，有机可乘，乃以三成队守长壕防守军突击，而自领七成队，于二十五夜五更对靠近临江的一支，"掩其不备"发起突然袭击，结果大获全胜。另一支太平军也旋被击败，相率撤走。

这次太平军大举进援失败后，十月，石达开至江西，虽一度计划自领军西援，但一遇到困难，就弃西岸诸军，东入浙江。切断外援后，刘长佑一面督军进攻，一面沿用袁州故技，对城内天地会众进行诱降。但守军在聂才坚的领导下，奋力反击，并及时镇压了叛徒的献城活动。至十一月，城内缺粮日益严重，每人每日只发口粮二两，但仍坚守了十几天，至十二月八日，湘军才得攻入。

瑞、临攻下后，除刘腾鸿旧部(由其弟刘腾鹤接统)南下参加围攻吉安，其余由刘坤一(接统刘长佑军)、萧启江等带领，东渡赣江，在咸丰八年(1858)正月至五月间，趁石达开一意入浙之机，采用军事进攻与诱降天地会众相结合的两手策略，先后攻占抚州、建昌两府城及其附近各县。

湘军在咸丰七年(1857)夏，虽攻下吉水、永丰、龙泉等城，但在吉安城下却无进展。自曾国荃丁忧回籍，各将互不相下，缺乏强有力的指挥。六月，周凤山部因乏饷哗变，太平军趁机反攻，湘军各营纷纷败退，围局遂告中断。湖南、江西两巡抚决计大加整顿，严参周凤山，并将其军他调，同时奏令曾国荃统带吉安各军。十月，曾国荃领各营进逼吉安，一面分兵打击东岸太平军，收复吉水，防堵太平军进援；一面在城西、南、北三面开挖长壕，筑土墙，安炮位，设更棚，日夜防守。城东濒赣江，则日夜以水师巡防，并架浮桥，护以铁索，防太平军由水上进援或突围。咸丰八年(1858)春夏，双方在守与攻、封锁与反封锁的战斗中，反复较量，战斗十分激烈。太平军虽然打退了湘军的进攻，但无法进援，更无法突出重围。这就使城内军火粮食的供应越来越困难，至七月不得不食粥，甚至以草根果腹。曾国荃则趁机大施分化离间手段，使守军彼此猜疑，甚至互相残杀。这样战至八月十五日，吉安终于被湘军攻下。覆城之后，曾国荃竟自食其言，屠杀先期约降者数百人；并对江西将领不屠杀降人深表不满："将来又留赣州无数贼种也。"[8]

瑞、袁、临、吉、抚、建六府被湘军占领，表明咸丰五年(1855)石达开在江西所开辟的局面，已经完全丧失，腹地战区的争夺以湘军获胜告终。

而九江战区的战事，除了九江、湖口的战争，还包括为了争夺九江而进行的鄂东之战。自始至终，本战区湘军部队组建、粮饷供应、军事指挥都由湖北胡林翼主持。江西省政当局不过在一旁坐观而已。

李续宾军咸丰六年(1856)底进至九江后不久，即发起六天六夜的猛攻。都兴阿、鲍超稍后也在北岸猛攻小池口。太平军一面顽强抵抗，杀伤不少湘军，仅小池口之战，鲍军就伤亡二百五十多人，鲍超及三位营官也先后负伤；一面又在皖北宿松集结大军，伺机西进湖北，威胁武汉。显然，这是咸丰四年(1854)底石达开所采取的内线陆军固守、水师出击、外线大举挺进湖北，获得极大胜利策略的翻版。胡林翼吸取这次惨败的教训，结合围攻武昌的经验，决计采取先北后南的作战方针。他告诫李续宾不得急于攻城，李续宾复书遵办："浔城规复之迟速，冥冥中原有主持者。自此当敬体德意，不为无谓之攻矣"[9]，并开挖阔三丈、深二丈、长达三十余里之壕沟，以为长围坐困之计。同时，胡林翼在鄂东积极布防，阻止太平军西进，确保后方安全，并令鲍超等相机夺取小池口。

咸丰七年(1857)四月，陈玉成带领号称十万，实有六七万的太平军西进，鲍超等马步军和杨载福水师立即回援，与驻防鄂东的湘军奋力抵御。两军在黄梅、广济、蕲州一带，反复鏖战。胡林翼自武昌赶至黄州督师，九江、瑞州城下的湘军也先后分军增援，一时鄂东竟成了九江战区的主要战场。其中，六月意生寺一战尤为激烈，鲍超军被围，饷道断绝，伤亡惨重，所部"六营一统将，仅余一二人尚在"[10]。这样战至八月，太平军方退出鄂东，撤回安徽。这就是说，太平军挺进湖北，争夺武汉，以迫使九江围城的湘军撤回的计划完全失败了。接着，胡林翼趁鄂东大胜之机，又命湘军加紧进攻小池口。水师先以洋炮"日夜轰攻，片刻不停"，守军炊具概被"击碎，炊烟不起，已历数日"，"血肉狼藉，应声而倒，不敢复于女墙上站立"。[11]陆军然后猛攻，终于在八月中攻占小池口。至此，胡林翼攻取九江，先北后南的作战方针的前半部分已经取得决定性的胜利。

在鄂东大战期间，李续宾军由于分出近四千人西援，只能凭壕阻击守军的出击。鄂东大战结束，收复小池口之后，西援部队返回，军力大幅增强；而太平军则处于孤立无援的困境。在这样优劣判然的情况下，李续宾仍不强攻九江，而是进一步孤立它——即先攻湖口，后取九江。这是胡林翼先北后南，即集中兵力，进行关键性的进攻或防守，反对不分主次、不分轻重缓急，平均使用兵力的思想的进一步发挥。太平军自占领湖口以来，不断加强城防工事，强攻必多伤亡；且皖南和江西东北一带的太平军势必来援，就会形成旷日持久的被动局面。为了避免这种情况，李续宾、杨载福商定先以水陆军猛攻湖口和梅家洲，以吸引守军注意力和兵力；李续宾则领军北渡，扬言进攻宿松，却于夜间潜师至湖口后山埋伏，然后趁佯攻湘军与守军酣战之际，突然发起进攻，太平军猝不及防，湖口及梅家洲遂于九月九日被攻占。这次虽然智取成功，但湘军仍付出了沉重代价，"水陆中伤共九百余名，血战之奇，固近年所罕觐"[12]。

攻占湖口后，湘军开始围攻九江。外江、内湖两支水师会合后，长江湘军水师力量大幅提升，先后在望江、枞阳、大通和铜陵等处江面，大败太平军水师，烧船数百号，并攻破太平军一部分濒岸的营垒。这样，就使太平军水师无力从水上支援九江守军。同时，李续宾在九江城下加强围城工事，开挖新壕，"壕沟六层，每道上下宽深均二丈，分营分段，日夜巡视"[13]。守军在人力、物力支援完全断绝的情况下，顽强抵抗湘军的进攻。存粮越来越少，便种麦以图自给。咸丰八年(1858)二月，湘军加紧进攻，"不分昼夜，水陆环攻不已，但终为炮石所阻。乃改而开挖地道，虽炸塌东门、南门城墙，但均被守军堵住"。一至三月，陈玉成两次西进湖北，以策应九江守军，虽一度攻占麻城，但终为湖北湘军所阻，对整个战局未能产生较大影响。四月七日，李续宾再次以地道炸药轰塌城墙百余丈，趁势冲入，九江城遂告攻克。

攻下九江，收复江西后，胡林翼即准备东进安徽。为此，他决计：首先，以九江为东下"老营根本"，防守宜严，除了留部队数千驻防，还要求表现突出的广饶九道道员沈葆桢驻守九江，主持粮台税收等事。其次，以李续宾统率东进各军，并要求给予专折奏事之权，以免将来深入皖境，为其他大帅所掣肘(案：此折由官文与胡林翼共同领衔上奏，以免除他个人专擅兵权的嫌疑)。不久他又进一步指出，此军经他"历年训练调遣，将士诚信相孚，如身之使臂，臂之使指"[14]，不能归他人指挥。再次，进兵方针必须先北后南。安徽以长江为界，可分为南北两部分，当时皖南，乃至江西东北部边缘虽驻有太平军，但江西基本上收复，且有南北长数百里的鄱阳湖，纵贯全省的赣江等天险，太平军不易西进，危及两湖。皖北则不同，既屯有大量太平军，又为其经营已久的根据地，更与湖北紧邻。过去太平军多次由皖北西进，给湖北，乃至整个全局，造成极大的危害。正是由于这样多方面的原因，胡林翼决定采取并坚持"先清皖北，再议皖南"的战略。

五月，李续宾军除了一部分留守九江，大部分北渡，与屯驻麻城、黄安的陈玉成军交战，迫其退回皖北。接着，与都兴阿、鲍超马步军联合东进，并于八月中旬攻下安徽太湖，揭开了皖北大战的序幕。在此以前，清廷以庐州危急，迭次命李续宾急援。胡林翼也因母丧回籍，湖北军政由官文一人主持。更为严重的是，继武汉之后，九江又告攻克，骄傲轻敌的情绪大为滋长，曾国藩甚至一度为这种情绪所包围："安庆逆党无多，或可以虚声下之。金陵克复，亦系指顾问事。"[15]似乎太平军已经不堪一击了。在这多方面因素支配下，攻占太湖后，东进军就分为南北两路：南路由都兴阿、鲍超等带领进图安庆，并攻占石牌、集贤关，直逼城下；北路李续宾军则进援庐州，并连下潜山、桐城、舒城，直抵三河。

在进攻舒城时，丁锐义就指出："兵势益分，而深入无已，固不如先攻庐江，与都、鲍二军合攻安庆"，但李续宾"自以无战不克"，[16]拒绝丁锐义的建议，不仅攻下舒城，还挥师猛攻三河。三河东近巢湖，北接庐州，南邻庐江。太平军早就在此筑城挖壕，并在城外建垒九座。李军虽攻下九垒，但城却坚不可拔。这时已击溃江北大营的陈玉成，一面兼程北援，并邀李秀成军随后跟进；一面令新攻占庐州的太平军南下，从西面切断李军退路。十月十日，两军大战，湘军大败，退守营垒，太平军乘胜围攻。这时，李续宾惊惶失措，号令出尔反尔，先"令军见月照地而走，然终耻于溃围，谋复固守，军已动大奔"[17]。李续焘营弃垒突围，其他营垒多被攻破，李续宾最后在绝望中自杀而死，全军覆灭。突围之残部，大部分逃至桐城，与驻防的赵克彰军会合。太平军乘胜尾追，先克舒城，十九日攻桐城。赵克彰等如惊弓之鸟，弃城西逃，仅将弁死者就百余人，"兵勇死者无算"[18]。太平军尾追，连克潜山、太湖。进攻安庆之都兴阿、鲍超南路军见北路军覆灭，太平军迅猛西进，将危及后路，也西撤固守鄂皖边境，以保卫湖北安全。至此，皖北双方势态又大体恢复旧观。

自咸丰四年(1854)湘军出战以来，虽时有挫失，甚至大败，但从未有一次战役被歼数千人之事。这次三河、桐城竟被歼五千多人[19]。如加上攻太湖、潜山、桐城、舒城阵亡者[20]，以及李续焘、赵克彰脱逃而又被裁汰之残部，总数当如官文所说"顿失万余精锐"。而当时湖北湘军鲍超、李续宜、唐训方等陆营主力部队，合计也不过万余人，这就是说折损了近一半兵力。这不仅使湖北顿觉兵力严重不足，且财政支出也因之大增，"养生吊死，抚旧募新，顿益三十余万两之费"[21]；对士气的打击，更为沉重，甚至一两年后仍难恢复昔日斗志。

正如曾国藩所说："敝邑弁勇自三河败后，元气大伤，虽多方抚慰，而较之昔日之锋锐，究为减色。"[22]在这种情况下，湘军对皖北自然无力发起新攻势，只能固守。而太平军也因石达开出走，元气内耗，人心混乱，再加上江西战场连续失利，也同样无力在军事上大举。这样，就形成特殊情况下的短时间的相持状态。

第二节　经验教训的总结

咸丰四年(1854)至八年(1858)，特别是此后三年，湘军集团虽然战功日高，影响日大，经验日富，但同时也有不少问题和教训。弁勇大增，新部队加多，又散处两湖、江西、安徽等省，致使曾国藩、胡林翼等再也不能如咸丰三年、四年(1853—1854)那样对部队进行严格且直接的监督领导。社会上和绿营系统的腐败习气逐渐在湘军中蔓延。同时，曾国藩、胡林翼与左宗棠在处理政务，特别是处理与满族贵族的关系时，也程度不一地出现这样或那样的问题。他们及其将领在战争指挥中，更有不少失误。以上各种问题，曾国藩、胡林翼、左宗棠等大多早有所觉察，有的甚至还得到纠正。但三河大败之后，他们痛定思痛，对有些问题，特别是战争指挥中的问题，有了较深刻的认识。这可归纳为以下三个方面。

首先是处理内部关系方面。对此，胡林翼肩负主要任务，且认识早于也高于曾国藩、左宗棠两人。正如前述，胡林翼与官文的关系虽一度紧张，但他及时采纳他人意见，改变做法，并取得了成功，从而为湘军集团与满族贵族建立密切的合作打下了初步基础。而左宗棠却未能认识到这一点，在处理与官文的关系时，简单而操之过切，如在咸丰五年(1855)赶走官文派来湖南劝捐的委员，就是一个生动例证。这样，就为以后埋下了祸根。曾国藩更有过之而无不及。他不仅与骆秉章关系一度紧张，与陈启迈彻底决裂，还明知满族贵族因对湘军、对他自己有戒备心理，而不给他地方实权，反而在奔丧回籍后做出几近要挟的举动。曾国藩在咸丰七年(1857)二月所上《报丁父忧折》中明显地流露出不欲终制的愿望，清廷回批也不准他终制。可他五月又奏请终制，并历述以侍郎衔领兵所遭遇的种种困难：如开办捐输厘金，"州县故为阻挠，或臣营已捐之户，而州县另行逼勒"；因无实职，虚衔又多次改换，以致地方官时加"讥议"，甚至"往往疑为伪造，酿成事端"。他认为造成这种情况的根本原因是他无督抚之权，并指出"细察今日局势，非位任巡抚，有察吏之权者，决不能以治军"。[23] 这是赤裸裸地向清廷示意：如不准他终制，令他再出领军，就必须任命他为督抚；否则，他就不愿再出。在这种情况下，清廷命他开侍郎缺，在籍守制。不久，给事中李鹤年又奏请起用曾国藩，清廷这次更明确表示："江西军务有杨载福统带，遂无须曾国藩前往；而湖南本籍，逼近黔粤，贼氛未息，团练、筹防，均关紧要。"[24] 命曾国藩在籍办理。

求为督抚，兼掌军政两权的愿望，固然是曾国藩个人的，却也是湘军集团的。事实上，李续宾、杨载福和彭玉麟就在私下商议此事，并致书胡林翼说"涤公未出，湘楚诸军如婴儿之离慈母";曾国藩必须兼任督抚,甚至为钦差大臣,否则,就不必再出。"若枢臣之议,不付涤公以重柄,则涤公亦决不可出。"[25]攻下湖口后,胡林翼奏求起用曾国藩,使其统带水陆军东下,而且要"不为邻省所节制","他省将帅督抚,亦莫能测其用,若使稍有沾滞,兵机必钝矣"![26]措辞虽委婉,但意思与李续宾等上函完全一致。当时提出这样的要求,是因为他们考虑攻下湖口、九江后,湘军将东下安徽、江苏,如有位任总督或钦差大臣的曾国藩统带,就可免受和春或胜保等人的干扰,使湘军集团仍能稳固地保持后有胡林翼,前有曾国藩,再加上左宗棠坐镇湖南的三个司令部的格局,从而可以控制长江中下游,为顺流东下消灭太平军的战略奠定组织基础。但清廷却以"曾国藩离营日久,于现在进剿机宜,能否确有把握尚未可知"[27]为辞,断然加以拒绝。

与之形成鲜明对比的是,清廷在三河大败后,两次下诏起用胡林翼,官文、都兴阿也分别奏请起用。这样明显地扬胡抑曾,体现了满族贵族对湘军集团仍在执行既使用又限制,有监督有区别的使用方针,对曾国藩的戒备心理更未解除。通过直接或间接渠道获悉上述情况的曾国藩,自然不快。"夜间总不许酣睡,心中纠缠,时忆往事,愧悔憧扰,不能摆脱","回思往事,无一不惭愧,无一不褊浅"。[28]这说明在守制的空闲时期,曾国藩在认真总结他过去处事待人的毛病。但同时,他也知道,只要太平军存在,湘军战功日增,总有他大展宏图之日。因之,他身在湘乡,心在军营,密切注视战局的发展,并加紧联络胡林翼、李续宾等人。当李元度向他报告军饷奇缺，他就函告胡林翼、李续宾，请求拨给军饷。对李续宾尤加意联络，他令其弟国华与李续宾结为儿女亲家。李续宾也与曾国藩书信往来不绝，曾令其弟续宜回籍看望曾国藩；攻下九江后，又专门派人向曾国藩报告军情。同时，曾国藩又派其弟国荃至江西吉安统军，国华至九江协助李续宾。这一切显然是在为他日后出山做准备。

咸丰八年(1858)三四月间，石达开由江西入浙江，先后攻下江山、常山、处州等府县，进围浙江西部重镇衢州，使财赋之区杭、嘉、湖受到严重威胁。清廷命曾国藩统领在江西的萧启江、张运兰两军援浙。这次虽然仍只给空头侍郎衔，但曾国藩闻命即由水路东下，沿途与左宗棠、胡林翼、李续宾等会商军情；且七月至江西后，一反过去作风，多方交接地方官僚。"此次再赴军中，销除事求可、功求成之宿见，虚与委蛇，绝去町畦。"[29]"故所在无甚龃龉，虚舟不忤，良有明验。"[30] 王闿运也说他复出以后，"谨官守，和众心，以惩补前失"[31]，对清廷也更加谦恭(这一点在下章再加以论述)。

当曾国藩至江西时，石达开早已撤衢州之围，由浙江南走福建，后又由福建西入江西南部。除了张运兰军一度尾追至福建，萧启江军一直留防江西，曾国藩大营则驻建昌。三河之役后，皖北告急，鄂东吃紧，官文、骆秉章先后奏请令曾国藩北援，清廷命曾国藩酌情办理。曾国藩因景德镇太平军有威胁湖口之意，乃命张运兰军进援，以确保湖口、九江安全；命萧启江军进击赣南石达开军。咸丰九年(1859)二月，萧军先后攻占南安、崇义等城，曾国藩大营也北移抚州，以便就近指挥攻景德镇的张运兰等军，并做北援安徽的准备。

三河大败后，胡林翼未接到起用诏旨，闻讯即于十一月底赶至武昌，旋即驰至黄州。这时湘军虽已击退乘胜西进湖北的太平军，但胡林翼深知大败的影响远未消除，"变起非常，军气已寒，不仅刻下情形已有不可收拾之势，兼恐伤残太甚，尤非岁月之间所能复振"[32]。因之，他坚决拒绝都兴阿的反攻建议，命令各军坚守。曾国藩也因进攻景德镇数次失利，折损六百余人，"三河覆没过甚，景镇伤损亦多，(湘乡)几于处处招魂，家家怨别"，令张运兰等"且与休养，慎勿浪战。"[33]再加之石达开军也由江西入湖南，萧启江军返湘防守，这样就使江西皖北战场一度相当沉寂。

其次是部队建设方面。湘军在建军时就形成了一整套成熟的经验，并制定了相应的规章制度；但早在咸丰五年(1855)就有人不按成法募勇；咸丰六年、七年(1856—1857)吴坤修、周凤山又滥召勇丁各达三千人之多。将弁吃空额、营勇不足额之事也时有所闻，"诸军募士，例少数，利浮饷，千人实七百者良将也"[34]。有的营定额五百，实则不及三百。"故事募乡兵千，实数只八百，以浮饷资杂用，不肖者干没更多。"[35]有的营官，如朱品隆、王明山还吃鸦片烟，而赌博更是在所难免。将弁纵勇扰民或包庇所部违犯军纪者也不少。更使曾国藩等担心的是，出现咸丰七年(1857)普承尧借端需索，延不赴战的情况。"上月杪即携重金，散给口粮，初十内实可拔动，乃时而账房，时而军火。未得饷之先，则皆不提；已得饷之后，始件件需索，以为耽延之地。"[36]

将领如此，弁勇自然起而效法。咸丰八年(1858)，曾国藩军在江西因纪律败坏激起民愤，竟被民众暗中杀死一百多人。吃鸦片烟、赌博的恶习，也在各军蔓延。李元度军在这方面"积习不深"，曾国藩特加表扬。这样，就使一些部队"声名平常，建昌绅民怨之，既患骚扰地方，而骄惰气习亦似不可复振"[37]。江忠济军更因此而导致全军覆没。"所部楚勇，素称善战。近年积习太深，兵已弱而将不知。突遇剧贼，遂至于败。"[38]另一积习就是到处骚扰，又不加以制止。"江汝舟观察放纵军士，通城败没，宜所不免。"[39]正是根据这种情况，有人在咸丰九年(1859)就向胡林翼指出："咸丰以来战皆楚勇……然亦稍稍物故矣。今新集之兵，莠民之贪惰者尔，彼安将帅之持重以肥其身，焉有先登致果之气哉！"[40]当然，湘军绝大部分主力部队，仍然大体上保持着初时的风格，如李续宾、王鑫等军就是如此。李军在皖北"军中皆用长夫，不役使平民"[41]，虽有过誉之处，但说李军在一般情况下，纪律较好，大体上符合事实。

针对这种情况，曾国藩等对部队大加整顿。如派人驱赶各营驻地附近的烟馆赌场；出示严禁强拉民夫，强行采买的公告；撰浅近歌谣式的所谓《爱民歌》，令弁勇诵习。但曾国藩私下却要将领，"以能战为第一义，爱民第二，联络各营将士、各省官绅为第三……如不能兼顾，则将联络一层稍为放松，即第二层亦可不必认真"[42]。正是根据这一思想，曾国藩、胡林翼未因纪律败坏而处分鲍超，也未因吃鸦片而处分王明山、朱品隆，但对贪生怕死的弁勇，却毫不留情。咸丰五年(1855)壕头堡之役彭三元、李杏春战死，事后罗泽南"招集溃勇，讯知哨长先逃者一，临阵弃主将不救护者二，皆斩以徇"[43]。咸丰八年(1858)三河大败，李续焘、赵克彰等七人，或轻弃主将，或擅弃城池，曾国藩、胡林翼也欲严加惩治，"新年屡接鄂信，却未提及七罪魁事；欲湘勇之再振，诚不可无以威之"[44]。后来虽因为官文欲收这些人为己用，竭力阻挠，这些人只能从轻处分，但他们仍被逐出湘军嫡系部队，改归多隆阿辖制。

这样的方针，虽然有助于部队巩固亡命斗狠的作风，但无法根治部队各种腐败现象，只能使其有所收敛。这就使鸦片、赌博乃至劫夺百姓财物等类腐蚀剂紧紧黏附着湘军。在一定的条件和气温下，它们就会恶性滋长，结果势必使湘军因日益腐败而失去战斗力。

与此同时，胡林翼又大批裁汰败军，大招新勇，建新营。李续宾之弟李续宜原有四千人，扩充至九千人；唐训方军原有千余人，扩充至三千人；朱品隆等也奉命回湘招募四千人。此外，曾国藩在咸丰八年(1858)，还将过去一些规定汇总系统化为《初定营规》[45]。内分五目二十二条，对营垒地形之选择，壕墙之兴筑，后发制人之打法，兵器之规格、保管，夜间驻扎之戒备，行军之队列、探哨，等等，都做了详细规定，并刻版颁行于各营。这显然是在郑重地重申前令，敦促将弁保持传统的作风。

最后，战术方面的总结。在咸丰三年(1853)至八年(1858)这几年实战中，湘军积累了不少经验教训。三河一役既进一步检验了这些经验，又提供了前所未有的惨痛教训，从而促使他们更深入思考，把一些零散的经验上升为具有指导性的战术原则。这方面大约有以下几点：

一、集中兵力。曾国藩一贯反对分兵应敌，如咸丰三年(1853)秋太平军破田家镇，占领汉口、汉阳，湖南筹办防守，他就主张弃岳州等地不守，"专卫省城，而他处则一切忍心置之而不问"[46]。李续宾进兵皖北，曾国藩认为"断不可分，分则力单，且无统领之才，一败则大势为所掣动"[47]。李续宾却一再分兵，结果导致三河战役大败。胡林翼在分析李续宾致败的原因时，也认为李续宾"一分再分，是以败也；实则分留之营，闻前军挫失，不战自溃，究无丝毫之益也"[48]。经此次惨败，曾国藩、胡林翼谆谆告诫诸将："要并力以谋，不可零星分散"，"鄙意总以并力为主，稳打为主"。[49]曾国藩更提出善择善弃说："如有两事宜行，一急一缓，则当择其急者，弃其缓者；若两事并急，则当择其尤急者，弃其次急者"，"推之行文之命意，用兵之争关，有所择不能不有所弃"。[50]又说："肢体虽大，针灸不过数穴；疆土虽广，力争不过数处。"[51]这就是说，客观事物总是有主次之分，缓急之别，必须区别对待，择其主者急者，弃其次者缓者，而不能分散使用力量。这样，就把集中兵力，保卫或攻夺要地的军事原则，上升为一种带有普遍意义的工作方法，从而加深各级将领对这一原则的认识。

二、水陆相依。在咸丰三年(1853)至八年(1858)这几年中，水师不仅摧毁了庞大的太平军船队，取得了长江的控制权；

而且在武汉、九江等战役中，既成功地切断了守城太平军的水上供应线，又为陆营提供了有力的炮火支援，以及畅通的充足的后勤供给。这些经验，使曾国藩确信水陆相依、同步进击是湘军不可稍离的战术原则。李续宾进军皖北时，曾国藩反复强调："贵军能与水师处处相依，米粮、子药庶几易于运解。若全由潜、舒等处陆运，军行终不免濡滞。"[52]甚至说："不宜远离水师，以固根本；不宜徇人情面，而分兵力。二语是迪军（李德宾）要诀。"[53]李续宾不听曾国藩的叮嘱，轻视这两大"要诀"，结果导致全军覆没。正反两方面的经验教训，使湘军在之后的安庆、天京等战役中，更加恪守这一原则。

三、歼敌为上，全军为上，得土地次之。这一思想，早在咸丰六年（1856）胡林翼就有所流露，三河大败后，此认识就更为明确。他反复指出："虽血战而得之，四城不旋踵而委弃于贼。兵事以全军为上，得土地次之。""去冬曾得太、潜、舒、桐矣，弃之如遗，则得城不如破贼之功，不待再计而决矣。"[54]"得十城而伤精锐，后患转为可虞。"[55]这就是说，经过三河大败的教训，胡林翼终于明白，战争固然要争夺土地城池，但如不保存自己军力，歼灭敌人有生力量，而片面追求一城一地之得，结果必然是所克之城、所得之地仍落入敌手。因之，胡林翼坚决反对浪战强攻。咸丰九年（1859）冬，蒋凝学强攻太湖，胡林翼就致书加以制止，"使城而可攻，则天地间何必设城？石逆以二十万人而不得宝庆，和、向以六万人而七年不得金陵，其明证也"[56]。胡林翼对精锐部队尤为爱惜，不令其硬拼。咸丰十年（1860）初，鲍超在小池驿被围，十分危急，胡林翼很焦虑，"几乎寝食俱废"，最后密令鲍超不得已时，可以弃垒后退，"如力实不能支，尚欲全军以待大举"，"有过兄一人任之，兄为管理军事之人，以保全军旅为主"。[57]

四、围城打援。太平军不仅据地自守，非"流寇"可比，且正如曾国藩、胡林翼等所说："贼之善战不如我，而其死守则过于我。"[58]这样，攻城就成为湘军的主要作战形式。除了咸丰四年(1854)武汉之战意外顺利外，其他咸丰五年(1855)至八年(1858)的武汉、袁州、瑞州、临江、吉安、九江，少者经过数月，多者一年，甚至两年的艰苦战斗才得以攻克。以上各个战役一般都是太平军据城固守，并不时组织大军进援；湘军则一面围攻，一面打援。总之，是攻城与野战相结合。这就是说，战争实际向湘军提出一个具有普遍性的课题，即如何围城打援。胡林翼指挥的武汉战役，由强攻改为挖壕围攻，并及时组织打援，以后九江、瑞州等战役踵而行之。但打援部队未与攻城部队区别开，只是攻城部队的临时派遣支队。咸丰七年(1857)春，左宗棠令王鑫军援江西，"主雕剿而不主攻城"，成为与攻城军相对独立的打援专军，从而把围城打援战术又向前推进一步。但其兵力远不及围城之军多，重点仍在围城。

但是，李续宾进军皖北，不吸取胡、左的经验教训，对太湖、潜山、桐城、舒城、三河五城进行强攻，折损了大量有生力量，结果太平军援军一到就全军覆没。这使胡林翼更确信自己的经验，进而得出这样的结论："名城不围，则贼不来救，亦必不能得战，故有兵一万围城，须另有兵二万五千备战。"⁵⁹又说,"援贼未破,即先得安庆,不敢自快;援贼立破,安庆之贼,迟早在掌握之中"⁶⁰。这样,胡林翼就颠倒了前述围城与打援的主次地位,认为首先必须着眼于打援,并给打援军配备多于围城军一两倍的兵力;歼灭援军后,围城活动也就稳操胜算了。这一颠倒,不仅能更好地贯彻歼敌为上,得土地次之的原则;而且还能发挥湘军善于野战的长处,避开湘军拙于攻城的短处,从而把围城打援战术提高到一个新的高度。

五、以主待客,以静制动。曾国藩"用兵,深以'主客'二字为重,扑营则以营盘为主,扑者为客。野战则以先至战地者为主,后至战地者为客"⁶¹,反复告诫将弁每战力争为主不为客,甚至编成歌谣,令弁勇牢记。罗泽南善于贯彻这一原则,"专用以静制动之法,每交锋对垒,贼党放枪数次,大呼数次;而我军坚伏不动,如不敢交战,往往以此取胜"⁶²。但战争千变万化,在不少情况下,不可避免地要为客,这时,就要力争反客为主。如攻城,守者为主,攻者为客。而湘军却一面大修围城工事,迫使守军出击,"城贼猛扑,凭壕对垒,坚忍不出",这时主客就换了位,"扑者客也,应者主也";⁶³一面又令打援专军选择有利的地形,以逸待劳,以静制动,迎击来援的太平军。这样,湘军的围城军、打援军就全为主,而太平军的守军、援军则全为客。胡林翼也反复叮嘱将领:"总须预先安排,以待贼之求战,然后起而应之,更是必胜之道。盖贼来求战,而官军以静制动,以逸待劳,以整御散,必胜之道也。"⁶⁴

除以上五条外，曾、胡等人还在湘军中推广其他行之有效的经验。如在指挥作风方面，推崇王鑫每战之前，"传各营官齐集，与之畅论贼情地势。袖中出地图十余张，每人分给一张，令诸将各抒所见"，王鑫然后总结定计，"次日战罢，有与初议不符者，虽有功亦必加罚"。[65]胡林翼也宣传李续宾的计策，"打仗总是先一日二日审阅地势，四门八方先行设想，故不致受贼之诡计"[66]。这显然有助于将领指挥水平的提高。对于作战队形，即所谓阵法，曾国藩曾极称赞二字阵，要求各军仿行。同时，曾国藩对情报工作也极讲究，早在咸丰三年、四年（1853—1854），就派人远至武昌，甚至苏皖等地，混入太平军中，搜集情报，进行策反等活动。邹汉章初为水师营官，后负责情报工作，甚至一度化装潜入武昌。为搜集和整理各种情报，曾国藩还设立侦探所和采编所。前者负责各种谍报的组织工作，后者负责整理情报，并辑成数十万言的《贼情汇纂》。

曾国藩、胡林翼、左宗棠等人总结，并反复强调其重要性的上述原则和战术，是当时战争和军工技术的产物。湘军和太平军虽然都使用刀矛等冷兵器和原始热兵器，但杀伤力都不强；湘军水师虽装备有大量进口洋炮，但湘军视为利器的劈山炮并不多，而太平军则无洋炮；再加上双方的骑兵都不多，只能起战术作用，而步兵行军又全靠两条腿。如此一来，谁先行进攻，长途救援，特别是强行攻坚，就会让自己的部队陷于疲惫状态，甚至遭遇重大伤亡，从而陷于被动地位。而坚持以主待客、以静制动的湘军，则能依靠工事、有利地形，以逸待劳，后发制人，从而处于主动地位，获得胜利。

与历史上犯流寇主义错误的农民军相反，太平军主要在长江中、下游水网地区活动，在政治上建立了以城市（大多沿江）为中心的各级政权，在军事上善于打以城市为依托的防御战；又常以重兵深入敌后，如北伐西征；或把两者结合起来，如咸丰四、五年之交，于内线固守九江、湖口，同时在外线大举出击。经过数年的实践和思考，曾国藩、胡林翼、左宗棠等逐步认识到要在这三种方式的战斗中取胜，必须放弃片面追求一城一地之得失，以及为此而分散兵力，处处设防、处处援救乃至强行攻坚的错误打法；转而着重歼灭有生力量，并采取集中兵力，以主待客，围城打援，水陆相依等一整套原则和战术。正是这些原则和战术为咸丰十年(1860)以后的大反攻提供了丰富而有益的军事指挥经验。

第三节　湖南基地的再巩固

湖南虽然在咸丰五年(1855)成功地击溃了大举入境的两广和贵州的起义军，巩固了省内的封建统治，但咸丰六年(1856)至九年(1859)间，省内的安全仍然饱受威胁，甚至遭到严重破坏。同时，第二个后方基地湖北虽已建立，但在新形势下，湖南后方基地的作用，不仅未见减少，反而有了新的增长。

经过整顿，湖南财政收入有了很大的增加，但军费开支也大增，入不敷出的状况仍未改变，本省部队欠饷因而日多。如咸丰六年(1856)王鑫军就因欠饷而出现"饥寒相侵，令人酸鼻"[67]的情景。有的官吏因此上书骆秉章，声言"断无尽室以行，漠不顾家之理"[68]。但是，"素顾大局"的骆秉章和左宗棠，并未因此而放弃或减弱对邻省的支援。咸丰五年(1855)初，胡林翼等由九江回援武汉，水师有舰船一百二十多艘，完好能战者只四十余艘，陆军回援部队有六千多人，但湘军只有胡林翼所部两千余人(一说只有一千八百人)；不久，胡林翼署理湖北巡抚，能够由他筹饷的州县数量极少。在这种情况下，胡林翼唯有依靠湖南。骆秉章、左宗棠也大力给予支持，筹给三万军饷；接着又拨给刘腾鸿、谌琼林等营，并赶造战船一百多艘，令在籍养病的杨载福招募水勇，训练成军带往湖北。这样，湖北就有了一支水陆兼有、初具规模的湘军，极大缓解了危急的形势，使胡林翼初步站稳了脚跟。以后，胡林翼又依靠自己的财力，逐步扩充部队，至咸丰九年(1859)春，已拥有骑兵、陆营水师共五万多人。其中除了少数八旗和绿营，绝大部分是在湖南招募而成的湘军。

江西在咸丰六年(1856)出现了比湖北更严重的危局。当时绝大部分州县为太平军所占领，曾国藩困守南昌，一筹莫展。这里，湖南不仅先后组成刘长佑、曾国荃等军进攻袁州、吉安，并筹集大批军饷。正如骆秉章所说，自咸丰五年(1855)十月至八年(1858)秋，湖南"陆续加增水陆勇丁至一万九千有奇，用饷至二百六十八万余两，而军械火药尚不与焉。另协济江西军饷银二十三万三千余两"[69]。加上军械火药，湖南此期对江西军饷支援当达三百多万两。咸丰八年(1858)秋至九年(1859)，这方面虽大为减少，但在江西东部抚州一带作战的刘长佑等军，仍由湖南供给。其中每月向曾国藩军供饷三万两。事实上，在咸丰五年(1855)至八年(1858)这几年，湖南不仅供给大量人力、物力、财力，还包揽了部分地区的战事，如整个江西战区，除了九江、湖口、瑞州、袁州、临江、吉安等重大战役，几乎都是在骆秉章、左宗棠主持下进行的。

湖南对贵州、广西的支援，就当时的战争全局而言，虽处于次要地位，但其意义不可忽视。贵州及其相邻的云南、广西，以及四川、湖南部分地区，都是多民族聚居区，民族矛盾、阶级斗争历来比较激烈，金田起义后，又不断出现动荡的局面。咸丰五年(1855)冬徐廷杰起义，并攻入湖南，不久被迫退回贵州，湖南派军尾追，于咸丰六年(1856)正月攻占贵州铜仁、松桃，并派军留守。贵州办理善后官员，乘胜对苗汉群众大施暴虐，"于抚绥搜缉诸务经理失宜，府属诸民渐丧其乐生之心，铤而走险，向之奸民得以乘机勾煽"[70]。铜仁一带群众于五月愤而再举义旗，连败贵州兵及湖南留防军，进攻铜仁。黎平一带，苗民也闻风而起，并一度进入湖南通道、靖州边境。骆秉章从岳州调长胜军及丁际可营先后增援，连同原有部队，至十月，湘军参战人数多达万余人（一部分防边），用饷数十万两，但只能固守铜仁及湖南边境。咸丰七年(1857)春夏，湖南又派兆琛领军三千进援黎平，虽先后攻下锦屏、永从，但仍然是以攻为守，阻止风起云涌的贵州苗汉起义者进入湖南。咸丰八年(1858)，贵州更是"局势鼎沸"，除了都匀、思南、镇远三府城"失守已久，未经克复"，石阡、遵义、黎平、铜仁、思州等府州，也是"贼踪狎至，时须用兵"，估计全省起义军不下七八十万！[71]

面对这种情况，腐败无能的贵州大小官僚却束手无策，既不能集兵应敌，又不能筹饷以济军，只能听任局势发展。湖南要集中力量对抗太平军，无力大举西进，除了支援贵州道员韩超军每月军饷四千两，使其军免于覆灭外，还从江西战区抽调田兴恕军，连同原有的兆琛军转战黎平一带，另派翟诰军会同韩超军，转战镇远、思州一带。这一万多人的兵力，虽无力改变贵州全局，却以攻为守，确保了湖南西部边境的安全。

与贵州相较，两广天地会对湖南的威胁更大。贵州起义者有教军、号军及汉、苗、布依等族，虽有时联合，但隔阂与分歧也较深较多，且政治目的模糊，军事组织指挥水平也较为低下。而两广天地会不仅在政治军事方面的能力较优，且有较强烈地与太平军联合的愿望，事实上过去也有数以万计的人加入太平军。正因如此，骆秉章、左宗棠对两广天地会的活动更为重视，采取行动也更为凶狠。咸丰五年(1855)秋，广东天地会在陈开等带领下，攻占广西浔州府城，建立大成国，改浔州为秀京，陈开自称洪德王(镇南王，后改称平浔王)，封李文茂为平靖王，封梁培友为平东王。同年，自湖南败回广西的朱洪英，以及一直在广西活动的黄鼎凤、李文彩、张高友等，也先后与他们结合起来。咸丰七年(1857)春，李文茂又攻占了柳州。桂林以北，邻近湖南之兴安也为他支天地会军所占领。

这时，广西清政权，不仅兵弱饷缺，司库一空如洗，甚至省城桂林也为降将所控制，"院司寄危城中，号令听之盗魁"。

"一日降人拥至巡抚署，持兵叫呶"，巡抚公服出见，兵卒竟以"矛加巡抚冠"。[72]骆秉章、左宗棠深知如再不支援，广西势必瓦解，而危及湖南安全，于是一面筹给军饷二万两，一面令蒋益澧、江忠濬等领湘军五千多人，先后援广西。蒋益澧等于七月攻下兴安，义军败退平乐，并在沙子街筑垒固守。经过休整，湘军破沙子街，于十月进围平乐。两军在平乐鏖战，守军屡遭挫败。这时天地会易于动摇的弱点又一次暴露出来，守军"屡次乞哀求降"。被拒绝后，首领杨秀全（西安）又亲至敌营乞降，再加上城内严重缺粮，军心更形动摇。至十一月，平乐终于为湘军攻占。

攻占平乐、兴安后，湖南决计进一步扩大对广西的支援，招募水陆新勇，造船舰六十余号，每月供给蒋益澧军饷二万两。得到加强的湘军，于咸丰八年（1858）三四月间，先败自梧州北上、攻占平乐、进逼阳朔的东路陈开军，再克平乐；然后集中兵力挫败自柳州北上、进至桂林附近苏桥的西路李文茂军。天地会东西两路夹攻桂林的计划未能实现。这不仅保卫了省城及其附近府县，使广西有了比较安定的地区；同时，也使天地会军再次由广西北上的企图彻底破灭，从而有效地保护了湖南的安全。五月，蒋益澧军乘胜追击，李文茂惊惶失措，苦战得来的柳州，竟为湘军顺利攻占。但在十月，陈开趁湘军大部分进攻贺县陈金刚之机，再次攻占柳州。这表明陈开等虽然无力大举进攻桂林，但湘军也兵力不足，顾此失彼。这样双方就不得不进入暂时的相持状态。

在咸丰五年（1855）至八年（1858）这四年中，湖南继续彰显了军事堡垒和后勤基地的双重作用。在后勤方面，湖南向湖北、江西、贵州、广西四省提供了巨额的人力、财力、物力支援。约略估计，兵额累计当达十余万，军饷则更为庞大。据骆秉章奏报，自咸丰四年(1854)至九年(1859)，湖南开支出省作战湘军之饷及协济邻省的军饷，共六百余万两。[73]这个数字是可信的，并未夸大。咸丰五年(1855)冬至八年(1858)，援贵州之饷八十七万两。援江西军饷，据骆秉章前述资料更高达三百余万。援广西军饷，虽只有咸丰七年、八年(1857—1858)，也在五十万左右[74]，以上共计四百三十多万之巨。如再加上湖北咸丰四年(1854)、九年(1859)年的开支，显然不会少于六百万之数。作为军事堡垒，此时的湖南四面受敌，除北面湖北的军事主要由胡林翼主持，受湖南指挥的王鑫、江忠济等军只在湘鄂接壤区作战，而东面的江西、西面的贵州、南面的广西也都要湖南派部队支援，都由湖南指挥。这样，湖南既自保其境，又再次阻隔了太平军、贵州各民族义军和两广天地会军在本境会合，从而又一次起了战略堡垒的作用。但湖南这种作用，在咸丰九年(1859)遭到严重挑战——石达开进军湖南。

石达开咸丰八年(1858)十一月占领福建南安，不久即兵分两路，以偏师在两广和湖南相邻地区活动，联络天地会众，而他则自领大军入湖南。接探报后，骆秉章、左宗棠令刘培元部一千五百人扼守桂阳东境要地，令新从江西回籍的刘长佑募勇，桂阳州豪绅陈士杰等亦纷纷集结团勇自守。咸丰九年(1859)一二月间，石达开先击破刘培元军，接着长驱西进，连克桂阳、兴宁、宜章、郴州、嘉禾等州县。三月，进围永州。但永州知府已率先集结团勇固守，刘长佑等军亦来援，两军在永州大战，太平军连遭挫败。石达开乃自领军攻祁阳，另以大支部队在新宁、东安、武冈一带与刘长佑等作战。四月初，在木山大败刘长佑军，迫其退回新宁，然后东趋直逼宝庆，但从贵州来援的田兴恕军已先期到达，两军在宝庆外围形成相持局面。

石达开在江西时决定入湖南，先夺取宝庆，再伺机入四川。但咸丰九年(1859)的湖南，与咸丰二年(1852)、四年(1854)已大不相同。经过几年的反复搜捕镇压，湖南的革命力量已大为削弱。而反革命方面，则在政治上建立了以骆秉章、左宗棠为核心的官绅联合一致的统治体制。军事上，湘军虽大都出省作战，但其特殊的招募遣撤制度，又使本省经常存有大量回籍的将弁勇丁。正如胡林翼所说："湘人连战于外，壮士之替代假归者，踵接肩摩，即倦将之栖迟故里者，不下数百人，呼之即出，期月成军。"[75]同时，正如上章所指出的，省内尚有为数可观的三级武装部队。其中，有的府勇虽在咸丰六年、七年、八年(1856—1858)被裁汰，但有的地方如永州府仍保留五百人。在财政上，虽然收支一直很紧张，但仍留有一定的储备金，据胡林翼估计，咸丰九年(1859)春约有六十万两。而在外省作战的湘军将帅乃至弁勇，更与湖南血肉相连，绝不会坐视故乡落入石达开手中。事实上，曾国藩派萧启江军来援(后又加派张运兰军)；胡林翼也对此极为关切，并积极筹组援军。这就是说，湖南各方面都有较为坚实的基础，经得住狂风暴雨。事实也证明了这一点。如刘长佑咸丰八年(1858)底方由江西回新宁原籍，咸丰九年(1859)二月中，就组成三千多人的新军开赴前线。如扣除中间新年期间的活动，实际为时不过一个多月。刘长佑能这样快速成军，根本原因是新军都是他的同县，甚至同里的老部下。这样充足的兵源，再加上随时可用的储备金，所以湖南很快就"纠起七万人"的大军[76]，再加上胡林翼派来的由李续宜指挥的一万多人，以及萧启江、张运兰两军约八千人，湖南对抗石达开的军力当有十万人。

与之相反，石达开军虽号称二十万，甚至多达六十万，但他奉行分裂主义，这不但妨碍了他施展卓越的指挥才能，也引发了所部将领的不满，以致军心日益涣散。事实上，石达开军在江西、浙江、福建等省也表现平庸。正如曾国藩所说："无悍志，无远略"，"无能结硬寨、打死仗者"。[77]进入湖南后，除了木山一战差强人意，其余不过乘虚攻下一些小县城。同时，湖南的群众活动虽在溆浦一带有"不逞之徒，冒称官军"，进行小股活动，最多也不过上千人。且不久即被当地团练所镇压，对石达开军起不了多大的支援作用。这就是说，太平军在湖南再也不能获得咸丰二年(1852)那样如火如荼的群众支持，加之石达开指挥又不果断，既不敢迅速向衡州、长沙进军，又不及时进攻宝庆，只在郴州、永州、宝庆、桂阳州等府州，往来游击。当湖南在二三月调集大军后，石达开始集中力量攻夺宝庆府城，这无疑为敌人创造了决战条件。再与敌人进行决战，就使自己陷入了被动挨打的危境之中。

太平军围攻祁阳月余，两军互有胜负，形成相持不下之势，而此时宝庆初战之太平军亦被阻而不能取胜。在这种情况下，石达开乃决计集中兵力，亲统祁阳围师西进，集中兵力进攻宝庆。但刘长佑等本省援军也相继赶到。五月，两军大战。太平军连败援军，并挖壕筑垒，严密围困。下旬，城中米粮弹药开始告缺，形势危急。但六月下旬，李续宜统带的湖北援军赶至，并开始大举反攻。月底一战，太平军折损一万多人，被俘近两千人。七月上半月，太平军又连次失败。石达开见已无取胜希望，乃于十六日撤军，西南走，入广西。

进入咸丰朝，湖南经历四次大战。咸丰二年（1852），太平军先以蓑衣渡败挫之师入境，后却以大扩展之师，胜利进军湖北。咸丰三年（1853）始，湖南情况大变，逐步建成湘军后方基地和军事堡垒。咸丰四年（1854），太平军入境就遭到失败，最后不得不退出。咸丰五年（1855），两广天地会军、贵州徐廷杰军先后入境，再遭到毁灭性打击。这次石达开入境，规模之大，人数之多，虽然胜过以前各次，但最后仍以大败告终。前一次与后三次的鲜明对比，有力地说明经过骆秉章、左宗棠、曾国藩等不断地经营，湖南不仅是湘军的后方基地，而且还是坚固的军事堡垒。

石达开的冲击波甫平，湖南政潮又起。左宗棠勇于任事，敢作敢为，取得显著的成效，但也招来不少人的怨恨，如在漕粮改革、重用士绅、参革不称职官吏等方面，就触犯了部分官绅的权益；在处理与官文有关的事务中，也径情直行。正如胡林翼在致官信中所指出的："性气刚烈矫强，历年与鄂省交涉之事，其失礼处久在山海包容之中。"[78]官文虽然每次都"包容"下来，但怀恨在心。咸丰八年(1858)冬，骆秉章奏参永州镇总兵樊燮。樊燮不服，咸丰九年(1859)，在京师、官文两处上诉，牵连左宗棠。清廷"严旨诘责，有属员怂恿，劣幕要挟等语，并将原奏及全案发交湖北"[79]审办。官文遂乘机要严惩左宗棠。此案后来虽由于肃顺之力，官文不能悍然行事，但左宗棠仍不能不于十二月辞去骆秉章幕宾之职。不少人担心左宗棠去职会动摇湖南已取得的成就，如胡林翼就说："左公为人所中伤，楚南之事必不可问。"[80]其实，左宗棠离职对湖南虽有影响，但并不很大。这是因为与左宗棠同在省参与大政的还有郭嵩焘、黄冕等人，而各项要政已经奏准形成制度，或准制度。更为重要的是，把持厘金、团练、湘军，乃至干预地方政务已达数年之久的士绅，在省内已形成一股巨大的力量。同时，随着湘军在省外战功日高，力量日强，湖南士绅在全国的政治地位和权势也日高日大。胡林翼、左宗棠，特别是曾国藩，往往一言可以进退督抚。在这种情况下，任何人为湖南巡抚，都不敢轻易改变行之已久的各项政策和措施，都不能不内依地主士绅，外结湘军各大头目以自固。事实上，继骆秉章出任巡抚的毛鸿宾、恽世临也是胡林翼、曾国藩保荐提拔起来的。毛鸿宾与曾国藩的关系尤深，且与曾国藩之弟国荃结为兄弟。他们也如骆秉章一样继续依靠黄冕、郭嵩焘。郭嵩焘与左宗棠同受聘于骆秉章、张亮基。左宗棠出幕，骆秉章去任后，毛鸿宾、恽世临仍坚留不放，"倚公以办"[81]，这样，骆秉章、左宗棠离位，对湖南作为湘军后方基地这一现实不会有多大不利的影响。

1	李桓：《陈竹伯中丞（正月二十三日）》，《宝韦斋类稿》卷29。
2	骆秉章：《援江各军会攻袁州，鄂省援军收复新昌、上高，进攻瑞州折》，《骆文忠公奏议》卷7。
3	左宗棠：《与刘峙衡》，《左文襄公全集·书牍》卷3。
4	骆秉章：《援江官军驰剿援贼大捷擒斩逆目折（咸丰七年闰五月二十七日）》，《骆文忠公奏稿》卷6。
5	刘长佑：《禀耆中丞地道未成凭濠围剿（七年五月二十八日）》，《刘武慎公遗书》卷22。
6	骆秉章：《援江官军叠获全胜折（咸丰七年九月十七日）》，《骆文忠公奏稿》卷7。
7	刘长佑：《禀耆中丞贼援入境堵剿获胜情形（咸丰七年九月初一日）》，《刘武慎公遗书》卷22。
8	曾国荃：《致仲兄季弟信（咸丰八年七月廿五日）》，《湘乡曾氏文献》第8册，第4721页。
9	李续宾：《又复胡宫保》，《李忠武公书牍》卷上。
10	胡林翼：《致曾涤帅（十九日）》，《胡文忠公遗集》卷67。
11	胡林翼：《奏陈全楚肃清现在会攻浔城进剿宿太疏（八月二十三日督发）》，《胡文忠公遗集》卷20。
12	胡林翼：《起复水师统将以一事权并密陈进剿机宜疏（七年九月二十六日）》，《胡文忠公遗集》卷21。
13	胡林翼：《驰奏官军克复九江疏（八年四月十一日督发）》，《胡文忠公遗集》卷21。
14	胡林翼：《条陈楚军水陆东征筹度情形疏（五月二十二日督发）》，《胡文忠公遗集》卷29。
15	曾国藩：《致杨厚庵（咸丰八年五月二十五日）》，《曾文正公全集·书札》卷6。
16	王闿运：《丁锐义传》，《湘绮楼诗文集》卷5。
17	光绪《舒城县志》，卷24《武备志》（咸丰八年十月）。
18	郭嵩焘：《李存汉传》，《湖南褒忠录初稿·殉城三》。
19	人数多少，众说不一，官文言"顿失万余精锐"（《钦定剿平粤匪方略》，卷208），曾国藩言六千人，胡林翼言"实亡五千人"（《致秦抚曾卓如望颜》，《胡文忠公遗集》卷64）。李续宾在《克复舒城县疏》（《李忠武公奏疏》）言所部至三河不足五千人。除去突围的有数百人，则被歼当有四千余人。加上桐城的折损，当有五千多人。又据《湘乡县志》言，咸丰八年死于安徽者近三千人。这年湘军在皖作战的只有李续宾、鲍超两军，鲍军基本上是长沙一带人，李军多为湘乡人，则此三千死者，当为此役被歼之李军。而李军中尚有丁锐义部三营，丁锐义为长沙人，所部亦多长沙人。此外尚有平江人，县志于弁勇之死亡，多有遗漏。如丁锐义部大多死于此役，长沙等有关县志却缺乏相应记载。
20	胡林翼言"每克一城，中伤千人"（《致严渭春（树森）观察（二十四日）》，《胡文忠公遗集》卷59）。《李忠武公遗书》中有奏折亦言："我兵阵亡受伤亦复不少"（《克复太湖县城疏》）。"阵亡不少，带伤约五百以外"，"此次阵亡伤亡各员及弁勇人数较多"（《克复桐城县城疏》）。
21	胡林翼：《致四川总督王雁汀前辈（乙未二月初四日）》，《胡文忠公遗集》卷62。
22	曾国藩：《致唐镜海先生（咸丰九年三月初五日）》，《曾文正公全集·书札》卷8。
23	曾国藩：《沥陈办事艰难仍恳终制折（咸丰七年六月初六日）》，《曾文正公全集·奏稿》卷9。
24	曾国藩：《钦奉两次谕旨复奏折（咸丰七年九月初九日）》，《曾文正公全集·奏稿》卷9。
25	李续宾：《又上胡宫保》，《李忠武公书牍》卷上。
26	胡林翼：《起复水师统将以一事权并密陈进剿机宜疏（七年九月二十六日）》，《胡文忠公遗集》卷21。
27	胡林翼：《奏陈鄂省尚有应办紧要事件请俟九江克复再行率师下剿疏（七年十月十四日）》，《胡文忠公遗集》卷23。

28	曾国藩:《致沅甫九弟(咸丰八年五月五日、五月三十日)》,《曾文正公家书》。	
29	曾国藩:《复易芝生(咸丰九年八月二十日)》,《曾文正公全集·书札》卷8。	
30	曾国藩:《与郭筠仙(咸丰九年九月十八日)》,《曾文正公全集·书札》卷9。	
31	王闿运:《湘军志·曾军后篇第五》。	
32	胡林翼:《恭报起程赴鄂日期并先驰往营中疏(十一月十二日)》,《胡文忠公遗集》卷30。	
33	曾国藩:《复左季高(咸丰九年四月初二日)》,《曾文正公全集·书札》卷8。	
34	同治《桂阳直隶州志》,卷17。	
35	光绪《零陵县志》,卷6。	
36	李桓:《刘素养观察(八月二十日)》,《宝韦斋类稿》卷36。	
37	曾国藩:《与李迪庵中丞(咸丰八年九月二十一日)》,《曾文正公全集·书札》卷6。	
38	胡林翼:《遵奉谕旨沥陈下情疏(六年五月十五日)》,《胡文忠公遗集》卷10。	
39	吴敏树:《与方桐芗书》,《柈湖文集》卷7。	
40	汪士铎:《上胡宫保书》,《汪梅村先生集》卷10。	
41	方宗诚:《记湘乡李公死事》,《续碑传集》卷56,但李军攻占桐城时,曾肆意抢劫,"得桐城,勇丁有私获,则无斗志矣,兵不可贫,亦不可富"(《致严渭春(树森)观察(二十四日)》,《胡文忠公遗集》卷59)。	
42	曾国藩:《致沅弟(咸丰八年五月六日)》,《曾文正公家书》。	
43	郭嵩焘:《谥忠节赠布政衔宁绍台道罗泽南》,《湖南褒忠录初稿·殉阵一》。	
44	曾国藩:《复左季高(咸丰九年二月初四日)》,《曾文正公全集·书札》卷7。	
45	曾国藩:《初定营规二十二条》,《曾文正公全集·杂著》卷1。	
46	曾国藩:《与骆龠门中丞(咸丰三年十月初一日)》,《曾文正公全集·书札》卷3。	
47	曾国藩:《与李希庵(咸丰八年九月二十日)》,《曾文正公全集·书札》卷6。	
48	胡林翼:《致都直夫(兴阿)将军(十一月十四日)》,《胡文忠公遗集》卷59。	
49	胡林翼:《胡文忠公手翰》,上册。	
50	曾国藩:《批姚秋浦禀(咸丰十一年)》,《曾文正公全集·书札》卷16。	
51	曾国藩:《复胡宫保(咸丰十一年四月二十八日)》,《曾文正公全集·书札》卷15。	
52	曾国藩:《与李迪庵中丞(咸丰八年九月二十一日)》,《曾文正公全集·书札》卷6。	
53	曾国藩:《与李希庵(咸丰八年十月十七日)》,《曾文正公全集·书札》卷6。	
54	胡林翼:《致都直夫(兴阿)将军(十一月廿四日)》,《胡文忠公遗集》卷59;《复李申甫祠部》,《胡文忠公遗集》卷67。	
55	李思澄摹印:《胡文忠公手札》,廿二日致李希庵函。	
56	胡林翼:《复蒋凝学(咸丰九年十二月初一日)》,《胡林翼集》第2册。	

57	胡林翼：《致鲍总戎（初十日）》，《胡文忠公遗集》卷69。
58	胡林翼：《札霆营鲍副将喻都司》，《胡文忠公遗集》卷84。
59	胡林翼：《致左季高京卿（庚申九月十七日）》，《胡文忠公遗集》卷78。
60	胡林翼：《胡文忠公手翰》，下册。
61	曾国藩：《与罗伯宜（咸丰六年八月初八日）》，《曾文正公全集·书札》卷6。
62	曾国藩：《官军灌港大捷浔郡江面肃清折（咸丰四年十一月二十一日）》，《曾文正公全集·奏稿》卷4。
63	曾国藩：《致九弟（咸丰八年四月十七日）》，《曾文正公家书》。
64	胡林翼：《致多都护（咸丰九年十二月二十六日）》，《胡文忠公遗集》卷68。
65	曾国藩：《与李幼泉（同治五年三月十七日）》，《曾文正公全集·书札》卷25。
66	胡林翼：《胡文忠公手翰》，上册。
67	王鑫：《复李相堂参戎（六年十月十九日）》，《王壮武公遗集》卷12。
68	黄文琛：《上骆抚部》，《思贻堂书简》卷1。
69	骆秉章：《骆文忠公自订年谱》，卷上（咸丰八年）。
70	骆秉章：《贵州东界民苗俱变添派兵勇越境征剿折》，《骆文忠公奏议》卷8。
71	骆秉章：《调兵援剿黔匪获胜进攻镇远折》，《骆文忠公奏议》卷13。
72	王定安：《援广闽篇》，《湘军记》卷12。
73	骆秉章：《湖南军饷缺乏请免再发黔饷折（咸丰九年十二月十五日）》，《骆文忠公奏稿》卷10。
74	咸丰八年，蒋益澧军由湖南定额供应每月两万，一年共为二十四万。咸丰七年，蒋军全由湖南供饷，以五千人计（曾国藩言湘军一万月饷六万），则每月三万，七个月共为二十一万。又，咸丰七年湖南协济广西五万，以上三笔共五十万。再加上造船、军火、器械，当有五十多万。
75	胡林翼：《致秦抚帅曾卓如（三月二十六日）》，《胡文忠公遗集》卷63。
76	胡林翼：《致严渭春（庚申四月十七日）》，《胡文忠公遗集》卷73，但胡林翼在奏折中言为五万多人，而储备金，胡林翼也有多达百万之说。
77	曾国藩：《复左季高（咸丰九年三月十二日）》，《曾文正公全集·书札》卷8。
78	梅英杰：《胡文忠公年谱》卷3，咸丰十年庚申公四十九岁。
79	曾国藩：《致澄侯四弟（咸丰九年十月初四日）》，《曾文正公家书》。
80	李思澄摹印：《胡文忠公手札》，十一日致李续宜函。
81	王先谦：《诰封荣禄大夫三品顶戴四品京堂郭公神道碑》，《虚受堂文集》卷9。

第六章

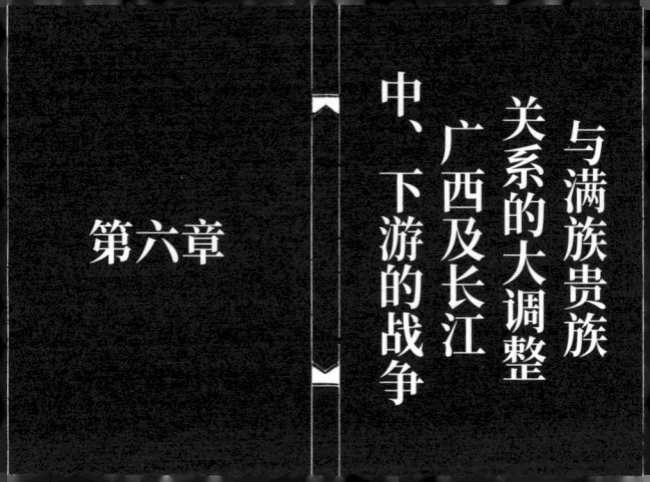

与满族贵族关系的大调整 广西及长江中、下游的战争

第一节　与满族贵族关系的大调整

咸丰九年、十年(1859—1860)，广西、贵州、四川，特别是江浙等省的清军和当地政权，呈现出一派鱼烂瓦解的景象，但这却给湘军集团带来大扩张的良机。

咸丰三年(1853)以来，湘军虽然战功显著，但只有江忠源、胡林翼出任巡抚，而江忠源就任仅三个月就战败自杀，实际上只有胡林翼一人出任巡抚。咸丰九年(1859)六月，清廷担心石达开由湖南入四川，命曾国藩领军入川。这激发了湘军集团获得督抚大权的新希望。胡林翼说："不知其为蜀主乎，抑为蜀客乎？涤公辛苦过人，抑郁七年，若竟得蜀，亦原可施展。"[1] 李鸿章此时与曾国荃正领军攻景德镇，也希望曾国藩入川后，能"反客为主"，出任四川总督。胡林翼更以长函列举八利，竭力鼓动官文奏荐曾国藩为四川总督。当年八月，曾国藩攻下景德镇，领军北行至湖北，准备入川时，清廷仍无丝毫要任曾国藩为四川总督的意向。曾国藩、胡林翼失望之余，决计不入川，奏请曾军改援安徽。

微弱的希望幻灭后，曾国藩再度郁郁不乐，"思身世之际甚多，抑郁不适于怀者，一由褊浅，一由所处之极不得位也"[2]。所谓"位"就是督抚大权，"今日讨贼之任者，不若地方官之确有凭借"，"唐末之招讨使、统军使、团练使、防御使、处置应援等使，远不如节度使之得势，皆以得治土地人民故也"；如只带军队，而不掌握政权，那就会如庄子所言"吞舟之鱼，砀而失水，则蚁能苦之"，处处受人牵掣，"不足发抒伟抱"。³而清廷却鉴于唐置节度使，导致军阀割据，唐王朝瓦解的教训，除了胡林翼，就是不再给湘军集团以督抚之权。但是，清廷对湘军这种既使用又限制的方针，却碰到内部的干扰和外部强有力的冲击。

满族贵族中主张重用湘军集团的文庆，虽在咸丰六年(1856)病死，但继起有人，且权势更大。咸丰后期，以皇族出身的怡亲王载垣、郑亲王端华及其异母弟肃顺为首的集团已经形成，并且越来越得到咸丰帝的信任，权力越来越大。三人"盘结，同干大政，而军机处之权渐移，军机大臣皆拱手听命，伴食而已"⁴，肃顺尤为突出，遇事敢作敢为，对权力的争夺尤为执着。肃顺一面排斥打击秉政的满族大臣，使大学士翁心存、大学士军机大臣彭蕴章、协办大学士周祖培等不安于位，甚至怂恿咸丰帝处死曾为大学士的耆英、大学士军机大臣柏葰。清廷对大臣一向较为优礼，平时以罪论死者极少。肃顺不顾这一点，在两三年内，竟两次力主处死大臣，这显然是要在朝廷中树立自己威严的形象。一面又与军机大臣杜翰、兵部尚书陈孚恩、两广总督黄宗汉等人结为死党。同时，又广泛招纳有名望的官吏和名士，"颇搜罗人才，资以延誉树党，先及留京公车，次京曹官，次外吏"。当他访知江西道员李桓为干吏，有能名，即令人示意李向他递"门生束缄"，"即可晋秩两司"。⁵

肃顺这样打击大臣和政敌，大肆结纳党羽，显然是为他长期把持朝政铺平道路；后来他与那拉氏、奕䜣争夺最高权力，正是这一图谋的体现。有这样野心的人，对当时军队，特别是战斗力最强的湘军，自然不会漠不关心。但不论是打击还是笼络湘军集团，都远比上述各种活动更为微妙，更须用心处理。军队是国家机器的支柱，大臣与带兵将帅密切往来，最易招致政敌的攻击，甚至会引来不测之祸。肃顺自然不敢贸然行动，曾国藩、胡林翼也会避嫌而置之不理。

但是，肃顺与湘军集团有着微妙的联系。在其招纳的众多人员中，不少人与湘军集团有密切关系，甚至就是湘军集团中的一员。如尹耕云不仅为曾国藩任礼部侍郎时之属员，且"极器重之"，同时，尹耕云也为肃顺之属吏，且对之"敬礼有加"。[6]李鸿裔（眉生），正如其子所说："在京师出文正门下，深悉先君品学"，后来肃顺又"素与先君善"。[7]其他如郭嵩焘、王闿运、龙皞臣、李寿榕等人均与曾、胡同为长沙府人，且有交往，郭嵩焘更与曾国藩为"金石至交"。而肃顺与他们也关系密切。郭嵩焘不仅为肃顺赏识，且与肃党陈孚恩交往甚密，陈孚恩向咸丰帝推荐郭嵩焘"堪充谋士之选"，被"即日召见，在南书房行走"。[8]龙皞臣为肃顺之家庭教师。肃顺对王闿运更"激赏之"，要与王闿运"约异姓为兄弟"，[9]这样破格相待，使王闿运终生感激不已。数十年后，王闿运至北京还去看望肃顺的儿子，并加以资助。李寿榕与肃顺关系后来虽破裂，但李寿榕为户部下吏时，却"见赏于本部尚书肃顺，部事辄咨之"[10]。此外，还有一些人，虽与曾国藩、胡林翼等人无多交往，却与郭嵩焘、王闿运等关系密切，又为肃顺所赏识，如高心夔。

肃顺笼络这些名士，除了培植自己将来的政治爪牙，还与他们共议政事，这些人实际上起了幕僚的作用。如第二次鸦片战争期间，"其时夷患初兴，朝议和战，尹杏农（耕云）主战，郭筠仙（嵩焘）主和，而俱为清流；肃裕庭（顺）依违和战之间，兼善尹、郭，而号为权臣。余（王闿运）为裕庭知赏，亦兼善尹、郭，而号为'肃党'"[11]。这就是说，肃顺在和战问题上，会听取他们的意见，甚至参与他们的讨论，但没有表示明确的主张。利用湘军镇压太平天国革命，是当时最大的政事，肃顺自然也会与他们商议，事实上肃顺与王闿运讨论军事，即所谓"军事谘而后行"[12]。他们也会趁机出谋划策。而他们同时与曾国藩、胡林翼等人在书信中议论政事，胡林翼甚至要求郭嵩焘（时在僧幕）向僧格林沁提议拨马队千名援鄂，"尚乞力恳台邸，以精甲兵一千，助讨皖贼"[13]。

这就是说，肃顺与湘军集团可以通过郭嵩焘、王闿运等人进行间接甚至直接交往。不过由于肃顺身败名裂，这类资料已被销毁，交往的具体情况已无法弄清。但在一些私人记载中，仍偶有记述。如咸丰九年（1859）"樊燮案"发生，官文欲趁机打击左宗棠。此案后来和平了结，左宗棠未受辱。胡林翼求情于官文固然起了作用，但主要还是归功于肃顺大力相助。肃顺得悉要严惩左宗棠的诏旨，即告知幕宾高心夔，高心夔转告王闿运、郭嵩焘，王闿运求救于肃顺，肃顺答以"必俟内外臣工有疏保荐，余方能启齿"。郭嵩焘乃策动潘祖荫上疏，肃顺即趁机言左宗棠在湖南"赞画军谋，迭著成效，骆秉章之功皆其功也。人才难得，自当爱惜。请再密寄官文，录中外保荐各疏，令其察酌情形办理"。这样，官文自然不能不见风转舵。这件事不仅证明,肃顺主动讨好湘军集团,并且力图通过王闿运、郭嵩焘等人,与湘军集团建立某种合作关系,这也说明肃顺和文庆一样主张重用湘军集团,明显比墨守成规的祁寯藻、彭蕴章等人高出一筹。"是时粤贼势甚张,而讨贼将帅之有功者,皆在湖南,朝臣如祁文端公、彭文敬公尚懵焉不察,惟肃顺知之已深,颇能倾心推服,平时坐客谈论,常心折曾文正公之识量,胡文忠公之才略。"[14]

与此同时,广西及长江中下游地区的军事形势也大为恶化。广西经蒋益澧军救援,情况虽有好转,但本省仍无自救的力量。蒋军只有数千人,东援西救,疲于奔命,已是强弩之末,甚至时有败挫。咸丰九年(1859),石达开军撤宝庆围南走,与天地会军进逼桂林,全省震动。天地会更形活跃,又恢复到咸丰七年(1857)蒋益澧军未入境前的那种局面。在贵州地区,田兴恕等撤回湖南抗拒石达开军后,黎平等地起义军压力骤减,军气为之大振。其他如何得胜起义于平越,进略开州;白号军占湄潭,进逼遵义;咸丰十年(1860)石达开军一部入境,连败清军,两度逼近省城,情况十分严重。对于这种空前激烈的局面,贵州官绅一筹莫展。提督因作战不力而革职,巡抚只能困守省城,无兵无饷,唯知呼救求援。四川,一直无大股群众起义,但咸丰九年(1859)蓝大顺、李永和起义于云南,随即入川,省内群众纷起响应,至咸丰十年(1860)春,已众至二十万人,转战四川数十州县。石达开军一部入贵州,清廷更担心石军由此入川,那就会使四川局势不可收拾。

与桂、黔、川三省这种日益恶化的情形相比,江苏、浙江就显得更加严重。咸丰九年(1859)冬，江南大营围困天京日益严密；咸丰十年(1860)正月，又攻下要隘九洑洲，正如李秀成所说"京城困如铁桶一般"。李秀成效围魏救赵之计，先进军浙江，攻占杭州。当江南大营援兵到达杭州时，李秀成即引军西撤，汇合陈玉成等军，于三四月攻破江南大营，并乘胜连克常州、苏州、松江等城。江苏南部除镇江、上海外，尽归太平天国版图。浙江嘉兴也为太平军占领。

在以上五省的战斗中，仅广西、贵州有小支湘军参加，且稍受挫折，其他全是八旗、绿营及其附属的勇营。这就是说，清廷常备军受到了沉重打击。太平天国革命爆发后，清廷虽然不断遭遇惨重打击，两湖、江西和安徽四省，不能不依靠湘军，但僧格林沁的满蒙骑兵，再配以八旗绿营，残酷地镇压了太平北伐军，使黄河以北广大地区得以维持清朝的统治。而以绿营为主的江南大营，虽有咸丰六年(1856)的大败，但次年仍卷土重来，扼守天京城下，给太平军带来很大的威胁。这两大力量，与湘军集团形成三足鼎立之势，既支撑着摇摇欲坠的清王朝，又稳定了统治阶级内部的力量结构。正因为如此，清廷对江南大营特别偏爱，不仅集中了七万人的兵力，且每年供给军饷多达一千万两。结果，却几乎全军覆灭。这样，军事力量平衡被打破，发生了不利于清廷，有利于湘军集团的巨大变化，湘军的比重得到极大增强。

咸丰三年(1853)以来，清廷财政虽越来越困难，已无力直接支应军饷，但从四川、江苏、浙江、山西、陕西等省，尚可筹集军饷，指拨给各战区，其中前三省尤为重要。四川幅员广阔，既有富庶的成都平原，又有富顺井盐等特产，且田赋较轻，是大有潜力的财源之区。事实上，也协济了外省巨额军饷。川督咸丰八年(1858)正月奏报，"约计节年筹解京外各饷数至六百余万"[15]。四川大吏为此多方搜刮。如盐税原额正杂税不过三十万，"自军兴以来，叠次筹饷，加至三百七十万有奇"[16]。由此可见其潜力之大。江浙两省，作为财赋之区，主要是江苏南部和浙江的杭、嘉、湖三府。如漕粮地丁，仅苏、松、常、镇、太仓四府一州之地就"岁征地丁漕项正耗额银二百数十万两，漕白正耗米一百五十余万石，又漕赠、行月、南屯、局恤等米三十余万石"[17]，比江西、两湖分别多三倍，甚至十余倍。但是，现在这样巨额的财政收入，除了上海各税尚保留大部分，其他均随版图变色而化为乌有。四川虽不是如此严重，但也大为减少，且境内用兵，本省军费开支大增。这就是说，在财政上，清廷也遭到沉重打击。

江南大营崩溃，苏南失守后两个月，清廷又在对外战争中，遭遇空前大败。自咸丰六年(1856)英法制造事端，挑起第二次鸦片战争后，战争时打时停，时战时和。清廷不仅无坚决抵抗侵略者的决心，且在广州、上海勾结西方侵略者，镇压天地会和太平天国起义军。咸丰九年(1859)，僧格林沁在大沽口击退英法联军，迫其南撤后，咸丰帝并不下令加强战备，反而一心求和。咸丰十年(1860)，当英法联军大举北上，陈兵渤海湾时，咸丰帝仍昏庸地不知形势之险恶，僧格林沁又刚愎自用，拒不在北塘设防，结果联军顺利登陆。六月至八月间，联军在大沽口、天津、京东张家湾等地多次大败清军，进占北京，咸丰帝仓皇北逃热河，最后清政府不得不签订丧权辱国的《北京条约》以结束战争。

僧格林沁统领的满蒙骑兵和近畿八旗绿营，在咸丰四年、五年(1854—1855)镇压了太平北伐军，又在大沽口之战中大败英法联军，从而获得清廷的高度重视，与江南大营南北交相辉映，成为维持连遭惨重打击的满族贵族统治的两大支柱。但在咸丰十年(1860)对英法联军的战争中，僧格林沁部败退数百里，伤亡惨重，溃不成军，以前的声誉扫地以尽。这就是说，满族贵族的两支主力部队，八旗绿营的精锐全部瓦解。同时，英法联军侵入北京，烧毁圆明园，咸丰帝匆匆北逃，卖国求和，这暴露了满族贵族昏庸无耻的面目。再加上这次对外战争的军费和赔款支出，以及前述苏南失守、四川沦为战区所带来的财政后果，清廷在财政上已经完全成了一个破落户。

与满族贵族在军事上、政治上、财政上遭到沉重打击形成鲜明对照的是，湘军集团却获得了很大的胜利。湘军不仅扩充至十多万人，还把两湖经营为可以提供大量人力、物力、财力的后方基地，从而建立了完整的半独立的军事财政体系。这使他们在全国地主阶级中获得极大美誉，得到越来越多的支持者，全国地主阶级，特别是广西、贵州、四川、江西、安徽、江苏、浙江的官绅，已经把希望的目光从清廷转向湘军集团。每当农民革命军威胁他们的家园和领地时，总是向湘军呼救，力求得到湘军的庇护；或把收复故土的希望，寄托于湘军。在以上形势下，肃顺不得不进言，且便于进言；

而咸丰帝则不能不纳谏，不得不全面调整与湘军集团的关系，不得不改变旧方针，转而采取新方针。咸丰十年(1860)闰二月，咸丰帝任命刘长佑为广西巡抚，正是这一转变的先兆。

三四月间，当江南大营彻底崩溃，苏南正在瓦解的消息传到北京时，人们意识到问题的严重性，议论纷纷。早在道光末年就与曾国藩建立友谊的莫友芝，"与二三名流议江督非公（即曾国藩）不可，而其时得君者为尚书肃顺，适湖口高碧湄（即高心夔）馆其家，遂往商焉。高白于肃顺，肃顺然之。翌日下直径至高馆，握手曰事成矣"[18]。四月，即宣布任命曾国藩署理两江总督。曾国藩为湘军创建者，也是咸丰帝最戒备的人。他能否出任督抚，兼掌军、政两权，就成了湘军集团与满族贵族的关系能否进入新阶段的关键。肃顺乘时进言破关，其他人就不难继曾国藩而出任督抚。这就是说，满族贵族终于抛弃旧的方针，而采用新的方针，即由使用、限制，改为全面依靠。事实也证明了这一转变。六月，清廷不仅实授曾国藩为两江总督，且加以钦差大臣重任；十月，任命严树森为河南巡抚；十二月，更命田兴恕为钦差大臣，督办贵州军务；咸丰十一年(1861)正月，命李续宜为安徽巡抚。此后数月未再有新任命，湘军集团人员出为督抚的势头似遭到了抑制。七月十七日，咸丰帝病死，朝政由肃顺等执掌，任命高潮再起。七月二十日，清廷任命骆秉章为四川总督、毛鸿宾为湖南巡抚；八月命江忠义为贵州巡抚（未到职，命田兴恕兼署巡抚）；九月十七日，命彭玉麟为安徽巡抚、李续宾调任湖北巡抚。不久即发生祺祥政变（辛酉政变），肃顺等人成了阶下囚。

以上湘军集团人员被任命为督抚钦差大臣者共九人，曾国藩、田兴恕和李续宾还被任命两次。其中，江忠义、彭玉麟虽因个人原因一再坚辞而被免去职务，但仍反映了满族贵族改变策略，力图依靠湘军集团的决心。咸丰朝共设八个总督（漕督、河督不计）、十五个巡抚的实缺，而咸丰十一年 (1861) 九月，湘军集团竟占去总督缺两个、巡抚缺七个，分别占四分之一、近二分之一，比例之高令人吃惊，更何况还有两个钦差大臣。同时，这些人大都是破格提拔，如李续宾、彭玉麟均由按察使超升巡抚，江忠义更是由道员超越数级而为巡抚。刘长佑在咸丰九年、十年 (1859—1860)，由道员先升按察使，再升布政使，最终擢升为巡抚。严树森、毛鸿宾也是连续擢升。刘、毛、严看起来似乎是逐级上来的，实际上也是一种破格提拔。田兴恕由一名湘军统领，两年之内，既升提督，又为钦差大臣，后又兼署巡抚，而当时田兴恕年仅二十四五岁，且不知文墨，这样的破格超乎人们的想象。这一连串事实反映了满族贵族，在咸丰十年 (1860) 那样内外交困、嫡系力量严重削弱的危急关头，不得不转而依靠湘军集团的急切心情。

第二节　安庆的攻占

咸丰八年 (1858) 因三河大败，进攻安庆的都兴阿军西撤。年底，胡林翼赶至黄州，整顿新败湘军，添招新营。咸丰九年 (1859) 二月，胡林翼即提出三路东进的计划，并移驻上巴河准备东进，但因石达开军入湖南，湖北派水陆一万多人南援，一时无力东顾而停止计划。宝庆会战失利后，石达开军南入广西，湖北无后顾之忧，且南援军即将撤回，再加上曾国藩军兵力大幅提升，胡林翼遂于八月间与曾国藩再次图谋东进，"绘图数十纸"，分发有关人员，"昼夜咨谋"，[19]并提出四路进兵计划，上奏清廷。

统领临淮军的钦差大臣袁甲三、南河河道总督庚长、东河总督黄赞汤、河南巡抚瑛棨等人，担心湘军四路大举东进，将压迫皖北太平军与淮北捻军联合北趋，危及河南、山东、直隶的安全。为此，他们或联名要求清廷，令曾国藩、胡林翼同时派出一军，取道固始、光州，绕道怀蒙以北；或联名请曾国藩考虑庚长、袁甲三的意见，否则，"万一豫省不能揩柱，中原震动"，将带来严重后果。并保证筹足入境湘军的饷项，"断不至稍形掣肘"。[20]一直偏重北防，对太平军北伐造成的危急情形记忆犹新的清廷，不仅同意袁甲三等人的意见，且视为要着，命曾国藩、胡林翼切实照办。对此，曾国藩在认识上予以疏导，指出"自古办窃号之贼，与办流贼不同。剿办流贼，法当预防以待其至，坚守以挫其锐；剿办窃号之贼，法当剪除枝叶，并捣老巢"。建都天京的太平天国正是"窃号之贼"，与石达开、捻军等"流贼"不同，如攻其必救的天京、安庆，这些逆贼就不会"北窜"，因为，"窃号之贼，未有不惜死力以护其根本也"。[21]

曾国藩、胡林翼所商定的四路进兵计划：一路由宿松攻安庆，曾国藩军任之；二路由太湖、潜山攻桐城，多隆阿、鲍超军任之；三路由英山、霍山攻舒城，胡林翼军任之；四路原定由商城、六安攻庐州，为照顾上述诏旨，乃稍作北移，改为由商城、固始攻庐州，李续宜军任之，并声明，能否绕出怀、蒙，要等李续宜军到皖以后再行确定。显然这是敷衍清廷。事实上，南援湖南的一万多人，虽于十月撤回湖北，但李续宜仍告假在家奉母，胡林翼还函告李续宜，可以在家多住一些时间，太平军大举来援再飞函相请。至于胡林翼自任的第三路军，曾国藩在上折中就已声明，"先驻皖楚之交，调度诸军，兼筹转运"。可见，名为四路，实际上只有攻安庆、桐城两路。其他两路，李续宜军是打援军，胡林翼军则成了兼顾前后方的总预备队。

曾国藩于十一月进驻宿松，胡林翼于十二月进驻英山，督促各军图皖。这时，陈玉成因太湖危急，石牌已失，联合捻军大举来援。十二月的中下旬，两军在太湖、潜山之间展开大战。太平军先败多隆阿军，接着又围鲍超于小池驿，使其文报不通，接济断绝，全军三千多人，伤亡一千余人。大战前，胡林翼不仅判断太平军会大举来援，且不顾曾国藩的反对，在潜山的天堂山区，预先部署了万余人。当两军鏖战正酣时，天堂之军突然从山内杀出，背后受到威胁的太平军不得不分兵迎战。在这支湘军强有力的冲击下，再加上多隆阿、鲍超等军拼死力战，湘军终于转败为胜。战至咸丰十年(1860)正月下旬，太平军在伤亡两万多人之后，终于败退，其太湖守军也同时突围东走。多隆阿等乘胜攻占了潜山。稍事休整，曾国藩军绝大部分在曾国荃带领下于闰三月二十一日，进扎距安庆二十三里之高桥，多隆阿军于四月进至桐城外围，李续宜军进驻桐城之青草塥，为两路策应。

正当湘军摆开阵势，进攻桐城、安庆时，清廷因江南大营溃败，命曾国藩领军东援，曾国藩以兵力单薄为由拒绝。四月十九日，清廷以曾国藩署两江总督，认为"为今之计，自以保卫苏常为第一要务"，仍令其驰援苏常。苏州易手后，清廷仍认为如安庆"指日可复"，可先攻取再东援；否则，就应先保浙复苏。因为苏州为"财赋之区，且系数省咽喉，自应以急筹攻复为上策。现在贼势已直趋杭、湖，势将糜烂两省，尤为刻不容缓"。显然，在清廷看来，复苏保浙更重于攻取安庆，是战争全局的关键所在。

与之相反，曾国藩认为，以往的战争经验证明必须以上游为"立脚之根本"，"自古平江南之贼，必踞上游之势，建瓴而下，乃能成功"。而攻夺安庆尤为关键，"目前关系淮南之全局，将来即为克复金陵之张本"。江南大营正是因未踞上游而失败，如弃安庆不围而援苏常，那就既蹈其覆辙，又打乱皖北部署。同时，他又根据当时的形势，进一步分析不能东援的理由：江南大营以苏常为根本，苏常已失，这个"根本"已不存在；湘军以两湖为根本，湘军东援，就远离可恃之根本，处于无可依托的困境；更为紧迫的是，太平军在东线获胜，夺取苏常后，势必西征，争夺上游。因此，必须"竭五六两月之力，办江楚三省之防"，[22]以迎战西征的太平军。总之，湘军立即大举东援，保浙复苏，在战略上是错误的。

但是，初膺重任的曾国藩不愿一开始就顶着不干，给清廷留下不驯的印象。为此，他于六月十一日将大营由宿松移至皖南祁门，并奏报一个立即组建新军，数月后大举东援的计划。按照这个计划，陆路分兵三路，东进芜湖、溧阳、衢州。水上则赶办淮扬、宁国、太湖三支东进水师。这样，水陆军就可以从北、西、南三面进击包括天京在内的苏南地区，达到保浙复苏的目的。三支水师中的宁国水师由原内湖水师彭玉麟军改名而成，太湖水师当时根本无条件开办，淮扬水师当时虽委李鸿章主持、黄翼升统带，但成军却在次年春。因此，三支水师均不具备东进的条件。至于陆上三路进军，当时也同样不具备条件。曾国藩至祁门，除自带鲍超等军万余人外，其他如奏调的张运兰军尚在湖南，新招募的李元度和左宗棠两军，短则一两个月，长则三四个月，方能投入战斗。且三军也只有一万五千人左右，加上鲍超等军，总数只有两万五六千人。这样的兵力，显然不能执行三路东进的计划。

这就是说，曾国藩数月后，根本不可能进行保浙复苏的计划。实际上，当时曾国藩着重考虑的也不是这个问题。他之所以进扎祁门，除了向清廷表示他尊重保浙复苏的上谕，还另有打算。正如他自己所说："所以兢兢于休、祁、黟者，一则皖南系弟汛地，不敢轻弃尺寸之土，一则徽属六县，每年可获六十万金。"[23]同时，江西既是当时的完善之区，又是两江总督的辖地。曾国藩在接到署两江总督命后，即在谢恩折的附片中指出，"以江西为筹饷之源"，要求"通省钱漕应归抚臣经收，以发本省绿营及各防兵勇之饷；通省牙厘，归臣设局经收，以发出境征兵之饷"，[24]再加上江西与两湖接壤，皖南又与安庆隔江相望，如此一来，进驻祁门，防止太平军进入江西和皖南西部地区，在军事上既可策应安庆争夺之战，又可以保证江西、两湖的安全，在经济上则保护了饷源。总之，曾国藩在战略上，仍在执着地固守保上游以争夺下游的策略，拒绝执行保浙复苏的重下游方针。

这两次战略分歧不是偶然的。湘军集团以湖南为巢穴，以两湖为立足之根本，且湘军看准了太平天国革命者，在政治上是"窃号之贼"，决不轻弃其"根本"；在军事上踞下游，又不能不争上游以护其"根本"的特点，故坚持全力围攻安庆。但建都北京的清廷，对此却缺乏认识，或根据太平军北伐的教训，而偏重北防；或因江浙是其主要财政收入之地，而重下游，轻上游。这就是说，清廷既不知己，又不知彼；而湘军集团则"知己知彼"，故能制定并坚持保上游、争上游、以清下游的方针。值得注意的是，曾国藩在处理分歧时，不是简单地顶着不干，而是在认识上耐心地加以疏导，并照顾清廷的尊严，在部署时加以敷衍。这样，就做到了既不放弃原则，又不给清廷留下桀骜不驯的印象。不久的事实证明了这一方针的正确性。围攻安庆，太平军并未北进；攻下苏常后，太平军又未及时进攻浙江。在这种情况下，见识浅陋，惯于头痛医头，脚痛医脚的清廷，也就听凭曾国藩等人自行办理。

根据以往的攻城经验，结合太平军即将大举西征的情报，胡林翼认为"不破援贼，则城贼不可得而灭"。这就是说，首先应以打援为重点。为集中兵力打援，他决定不围桐城，只围安庆，"只应以一处合围以致贼，其余尽作战兵援兵雕剿之兵"，"若处处合围，则兵力皆为坚城所牵缀"。[25]同时，他又认为要坚决迅速地包围安庆，才能吸引太平军来援，否则，打援也就成了一句空话。当李续宜、杨载福、彭玉麟力主合围，曾国荃"尚有所游移"时，他就下令"毅然速行"。[26]

安庆以北面的集贤关、东面的枞阳为要隘，"三面皆水，唯集贤关一隅通桐、潜之大道"[27]。枞阳"为安庆咽喉，各处粮械由此运入内湖，接济城贼；且舒、桐、庐州及三河运漕、庐江、无为州等处援贼亦可由此直趋"[28]。但太平军却不坚守集贤关，四月中旬，曾国荃军顺利入关，构筑营垒。五月初，杨载福部水师与叛将韦俊部又合力攻下枞阳。曾国荃在此胜仗的鼓舞下，也当即下令挖壕筑墙，于陆路围困安庆；长江及附近内湖，则由水师防守巡逻。七月下旬，壕墙竣工。八月，胡林翼声言："安庆接济文报已断。"[29]与此同时，多隆阿军也在桐城作战，屡次强攻，伤亡很大。胡林翼七次函告多隆阿"攻坚非至谋"，"有害无利"，并严切指出，如再强攻，"损伤锐气，不日援贼上犯，一万伤残之卒"，必为太平军所歼。[30]这就是说，不仅李续宜军，就连多隆阿军也成了打援专军。多、李两军约两万人，曾国荃军万余人，打援军比围城军多一倍。

歼灭江南大营，攻占苏常后，太平军就决定进行第二次西征。集中主力部队，由陈玉成、李秀成分别统带，在长江南北平行西进，攻入湘军后方基地湖北，迫湘军撤安庆之围，回援武汉。同时，以李世贤、黄文金等军攻入皖南，威胁曾国藩的祁门大营，策应南路李秀成军。但这个针对湘军后方空虚，避免内线消耗战，而以外线远途钳形攻势，瓦解湘军夺取安庆的正确计划，却在执行中迭生波折。八月，陈玉成北路军先行，但他一再迟误，先在定远、寿州一带作战。十月至桐城后，又欲直接解安庆之围，寻战多隆阿军。而多军则已按胡林翼的命令，撤至桐城西南数十里之挂车河，与驻青草塥之李续宜军靠拢，严阵以待。这样，多隆阿、李续宜两军就处于以逸待劳，以静制动的主动地位。中下旬两军大战，多隆阿、李续宜军连次获胜。二十八日，多隆阿、李续宜又分进合击，大败陈玉成军，攻破其营垒四十余座，使其伤亡惨重。十一月，陈玉成又企图从枞阳入手以援安庆，但又为湘军水陆军所败。经过两次挫败后，陈玉成始知直接解安庆之围并不容易，乃决计执行原定计划，进军湖北。

　　胡林翼、曾国藩早就"弋获贼报，有分两大股，一由六合、天长等处窜扰楚北；一由徽州一带上窜江西，牵制官军"[31]。对此，除在北岸集结隆阿、李续宜两军打援，在南岸部署以祁门为中心的防御之外，胡林翼一面在皖、鄂加紧布防，调成大吉、余际昌等军分防松子关、乐儿岭等地；调派团勇分防各处碉卡，协助部队作战；加强麻城、蕲水、黄安、黄州等地城防工事，并更换不知兵的府县官，甚至要求处于腹地的武、汉、德等府"均应讲求守城之方"。另一面，加紧镇压境内群众反抗活动，以杜内应。湖北南部和东部群众与太平军一向关系密切。咸丰十年(1860)，兴国、武昌、蒲圻、嘉鱼、通山、通城，以及江西义宁、武宁等州县群众四十余人，长途跋涉至苏州,要求忠王李秀成进军湖北、江西。太平军也派人至湖北活动,如广济人徐致祥奉派回籍,并暗中串联广济、蕲州、蕲水群众,约期举事。而荆州、麻城、沔阳、黄安等处人民也因不堪厘金等税的盘剥,或打毁厘局,或图谋起义。对于群众打毁厘局,胡林翼认为"若非立予重惩,著为炯戒,则乡里无赖,势必至刁风日长,纷纷效尤"[32],命各州县严加镇压。对徐致祥案尤为重视,特令营务处专人带兵前往搜捕,先后屠杀数十人。

胡林翼、曾国藩虽然精心部署,但无法改变兵力不足所带来的致命弱点。主力部队几乎全部集中在第一线,即安庆、桐城及祁门一带,而第二线,即皖鄂交界大别山各要隘,只有成大吉、余际昌等军,腹地各府县更不能不唱空城计。胡林翼的错误,使这一弱点变得更加突出。陈玉成与湘军在桐城、枞阳大战近三个月,牵制了胡林翼的行动;为了支援和指挥第一线的战斗,胡林翼竟不顾第二线兵力严重不足的情况,于十二月中,将大营由英山前移至太湖。而英山既是大别山中的要隘,又距鄂东重镇黄州不足两百里,这就等于为陈玉成进军湖北打开了大门。

咸丰十一年(1861)正月,陈玉成领大军西进,二十九日大败乐儿岭余际昌军,余军七营,被歼四营。二月初四日,陈玉成军占英山,七日占蕲水,八日冒湘军旗号袭取黄州黄冈。黄州不仅是湖北重要的财赋之区,地丁漕粮征额几及全省二分之一,即所谓"黄州钱漕半一省"[33];且是军事要地,东距大别山,西至武汉均不过百里。当时汉口无城墙等防御工事,武汉防军只有步营两千多人，马队数百。这就是说，只要太平军继续西进，不仅汉口唾手可得，即使武昌、汉阳亦不难迅速攻下。事实上，太平军先头部队也进至距汉口不过四十里的滠口。

面对这种万分危急的情况，正在卧病的胡林翼惊惧悔恨交加，大口吐血不止，哀叹"临死而得罪一省之官民，何颜复立于人世哉！"三次向水师求援。十一日一天之内，又连发四次急信给李续宜，说："贼入黄州，恐日内又假冒官兵，分兵掳船渡江，扰入武汉矣！"[34]武汉官绅更是陷入极度惊悸之中，"人民一空，不堪笔述，各粮台、军火总局闻警散尽，阎丹初呼唤不灵，愤极自尽，几断气"。胡林翼的妻子也匆促带幼子逃走。[35]城中秩序大乱，"狱囚汹汹欲出"，"游匪复宣传贼至，将乘间为乱"，甚至公开抢劫。[36]布政使唐训方带队巡察，亲杀数人才稳定下来。

但是，陈玉成却并未趁武汉慌乱、防御空虚之机，挥师直取武昌，而是在前锋部队于滠口小挫之后，即游移不前；后更听信英国侵略者的谎言和"劝告"，放弃进攻武汉，屯兵黄州，分兵攻占德安、孝感、随州等地。这就为李续宜军和水师回援武汉提供了足够的时间。陈玉成出此下策，与李秀成南路军没有及时赶到，不能对武汉形成钳形攻势，也有很大关系。

曾国藩大营移驻祁门后月余，清廷为统一事权，调督办皖南军务的张芾赴京，将其防务交由曾国藩主持。八月，南路西征军李世贤、杨辅清两军，对宁国府城的围攻日益加紧，曾国藩令新到的张运兰军救援，但援军未赶到，府城已失。李世贤乘胜又攻占徽州，大败李元度，覆其全军，李元度只身脱逃。这时，左宗棠军未至，鲍超军虽早已随同南来，但鲍超本人假日不在营。兵单将乏的曾国藩，在八月十八日至九月三日六次飞信李续宜乞援，其中前三次尤为急切，其中有皖南局势"万分危急，欲求阁下带二三营，即日渡江南下相助"，"速带三营来此"，"速来救援"[37]等语。九月中旬，左宗棠军虽至，但南路西征军主力李秀成部也进入皖南。十月，李军更进至距祁门大营六十里之羊栈岭，鲍超军驰至力战，李军小挫后，即继续前进，经浙江常山进围江西建昌，一波甫平，一波又起。十一月初，太平军的杨辅清、黄文金两军一举攻占建德，大败普承尧军（归江西巡抚节制），切断了祁门大营与皖北的往来通道。黄文金更于追击普军途中占领彭泽，围攻湖口，直逼景德镇，其别部则攻占浮梁。稍后，李世贤、刘官芳等军也从东北两面逼近祁门，再入羊栈岭。此时形势，正如曾国藩所说："自十月来，奇险万状，风波迭起，文报不通者五日，饷道不通者二十余日。"[38]咸丰十一年(1861)正月，情况更危急。太平军曾一度攻至距离祁门大营仅十八里的石门桥。

这就是说，曾国藩的大本营不仅处于大范围的四面包围之中，而且数次受到直接的严重威胁。曾国藩惊呼："万难支持"，"旦夕不测"，[39]与在营的老友欧阳兆熊相约，"死在一堆如何"[40]。曾国藩写好遗书，准备自杀。但是，李、杨、黄、刘等南路西征军缺乏统一计划、统一指挥，在皖南、赣东北四处寻战，却没有狠下直接打击曾国藩大营的决心。而鲍、张、左等军却密切配合，奋力大战，使曾国藩死里逃生，免于覆灭；还在水师彭玉麟军强有力地配合下，击退进攻湖口的黄文金军，收复建德、浮梁、彭泽等城，迫使黄文金、杨辅清军东撤。三月，李世贤军也在景德镇、乐平败于左宗棠，东走浙江，黄文金更奉调援安庆。

经过近半年的反复鏖战，湘军终于击败了太平军的数路进攻，使皖南、赣东北的局势稳定了下来，大体上恢复到徽州失守前的状况。五月，湘军更趁机反攻，先后收复徽州、黟县。这样不仅保卫了湘军集团头号首领和钦差大臣曾国藩及其大营的安全，使刚刚建立起来的下游战区军事体制得以最终确立，也使太平军不能以皖南为依托，北与安庆守军、西与李秀成西征军相呼应，从而为湘军取得安庆争夺战的胜利奠定了基础。

李秀成西征军久攻建昌不下，乃于二月撤围，经江西抚州、吉安、瑞州，然后分路进入湖北。五月，李秀成军分别占领了武昌府的八个州县。富有革命传统，并早与李秀成建立联系的鄂南群众，纷纷加入太平军，使李秀成军迅速扩充至数十万人。这时，北路西征军，虽有一部分随陈玉成回援安庆，但赖文光等仍坚守黄州等地。这就是说，太平军对武汉已经形成了南北夹击的局面，处于有利形势。而这时的武昌，正如官文向李续宜告急信中所说："内外空虚，战守皆不足恃，惟日夜望眼将穿，候贵军迅速渡江应援。"[41]但李续宜军在黄州、德安与太平军守军相持，也无力大举南援，只能抽出蒋凝学一支应命。胡林翼得知太平军迫近武昌，五月十二日，即亲率成大吉军十营回援。其实，这完全是一场虚惊。李秀成此行着意在招兵，而不在攻武汉，所以虽兵临武昌城下，虽已接到驻黄州之赖文光的信，仍然下令全军南撤，经江西，东图浙江。这就使李续宜与截留援川的刘岳昭军，一心合力进攻坚守德安、黄州等地的北路西征军，武汉则已安如磐石，湘军可以一心一意围攻安庆了。

当皖南、江西、湘北处处告急时，曾国藩惊惧交加，不仅写了遗书，准备自杀，甚至对整个湘军集团的未来，也抱悲观态度。他致书胡林翼："黄州失守，武汉危急，不谓事局糜烂至此！南岸亦极决裂：左公分八营在甲路者，营盘失陷；建昌援兵再挫，府城恐不能保；江西省城涣散之至"，"吾二人亲见楚军之所由盛，恐不幸又见其衰"，[42]对围攻安庆也有短暂的动摇。他曾与曾国荃商议，"欲撤安庆之围，沉圃不应"[43]。但是，善于"一味忍耐，徐图自强"，"打脱牙齿之时多矣，无一次不和血吞之"[44]的曾国藩，再一次发挥他这种顽强的精神，誓死不退，拒绝幕僚们搬迁大营的建议，坚守祁门。直至皖南、赣东北局势稳定，方于四月一日，移至东流。同时，坚持既定战略方针，认为太平军在南北两岸出击，根本目的仍在解救安庆；因之，坚持围攻安庆仍是战争全局的关键所在。"群贼分路上犯，其意无非援救安庆……无论武汉之或保或否，总以狗逆回扑安庆时，官军之能守不能守以定乾坤之能转不能转。安庆之壕墙能守，则武昌虽失，必复为希庵所克。"[45]胡林翼也认为陈玉成攻武汉不成，"必由蕲州、黄梅、宿松一路下窜安庆，以遂其解围之本"[46]。为此，曾国藩、胡林翼商定必要时派鲍超军增援曾国荃军，曾国荃则加强围城工事。

事实证明，曾国藩、胡林翼的判断十分正确。陈玉成果于三月中旬，留军防守黄州、德安等城，自领万余人，经宿松回援安庆。下旬，陈玉成与守军配合，在安庆城外，与曾国荃、杨载福水陆军大战。与此同时，从天京和皖南来援的洪仁玕、黄文金等，也约集捻军，共五万余人，与多隆阿军大战于挂车河、新安渡。两处湘军早有准备，凭借坚固工事，以逸待劳，大败远来的太平军。四月，陈玉成留军在赤冈岭、菱湖筑垒固守，自引军北走桐城，并调集黄文金等军与多隆阿军再战，又败。趁陈玉成北去，一时无力来援之机，曾国荃与新从南岸来援的鲍超，围攻赤冈岭、菱湖太平军营垒。太平军凭垒反击，使攻坚的湘军遭重创，仅赤冈岭之战就伤亡"至三千余人之多，军兴所未有"[47]。但太平军也垒破人亡，被歼至万余人，皆为陈玉成军的"最悍之党""第一悍党"[48]。曾国荃得意之余，又大肆屠杀俘者降者约九千人，事后曾国荃也觉太过。曾国藩恐其弟动摇，去信大加鼓舞支持，"既已带兵，自以杀贼为志，何必以多杀为悔"[49]，要曾国荃继续执行这种毫无人性的屠杀政策。

太平军屡战屡败，不仅士气瓦解，且援军的调集越来越困难。李世贤、李秀成两大主力部队，不愿来援，一心要经略浙江，实现他们把苏浙根据地连成一片的计划。更为严重的是，安庆粮食、军火接济早断，贮存物资亦将告罄。与之相反，湘军不仅士气高涨，且曾国荃军既有坚固的营垒，又有内外壕墙，外拒援军，内困守军。同时，还在枞阳修筑大坝，加深加广内湖水面，于安庆东门外形成"一片汪洋"。这样，水师不仅可控制近城江面，也可以驶入内湖，与太平军作战。事实上，在围攻菱湖太平军各垒时，水师就发挥了很大作用，甚至直接攻下了四垒。

在这种情况下，太平军显然不能解安庆之围，但陈玉成不顾这一严峻形势，又从皖南调来杨辅清军。七月，陈玉成、杨辅清等军四五万人，猛攻曾国荃军，城内守军亦配合出击。湘军采取以静制动，反客为主的故技，坚守工事不出，迫使太平军进行攻坚战。正如官文在奏报中所说："我军不动声色，俟其逼近，始以枪炮轰击。"[50]有人曾这样详细描述这场攻守战，"人持束草，蜂拥而至，掷草填壕，顷刻即满。我开炮轰击，每炮决血衢一道，贼进如故，前者僵仆，后者乘之。壕墙旧列之炮，装放不及，更密排轮放，增调抬鸟枪八百杆，殷訇之声，如连珠不绝"。如此蛮攻，有时虽也有所突破，但湘军又增修新的壕垒。这样，太平军虽遭遇"积尸如山"的惨败，也不能攻破湘军防线。战至三十日，守军一部分在夜幕掩护下，弃城突围。八月一日凌晨，湘军趁机冲入，大抢大杀，"妇女万余俱为兵掠出"，"凡可取之物，扫地而尽，不可取者皆毁之"。[51]男子则全被屠杀，几岁男孩也不能免。

攻下安庆后，湘军趁大胜之机，扩大战果，八九月间，先后收复黄州、随州、黄梅、广济、宿松、桐城、庐江、舒城、池州、铜陵、无为等城，最东处距天京不过二百余里。其中除少数有内应外，其他或太平军自行撤走，或坚守一二日，即被攻下。这样，不仅湖北全境被"肃清"，皖北太平军根据地基本上瓦解；而且，还沉重地打击了李世贤、杨辅清、黄文金、陈玉成等军，其中，陈玉成军更遭遇毁灭性的打击。大部被歼，余部也涣散无斗志。陈玉成自安庆外围撤走，原欲至湖北招兵，但将兵不肯前去，"那时兵不由将，连夜各扯队由六安而下庐州，英王见势不得已，亦是随回"[52]。困守庐州后为广招兵马，徐图恢复，这年冬，陈玉成命扶王陈得才、遵王赖文光等远征河南陕西。但湘军不让陈玉成休养生息，同治元年(1862)正月，以多隆阿军围攻庐州。陈玉成督军顽强固守，战至四月，终于被迫弃城，突围北走寿州，结果被反复无常的地主武装头子苗沛霖诱执，解送胜保大营。胜保多方劝降，均被陈玉成严词拒绝。五月八日，陈玉成从容就义于河南延津，时年仅二十六岁。西线太平军就这样几近覆没，徐图恢复的希望也随之幻灭，从而解除了湘军东进天京的后顾之忧。

第三节　广西、贵州、四川的战争

咸丰九年、十年(1859—1860)，在石达开和李永和军、天地会及苗、教等起义军强有力的打击下，广西、贵州和四川的封建统治呈现出一派混乱的景象。三省大吏和清廷却束手无策，只知不断向湘军集团呼救。这三省都与湖南相邻，自然关系湖南安危。四川据长江上游，又与湖北相邻，在军事上，对以两湖为基地，正在争夺下游的湘军，有建瓴之势。在经济上，四川又能向湘军提供军饷；且川货，特别是井盐东下所带来的厘金税，又是湖北的重要饷源之一。

正是由于这种种原因，湘军集团对这三省一贯十分重视，并一直不断向广西、贵州提供军事和财政援助；对于咸丰九年、十年(1859—1860)三省的新形势，他们更不会坐视。当咸丰九年(1859)曾国藩奉命带兵入川时，胡林翼就希望曾国藩出任川督。后来虽未成事实，但他们热情并未稍减。十二月，左宗棠在代骆秉章所起草的奏折中，根据这三省的情况，更提出一个战略方针。他认为，四川"雄甲西陲，地险民富，天下常视以为安危"。"倘稍有损失，则滇、黔、粤西无可盼之饷，荆湖无可筹之厘。"四川为盆地，四周虽多高山大岭，但成都平原及井盐集中产地自流井等地为全国著名的富庶之区。且省内长期较为平静，直至咸丰九年(1859)李永和、蓝大顺起义军入境，四川才为战火所波及。因之，四川在财政上仍然是一个大有潜力可挖的省份。与之相反，广西、贵州"本瘠苦之乡"，"地方残破过多"，"嗜乱之土匪，从逆之苗瑶，所在蜂屯蚁聚"，长期陷于战乱，城镇与乡村都遭到严重的破坏。这样，如进兵镇压，势必"分兵剿洗，不独孤军深入，愈分愈单，无以制贼；且旷日持久，师老饷竭，意外之患更难设想"。但广西与广东紧邻，往来极便，又同为两广总督辖区；而广东则是全国著名的富庶之区，当时仅少部分地方有天地会军在活动。这就是说，广东有义务，也有能力支援广西。根据以上情况，左宗棠认为，保四川，"则兵力转弱为强，饷源更裕，滇、黔亦可资其援剿之力；然后责广东、湖南以平粤西之贼，西南兵事自有转机"。[53]就是说，只要牢牢地控制住了四川、广西，就掌握了扭转西南战局的主动权，进军贵州、云南也就不困难了。

但是，昏庸的清廷并不重视这一很有见地的战略建议，急于求成，不分主次、轻重缓急，命令三省大吏和湘军集团，在广西、贵州、四川大举用兵。

一、广西

咸丰七年（1857），蒋益澧军入援，虽使局势有很大好转，但后来却日益穷于应战，已经收复的柳州等地，又复为陈开军所夺，他本人也被人奏参降官。咸丰九年（1859）春，石达开军入湖南，其别部在两广北部活动。八月初，石达开自湖南入境，其别部正围攻桂林，蒋益澧自平乐前线匆匆入城。这时的广西形势，几乎又濒临咸丰七年（1857）那样的危急态势。陈开占浔州、柳州一带，陈金刚等占贺县，张高友占修仁等地。此外，"著名首匪以数十计，聚众或二三千人，或千余人，或数百人不等，皆屯据岩寨，或攻掠城邑，急则相合，缓则分处"[54]。八九月间，湘军萧启江、刘长佑两军一万四千余人，自湖南来援，连同蒋益澧军，总数近两万人。石达开军见湘军大至，乃于九月上旬撤桂林围，石达开也先期领大军南走，攻占庆远、宾州、百色等城，以为暂栖之地。

广西起义军虽然众多，但以石达开、陈开两支为最大。柳州位于秀京（浔州）上游，正是石、陈两军在地理上的接合部位，也是大成国的西陲重镇，又与石达开驻地庆远紧邻。进攻柳州，不仅能沉重打击陈开，为将来攻占浔州铺平道路，又可以威胁石达开，使其不敢在庆远久踞以养精蓄锐。但占据贺县、修仁的陈金刚、张高友，对桂林，甚至对湖南边境仍是一个严重的威胁。据此，刘长佑决计自领军攻柳州，而以蒋益澧军（萧启江军已调回湖南）防陈金刚、张高友两军，并相机联合湖南边防军进攻贺县。刘长佑军自桂林南进，十二月进逼柳州城下，猛攻十余日，均被守军击退。除夕，刘长佑军袭破鲤鱼岩要塞，城中接济完全断绝。咸丰十年（1860）正月，以火药炸塌城墙，湘军乘机攻入。但陈开自浔州不断派水师溯江西上，配合陆营和其他小股天地会军在柳州附近与湘军争斗，甚至切断城中接济，造成"城且旦夕破"的局面。四月，刘长佑回桂林接广西巡抚任，所部由刘坤一接统。刘坤一以军事打击与分化诱降两手，使局势逐步好转，至咸丰十一年（1861）春，终于全部肃清了柳州外围的天地会势力。

湘军与天地会军长期胶着于柳州，无力顾及石达开。但意志消沉的石达开，并未利用这一大好时机，力图进取，而是困守庆远。庆远一带为贫瘠山区，又经长期战乱，物资奇缺，无力供应多达十余万人的石达开军。这样，再加上各种内部矛盾，傅忠信、郑乔等部遂纷纷脱离石达开，或回旗天京，或带队他走，咸丰十年（1860）四月，石达开不得不撤出庆远，攻南宁不下，徘徊于上林、宾州一带。咸丰十一年(1861)夏，回至故乡贵县，与陈开军联络，欲图苟安一时。

刘长佑军南下攻柳州后，蒋益澧军屯驻阳朔，以拱卫桂林。咸丰十年(1860)四五月间，盘踞贺县的陈金刚东占富川，西扰乐平，湖南边境亦遭波及。蒋益澧与湖南来援的刘岳昭军，共九千人，合击陈金刚军，大战十多天，先后攻占贺县、富川等城，陈军败退至怀集、开建。十月，蒋益澧军自贺县南下追击。这时，两广总督不仅每月从广东协济蒋益澧军饷两万两，还派遣水陆军来援。湘军虽在湖南支援下，在广西建立了水师，但人数不多，浔州以东的水上战斗全靠广东水师。在湘军与粤军的合力攻击下，至十一月，就全部肃清了梧州附近堡寨的天地会军，陈金刚败退南走。这样，就出现了蒋益澧军与粤军自梧州西上，刘坤一等自柳州东下，东西夹击浔州陈开大本营的局面。面对这种不利的形势，陈开却只知进行内线消极防御，派军东西抵抗，而不知联络石达开、张高友等军进行外线出击，以致越来越被动。咸丰十一年(1861)七月中，陈开出动船舰四百余号、陆军万余人，与蒋益澧军广东水师大战。结果，陈军水师几乎全部被歼，陆上营垒亦失。湘粤军乘大胜之机，于十六日直逼浔州城。陈开这时惊惶失措，竟开城出逃，湘粤军乘势冲入城内。西线刘坤一军亦同时赶至。陈开旋即在逃跑途中被俘死难。屯踞贵县的石达开，见陈开覆灭，收集陈部余众后，不久即西北走，避开刘坤一军的截击，九月由怀远进入湖南。

解决了陈开、石达开两支最大的起义军，清廷认为广西形势已根本好转，再加上浙江军情紧急，乃命蒋益澧军援浙。同治元年(1862)三月，蒋军北上，广东水陆军也因缺饷，先期东归。这时，占据贵县村寨的黄鼎凤，见湘军兵力空虚，突然挥军大举进攻浔州。刘长佑自桂林督军进援，虽然使危急形势解除，但张高友却趁机攻占阳朔，前锋直抵桂林附近的六塘墟。这时，桂林一带兵力空虚，只有易元泰部数千人。而阳朔又"上通临桂，下达平梧，实为水路咽喉"，一旦易手，就使"河道中梗，厘金无从抽收，饷源立形断绝；且刘长佑远在浔州，后路已为贼阻，馈运不继，饥溃尤属堪虞！"[55]这就是说，广西湘军的南、北、西线都濒临崩溃。

在这样的紧急关头，作为湘军老巢的湖南再一次显示它的中流砥柱作用。湖南立即派出屯驻湘南的江忠义、李明惠等军，越境与易元泰军大举反攻。在同治元年(1862)，湘军不仅克复阳朔，还攻下张高友经营十年，"地势奇险，米粮炮火无不充足"[56]的莲塘根据地，歼其全军。升任广西布政使，接统刘长佑军的刘坤一(刘长佑升两广总督)趁机全力反攻，先迫使黄鼎凤退回贵县根据地，然后攻夺其外围据点。同治二年(1863)冬，刘坤一对黄鼎凤军展开最后的围攻，并先夺取了两大据点之一的覃塘，使平天寨陷于孤立。但黄鼎凤军拼死固守，且平天寨"四面削立，险固非常"，又"储蓄粮食甚多，寨上水亦足用"。[57]这样，时攻时停，直至同治三年(1864)四月平天寨才被攻下。黄鼎凤军虽全部覆灭，但刘坤一军亦被歼千人，受伤三千人。

经过五年的战斗，湘军在广西，终于迫走石达开，歼灭陈开、张高友、黄鼎凤等大批起义军。此后，虽尚有小股天地会军在活动，但已不能对广西封建统治构成大的威胁。

二、贵州

咸丰九年(1859)石达开入广西后，骆秉章即令田兴恕、兆琛等继续进援贵州。兆琛军攻下镇远后，即驻守不前，以防卫湖南西南部边境。田兴恕军则不同，黔抚视其为救星，清廷也对其寄予厚望，十二月，清廷破格以田兴恕署贵州提督[58]。

咸丰十年(1860)三月，进至铜仁的田兴恕，拒绝径援省城，决定先肃清思南、石阡两府，以通湘黔之路，然后再进兵平越。田兴恕军虽在思、石小有进展，但省城贵阳不断告急。札佐失守后，石达开部曾广依军，又进占广顺、归化等地，"省城附近苗教各匪，乘间而起"，以致"清水江以内数百里，贼踪几遍"，"省城四面受敌"。[59]在这种情况下，田兴恕不得不改变原来计划，令田兴奇、沈宏富两军赴援，后又加派刘吉三军。但援军节节受阻，田兴奇、刘吉三阵殁，直至七月始至余庆。八至九月间，田兴恕军经过奋战，终于攻克瓮安及其附近堡寨。十月，田兴恕自领数千人进入省城。"两旬以来，连获大捷，杀贼二万数千，收复地方三百余里。"⁶⁰清廷对此大为振奋。贵州巡抚刘源灏更视田兴恕为难得帅才，向清廷奏保："臣观其忠义奋发，纪律严明，实足以又安三省；惟文员不归节制，或恐呼应不灵"，要求给田兴恕更大职权。十二月，清廷同意刘源灏的要求，命贵州"镇道以下悉听节制"。⁶¹这样破格委任，显然是希望田兴恕能妙手回春，起贵州于沉疴痼疾之中。但是，田兴恕当时年仅二十三岁，不知文墨为何物，十六岁即入绿营为兵，后改投湘军，以亡命敢战屡被擢升，咸丰八年(1858)始独领一军，咸丰九年(1859)所部扩至四千五百余人。正如人们所指出的："其骁勇善战诚不失为健将，惜乎目不知书，不达政体"，且"器小易盈，其前后左右非粗陋虚浮，即谗谄面谀之人"。⁶²这样的人，只有战役战术的经验，不会进行战略思考，更不知政治统治、官场伎俩为何物，而其幕僚自然也不会有才干出众之人。这就是说，田兴恕实际上缺乏扭转危局的才干。

贵州的封建统治更是到了山穷水尽的地步。金田起义以来，不仅各少数民族纷纷起义，还有会党、白莲教起义，而后者又有红、白、青、黄四号之分。汉族地主在这种情况下，也竞相结寨自保。在有了一定的地盘和力量后，他们或相互争斗，或依违于官府、义军之间，或与官府争利，甚至对抗。而本省地瘠民贫，各项行政开支，向赖外省协款，太平军至长江流域，外省协款大多有名无实，至咸丰九年(1859)，积欠未结之款已达六百万两。本省"兵勇因欠饷日多，皆无斗志"⁶³。"名虽剿贼，实则距贼二三十里，及贼乘我，始勉强接战，甚有见贼即退。"[64]各级官吏在本省又大肆搜刮，甚至趁机渔利自肥，这又激起群众，甚至一些地主堡寨的反抗，使省内局势更加动荡。这样的恶性循环，使贵州的封建统治者如陷泥潭，愈挣扎愈不能自拔。

客观情况如此困难复杂，田兴恕又是只懂作战的武夫，两者结合，就不能不处处捉襟见肘，危机四伏。

田兴恕咸丰十一年(1861)又奉命以钦差大臣兼署贵州巡抚，利用这一职权，他先后开办了厘金、"按亩抽收"的厘谷、"差提富户至城捐输"的提捐等。这些名目不一的捐税既多且重，又追呼严酷。铜仁贡生卢某未及时上交捐税，田兴恕部将弁竟籍没其家，甚至同里百余家亦被淫掠。此外，湘军还借口清查逆产，任意没收民人财产。这样，"悉索之余，富者以贫，贫者以尽，生计日蹙，粮价日昂，穷民无以聊生，或转死沟壑，或去而从贼，比比皆然"[65]。一些地主富户亦抗税不缴，激成事端，田兴恕又悍然予以镇压，如他处死了清镇团总何山斗。贵州文人、曾国藩门生黎庶昌就很同情何斗三，"清镇粮额既重，官复苛敛，百姓怨之，以山斗乃世家，特拥之为首耳！"[66]可见，田兴恕的筹饷及其带来的后果，与过去贵州大吏的所作所为一样。

这样搜刮，虽然增加了财政收入，如厘谷一项，咸丰十一年(1861)就收入二十余万石。但贵州经济基础很薄弱，再搜刮也不可能解决，甚至不能缓解军饷奇缺的情况。这就是说，贵州仍必须依赖外省协济。而外省中的四川原可大力支援，但李永和、蓝大顺起义军入境后，四川自顾不暇，无力大量支援。湖南原定每月解款两万两（不包括韩超军的五千两），但田兴恕与湘抚毛鸿宾不和，再加上咸丰十一年(1861)秋冬，石达开军入境，湖南本省军费开支大增，毛鸿宾就趁机拒不解款，后更奏停贵州协饷。这样，就使贵州财政陷入了内外交困的危境。

田兴恕初时所部兵力只四千五百人，擢升提督后，黔抚海瑛奏请扩充至两万人。当时，遍地烽火，两万人甚至再多一点，也不足以应付局势。这就要求制定正确的战略，合理使用兵力。但田兴恕却采取"何处危急，即往何处应援"的简单反应战略。咸丰十一年(1861)这一年，所部或防卫贵阳，或在平越、开州、瓮安一带与苗、教军相持，或在定番、广顺、毕节一带与曾广依部太平军及苗民军作战。其间虽然收复定番、长寨等地，并迫使太平军退出省境。但定番之复，很大程度上是由于太平军内讧；杨岩保军更在广顺一带损兵折将，辎重全失；而毕节则被围困七十余天，费尽九牛二虎之力方始解围。杨岩保军东调后，虽收复平越，但李有恒部进攻毕节的猪拱箐苗民军据点，并无进展；其他地区，如东部全依赖湖南派遣军，更多的地方则根本无力过问。总之，田兴恕军的战绩并不突出，没能使局势有多大好转。

这种军事上、财政上处处碰壁的情况，对贵州，乃至对田兴恕自己，显然是一个严重危机。但骤膺高官、手握大权的田兴恕得意忘形，胡作非为，不仅谎报战功，滥杀士绅，任意保举属员，生活更是"益加荒淫，肆无忌惮"[67]。这样一年多时间，就在省内外引起"人言啧啧，切齿痛心"[68]，有人甚至多次上折奏参。据此，同治元年(1862)，清廷先夺其钦差大臣关防，后又罢其提督之任，同治二年(1863)更令其由黔入川。所部一部分撤散，其他一部分，如沈宏富部等虽仍留于贵州，并取得了一些胜利，但同治元年(1862)秋，却在开州一带连次挫败，退守扎佐。总之，以田兴恕为首的湘军在贵州基本上以失败告终。

三、四川

咸丰九年(1859)秋，李永和、蓝大顺(朝鼎)在毗邻四川的云南昭通地区起义，不久即进军四川，连克筠连、高县、庆符，围攻叙州不下，乃分兵趋犍为、自流井，盐丁灶夫踊跃从军，很快发展至数万人。清廷调曾望颜接任四川总督，并调湘军萧启江军六千人入援。但萧启江到川不久即病死，所部分为三军，由萧庆高、胡中和、何胜必分别统领，战斗力也因之大减。而曾望颜又"不谙军旅，年衰偏听"，"措置乖方"，[69]武员信任提督占泰，文员信任道员濮贻孙。但占泰"怯懦无能，拥兵自卫"，濮贻孙则"无孔不钻，无恶不作，通省以其贪而忘祸，或呼为扑灯蛾"。[70]清廷乃革曾望颜职，以成都将军崇实接署川督，并调骆秉章督办四川军务，希望骆秉章再与湘军集团合作，挽救四川危局。这一点，骆秉章很快就领会了，"旨意犹是带湖南绅士及勇丁，并湖北派数员，随同前往"[71]。他聘请湘军集团元老之一刘蓉为幕宾，像信任左宗棠那样信任刘蓉。正如郭嵩焘致刘蓉信中所说："自蜀来信者，言大小之政，一决之诸葛。"[72]同时，骆秉章随带黄淳熙等军五千余人入川，连同萧启江旧部，共有湘军一万两千多人。

咸丰十一年(1861)正月，骆秉章、刘蓉等离湘西行，四月至四川万县。这时李永和、蓝大顺起义军已"多至二十余万人，出没于潼、绵、资、简、叙、泸、富、隆之间，蔓延日宽，蹂躏至四十余州县"，"逼近省垣，西、南、北三路遍地皆贼，道路梗阻"。[73]且其中何国梁兄弟所带三万人正围攻定远，力图打通进入川东之路。针对这一情况，骆、刘决计就近先解定远之围，迫使何氏兄弟西走，以保川东完善之区。五月中，黄淳熙等军在定远获胜，但旋即在二郎场中伏，死伤近二百人，其中包括黄淳熙及弁将五十人。其军由帮办曾传理接统。七月，骆秉章接任四川总督。

早在上年奉命入川时，骆秉章就指出，要挽救四川，既要治标，更要治本。接任川督后，又专折上陈："川省当糜烂之后，急图补救之方，当以振兴吏治、整顿营务、宽筹饷需、剿除贼匪四者为要。"前两项是治本。骆秉章确有所指：布政使祥奎、中军副将张定川是这两项败坏的"本源"。长期以来，他们或"贿赂公行"，"不肖守令相率出入其门，钻刺夤缘无所不至"；或"狡狯刁诈，复以柔佞济之"，"通省武官多受其笼络，省城要职非其义子门生，即其亲信厚善之党"。这一大批无耻官僚横征暴敛，恣意贪污自肥，"百姓怨痛既深，辄复聚众相抗"。渠县、广安、达县、巴州、营山、东乡、南江、通州等州县，先后爆发群众"围城大哄，数日始解"的严重事件。[74]官场如此腐败，不仅严重削弱各级官府的职能，且农民，甚至一部分地主也会起而反抗，"围城大哄"的事势必越来越多。骆秉章、刘蓉决计大刀阔斧地加以整顿，先将祥奎革职，"永不叙用"，并关押法办张定川。二人在四川横行七八年，或长达十余年，党羽故旧甚多，这样的处置极大地震动了四川官场，使官员们有所收敛；接着又先后以"操守不洁""钻营取巧""诸事废弛""声名狼藉"等罪名，奏参永宁道杨某、龙安知府徐某、涪州知州朱某，以及广元、中江、天全、雅安、资阳等县知县等官三十余人。[75]这样，再加上骆秉章、刘蓉实心办事，比较清廉，四川文武官吏的恶习就不能不有较大的收敛，甚至改变，从而较有效地发挥了封建国家机器的统治职能，减少或缓和了各种矛盾。

在军事方面，骆秉章深知四川兵勇，"多以游民充数，甚且滥收啯匪，兵贼不分，以致官兵举动，计甫定，而贼已详知；而贼之踪迹，官兵转毫无闻见，往往贼窜数日，尚茫然莫测其去向"[76]。事实上，四川提督占泰被歼，就是因与义军有联系的士兵在作战时突然诈败而造成的，甚至咸丰十年(1860)底的省城守兵，也多为义军内应。正如当时署川督崇实所记："十二月，突有标兵勾逆为内应，予访实即拏获正法。"[77]因之，除了积极整顿川军，骆秉章、刘蓉不能不依靠湘军，并大加扩充。在原有各军之外，又先后增加刘岳昭军四千五百人、易佩绅军三千人、朱桂秋军两千多人、周达武军三千余人，萧启江的旧部三军也扩充至万人，刘德谦军扩充至两千余人，战斗力较强的川军唐友耕等部也得到扩充。此外，骆秉章还效法胡林翼，以湘军成法，编练四川人，组成勇营，"屡谋兼用蜀人，钤以楚军营制，亦冀简练材俊，申明纪律，别树蜀军之帜"，但其中只有张由庚、黄鼎两军五千余人较好，其余均"徒苦虚糜，不得不撤而去之"。[78]

骆秉章虽然大力扩军，但在数量上，特别是咸丰十一年(1861)时，仍远远处于劣势。骆秉章接任川督时，义军分为两大支：李永和在川南，自驻青神，分军略取眉州、嘉定等地；蓝大顺军在川北，大部分围攻绵州，分军略取江油、彰明、绵竹、安县、梓潼等地。其战略意在取远势，包围成都，进而加以攻占。针对这种情况，骆秉章、刘蓉决计采取各个击破战略，先集中湘军打击战斗力较强的蓝大顺军，并以提督蒋玉龙所统川军牵制李永和军；俟蓝军被歼后，再集中兵力打击人数最多，但战斗力较弱的李永和军。

蓝大顺军自咸丰十一年(1861)三月围攻绵州，屡为知州唐炯之黔勇和民团所却，至七月仍一无进展，锐气消磨几尽。七月底，湘军进至绵州附近，蓝大顺令各军主动出击，为湘军所败。八月一日，两军大战，湘军在唐友耕等军及城内守军配合下，大败义军。这时，蓝大顺不思变计，仍退守绵州西山观、青衣坝一带。结果，在十四日遭遇更惨重的失败，不得不带领余部向丹棱退却，靠拢李永和军，以便相互支援。十月，湘军集中兵力打击李永和军，解眉州围，李军被迫退走青神。湘军接着进围驻守丹棱的蓝大顺。蓝军顽强固守，战至十一月中旬，主动突围北走，湘军、川军沿途截击。蓝军只有一部分后来到达陕西南部，与太平军会合。十二月，李永和自青神突围，转战铁山、龙孔场等地，至同治元年(1862)闰八月败灭，李永和被俘斩。在川北、川东活动的李永和部将周绍涌(跩子)、郭福贵(刀刀)等，也先后败死。

当李永和、蓝大顺起义军已成强弩之末时，石达开军又大举入川。石达开的威望、才干和经验虽然远远超过李永和、蓝大顺两人，但分裂出走后，特别是在广西的那两年，声势大减，所部主力又一再分化，各奔东西，所剩无几。咸丰十一年(1861)秋，石军自广西入湖南，沿湘西僻路北进，同治元年(1862)正月入湖北西南角，沿途附从者日众。但由于石达开一心入川，再加上在湖南、湖北境内的江忠义、席宝田、周达武、刘岳昭等军的截击和跟追，无暇整训，所部虽众至二十余万，但战斗力并不强。而这时的四川，经过骆秉章、刘蓉的努力，军事上已击溃李永和、蓝大顺起义军，内政也大有起色，新的统治体制已日趋牢固。这就是说，石达开错过了入川的好时机。

四川若以长江为界来划分，江北不仅有富庶的成都平原，有全省政治经济中心的省会成都，以及仅次于成都的重庆，而且地域广阔，回旋余地很大，利于行军作战。而江南则地域狭小，远不及江北富庶，且与地势崎岖、土地贫瘠、民族复杂的云贵紧邻，极不利于行军作战。正是从这一基本情况出发，石达开于同治元年(1862)正月中旬进入四川后，即在忠州、丰都一带"连日扑渡"，力图抢过江北。而骆秉章、刘蓉也鉴于上述基本情况，定下严守长江，把石军困于南岸，徐图围歼的战略。为此，骆秉章、刘蓉一面令川军唐友耕、唐炯南渡，与尾追入川的刘岳昭军截击石达开军；一面严密封锁长江，使石军不能北渡，并严令曾传理、张由庚等攻击占领新宁，迫使正在围攻垫江、欲图接应石军的李蓝部军余北走。

石达开见抢渡无望，乃挥师西进，三月初，进围濒江之涪州城。唐友耕、唐炯入城助守，刘岳昭军亦赶至，内外夹击，相持不到十日，石达开又不得不西趋綦江。同时，江北李永和、蓝大顺余部也被迫放弃新宁、垫江，北走陕西。两军相去日远，南北夹江呼应，相互支援的大好时机遂一去不复返。因攻綦江不能下，援军又日集，石达开引军西趋，但仍不能北渡，乃改计扩大战区，打乱湘军部署，造成空隙，创造北渡机会。石达开入川之初，湘军重在防守，阻其渡江，颇露怯战之态。"石达开号为有谋善战，楚军畏之如虎，自窜蜀来无敢撄其锋者，而刘某(岳昭?)尤庸劣。"[79]虽然如此，湘军仍完成了防长江、阻北渡的战略任务。

四月至十二月间，石达开运用上述战略，先转战川南各地，屡屡被刘岳昭、曾传理、唐友耕所败；继入贵州，攻遵义、仁怀、大定等地，又为田兴恕旧部沈宏富等所阻；乃西入云南之镇雄、昭通，再分路入四川，力图"使官兵不能兼顾"，以便抢渡北岸。但湘军严守江防，并派军克复石军所占的高县、长宁，使其既不能北渡，又无驻足喘息之地。石达开乃在叙州之横江、双龙场构筑坚垒木城。湘军、川军云集猛攻，并诱降郭某，里应外合，大败石达开军。石达开不得不于十二月中，再走云南。骆秉章、刘蓉断定："该逆虽经大挫，而滇省早已糜烂，非其所恋。此寇一日未就殄灭，一日不忘注意川疆。"[80]因此，仍严令各军慎守江防，遏其北渡，并动员少数民族上层分子，加强雅州、宁远一带的防守。

同治二年(1863)正月，石军中旗赖裕新部虽在德昌、越嶲等地为湘军、土兵所败，赖裕新亦战死，但其余部仍于二月中旬，抢渡大渡河成功。骆秉章、刘蓉预计石达开大军势将跟进，部署愈益严密。三月，石达开果由昭通入宁远府，直抵紫打地，力图抢渡。这时，对岸有唐友耕重兵扼守，而紫打地则"地势洼下，后阻马鞍山，业经用越岭营扼其归路；左则索桥小水，距王应元(土千户)衙署不远；右则凉桥通岭夷地界"。早经湘军收买的王应元、岭承恩或断索桥，以土兵两千人扼守；或统土兵七千人从凉桥进攻。这样，石达开就陷入敌人预先部署的口袋中。而此前已抢渡成功的赖裕新余部，早已在湘军的不断打击下，远走川北、陕西。四月，石达开在困境中，几次突围抢渡都未成功，与王应元等商洽也被拒绝，又恰逢"连日河水陡长至二三丈，无处掠取粮米，至摘桑叶，掘草根，杀马骡为食"[81]，后来紫打地老营亦被王应元的土兵攻下，乃走老鸦漩驻扎，所部这时只余下数千人。石达开至此乃绝望，至唐友耕营，欲以个人性命换取放下武器的数千部众的安全。结果，石达开及其余部众全被屠杀。在此之前，湘军集团曾违背诺言，大举屠杀李永和部降众五千人！

由于陕西回民起义，李永和、蓝大顺和石达开两军余部及扶王陈得才军入陕，陕西中部、南部地区的局势日益危急。清廷敕命多隆阿军进援中部地区。同治元年(1862)冬入陕后，多隆阿连次大败回民起义军，迫其退往甘肃东部地区；但同治三年(1864)春，却在攻克李盩屋（为李蓝军北上余部占领）的战斗中，伤亡数千人，自己也伤重身死。南部地区则希望四川、湖北增援。四川先后派易佩绅、朱桂秋等湘军援汉中，石达开军被歼后，又增派萧庆高、何胜必等军。清廷也因四川已趋稳定，命刘蓉督办陕南军务，七月，更擢升刘蓉为陕西巡抚。显然，这是要刘蓉带领四川各支湘军，并依靠四川的后勤支援，进援陕南，乃至平定整个陕西。当刘蓉尚在成都部署北进陕西各项事务时，汉中周围的湘军贪功冒进，于八月十九日向围城太平军发起总攻。太平军因势利导，诱敌深入攻坚，从四面加以包围。经过反复冲杀，湘军虽突出重围，但太平军穷追猛打，战至次日，湘军不仅营垒全失，"尽弃帐房辎重，且战且走，退扎青石关"，且"伤亡至三千余人，阵亡营官至七八员"，汉中也因此被太平军攻克。这样的大败，在湘军史上不多见，正如刘蓉所说："实少有如此次挫衄之甚者。"[82]刘蓉赶至前方整顿新败各军，四川也给予大力支援，拨一万三千人归刘蓉统带，并源源不断地供应大量军火粮饷。同治三年(1864)正月，因急于东援天京，陈得才放弃了汉中及其附近各县。刘蓉收复汉中等地后，四月至西安，接任巡抚。

1. 胡林翼:《致宫揆帅(二十三日)》,《胡文忠公遗集》卷65。
2. 曾国藩:《曾文正公手书日记》,咸丰九年十一月初七日。
3. 曾国藩:《致胡宫保(咸丰八年九月二十九日)》,《曾文正公全集·书札》卷6。
4. 薛福成:《咸丰季年三奸伏诛》,《庸庵笔记》卷1。
5. 李桓:《甲癸梦痕记一》,《宝韦斋类稿》。
6. 吴良田:《河陕汝道尹君墓表》,《心白日斋集》(尹耕云著)。
7. 李康猷:《行述》,《苏邻遗诗》(李鸿裔著)。
8. 周星诒:《窥樯日记》。案:郭嵩焘在咸丰八年和九年日记、《玉池老人自叙》,以及一些私人信札中,都记录了他与陈孚恩、肃顺的密切关系和对陈孚恩的感恩之情。
9. 王代功:《湘绮府君年谱》,卷1。
10. 王闿运:《天影庵诗存·序》。
11. 王闿运:《法源寺留春会宴集序》,《湘绮楼日记》(民国三年三月廿一日)。
12. 赵尔巽:《清史稿》,卷482。
13. 胡林翼:《致郭筠仙太史(初三日)》,《胡文忠公遗集》卷65。
14. 薛福成:《肃顺推服楚贤》,《庸庵笔记》卷1。
15. 王庆云:《请续办八年按粮津贴折》,《王文勤公奏稿》卷7。
16. 钟琦:《皇朝琐屑录》,卷31。
17. 林则徐:《林文忠公政书·蒐遗》,道光十三年十一月十三日。
18. 姚永朴:《曾文正公》,《旧闻随笔》卷3。案:姚永朴之父为曾国藩所赏识,又是友芝的学生,此说当有根据。又考莫友芝《郘亭诗钞》卷6有关诗,莫友芝此时正在北京,且与高碧湄、郭嵩焘、尹耕云等人往来甚密,至同年秋,方离京南下。
19. 曾国藩:《历陈胡林翼忠勤勋绩折(咸丰十一年十月十四日)》,《曾文正公全集·奏稿》卷14。
20. 黄赞汤:《与豫抚公致曾涤生枢帅书》。
21. 曾国藩:《遵旨悉心筹酌折(咸丰九年十月十七日)》,《曾文正公全集·奏稿》卷11。
22. 以上未注明均引自曾国藩:《通筹全局并办理大概情形折(咸丰十年五月初三日)》,《曾文正公全集·奏稿》卷11。
23. 曾国藩:《复左季高(咸丰十一年四月初二日)》,《曾文正公全集·书札》卷15。
24. 曾国藩:《拟设江西粮台及牙厘总局片(咸丰十年五月初三日)》,《曾文正公全集·奏稿》卷11。
25. 胡林翼:《致李方伯多都护(初四日)》,《胡文忠公遗集》卷72。
26. 李思澄摹印:《胡文忠公手札》,二十三日夜致李续宜函。
27. 曾国荃:《复郭志臣》,《曾忠襄公全集·书札》卷2。
28. 杨岳斌:《攻破股家汇扫平枞阳伪城折(咸丰十年五月十二日)》,《杨勇悫公奏议》卷1。
29. 胡林翼:《复沅圃观察(咸丰十年八月二十一日)》,《胡文忠公遗集》卷77。
30. 胡林翼:《复多都统(二十五日)》,《胡文忠公遗集》卷77。
31. 曾国荃:《与赖古愚》,《曾忠襄公全集·书札》卷1。
32. 胡林翼:《致黄安诸兰谷》,《胡文忠公遗集》卷71。
33. 胡林翼:《复曾涤帅》,《胡文忠公遗集》卷72。
34. 李思澄摹印:《胡文忠公手札》,十一日致李续宜四函。案:亦见于已刊之胡集,但四信并为两信,且加删节。

35	柳诒征:《彭玉麟致曾国藩书(二月廿三日)》,《陶风楼藏名贤手札》,第2册。
36	唐训方:《鄂城定变》,《唐中丞遗集·从征图记》。
37	李思澄摹印:《曾文正公手札》,八月十六日、二十三日、二十七日致李续宜函。案:《曾文正公全集》只录六信中八月二十九日一信(《致李希庵(咸丰十年八月二十九日)》)。
38	曾国藩:《致澄侯四弟(咸丰十年十二月初四日)》,《曾文正公家书》。
39	曾国藩:《致澄侯四弟(咸丰十一年二月二十四日)》《致澄沅季弟(三月四日)》,《曾文正公家书》。
40	欧阳兆熊:《曾文正公事》,《水窗春呓》卷上。
41	佚名:《官文五月六日致李希庵信》,《道咸同光名人手札》第一集。
42	曾国藩:《复胡宫保(咸丰十一年二月十五日)》,《曾文正公全集·书札》卷14。
43	李思澄摹印:《曾文正公手札》。此信无年月日,亦不见于《胡文忠公遗集》。
44	曾国藩:《致沅弟(同治五年十二月十八日)》,《曾文正公家书》。
45	曾国藩:《致沅、季两弟(咸丰十一年二月二十二日)》,《曾文正公家书》。
46	胡林翼:《复李中丞(十四日)》,《胡文忠公遗集》卷81。
47	曾国藩:《复李少荃(咸丰十一年五月初十日)》,《曾文正公全集·书札》卷15。
48	《曾国荃致金逸亭书》,《太平天国史料专辑》,第461页。
49	曾国藩:《致沅季弟(咸丰十一年六月十二日)》,《曾文正公家书》。案:朱洪章《从戎纪略》言:仅菱湖之战,就杀降万人。但其他记载均言菱湖太平军守垒者有七八千人,朱洪章此说显得有些夸大。曾国荃致金逸亭书言:菱湖太平军实有七千人,又言:生才金老贼五千余人杀之。曾国荃所说似近事实,同时,各种记载均言赤冈岭太平军共四垒,前三垒降者二千八百四十人,后均被惨杀。后一垒无一人降,突围时被俘达八九百人,也被屠杀。据以上三个数字,曾国荃共屠杀降者、俘者当约九千人。
50	《钦定剿平粤匪方略》卷273,第13页。
51	《能静居日记》(咸丰十一年八月十三日),《简辑》第3册,第201页。案:曾国藩、官文、胡林翼等奏报均言八月一日凌晨,用火药炸塌城墙后,湘军奋勇冲入。但王闿运之《湘军志》则含糊其词。陈嘉榆所修、王闿运所纂的《湘潭县志》(光绪)卷8《郭芳珍传》说,贼发觉守军欲弃城出逃,驰至"西南,城门大开,遂驰而入,从之者旗长十余人,趋东北斩关,军遂毕入。或曰贼走数日而始觉,或曰力战克之,此松林自述其事,故依而载之"。朱洪章《从戎纪略》言:守军"由地道遁走,我军进城已空无贼矣"。英国人呤唎在《太平天国革命亲历记》中,也有类似记述:(安庆失守后)其余太平军守军与清军达成协议,安全离城,抵达太平军境内的庐州。以上三种记载,一个共同点就是守军一部或全部,在湘军未入城前,已经撤出安庆,曾国藩为了邀功,掩盖了这一事实。
52	《李秀成自述》,《中国近代史资料丛刊·太平天国》第2册,第820页。
53	骆秉章:《萧道一军改道驰赴黔蜀之交折(咸丰九年十二月十五日)》,《骆文忠公奏稿》卷10。以上未注明出处,皆引自此折。又《骆文忠公奏议》卷16,此折文字有所不同,以上所引某些文句被删去。

54	刘长佑:《兵增饷绌片（咸丰十一年四月二十六日）》,《刘武慎公遗书》卷2。
55	毛鸿宾:《派兵出境援剿黔粤股匪折（同治元年七月十一日）》,《毛尚书奏稿》卷6。
56	毛鸿宾:《楚师援粤连破莲塘卡隘折（同治元年十二月二十八日）》,《毛尚书奏稿》卷8。
57	刘坤一:《禀张中丞（同治二年七月二十五日）》,《刘忠诚公书牍》卷1。
58	田兴恕任贵州提督的时间,《湘军志》《咸同贵州军事史》《平黔纪略》说法不一。案:《文宗实录》卷303,记咸丰九年十二月初一日革贵州提督蒋玉龙职,以田兴恕升署。十年十月又实授田兴恕为提督（同书,卷332）。
59	《文宗实录》卷321,咸丰十年六月乙丑。
60	《文宗实录》卷334,咸丰十年十月丁亥。
61	《钦定平定贵州苗匪纪略》卷8,第20—21页。
62	毛鸿宾:《缕陈督兵大员奏报不实折（咸丰十一年九月二十四日）》,《毛尚书奏稿》卷3。
63	《文宗实录》卷302,咸丰九年十二月丙申朔。
64	罗文彬:《平黔纪略》,卷7,咸丰十年正月十三日。
65	罗文彬:《平黔纪略》,卷10,同治二年二月初二日。
66	凌惕安:《咸同贵州军事史》,第二编下,第五十三章何山斗之役。
67	罗文彬:《平黔纪略》,卷9,同治元年二月初四日。
68	毛鸿宾:《缕陈督兵大员奏报不实折（咸丰十一年九月二十四日）》,《毛尚书奏稿》卷3。
69	《文宗实录》卷318,咸丰十年五月乙未。
70	《文宗实录》卷320,咸丰十年五月辛酉。
71	郭庆蕃辑:《七月七日骆秉章致郭意诚书》,《咸同中兴名贤手札》,第123页。
72	郭嵩焘:《与刘霞仙》,《养知书屋文集》卷10。
73	骆秉章:《川省军务疏（咸丰十一年六月初三日）》,《骆文忠公奏稿·续刻四川奏议》卷2。
74	骆秉章:《择尤参劾以图整顿川省吏治营务片》,《皇朝经世文统编》卷34。
75	《穆宗实录》卷15,同治元年春正月庚寅。
76	骆秉章:《四川营务废弛情形疏（咸丰十年八月初七日）》,《骆文忠公奏稿·续刻四川奏议》卷1。
77	崇实:《惕庵年谱》,咸丰十年。
78	刘蓉:《复李黼堂方伯书》,《养晦堂文集》卷6。
79	唐炯:《成山老人自撰年谱》,卷3,第13页。
80	骆秉章:《攻克发逆坚巢疏》,《骆文忠公奏稿·续刻四川奏议》卷5。
81	黄彭年:《代刘蓉致骆秉章禀稿》,《太平天国资料》,第218页。
82	刘蓉:《会奏援军挫衄情形疏（同治二年九月十七日）》,《刘中丞奏议》卷1。

第七章

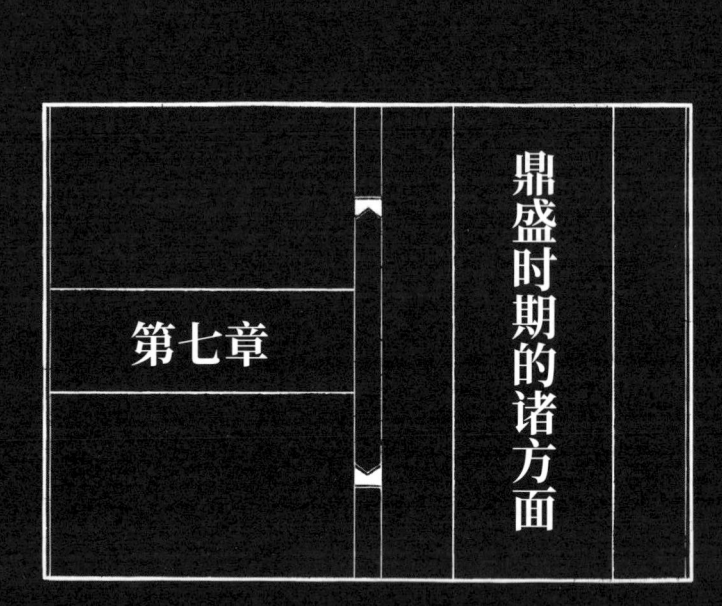

鼎盛时期的诸方面

第一节　军政实力的急剧膨胀

咸丰十一年(1861)七月十六日,咸丰帝奕詝病死于承德避暑山庄,其子载淳继位,明年改元同治。载淳当时年仅六岁。咸丰帝临终前,命怡亲王载垣、郑亲王端华、协办大学士户部尚书肃顺等八人为赞襄政务王大臣,执掌政权。同治帝生母,当时年仅二十六岁的叶赫那拉氏,不满足于太后的尊荣,力图改变这种状况,与恭亲王奕䜣合谋以正常途径取得大权,唆使御史奏请太后垂帘听政,并以近支亲王一二人为辅弼。在遭到肃顺等人的严词拒绝后,他们决定进行宫廷政变。九月下旬,那拉氏、同治帝一回到北京,便立即下令逮捕肃顺、载垣、端华,并宣布垂帘听政,以奕䜣为议政王,掌管军机处及总理衙门。

那拉氏、奕䜣与肃顺、端华等你死我活的斗争,完全是争权夺利,并无政见之不同。对外,双方都接受了《北京条约》。不过肃顺等人与西方侵略者没有直接往来,对他们多少还存在一些疑虑,而奕䜣则对侵略者又打又拉的方针有亲身体验,对他们扶植清王朝的政策深信不疑。对内,镇压以太平天国为中心的革命运动,双方在这一点上更是一致。至于依靠什么去镇压,正如前述,肃顺大胆使用湘军,大批擢用湘军集团头目。那拉氏在政变前,无机会对此表达自己的态度。政变后,其最急迫的问题是稳定政局,争取人心。为此,那拉氏、奕䜣等宣布不株连肃顺的一般党羽。

肃顺虽然擢用了一批湘军集团头目,但正如前述,两者只有事实上的联系，并无特殊关系。据说肃顺被处决后，"籍其家，搜出私书一箱，内惟曾文正无一字。太后叹息，褒为第一正人"[1]。这就是说，湘军集团的头目不仅不是肃顺党羽，且是有意与其疏远的人。同时，清廷的亲信武装力量，八旗绿营已基本上被太平军摧毁，唯一的尚有一定战斗力的僧格林沁军，又在上年对外战争中遭到沉重打击，尚在恢复过程中。而湘军却越战越强，人数越来越多，控制地区越来越广，声望越来越高。仅九月就先后有侍讲学士颜宗仪、给事中高廷祜等人上奏，要求命曾国藩密保干员，以取代浙江巡抚王有龄、江苏巡抚薛焕。有人甚至要求以曾国藩为经略大臣，节制两湖、两江和安徽，即把整个长江中下游的军政大权交给曾国藩。王有龄也自认无能，奏请以左宗棠督办全省军务。

总之，从稳定新体制、派系关系和军事实力考虑，那拉氏都不能不依靠湘军集团。事实上，那拉氏执政后一个月，即命曾国藩在两江总督辖区之外，再节制浙江省，并命左宗棠督办浙江军务，破格任命刘蓉为四川布政使。三个月后，即十二月，又任命左宗棠为浙江巡抚、沈葆桢为江西巡抚、严树森为湖北巡抚，李续宜则回安徽巡抚本任。同治元年(1862)元旦，清廷颁布几道赏赐殊荣的诏旨，被赏赐者中汉员只有曾国藩一人。旨中有"其敷乃腹心，弼予郅治"[2]等语。十二天后又在诏书中说："每于该大臣等奏报到时，详加披览，一切规划，辄深嘉许，言听计从。"[3]这不是过甚之词，事实上不仅用兵方略，唯曾国藩之言是听，甚至任命大员，也听从曾国藩的意见。但那拉氏始终拒绝任命曾国藩为经略大臣,不令他节制两湖,以保护官文在两湖的地位。可见,那拉氏与肃顺一样,固然信任湘军集团,但头脑并没有发昏,仍然牢牢地掌握着分寸,让自己最亲信的满族贵族控制长江中下游的战略要区。

咸丰帝死后,湘军集团对政局曾经抱着很大的忧虑,"北望流涕,忧切剥肤"[4]。那拉氏掌权后,十分重用曾国藩等人,这使湘军集团欢欣鼓舞,感恩戴德。曾国藩的亲信李榕说,"内间自两宫亲政,力求治理","外臣恩遇于节帅(即曾国藩)特隆,南服之封疆将帅,凡有黜陟,皆与赞画。将也相也,节帅之任重道远矣。我辈属在僚佐亦为感奋,愿与同志者相磨砺也"。[5]郭嵩焘也说:"近日朝廷举措,直是从大处着笔,为从来所未有。"[6]面对那拉氏这样破格的信任,曾国藩冷静而又明智,不但不因此而志得意满,骄横跋扈,反而更加谦让。如那拉氏命其节制浙江,他就再三辞谢。当命他推荐巡抚人选时,更力陈不可,说任命"封疆将帅,乃朝廷举措之大权,岂敢干预";他"既有征伐之权,不当更分黜陟之柄";应该"预防外重内轻之渐,兼以杜植私树党之端"。[7]其实,曾国藩内心希望更多的湘军头目为地方大吏。他一向认为带兵将帅必须同时为地方大吏,这样才能领军筹饷,于事有济。而这样欲擒故纵的手法,却使清廷对他更抱有好感,要他"不当稍有避嫌之见",以后"如有所知,不妨密封呈进,以备采择"。[8]

那拉氏的信任,曾国藩的明智,使湘军集团与满族贵族的关系向前跨了一大步,双方合作更紧密了。这样,咸丰十年(1860)开始的湘军集团的扩展势头也得以继续保持,并进而达到登峰造极的程度。

这主要表现在湘军集团掌握的军事实力和省级政权有了迅猛增长。在湘军集团的发展过程中，虽然军事实力起着主导作用，但政权的作用也十分显著。如咸丰三四年湘军的建立及其战功，固然为骆秉章、左宗棠、胡林翼取得两湖政权铺平了道路，但两湖基地的建成，又巩固了初建的湘军，并使其得到更大的扩充。咸丰十年(1860)，特别是同治初三年(1862—1864)的情况，又一次证明了这一点。

这期间湘军集团头目纷纷出任督抚。有的是曾国藩奏保的，如李鸿章、沈葆桢、恽世临等，有的虽未经他直接保奏，但他促成了一种形势，迫使清廷非委任湘军头目不可。两广总督劳崇光，与曾国藩一向不睦，在筹饷问题上又不合作，曾国藩亟欲去之而后快。当时广东最为富庶，"天下之大利"，除地丁、漕粮外，有海关、盐场、劝捐和厘金，"他省或据其一，或据二三，而广东省四者兼而有之"。[9]为了达到去除劳崇光的目的，曾国藩以军饷奇绌为由，上奏要求派大员至广东办厘金，并予以奏事及参办阻挠抽厘的官绅之权。这实际上是分割当地督抚的权力，自成体系。劳崇光自然不会就此罢休，而清廷也深知曾、劳的矛盾，不能协作，为军饷计，不得不调走劳崇光，而代以与曾国藩关系较好、又为同年的晏端书，后更以湘军集团人员继任，以期在广东为湘军筹集更多军饷。

有的湘军集团头目出任督抚，并非只由曾国藩一人保荐，有的甚至并未保荐。如李续宜、彭玉麟就同时得到官文、胡林翼保荐，刘蓉则由胡林翼、骆秉章、文祥保荐。左宗棠的保荐者更多，如浙抚王有龄不仅认为左宗棠"有胆有识"，可接任其位，他还要求吴煦"务为代我图之"，他甚至赌咒发誓："倘有虚言，有如此日。"[10]这不仅表明王有龄个人是真心实意，也反映了在以太平天国为中心的人民革命打击下，腐败无能的满汉大贵族、大地主、大官僚，只知依赖湘军集团的心理。在满汉统治者上述共同心理的推动下，同治前三年（至攻下天京为止），清廷先后任命毛鸿宾为两广总督、刘长佑为直隶总督、左宗棠为闽浙总督、杨载福为陕甘总督、郭嵩焘为广东巡抚、李鸿章为江苏巡抚、唐训方为安徽巡抚、刘蓉为陕西巡抚、阎敬铭为山东巡抚、曾国荃为浙江巡抚（未到职）、恽世临为湖南巡抚。再加上咸丰十年、十一年（1860—1861）已出任的胡林翼、骆秉章、曾国藩、罗遵殿、严树森、李续宜、沈葆桢、彭玉麟（未到职）、田兴恕、江忠义（贵州巡抚，未到职），四年多的时间先后有二十一个湘军集团头目出任督抚。如再加上与之关系密切的晏端书（两广总督）、黄赞汤（广东巡抚），那就多达二十三人。其中毛鸿宾、左宗棠、严树森两次，曾国藩、刘长佑、李续宜、田兴恕三次被委任，曾国藩、田兴恕和李续宜（未到职）还被委任为钦差大臣。

这二十三个人中有十三个湖南人，他们均为湘军将领或幕僚。其余十人，严树森、毛鸿宾、阎敬铭、骆秉章、罗遵殿的情况前已有所介绍。晏端书（江苏人）为曾国藩会试同年，沈葆桢（福建人）、李鸿章均为曾国藩所赏识，并加奏保。黄赞汤（江西人），曾国藩好友，咸丰五年、六年（1855—1856）在江西为湘军筹集大宗军饷。恽世临(江苏人)，长期在湖南做官，为曾国藩赏识并加奏保。这二十三个人，主要分布在长江中、下游的四川、贵州及其以东各省，其次是珠江流域。广东完全由湘军所控制，广西巡抚虽非湘军人员，但湘军为省内主力部队，且受制于两广总督，其布政使刘坤一又为湘军大将，因而事实上广西也为湘军集团所控制。相形之下，湘军集团在黄河流域则大为逊色，只控制了陕西、河南、山东、直隶四省，且控制的深度和广度也远不及长江中下游各省。

与此同时，湘军集团的督抚又利用掌握的地方政权，大肆搜刮税收，筹集军饷，扩充部队，从而使湘军实力急剧增长。

曾国藩任两江总督后，即成立左宗棠、李元度军；攻下安庆后不久，又令曾国荃回籍招募湘军六千；以后又成立李鸿章的湘淮军(即"淮勇""淮军")及淮扬和太湖两支水师；等等。各将领也深知部队多、战功多，既可多得利，又能获高官，掌大权，因而往往不待命就自行筹饷，招募新营。如鲍超同治元年(1862)已募数千人，"又派有至三厅续招五千，于营中自备银一万六千带往，不支粮台东局之银"[11]。至同治二年(1863)春，鲍超所部就已扩充至二十三营，一万三千多人。曾国荃自恃为大帅亲弟，更欲自筹军饷，扩大招募，还要建立自有水师十二营。这一计划虽被曾国藩制止，但所部后来扩充至五万多人(其中一部分是乃兄拨给的)。位至督抚的湘军集团头目也深知在战争时期，身在战区，或靠近战区，军事上不能自立，不仅不能保位，甚至身家性命也危险，因而也热衷于招募新营，成立新军。如沈葆桢一接任江西巡抚就"极欲自立门户","莅任匝月,不问地方事宜,汲汲以将才为务"。[12]

这样的扩军热潮,使湘军人数猛增,实力大为膨胀。同治二年(1863)冬,曾国藩的直辖部队就多达十二万人,李鸿章的淮军多达七万余人。同年夏,左宗棠约有四万人,沈葆桢在江西约有一万多人,广西湘军蒋益澧军北调归左宗棠,而刘坤一所统之原刘长佑部和萧荣芳部,当近万人。刘长佑为直隶总督,原欲练湘军五千人,但并未成功,最多时约有湘军三千人,少时不足千人。此年冬,广东的毛鸿宾令张运兰、杨虎臣募湘军六千人,不久,杨虎臣部仍回湖南。同治三年(1864)春,广东实有湘军当不足六千人。四川、陕西两省的湘军人数很难分开,因同治二年(1863)秋刘蓉虽已位至巡抚,但直至同治三年(1864)四月始至西安任事,在此之前,一直在陕南,同治二三年之交,两省合计当有湘军约四万人。同治二三年之际,湖南,包括江忠义、席宝田两军在内,当约三万人;湖北,包括李云麟、石清吉、成大吉等军在内,当有三万多人。贵州,田兴恕革职后,仍有一部分湘军,估计不会超过万人。多隆阿同治元年(1862)以万人援陕西,以后陆续扩充,至同治三年(1864)春,当约两万人。都兴阿于咸丰十年(1860)东援苏北,带去一千余人。

与此同时,即使非湘军集团的督抚大吏,也积极委任湘军将领在湖南招募勇营,按湘军营制,编练新军。这些军队也应该视为湘军的一部分。这方面最著者当是浙江巡抚王有龄于咸丰十年(1860)令李元度招募安越军八千人。此军后来因李元度被参革，或被撤散，或归入左宗棠部下，不复自成一军。其他，如河南巡抚郑元善令李续焘募六营，继任张之万又令葛承霖募四营，再继任者吴昌寿也命人募四营，甚至河南团练大臣毛昶熙所部只五千人，其中"惟楚勇一千五百名，尚称得力"[13]。在捻军、教军打击下，山东省内兵勇屡次溃败，巡抚谭廷襄束手无策，清廷又责令湘军集团设法援救，"山东军务责成两湖兼顾，盖因两湖办有成效，欲推广行之他省"。曾国藩以两省距山东太远，募勇行军所费太多，且南方人"不惯面食，不愿远去"[14]，而婉言谢绝。但清廷不依，最后只得募勇两千余人，命升任山东按察使的原长沙知府丁宝桢带领前往。同治元年(1862)，僻处宁波的道员史致锷也招募楚勇五百人。类似这样的湘军还有一些。

从以上情况可以看出，从咸丰十年(1860)夏到同治三年(1864)攻下天京止，湘军集团发展是"二多一快"。所谓"二多"，一是人数众多，同治二三年之交湘军总兵力有四十多万，之后续有增加，如左宗棠就扩充至六万人。至同治三年(1864)攻下天京时，湘军总兵力当达五十多万，即已接近过去的绿营兵力总数。二是督抚大帅多，从咸丰十年(1860)夏至同治三年(1864)夏，先后有二十三人。其中，同治三年(1864)夏，为总督者有曾国藩、左宗棠、刘长佑、毛鸿宾、骆秉章、杨载福等六人，为巡抚者更多至八人。这样，江苏、安徽、江西、浙江、福建、湖南、湖北、四川、广东、广西、陕西、山东和直隶都为湘军集团所控制。当时东北、青海、新疆、西藏未设省，全国只有十八个省，而湘军集团竟占去十三个省，占总数的百分之七十二。以一个集团而占有如此广大的地盘，拥有这样庞大的军事实力，这不仅在清代是空前的，在古代也极为罕见。这说明兵强马壮的湘军集团，与以满族贵族为主导的清廷，已经形成双峰对峙，甚至有凌驾而上之势。所谓"一快"，即膨胀速度快。湘军集团出任督抚者，在咸丰三年(1853)至同治三年(1864)的前七年多只有五人，其中曾国藩可以不算，江忠源仅任职三个月，罗遵殿到职时间也仅约五个月，骆秉章任湖南巡抚时还不能算做湘军集团的成员，实际上出任督抚者只有胡林翼一人；后四年多时间有二十三人，为前七年的二十三倍，如以四人计算，也高至六倍。湘军集团的兵力，经过前七年的扩充，至咸丰九年(1859)约有十四万人，后四年却扩充至五十多万，增加了四倍左右。

这样的"两多一快"的扩展特点，有力地证明湘军集团已经进至鼎盛时期。但同时也带来一系列新问题，使这个集团不可避免地进入剧烈演变时期。

湘军集团作为一个军事政治团体，是由思想相通、利害相关、地域相同、社会关系(家族、亲朋、师生)相近的人，在镇压太平天国革命运动的过程中逐步形成并发展起来的。和封建时期其他士大夫政治派别一样，并无组织条规，更谈不上组织纪律。曾国藩作为这个集团最高首领，只是由于他既是湘军的创建者，又是当时所有成员中地位最高、声望最隆的人，而其他成员，包括胡林翼在内，又是他一手提拔保荐的。这就是说，首领与成员、成员与集团之间，完全是靠个人感情、道义和一时利害关系而纠集在一起，这自然没有强制性的约束力。正是由于这一点，早在咸丰三四年之交，王鑫就因为要发展个人势力，与曾国藩大闹矛盾，终至公开决裂；不过，当时王鑫地位低下，力量单弱，这一分裂没有发生多大影响，没有产生严重后果，湘军集团仍然保持着一体性。

咸丰十年(1860)之后的情况就大不相同。湘军集团中的督抚大帅纷出并立，与曾国藩官位相近者就多达二十余人。这就是说，湘军集团已由咸丰五六年时的三个司令部、三个中心的格局，变为真正的多中心格局。这虽然促进了湘军的发展，但多头中心的通病，即内部矛盾加剧，甚至公开分裂，也将不可避免。这些大头目气质互异，与曾国藩及集团的关系，也有亲疏之别。如阎敬铭与胡林翼虽有知己之情、保举之恩，但胡林翼一死，此情就不复存在了。而山东距湘军集团的势力范围又遥远，彼此并无密切的利害关系，所以他任山东巡抚后，实际上就脱离了团体，向清廷靠拢。为此，他在奏折中称赞僧格林沁"不宜专用南勇，启轻视朝廷之渐"的主张，是"老成谋国，瞻言百里"，并且表白："自古名将，北人为多，臣北人也。"[15]更为重要的是，他们各有辖区，各有部队，所处的环境和局势又各不相同。这样，随着时间的推移，局势的演变，湘军集团各督抚，利害势必不能一致，甚至相互冲突，从而导致各行其是，乃至明争暗斗。而清廷虽然全然依靠湘军去镇压革命，但对湘军集团因此而急速膨胀壮大，清廷也不能不有隐忧。湘军集团的裂痕，正为清廷分而治之，甚至促其公开分裂，提供了可乘之机。

正是从这一愿望出发，当江西巡抚沈葆桢与曾国藩为争夺江西的税收而明争暗斗时，清廷就大力支持沈葆桢，不顾曾国藩的反对和财政困难，批准了沈葆桢的截饷请求。当沈葆桢与曾国藩大闹意气，以告病假与曾国藩相抗时，迎承意旨的御史上奏说沈葆桢"所以力求引退者，特以协饷用人两端，与曾国藩意见不合，而营员乘间伺隙，饰非乱是，是以沈葆桢知难而退"。清廷即据此下诏，表面上是训诫沈、曾两人，实际上对沈葆桢多方维护，而责难曾国藩："恐有耳目难周之弊"，要曾国藩"毋开小人幸进之门"，不要为人"任意播弄"。[16]这样，就把沈、曾纠纷完全归咎于曾国藩一人。深得那拉氏信任、管理户部的大学士倭仁责备曾国藩："岂贤如幼丹，而不引为同志者。道涂之口，原不敢以疑大贤。"[17]同治三年(1864)，沈葆桢又奏请截留江西厘金。户部在议奏中又对曾国藩进行了明显的刁难。正如曾国藩所言："户部奏折似有意与此间为难"，以致"寸心抑郁不自得"，深感自己"用事太久，恐人疑我兵权太重，利权太大"。[18]从而使曾国藩很有压力。

这种情况表明，围绕沈葆桢、曾国藩的纠纷，北京已经形成上自大学士、尚书、御史，下至一般舆论，对曾国藩横加非难的浪潮，而清廷正是这一浪潮的中心和推动者。那拉氏、奕䜣当政以来，虽然进一步扩大与湘军集团的合作，给曾国藩以很大的权力，但同时也在讲求驾驭之术，察看曾国藩等的所作所为，力求既要重用，又不使之跋扈犯上，护沈抑曾正是为此而发。这不仅仅是向曾国藩泼一点冷水，使其不要忘乎所以；更重要的是，这还可以分化湘军集团，使沈葆桢成为其中敢于同曾国藩对抗,向清廷靠拢的引路人。沈葆桢自然有恃无恐,更倾心于清廷。正如沈葆桢自己所说:"且予知有国,不知有曾;予为国计,即有恩亦当不顾,况无恩耶?"[19]这样,沈葆桢终于与曾国藩闹到"私交已绝"、公开决裂的地步。明白个中原因的曾国藩自然愈益"藏热收声",谦恭对上,以求自全。

从以上可以看出,以满族贵族为主体的清廷针对湘军集团的策略,已经有了很大的改变。以前既使用又限制的方针,严重束缚了湘军集团的手脚,自咸丰十年(1860)开始,特别是同治前三年,一反过去所为,放手使用,让其扩展军事政治实力,充分发挥其反革命能量;同时,利用并扩大其内部矛盾,巧妙地加以驾驭。与之相适应,湘军集团的各大头目虽然趁机大肆扩充实力、猎取高官厚禄,但他们青少年时期大都饱受理学的熏陶,恪守君臣之义,且彼此矛盾日多,有时甚至很尖锐,也势难结成与清廷相对抗的团体。这就是说,他们不愿,也不敢逾越其臣仆的范围。在这种情况下,双方就很顺利地确立了各安其位,各尽其职,共同镇压革命的新关系。

第二节　李鸿章、左宗棠东援军的建立

李鸿章、左宗棠两军的组建及其在江浙两省的发展,对同治前三年的战局起了重大的战略作用,也对同治四年(1865)后国内战争,乃至清末的历史,产生了深远影响;而其得以

建立和迅速发展，则有着复杂的背景和原因。

江浙两省，特别是作为全国最发达地区的苏杭地区，即苏州、淞江、太仓、常州、嘉兴、湖州、杭州等府州，有三点值得注意。

首先，自康熙攻灭割据台湾的郑氏到鸦片战争爆发的一百多年中，境内一直比较平静，没有战争和大的动乱，甚至著名的三省白莲教大起义，也由于距离远，对其影响甚微。其次，两省手工业方面拥有当时技术水平最高、规模最大的棉织业(特别是丝织业)，又是著名的海盐产地，其中淮盐产量尤为庞大。农业方面则是知名的水稻、棉花、蚕丝的高产区。而密如蛛网、四通八达的湖海江河水运系统，除了促进庞大的内河、近海、远洋航运，又为上海、扬州、苏州、江宁、杭州、宁波等著名城市和星罗棋布的城镇的发展，提供了优越的条件。再次，这里的文化也十分发达，阳湖和性灵诗文派、古文经学吴派和今文经学及扬州画派发祥于此，作家、学者、画家几于指不胜屈，科举之风更历久不衰——仅状元就近七十人，约占清代状元总数的五分之三，而苏州一府就有二十余人。[20]

以上三点为江浙，特别是苏杭地区的地主阶级带来了三个特点：一是高中级官僚多。仅就大学士和督抚而言，有清一代，江浙人得到三职者，分别为一百四十四人、一百零七人，合占全国总数的四分之一。[21]其他高中官职，虽无统计，估计也不相上下。二是富商多。如著名的近海航运沙船业，就"聚于上海，约三千五六百号……船主皆崇明、通州、海门、南汇、宝山、上海土著之富民。每造一船须银七八千两，其多者至一主有船四五十号"[22]。其家财之巨，相当惊人。沙船业如此，其他各业以及远洋、内河的航运业也就不难想见。三是世代士族地主多，有的甚至延续数百年。如咸同两朝大学士彭蕴章(苏州人)家族延绵了数百年之久，自明末至光绪年间时有族人中举人、进士，出任知府、御史、侍讲、尚书、大学士等。其他家族，如苏州的潘世恩、庞锺璐、翁心存，常州的赵烈文，太仓的钱鼎铭，嘉兴的钱应溥，钱塘的许乃普等家族都是延绵甚久的著名大家族。

长期在平静安定、经济发达的环境中生活，占有大量财富，又身居高位的地主富商，必然追求奢华，"吴俗多奢少俭，精饮馔，鲜衣服，丽栋宇，婚丧嫁娶，下至燕集，务以华缛相高"[23]。他们甚至沉溺于腐朽的生活，如无锡"选妓征歌，停桡鳞次，华灯似昼，丝竹终宵"，"自端午至中秋，风雨无间，一夕之需，不啻数十家中人之产"。[24]其实，这还远不及江宁、苏州、扬州、杭州的富人奢侈。江浙特别是苏杭地区地主，不似湖南地主"类皆以乡居为乐"，而是猬集在繁华的城镇，"江介士大夫乐居都会城市"，甚至连收租也由租局代收，他们只是坐享其成。其上者囿于经书八股文，中者诗酒书画相高，下者放荡自溺，正如江苏士人所承认的，或"流于浮靡矫诬"，或颓唐放废。[25]"江浙士人，大抵巧伪文谨者多，实心任事者少，识见远大，达于事理者，则旷世罕觏矣！"[26]

具有上述种种情况的地主阶级，必然会失去自救能力。早在鸦片战争中，当英军侵入长江中下游时，两岸地主士绅纷纷向侵略者纳贡求庇，其中扬州绅富竟凑集白银五十万两献给侵略军，以换取本城安全。太平军东下，建都天京后，扬州又如法炮制。事实上，太平军未至江宁前，"苏人大恐，于是仓黄出郭"，"遗其器物，丧其身家"者，就"不胜其数"。[27]形势稳定下来之后，他们又不知练勇自保，而仅以江南大营为长城。咸丰十年(1860)春，当太平军闪电般攻下杭州，但随即撤出，并部署围歼江南大营时，士绅们仍为张玉良收复杭州的假象所迷惑，不认真筹办防堵。"当道诸公暨诸绅士多儒雅才，不谙军旅，徐抚军每令下，众议辄从中挠，论说滋多，历三月迄无成效。"[28]当江南大营崩溃，苏州城中虽"乡宦家以千计，而官属自藩臬以下亦以千计，曾无一人倡议募兵守城，而相率逃"[29]。事实上，除了金坛坚守了一段时间，其他如苏、松、太、常各府州均立时瓦解。逃至上海的官绅，仍不改旧习，又倚外国侵略者以苟安。"遍访各路，东南之懈弛为甚，江苏其尤甚也。上海离城三十里即有贼垒，官吏奔竞如常，习为狎玩。"[30]

鸦片战争后，上海、宁波被迫开为通商口岸，其中上海更成为西方国家侵略中国的据点。江浙地主商人官僚在上海与西方各色侵略分子，进行越来越多的接触，并逐渐出现了一大批或替侵略者服务，或与侵略者合作，并把自己的利益与侵略者结合在一起的人。他们"妄自菲薄，争附洋人。其黠者且以通洋语，悉洋情，猝至富贵，趋利如鹜，举国若狂"[31]。与洋商交易通语言者，谓之通事，在洋行服务者谓之买办，"(嘉兴之南浔)镇之人业此，因而起家者亦正不少"[32]。同治三年(1864)太平军自武汉东下，围攻江宁，当时署两江总督杨文定等就向盘踞上海的外国侵略者求救。不久，上海的官绅又勾结外国侵略者镇压小刀会起义。事后，江苏巡抚吉尔杭阿为表示感谢，还特别给镇压小刀会最卖力的法国侵略者送去"写着颂辞"的"四面锦旗"，"接着十位绅士代表全城，先后到巡洋舰和领事馆，向法国军民主管当局致以感谢和吊唁之忱"。[33]

这就是说，上海、宁波的开埠，不仅使江浙官绅与外国侵略者有了较多交往，出现了一批与外国侵略者结合较紧的买办，中外反动派还在镇压小刀会起义的过程中，进行政治军事合作，为以后联合绞杀革命开了先例，也积累了初步的经验。正是由于有了这个基础，当咸丰十年(1860)太平军席卷苏、常，进军上海时，中外反动派就迅速结合在了一起。但这次中外反动派的勾结，不是上次简单的重演，此次规模更大，情况更复杂，性质更恶劣，后果也更严重。

因为各方面的情况发生了很大变化。首先，由于太平军先攻杭州，继占苏、常，后又攻上海，逃至上海各国租界内的江浙人因而激增。"初时定例，原不许华人居住租界之内，至咸丰十一年(1861)，华人迁居租界内者，竟多至四十万人。"[34]其中许多是大地主和富商，"咸丰庚申苏、浙右族避难麇至，服饰器用习为侈靡"[35]，"江浙两省以及宁徽各处富贵之家行辟地来沪"[36]，还有不少名门望族。如大学士潘世恩家，在明末至清光绪朝官宦不绝，这时其子孙也自苏州逃来。他们既痛失家园，亟图恢复，又不敢挺身自救，于是便利用其社会地位四处呼救，甚至乞援于外国侵略者。其次，随着《北京条约》的签订，外国侵略者与清廷进一步勾结，终于抛弃虚伪的中立，力图镇压太平天国革命。再次，江南大营崩溃，江、浙官僚无所依靠，唯有向外国侵略者乞援。而清廷，特别是那拉氏上台后的清廷，也开始倾心于"借兵助剿"。最后，这时在上海有一批促进中外反革命联合，并力图从中牟取私利的买办官僚和士人。其中最著名者，如吴煦、杨坊。吴煦是浙江人，早先在上海"开设银号，置买海舶"，并捐买官职，这时已升至江苏布政使。杨坊，亦浙江人，道光三十年(1850)前后就为怡和洋行大买办，"以通事奸商起家，致数百万"[37]，这时也官至苏、淞、太道。他们在勾结外人镇压小刀会起义中，曾起了不少的作用，并从此官运亨通，江浙大吏也因此认为他们是难得的外交人才。

在这四个方面因素促进下，这次中外反革命联合绞杀革命的活动，一开始就来势汹汹。先是两江总督、江浙两抚纷纷通过吴煦，向外人乞援；接着大士绅潘曾纬(潘世恩子)、殷兆镛(侍郎)、韩崇(道员、尚书韩崶之弟)、冯桂芬(右中允)、顾文彬(湖北盐法道)等人，也主张大借外兵以收复苏、常，并为此，或联名上书，或奔走呼吁，或著文论说。他们认为当此"性命呼吸之间"，只有借外兵是"续一线之气"的"回生丹"。[38]这些人敦促大吏效法唐之郭子仪，"夫回纥之事于传有之，唯有郭令而后能用回纥，有晋王而后能用沙陀"[39]。潘曾玮还千里迢迢赶至北京，到处运动游说，力图促成此事。外国侵略者更不顾国际准则，悍然卷入中国内战，出动越来越多的军队镇压太平军。咸丰十年(1860)，除了英法军击退太平军对上海的进攻，吴煦等还勾结美国人华尔，建立由外国兵痞游民组成的洋枪队，并攻占太平军占领的淞江、青浦。从此，洋枪队被上海官绅倚为长城，逐步扩充至数千人，并更名为"常胜军"，派杨坊会同华尔管带。咸丰十一年(1861)，太平军又攻下杭州，并将第二次大举进攻上海，官绅于是又掀起第二次乞援浪潮。潘曾玮等求见英国参赞巴夏礼，"邀其调集西兵，助同中国官军，保守上海，克复宁波，次及苏州、江宁等处"，"现在商民，无不同声环诉，求助贵国，实以情极之至"。[40]官绅拟定了《借师助剿章程》八条，为协调并办理中外反革命联合中的各种具体事务，又成立官绅共同主持的会防局。

与此同时，官绅也深知外国侵略者在上海的兵力不多，且太平军并不惧怕侵略军，甚至不时给以其沉重打击。当洋枪队败退，华尔受伤，江苏巡抚薛焕曾惊呼，"夷锐既挫，松江恐有事，奈何！奈何！华而(尔)受伤，若群夷散去，更不得了"[41]。为策万全，官绅又接受久在胡林翼手下为官的顾文彬的建议，向湘军集团求援，两次派专使至安庆，向曾国藩面求，其中十月中旬一次最为郑重。曾国藩同年之子钱鼎铭带着庞锺璐、潘曾玮等六人署名的公启至安庆，向曾国藩力陈上海的危急情况、关税厘金收入之巨，哀求发兵东援，甚至为之痛哭，"唏嘘流涕，纵声长号"[42]。十二月，浙江士绅范鸿模也由上海至安庆，要求曾国藩出兵援杭州；其他官僚也因沪、杭危急，奏求湘军东援；清廷也一再督促。

江浙官绅的乞援，特别是上海的巨额财政收入，对曾国藩无疑有很大的吸引力。更为重要的是，上海乃战略需要。

曾国荃军攻下安庆后，已前进至无为一带，距天京不过二百里。这就是说，攻夺太平军最后大片根据地江浙两省及其司令部天京，正是湘军亟待解决的迫切任务。为此，曾国藩命曾国荃回湖南增募新营，扩充实力，然后再沿江东下，进攻天京。但这只是西线的情况。东线清军在江南大营覆灭后，只保留了上海和镇江两个战略要地。一旦以两城为基地，加强东线的进攻力量，就可以东西夹击苏南根据地，江浙官绅的乞援，正与曾国藩的这一战略考虑相吻合。正因为如此，曾国藩对这次东援，一反过去的态度，表现得十分积极。十月，曾国藩致书在湖南募勇的曾国荃，"上海富甲天下，现派人二次前来请兵，许每月以银十万济我"，"余必须设法保全上海，意欲沅弟率万人以去"。[43]这就是说要派最亲信、最得力的部队去东路。但是，曾国荃一心要攻夺天京，抢头功，拒不应命。曾国藩于是命李鸿章募淮勇，替代曾国荃东援。

胡林翼、曾国藩、骆秉章曾分别建立由湖北、江西、四川人统带的，按湘军成法招募三省人为勇丁的地方部队，可惜成效都不显著，有的甚至不久就被裁汰。但李鸿章的淮军却取得了很大的成功，其原因是多方面的。

安徽大体上可分为长江以南的皖南地区，颍州、凤阳、泗州三府州的淮河两岸地区，以及夹在两区之间的庐州、安庆、六安等府州的中部地区。三区的经济文化发展很不平衡。皖南与本题无关，略而不论。淮河两岸三府州，除寿州等极少数地方外，由于灾害频仍，生产大受影响，经济文化一向落后，人民生活十分贫困，士族地主的力量也较薄弱。同时，这里由于盐价相差较多，一向私盐畅行。与之不同，中部地区则生产稳定，经济文化发达，士族地主力量较强。例如，桐城，不仅文人辈出，是著名的桐城派的诞生地，还有著名的士族大家。如康熙时的张英家，六代为翰林，一直延续至嘉庆朝，其间一、二、三品大官僚就多达十余人，中小官僚、举人进士之类更指不胜屈。又如姚氏，"自明景泰元年始，至今上嘉庆十六年，凡三百六十二年，登科者四十四人，成进士者二十"，"登仕者百数"。[44]实际上至咸丰朝，姚家仍仕宦不绝，共达四百余年，其间为尚书、巡抚、道员等大官者也不少。其他如桐城方氏、太湖赵氏、合肥李氏，都是有名的望族。而桐城派是清代主要的散文流派，从创始者方苞、姚鼐到姚莹、方东澍等人，都以恪守宋学著称，其中方东澍所著《汉学商兑》更以宋学观点攻击汉学有名于时。此后，吴廷栋、方宗诚、马三俊之流以固守宋学著称，而吴廷栋与倭仁、唐鉴、曾国藩更往来密切，以道学邀誉。实际上，以桐城为中心的中部地区，与湖南一样，都是理学的重要据点。因而理学对这里士人思想的控制，也远较北部为强。

长期以来，北部地区，不仅盐枭活动频繁，且为捻党的发祥地和活动中心。早在嘉庆时，北部地区就出现了动荡，到了道光时期日趋严重。"凤、颍抢劫剽掠，驯至杀人放火，不办不详，视为固然"，甚至还与官府对抗，"执火枪拒官抗捕，亦不一而足"。[45]中部地区总的来说较北部大为安定，矛盾大为缓和，但合肥、六安等县因与北部接壤，其东巢湖又是盐枭出没之区，因而也大受影响。总之，在阶级斗争、地主阶级内部结构以及理学影响三个方面，北部与中部存在着明显的差异。

太平军建都天京，捻军起义响应，皖北立即烽火遍地，或为太平军根据地，或为拉锯战区，或为捻军势力范围。在这种情况下，地主纷纷集团自保，其中北部及中部的合肥、六安等地最为突出。这一大批地主武装，虽然有共性，即初时都与捻军太平军相抗，但又往往自相火并，互争短长。但随着时间的推移，前述北部、中部的差异就越来越明显地在各自的地主武装身上反映出来。由于士族地主的力量较弱，理学思想影响较浅，北部地主在组织上、思想上与清廷本来就较为疏远，再加上清廷力量日趋削弱，两个政权对峙日久。这样，就使这里的地主武装头目对两个政权的争斗，越来越采取观望和两面应付的态度，有的甚至伺机力图自成局面，如苗沛霖。而一些士族地主虽仍忠于清王朝，但在与前一部分地主的争斗中，或被削弱，或被裹挟，甚至被消灭，如孙家泰。

与之不同，由于士族地主的力量大，受理学思想影响深，中部地主在思想上、组织上与清王朝关系本来就密切。咸丰三年、四年(1853—1854)后，不仅清廷委派回籍办团的吕贤基(侍郎，桐城)、李文安、李鸿章父子(合肥)、赵畇(道员，太湖)等，全是中部地区的人，各县的团练头目，如庐江的刘秉璋(进士)、吴廷香(贡生)、潘鼎新(举人)，桐城的马三俊(孝廉方正)、张勋(文生)，合肥的张树声(文生)，六安的李元华(举人)等，也多是饱受理学影响的士人。其中，如吴廷香早年"为诸生，与桐城戴存庄钧衡、马命之三俊，以学问文章风节干济相期尚"[46]。同时，中部地区安庆府一带成为太平军较为巩固的根据地，而合肥、六安、桐城一带则是两军拉锯地区，战斗既激烈频繁，又为时甚久，没有妥协观望的余地。

在这种情况下，中部地区合肥、六安、桐城一带的地主团练，通过激烈的战斗，既提高了军事才能，也加深了对革命的仇恨，如潘鼎新、吴长庆（廷香子）、马复震（三俊子）、周盛波等人的父兄均先后被太平军歼毙。房屋被毁，财产被劫掠的人就更多了。这就使他们更加与清王朝固结在一起。但是，他们彼此之间又矛盾丛生，"快恩仇，务兼并，互为长雄"[47]，"寇至则相助，寇去则相攻，视为故常"[48]。这就是说，他们不能自行团结成一个整体，需要一个地位高、声望隆，又与各方无私怨，甚至还有好感的人作为首领。李鸿章正是这样的人。

李鸿章（1823—1901），字少荃，道光二十七年（1847）中进士为翰林。其父文安，刑部郎中。咸丰三年（1853），父子先后奉命回籍办团练。其父病死后，李鸿章随安徽巡抚福济，或办团，或带军，或参戎幕。这使李鸿章积功保至道员，得了高官，更为重要的是积累了军政经验，对各团练头目有了较多的了解，联系也更紧密，有的团练头目更与他父子两代均有交往。咸丰八年（1858）冬，福济离任，李鸿章乃至江西投奔曾国藩。曾国藩与文安为同年，在京时相过从，李鸿章即以年家子受业于曾国藩，并深受曾国藩赏识，被认为"才可大用"。其兄李瀚章亦为曾国藩门生，并得到了曾国藩的推荐与赏识。曾国藩回籍办团练军后，又将其推荐于安徽巡抚江忠源，并奏调时在湖南为知县的瀚章，屡保其至道员。正是由于这样非同寻常的关系，李鸿章入幕后，曾国藩令其参与机要和重大决策。如咸丰十年(1860)五月，曾国藩与李续宜"熟论安庆、桐城两军应否撤围，约沉吟二时之久"而不能决，后"得少荃数言而决"。[49]同时，曾国藩还力图使其领军，先欲其募练马队，立湘军骑兵之基础，后又令其与黄翼升统带淮扬水师。此外，曾国藩又两次奏保，称李鸿章"久历戎行，文武兼资"，"劲气内敛，才大心细……堪膺封疆之寄"。[50]如此，就大幅提升了李鸿章的才能，增长了其胆识，还进一步提高了其声望。

这样的经历和家世，就使李鸿章具备：一、身为高官，家世显赫(在皖北)；二、与团练头目有较多的交情，甚至两代人的交情；三、与已经攻下安庆的湘军统帅曾国藩渊源很深，并正在被重用。这就是说，他具备了作为这批地主武装首领，并使之与湘军挂钩的优良条件。而后一点更为这批头目升官发财提供了可靠的捷径。事实上，湘军攻下安庆后，这些头目就不断与李鸿章联系，张树声更通过李鸿章上书曾国藩，曾国藩也对之大加赞许："手书其牍曰：江北独步，今之祖生。"[51]

以上情况说明，在颇具特色的社会条件和历史传统的作用下，经过近十年的军事斗争锻炼，皖北，特别是庐州、六安两府的地主阶级，至咸丰末年，不仅组成颇有战斗力的武装群体，还出现了以李鸿章为群体中心的趋势。正因为如此，在得知李鸿章奉命招勇后，张树声、潘鼎新、刘铭传、吴长庆就闻声而起，各自在所部团勇中招募，并按湘军营制编练成营。再加上曾国藩拨给的亲兵两营、原属唐义训部的春字营、原属曾国荃部的程学启开字两营，以及其他湘军四营，还有黄翼升的淮扬水师，共水陆万余人，组成援上海大军。同治元年(1862)三月，会防局以重金雇用外国轮船，分三批先将李鸿章所带陆营运抵上海。六月初，黄翼升的水师，除两营外，也东驶到达。初建的李鸿章军，除张、潘、刘、吴四营为淮勇外，春字和开字三营之营官弁勇虽为安徽人，但原为湘军旧营，其他水陆各营全为湘人，且其中大多是跟随曾国藩多年的人。这样，此军虽名为淮军，实则湘军在其中仍占显著优势。同时，曾国藩既是他的顶头上司，又是他的父执、业师和保主，在行政上和道义上他都不能也不敢与曾国藩离异。这就是说，初建的淮军，仍然只是湘军的一个分支，与胡林翼手下的余际昌军，并无多大差异。但是，李鸿章不甘心长期依附曾国藩，力图自树一帜，并为此而有步骤的秘密进行努力。

李鸿章首先力争不去镇江，留驻上海。曾国藩决定命李鸿章东援，即规定李鸿章"宜驻扎镇江"，"但派劲兵数千保卫上海，留司道一二员经收关税，不必巡抚常驻沪城如蒙"。[52] 同时，又命追随他多年的门徒陈士杰以四千人前往[53]，并保举陈士杰为江苏按察使。这固然是从战略考虑，但也显然包含了不欲将上海这块膏腴之地完全交与李鸿章的用心。后来陈士杰辞不就，不愿东来，李鸿章至上海数月，曾国藩仍力主前议，欲以黄翼升留守上海。李鸿章以各种理由加以拒绝，"恐鸿章一动，此间军心又不稳"，并言黄翼升不愿与之分开，且"昌歧独留淞沪，文武水陆未见皆谨受教令"。[54]

其次，扩充部队。至上海后，李鸿章利用手中军政大权(到上海不久即超升为江苏巡抚)，凭借巨额的财政收入，大力扩充部队。令张树声、吴长庆回皖北招募九营，另派人至江北募五营，并大力整编原驻守上海的兵勇。这样，一年之内，所部就达四万人。

再次，积极更新部队装备。李鸿章与西方侵略者频繁交往，参观驻沪侵略军的操演，并在实战中检验。他深感洋枪洋炮为战争利器，并认为与之配套的洋操也可效法。他告诉曾国藩，如采用西方火器，并"效洋人步伐，操练洋枪队，平中国之贼固有余矣"[55]。来上海后一个多月，李鸿章即着手进行，至十月初，所部"能战之将，其小枪队悉改为洋枪队，逐日操演"[56]。与此同时，春字营炮队成立，十二月中旬，李鸿章还亲自视察其操练。同治二年(1863)八月，所部陆营洋枪已多达一万五六千支。同治四年(1865)春，更多至"每营则用洋枪四百余，少亦三百余杆"[57]。炮队也在迅速发展，后来除了抚标亲军炮队，其他郭松林、刘秉璋、刘铭传、程学启等军也都先后成立了自己的炮队，其中，亲军和刘铭传部炮队分别拥有二十多或三十多尊大炮。同时，他还雇佣了一批外籍军官。洋枪特别是洋炮，结构复杂，非经外国人训练不能掌握。事实上，同治元年(1862)冬，就已有法国现役军人在训练春字营炮队，之后的程学启、刘铭传、郭松林等军均雇有外国教官,抚标亲军炮竟有十三个英国人。这些外籍军官平时是教官,临阵时帮同打仗,正如李鸿章自己所说:"皆赖洋人帮同动手,临阵较有把握。"[58]

李鸿章所购置的洋枪洋炮,虽不是当时新式的,但与淮军原有火器相较,不论是射程射速,还是命中率杀伤力,都有天渊之别。再加上部队不断扩充,至攻下苏州时,已有水陆七万余人。这样,就使李鸿章军的实力大幅提升,成为仅次于曾国藩直辖军的第二大军事力量。

最后,李鸿章把同乡亲朋安插在部队和江苏各级机构中。他年轻时的好友蒯德模、蒯德标被委办厘局,王学懋被任为常州知府,会试同年郭嵩焘被任为粮储道,乡试同年凌焕被委办文案和粮台,其弟李鹤章、李昭庆则领军为分统。为了联络江苏士绅,他又将冯桂芬、钱鼎铭等拉入幕府。李鸿章对原来的湘军将弁黄翼升、李朝斌(太湖水师分统)、郭松林、杨鼎勋等人,也加以笼络,并取得明显的成功。其中,如黄翼升后来竟不顾曾国藩多次札调,仍愿意领军在江苏作战。各将领也纷起仿效李鸿章的做法,如张树声、树珊,周盛波、盛传都是兄弟同领一军,或相互替代。刘铭传的侄子盛藻、盛休、盛科也与刘铭传同在一军。这样,淮军的地方色彩日趋浓厚,与湘军是湖南人的天下一样,淮军后来也几乎成了安徽人的同乡团体。有人曾统计过,淮军将领四百三十二人,其中皖人二百七十九,占总数的百分之六十五,而湘人则仅占百分之十。[59]同时,由于重要骨干人员,与李鸿章有较深的私人关系,又为其一手提拔起来的,这就使他把淮军紧紧地控制在自己手中。这就是说，在短短两年多内，李鸿章便实现了他别树一帜的抱负。

在李鸿章军建立，不断扩充，并在上海一带作战时，左宗棠军也投入浙江战区，并在不断扩充。但左军的建立与扩充的过程，与李军不同。这是由于左宗棠有不同的经历，左军的环境也大不相同。宁波虽与上海同时开为商埠，但其地位和作用、进出口贸易、工商规模，都远远不及上海；且左军先在湖南组建，后又长期在皖南、赣东北和浙江西部作战，与宁波相距甚远，直至同治二年(1863)，左军进至富阳、杭州一带，才与外国侵略分子指挥的常捷军等会师。这就是说，左宗棠既没有条件同外国侵略者进行经常性的往来，也不可能从宁波获得上海那样的财政收入。这样，就使左宗棠不具备李鸿章那样优越的客观条件。

与之相反，就个人条件而言，左宗棠则比李鸿章更为优越。正如前述，左宗棠是湘军的倡办人之一，后来又长期实际主持湖南军政，对湘军的巩固和发展起了重要作用，从而在湘军中有显著的地位和影响。事实上，不少湘军部队的建立，将弁的选拔，行军与作战，等等，都与他有关，有的甚至是在他直接主持和指挥下完成的。如王鑫咸丰四年(1854)在蒲圻、岳州两次大败，几乎全军覆没，受到包括曾国藩在内的各种内部压力，处境非常困难。就在这时，左宗棠大力维护，在上报湘潭大捷的奏稿中，背着曾国藩，擅自把经过夸大的王鑫战功插入，从而为王鑫舒了一口气，为其复起留下伏笔。不久，左宗棠又与骆秉章一起令王鑫募勇去湘南作战，逐渐扩充其军至三千多人，使王鑫赫然成为令曾国藩也心许的湘军名将。正因为如此，王鑫对左宗棠感恩戴德，"荷格外垂青，而循循善诱，随事规诲，虽贤父兄何以过焉。鑫每与至亲道及，辄为感泣"[60]。这不是当面谄媚之词，而是心里话，王鑫在私人日记中，也称左宗棠为先生而不是其名。后来，王鑫的次女许给了左宗棠之子孝同，正是这种关系的发展，又使两人的关系更加巩固。

左宗棠虽长期屈居布衣幕友之列，但一向以诸葛亮自诩，对胡林翼，特别是对曾国藩并不心折，他认为曾国藩为"人正派而肯任事，但才具稍欠开展"[61]，"涤相于兵机每苦钝滞，而筹饷亦非所长"[62]。再加上曾国藩咸丰三年(1853)在湖南筹军饷，开办捐输，曾经勒捐其女婿陶少云家，左宗棠对他也心存芥蒂。因之，对曾国藩一直若即若离，虽在公事上竭力加以支持，但遇事每加讥评。如咸丰七年(1857)曾国藩丁父忧，不俟朝旨，即离军回家奔丧，左宗棠认为处理不当，即加以批评，"文正丁外艰，由赣军营回籍守制，朝议非之，士大夫咸哗然。左恪靖诋之尤甚"[63]。

正因为在湘军中有凭借，又自恃才能，对曾国藩不甚心服，所以左宗棠奉命领军后，即力图自辟蹊径，自成局面。在招勇方面，不令只招一郡一县之人，全军近六千人，既有长沙府人，又有郴州、桂阳州人，甚至还有镇筸一带的人。在营制方面，既采用曾国藩之营制，也兼用王鑫之老湘军营制。在用人方面，以王鑫弟开琳为分统，令招王鑫旧部一千四百人；并任命王鑫堂弟开化总领全军营务处，而以刘典、杨昌瀶助之。刘典为宁乡人，曾入罗泽南军，罗泽南死后他即家居，后左宗棠以贤能荐办乡团，并保训导。杨昌濬则为罗泽南从军门徒中最不得志者。而营官中如张声恒，原为王鑫部下，后在湖北统带小支湘军。崔大光原为杂牌湘军营官。罗近秋原为普承尧部下，因战败夺职。总之，他们大都是既不大得意，也不是曾国藩嫡系部队人员。

这样的做法证明，与李鸿章不同，左宗棠的建军方针是凭借自己与王鑫的特殊关系，以王鑫的旧部为核心，组成既与曾国藩嫡系部队有所区别，又能由他控制的部队。咸丰十一年(1861)末，在浙江官绅和清廷一再请求督促下，曾国藩命左宗棠统军东援浙江，并保荐他为浙江巡抚，从此左宗棠利用浙江巡抚乃至闽浙总督之权，搜罗军饷，扩充部队。

在同治元年、二年(1862—1863)，左宗棠军的扩充不外乎四种情况：一是远处调拨的，如蒋益澧、刘培元两军。蒋军原在广西，刘军原在湖南，共一万三千多人。二是扩充原有部队。如张声恒原只一营，后扩充至三千人。刘典、王文瑞(王鑫之族叔)两军也扩充至一万一千多人，同治三年(1864)又增募三千人。三是近处收用的，如王德榜军为江西的杂牌湘军，曾国藩欲加裁撤，左宗棠函请以为己用。又如李元度被参，所部裁去大部，由左宗棠收编数营。四是改编整顿原浙闽两省兵勇。经多方扩充，至同治二年(1863)四月，所部已近四万人(其中，约有四分之一非湘军)。此后，在不断扩军的同时，又招降太平军蔡元隆、何培章、邓光明等。经过改编，成军约万人，至同治三年(1864)夏，全军当达六万人。

这三年中，左宗棠军新增了很多与曾国藩不亲近的骨干人员。如蒋益澧，他不仅与曾国藩兄弟有矛盾，且与曾氏兄弟的亲家李续宾交恶。蒋益澧、李续宾原均为罗泽南的弟子，同在罗泽南军为营官，但罗泽南死后，李续宾接任统领，对蒋益澧排挤打击，甚至败不相救。蒋益澧遂愤而离军家居。咸丰七年(1857)，左宗棠与骆秉章即加起用，令其领军援广西，成为独当一面的大将，并超升为布政使。刘培元乃长沙人，原为水师哨官，后从刘长佑援江西，咸丰八年(1858)病归，咸丰九年(1859)统水陆军援宝庆，大约年底，经左宗棠、骆秉章保荐即授处州镇总兵。当时叙功至提督总兵者虽甚多，但是实缺者则极少，这显然是很大超升。魏喻义(左军分统)，桂阳州人，一度从曾国藩，但不久即归，或办团，或领军。因擅杀被议，左宗棠力保得免处分。王德榜，江华人，一直在江西领小支杂牌湘军，曾国藩认为他"最陋劣"，后更因闹饷而欲撤其军。

这些人的一个共同点是与曾国藩关系疏远，而与左宗棠关系密切。其中蒋、刘、王等更得到左宗棠的恩惠。这就是说，左宗棠仍然在贯彻他初时的用人原则，并以此来加强他个人对部队的控制。

第三节 营制和兵种的演变

咸丰十年(1860)，特别是进入同治以后，湘军在营制、招募、兵种等方面都有较大甚至根本性的变化。

一、招募的变化

此期由于湘军四出，镇压革命，在招募方面出现前所未有的新情况。一是纷纷成立新军，需要招募数以十万计的新勇。二是战线扩大，弁勇伤亡越来越多，如安庆赤冈岭之战，二十天内就伤亡了三千多人。再加上同治元年、二年(1862—1863)长江下游各军瘟疫流行，弁勇大批病亡，如围攻天京的曾国荃军，"病亡者已去三成，病而未愈者亦尚有三成"[64]。这样就势必造成部队大量减员，不得不招募新勇以补缺额，仅同治元年(1862)因"八九月间，下游各军，疾疫死亡，卒伍空虚"，曾国荃、鲍超等军"回湘添募之勇，不下二万人"。[65]三是随着战线扩大，前线距离湖南日远。这三点必然带来两个新问题。其中，前两点要求湖南提供大量兵源。建军以来至攻下天京时，湘军累计在军籍者，以及阵亡、病故、伤残之人，估计当有八九十万人，其中绝大多数是湖南人。以一省而提供如此巨额青壮年，势必造成兵源紧张。早在咸丰九年、十年(1859—1860)，曾国藩就说："近日各处募勇者甚多，应募者渐少。"[66]"朝取夕取，网罗殆尽，刻下不特将领难得，即招募精壮勇丁，亦觉难以集事。"[67]而后一点，则使数以十万计的勇丁，从湖南数百里，上千里，甚至更远的地方赶往前线，中途耗费甚多，因而加重了军饷的支出；且这样还必须历时两三个月，甚至半年，这又与前线军情紧急，要求尽快补充兵力相矛盾。

面对以上情况和问题，湘军将帅虽然仍在坚持传统的招募成法，但不能不改用其他办法，以求更多更快更省地扩大兵源。其办法有以下三种：一、在所驻之省就近募勇。如曾国荃命令部将武明良在桐城"招募该乡之人"为勇。[68]左宗棠命余佩玉招募浙江、温州、台州人为勇。李鸿章命张家瑜至苏北招募五营。李朝斌军在九洑州战斗中伤亡二百余人，亦令人"往皖省招募，俟挑补齐全，即行下驶"[69]。所招之勇或补缺额，或按湘军营制自成一军，均归湘军将帅统带，显然均应视为湘军，但勇丁已非湖南人。二、改编绿营将弁所统兵勇为湘军。曾国藩对绿营深恶痛绝，早期只有塔齐布及水师陈辉龙带有少数弁兵编入湘军。咸丰八、九年间此种态度稍有改变，但实际吸收绿营兵勇仍然极少。同治二年(1863)，驻军皖南的江长贵请假回籍，曾国藩却允许唐义训在江旧部中，挑选五百人编为一营，但哨官哨长"均由湘军挑放"[70]。左宗棠也有鉴于"见今有事用勇丁，额兵几成虚设"，"拟于勇丁队伍中缺额者以兵丁补之，令其随同出仗"，并先在镇海营挑选五百人，先行试办。[71]左军大将蒋益澧部也因病额太多，挑选原德克碑部勇丁数百人，补充缺额。郭松林初至上海，李鸿章即令其在"沪中旧营"中，挑选五百人，组成一营。此外，还有零星收编者，如平江营郭式源部有潮勇百余人。三、以降众为勇。这可以分为零星收编和整支改编两大类。前者人数不多，对旧制影响甚微，且资料零碎，可以略而不述，后者则不同。安庆战役后，战局急转直下，太平军降者日多，采用这类方式也因而日多，从而成为湘军史上不容忽视的事实。

　　整支改编也可以分为两类。一是将降众改编为湘军将领所统的营伍，其分统营官均为湘军将弁。如咸丰十一年(1861)，刘长佑、江忠义在湘桂相邻的地方招降了一批石达开军和天地会军，除资遣大部分外，其余编入刘、江两军。又如，曾贞干在皖南三山招降太平军数千人，改编为崑字等营，由黄润昌等统之。小支湘军分统也招降众为勇，如李金旸军一千五百人，其中就有石达开旧部三百人。二是改编以后，仍以降将统之，自成一军。如咸丰九年(1859)韦志俊投降，所部汰存三千人，左宗棠令韦志俊自统之。进入同治朝，这一类就成了收编降众的主要方式。如张遇春部万人投降，就挑留三千人，立为春字营，令张遇春自统之。童容海以六万人降，挑留五千人，立为启化营，令童容海将之。其他如左宗棠收降的蔡元隆、何培章、邓光明等人，都是采取这种方式。

与此同时，湘军回湖南招募的传统也出现新的做法，即先由将帅派人回湘招募成营，带至前方部队防地，由各将领再次挑选。强者，或分别入营补额，或重新编组成营，弱者则留做长夫。如陈栋募勇六千余人，共十二营到安徽，曾国藩命一营归鲍超，两营给朱云岩，九营给曾国荃；并要求将这批新勇补充旧营缺额，不要成立新营，其他均依命办理，唯独曾国荃将其精壮者编为五营，分别拨归萧孚泗、萧开印统领，其余则概做长夫。这实际上先招募，后改编，原来一步，现在分作两步。这种做法所产生的陈栋所带的十二营，与现代军队中的新兵营颇为相似，因而也是一个创新。

湘军招募新勇，建立新营，历来讲究勇丁必须是按籍可查的湖南农民，新勇应募入营还要办理相应手续；统领、营官、哨弁、勇丁，从上而下依次递选。新兵营的做法虽然分作两步，但并未违背这一传统。而前述三种办法成立的新军则有所不同，其中第一种办法，湘籍将弁，按营制选募非湘人为勇，将弁与勇丁既无同乡之谊，又无法保证新勇皆为有籍可查的农民。例如，李鸿章命张家瑜在苏北招募五营，就混入了很多都兴阿统辖的勇丁。对此，都兴阿极为不满，并上奏清廷，要求加以制止："江北惯战勇丁，率皆改名应募，势难遏止。"[72]至于后两种方式所成之营，不仅勇丁几全非湘人，甚至将弁也是如此。而且绿营将领所带勇丁、太平军的降众都离开故土多年，籍贯既混杂，难以稽考，更无从为之觅保。这就是说，这两种方式完全背离了湘军的传统，是对湘军招募成法的根本更改。

但是这种更改，并非一般将领擅自行动，而是经过曾国藩等大帅的认可，甚至是在他们的提倡下进行的。如改编降众为新军，就得到曾国藩大力提倡。他认为，"纳降一万人，月费不过二万金，较之练兵剿此万贼，其难易得失，相去天渊矣。"又说："若使办理顺手，源源而来，或如东汉初年赤眉百万，同时归降。"[73]这就是说，招降众为勇是一举三得：一是瓦解太平军；二是增强湘军实力；三是节约了饷银。湘军一万，各项开支，一般每月需银六万两，而由一万降众组成的湘军，每月却只要两万两。

用以上三种方式招来的弁勇，在整个湘军中，总的来说仍占少数，但其绝对数量却很可观。李鸿章说他所带"各军两年以来，无旬日不恶战，各营伤亡过半，率以降众补额"[74]，即李鸿章部的七万余人中，有降人三万多。这当然是夸大其词。如果加上改编的原江苏巡抚薛焕所统的兵勇，当与三万之数相差无几。左宗棠所收降众，就以整支而言，也在一万以上。曾国藩直辖各军所招兵勇更远过此数，当约两万人。其他湘军，如刘长佑在广西时，所部易元泰军十二营，其中"旧部楚勇只有五营，其余皆系新抚之众"[75]。又如咸丰十年(1860)官文令李金旸扩充所部，李金旸"遂带至一千人，而所收之石逆余党，几占去三分之一"[76]。这样多的降众，再加上另外两种办法所招之勇，总数虽难做出统计，但估计至攻下天京时，当达十多万人，约占湘军的五分之一，甚至还要多一点，这当然是湘军招募中一个重要的变化。

最后，这方面还有一个问题必须论及。淮军初建时期的刘铭传、吴长庆、张树声、潘鼎新四营，原本是安徽中部（合肥、庐江）的团练，以后淮军扩充，除了继续在中部招募，还扩大到淮河两岸的北部。一般来说，这与湘军招募成法并不违背。事实上，部分湘军即脱胎于团练，如早期的罗泽南、王鑫等营就是如此。后来的唐训方营也是如此，正如唐训方自己所说："余乃与邑孝廉李公孝经练勇守城，以助兵力所不逮，其后奉檄从征，勇丁半多出此。"[77]但在安徽中部，特别是北部团练，与湘南团练不同。正如前述，团练虽然与太平军、捻军为敌，但往往势如水火，有的到后来甚至对太平军、清军采取两面应对的方法。因之，其头目往往有这样那样的问题，有的甚至"从贼""附逆"。如合肥段珮与刘铭传办团练，但与另一土豪有矛盾，就借口此人"为暴乡里"，竟擅自加以杀戮，"仗义诛之"。[78]刘铭传与吴长庆之间，也曾发生火并。又如寿州张佩芝，在咸丰三四年间"颇染土豪习气"，后李鸿章令其带勇赴沪，为地方当局拘捕"兹闻中蜚语系狱"，李鸿章乃致书安徽巡抚，为之求情，"弃瑕录功，饬赴敝军自效"。[79]这些人为李鸿章录用，成了淮军大小头目，湘军将领对此极为不满。如彭玉麟就致书曾国藩，要求处治淮军营官疏长庚，因为此人"乃地棍，无恶不作，又从贼就伪职，明作练总，报假仗以欺翁中丞"[80]。可见，淮军不少头目，虽凶悍能战，但与曾国藩忠诚朴实的择人标准有明显差别，有的甚至恰恰相反。这些人所招募的勇弁，自然大多不合标准。这就是说，李鸿章在很多情况下，特别是他到上海后，并未严格遵循曾国藩的建军思想，淮军名义上按湘军营制建军，实际上已大打折扣。

二、营制与饷章的杂出与创新

正如前面所指出的，湘军各支的营制与饷章初时曾强令一致，实则并未一致。曾国藩后来也承认既成事实，并鼓励部属采用其他营制。如同治元年(1862)，李榕成军三千人，即令其"一切仿照霆营规模"。又如，他委托多隆阿建立一支新军，就说："其营制或用敝处刻本之例，或用贵营编队之法，亦听尊裁。"[81]这样，就使曾国藩直辖部队的营制，除五百人为一营之制仍占多数之外，尚有六百人、三百六十六人、四百人等不同的营制。饷章也同样如此，除了曾国藩在咸丰三年(1853)冬自订的饷章，尚有其他不同的饷章。如兵勇月饷，曾国藩部的淮勇、皖勇均为三两九钱，鲍超军为四两。"建字营月发三两六钱，各营尚有不及三两者。"[82]收编降众的饷章，更为特殊。改编后，在相当一段时期，有的由降将自行筹措军饷，有的实际上只管吃饭，能打仗者每日给制钱百文，为长夫者只给七十文，后来各军纷纷请求增加。曾国藩规定归降部队，每勇月饷，最多不能超过三两六钱。此外，还有其他差别，如彭玉麟、杨载福均为水师，但两军哨官的月饷就不相同。

李鸿章至上海后，就大举更新部队装备，采用越来越多的洋枪洋炮。这就必然带来营制的变革。军队的组织形式、作战方式与军事工业技术水平，历来是密不可分的，前两者随着后者的变化而变化。湘军冷热兵器各占一半的营制，是因为小枪、抬枪射程短，射速慢，命中率又低，没有刀矛等冷兵器相配合，就不能抵御敌人冲锋时的白刃战。淮军采用的新式热兵器洋枪，性能远胜小枪、抬枪，从而降低了对冷兵器的依赖。这样，随着洋枪的使用日多，营制的重要构成部分——武器的配备，就不能不发生变化，甚至人数也要跟着变动。事实上，李鸿章到上海后不久，就将小枪队改为洋枪队，这样，每哨有洋枪两队，其他抬枪刀矛各队仍不变。九十月间，李鸿章又令"程学启三营中并改出洋枪队一营（每哨添劈山炮二队），临阵时一营可抵两营之用"[83]。这就把原来的抬枪、刀矛、小枪各队建制全部取消，而代之以洋枪和劈山炮队。其中，劈山炮虽为旧式热兵器，但旧制只有营官亲兵哨才有两队。这就是说，洋枪营已经完全改变了旧制营的武器配备，使其初步西化。以后，不仅这一营制逐渐推广，而且还有新旧合璧的营制，即保留旧制的五百人兵器配备，再加"添洋枪炮队一二哨，勇丁亦须加增，则一营有七八百名不等"[84]。

这种不划一的状况，正是淮军由冷兵器、原始热兵器向近代热兵器过渡在组织形式上的反映。同时，淮军各大支有洋炮队，还建立了抚标亲军炮队；而后者已是与一般步兵分离，由大帅直接统辖的炮兵部队，与现代军队中的炮兵旅、炮兵团相似。这在中国军事史上，恐怕也是前所未有的。此外，李鸿章在采用洋枪洋炮的同时，还及时采用某些西法来训练部队。他认为江南大营也有不少洋枪，效果不好，就是未用西法进行训练，并且希望湘军"均效洋人步伐，操练洋枪队，平中国之贼固有余矣"[85]。可见，李鸿章的确比和春之流高出一筹，已经意识到西方近代武器与西方军队的训练方法有着某种连带关系，必须二者兼采，而不能采此弃彼。这样，李鸿章就在建立近代步兵、炮兵，以及西法训练等三个方面，进行了初步的探索。

湘军早在咸丰七八年间就从上海购得了洋枪，但为数极少。曾国荃对洋枪尤感兴趣，进扎天京城下后，更广事搜求。曾国藩则不甚热心，甚至对其威力表示怀疑，他认为"制胜之道，实在人而不在器，鲍春霆并无洋枪洋药，然亦屡当大敌"，而江南大营"在金陵时，洋人军器最多"，仍不免全军覆灭。[86]但在李鸿章、曾国荃等劝说下，他这种态度开始有了较大的转变，并致书李鸿章："洋枪风气开自尊处与舍弟营，今各营纷纷请领，不可遏止，意欲于沪中购买五六百支，以应众将之求。"[87]事实上，由上海购进的远不止此数，仅同治二年(1863)三四月间就有一千六百多支。此外，曾氏兄弟甚至还通过广东大吏派人至香港地区采购。至同治三年(1864)攻下天京时，湘军各部队，特别是曾国荃军，拥有的洋枪数已很可观。在这种情况下，湘军的营制自然不得不稍有变动，将小枪、抬枪队，或刀矛队，改为洋枪队，但尚无定制，而是随各军洋枪的多寡，自为变动、增减。

水师营制，正如曾国藩所说："内江十营多守本部堂原定章程，杨督部堂(载福)所辖外江各营，章程时有更改，以致参差不齐。"杨载福部一营，"以舢板二十号、长龙一号为定例"。[88]内江水师则不同。彭玉麟于同治元年(1862)夏向曾国藩提出增募二营，营制"仍遵我夫子旧制也，每营长龙四号，三板二十支"[89]。新营长龙由左营拨给，舢板则新造。曾国藩旋即批准这一要求，虽同意由左营拨给新营长龙，因"左营船嫌太多"，故要求缩小新营编制，"鄙意每营只须船二十号、长龙二号、舢板十八号，足矣！"[90]以上三条资料说明：一、外江水师自有营制；二、内江水师，正如曾国藩所说，虽"多守"他所订旧制，但有的营，如左营就远超编制规定，并未遵守旧制；三、曾国藩不仅不坚持旧制，反而主动提出新营可以缩小，即可变更旧制。由此，可以得出两点结论：一、水师也如陆营那样，营制不一律，而是多样化；二、咸丰五六年开始的去大、减中、增小舰队(营)的编制趋势，又有了新的发展：快蟹没有了，中型战舰长龙由八号分减去七、六、四号不等，而舢板虽也有所减少，但在全营总船数中所占的比例大为上升。这种势头之后继续延续。同治二年(1863)春成军，多至十一营的太湖水师，对船型要求更小。李鸿章至上海后不久，根据苏南内河水系河小桥多等特点，向曾国藩提出了自己的计划："将来平吴方略，此处定要一支好水师，愈多愈妙，愈小愈灵，敬求吾师筹及。"[91]曾国藩积极照办，以杨载福允拨之数营为基础，并赶造新船，"船之尺寸，概照(李鸿章)来函所拟办理"[92]。这种船显然与湘军的长龙、舢板不同，各营船只和人数的配备也会随之改变，势必自有其营制。李鸿章还对原江苏提督曾秉忠所部水师大加整顿，裁去近二百号，保留一百七十号。

此外，湘军其他大支，在营制方面也有所不同。如刘蓉所统的黄鼎军，就有藤牌队。藤牌是由来已久的防御性武器，湘军一向很少采用。黄鼎军设藤牌队，大约是因为川陕多山地，且藤条采办较易，为适应山地战而特别添设的。黄军藤牌队的编制是"每牌一面，以一枪两矛附之"[93]，是以藤牌为核心，既可以攻又可以防的较为灵便的战斗小组。然后大约再由若干这样的小组，编成一队。这在湘军史上，似是带有独创性。

三、分统的设立

湘军原来只有统帅、统领、营官、哨官四级，咸丰末期始在统领和营官之间设分统，增至五级。这中间有一个过程。早在咸丰六年(1856)武昌战役时，胡林翼就说："普承尧以其宝勇三营暗击之。"[94]这显然是说，普某带宝勇三营在作战。又如蒋益澧也带六营，先后在黄州附近及武昌外围作战。当时蒋、普二人均为营官。咸丰八年(1858)，李续宾命赵克彰领三千人援麻城，后又令赵克彰领军守桐城。所有这些，都是临时委任，而不是固定的统属。以后，随着统领所辖营数日多，战线日广，分统之设，更势在必行。咸丰九年(1859)一二月间，胡林翼致书李续宜："弟意总求老兄招致石泉诸公代办营务，而并乞于十日之外，酌拟分统，乃为正办。"[95]三月间，胡林翼又与彭玉麟议论"小统领"的重要性，并积极寻觅人选。胡林翼与李续宜为此"商量二三月之久"，李续宜终于接受胡林翼的意见，同意在他所统之军设分统。胡林翼乃将商议结果函告官文，指出分统职权范围："所辖三四营，或六七营。每一总管(即分统)，另设总帮一员，仿营务处之实而避其名。其黜陟调遣大权仍归统领。"这样，分统只能带领属下数营，按统领之命作战，而不能擅自行动，更无人事任免之权，故只有一个总帮为助手。这样的职权和地位与行政系统中的分巡道相近。

胡林翼在信中还指出设立分统有七利，归纳起来不外便于指挥、利于发展两个方面。随着部队扩充，当时有的统领已带至二十营，如各营"一一请求统领"，必"致丛脞于前，疏忽于后"，且"大寇入境，非分支抵御不能得势"，"小寇入境"，更需分统带小部队击之。同时，湘军虽然培育提拔了一批将领，但塔齐布、罗泽南、李续宾、王錱等人已先后死去，其他多隆阿、李续宜、鲍超、刘长佑、曾国荃等人表现突出，足当大任，而李元度、周凤山等则平庸无能。这就是说，湘军中坚人物的质与量，均不能适应大发展的趋势。曾国藩、胡林翼、左宗棠等人对此都深有同感，"添营甚易，得统领之才，千难万难"。[96]而设立分统则可以在实践中培养人才，正如胡林翼信中所指出的："派以总管四五营，则用心必专，可以练习兵政之大事。"[97]从而为解决这个问题多开辟了一条渠道。

设立分统有这样好的作用，官文自然不会有异议。如此，分统就首先在李续宜、多隆阿两军中设立起来。同治元年(1862)，曾国藩也先在鲍超军中推行。他要求鲍超分出十营，令宋国永、娄云庆各带五营；并指出，这样可以提拔一批有才干的营官，也就不会再发生营官私自离队他投、觅取更高职位的事。"俾得各显手段，各建功业，庶无久居人下之怨。"[98]曾国藩竭力敦促鲍超部设立分统，还另有原因。早在上年十月间，曾国荃就函告乃兄："闻鲍公近有骄意，请切实劝戒之。宋国永乃鲍营之尚能明道达理者，兄试密询之。若令鲍公添人，使宋国永领之，则久后宋之基址已立，乃所以维持鲍公于不覆耳！"[99]曾国藩显然是在借设立分统之机，分鲍超之权，制鲍超之骄。与此同时，曾国荃军也设立了分统，并且扩大了分统的职权："已将各营均放管带，又将各新营均分归各统带放饷，以专责成，令其悉心训练。"[100]在上述致鲍超信中，曾国藩也说："嗣后若派分统之人，须将银钱公平派出，使分统等宽绰有余，则人皆心服矣。"湘军统领向有公费，以带营数多少定公费之多寡。除此项法定款项外，各营向有因勇弁伤亡病故而形成的缺额，在新勇未到营补缺前，其月饷也多归营官，特别是归统领所有。统领如将发饷之权，随营下放分统，则统领此项分肥势必大为减少。曾国藩信中所谓"银钱公平派出"，显然不仅仅指前项公费，也包括吃缺额的收入。这就是说，鲍超军分统，与曾国荃军分统一样，也享有发饷之权。这样，分统就有根据统领命令指挥所部作战，以及掌管所部经济两大权。

与此同时，或稍后，其他湘军部队也相继设立分统，这样，就使湘军营官中涌现出一批有才干的将领，如李续宜部的成大吉、蒋凝学、毛有铭、萧庆衍，多隆阿部的雷正绾、曹克忠、石清吉、陶茂林，蒋益澧部的高连升、熊建益，鲍超部的宋国永、娄云庆，曾国荃部的彭毓橘、刘连捷、陈湜、黄润昌，张运兰部的易开俊、刘松山，等等。其中，不少人后来成了独当一面的大将。可见，分统的设立，如胡林翼所预计的那样，既便于部队灵活行动，又培养了人才，从而对湘军的持续发展，起了很大的作用。

最后，还必须指出，分统的设立，并不是所有湘军都纳入了五级制。事实上，湘军始终存在直辖于大帅的小支部队，如胡林翼统下的余际昌军，左宗棠统下的魏喻义军，曾国藩统下的李榕军。他们一般只有两三千人，或稍多一些，但并不归哪个统领指挥，而直接受命于各大帅。余、魏、李等人的地位相当于分统，但其对属下各营的统辖权则大于分统，这颇类似于现代军队中的独立师。这就是说，在实行大帅、统领、分统、营官、哨官五级制的同时，还并存大帅、分统、营官、哨官四级制。

四、骑兵的建立与推广

湘军原来无骑兵,咸丰五年(1855)后都兴阿所统的旗营马队,与胡林翼所统的湘军,在湖北、安徽共同作战,起了显著的作用。胡林翼甚至说:"马队之功,允推第一。"[101]这虽有讨好满族贵族之意,而不免过甚其词,但由此而认识到骑兵的威力却是实情。所以后来胡林翼又说:"募勇一万,不如马队一千。"[102]从此,湘军将帅开始图谋建立自己的马队。咸丰六年(1856),李续宾创立两百名的小马队,由他自己直接统属。有些将领也相继仿效。但这只是湘军骑兵的萌芽,既无定制,成效又微。如李续宾的小马队,"教之三年,然弓箭马枪仍无实力。南不善骑,北不善舟,天限之也"[103],之后这支骑兵小马队,也在三河之役与其主将一同覆灭。

咸丰八年(1858)李续宾在三河,吴国佐在景德镇,先后大败于太平军骑兵,曾、胡、左更热衷建立骑兵部队。左宗棠要求胡林翼派骁骑校十员来湖南教练骑兵。胡林翼、曾国藩一面与官文奏拨大批马匹和人员,将都兴阿、多隆阿原有骑兵扩充至两千骑;一面积极编练湘军自己的骑兵。曾国藩对此尤为积极。咸丰九年(1859),曾国藩计划令李鸿章至河南招募骑兵五百,如有成效,再扩充至三千人。这个计划流产后,他又制订"募南勇骑北马"的新计划,即选派湘军弁勇自行训练,至年底,只成立马德顺(河南人)和伍华翰(湖南人)两营,约三百人。同年曾国藩又制定湘军马队营制。[104]马队营制如下表:

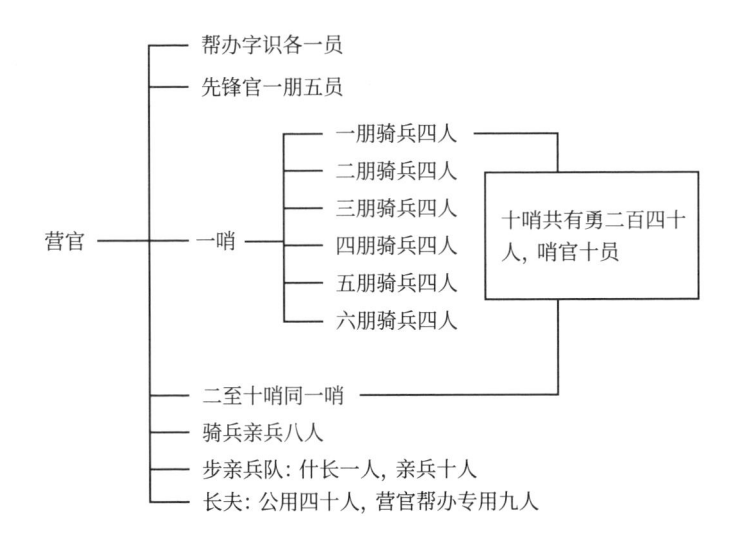

```
                ┌── 帮办字识各一员
                ├── 先锋官一朋五员
                │              ┌── 一朋骑兵四人 ──┐
                │              ├── 二朋骑兵四人   │
                │              ├── 三朋骑兵四人   │   ┌─────────────────┐
                ├── 一哨 ──────┤                  ├──│ 十哨共有勇二百四十 │
                │              ├── 四朋骑兵四人   │   │ 人，哨官十员       │
                │              ├── 五朋骑兵四人   │   └─────────────────┘
营官 ───────────┤              └── 六朋骑兵四人 ──┘
                ├── 二至十哨同一哨
                ├── 骑兵亲兵八人
                ├── 步亲兵队：什长一人，亲兵十人
                └── 长夫：公用四十人，营官帮办专用九人
```

照上图，一营营官在内，计员弁十八人、步骑兵勇二百五十八人，共计弁勇二百七十六人，外加长夫四十九人、马夫一百三十八人、火夫六十五人、棚夫七十三人。照上制，马德顺、伍华翰两营并未如制满额。可见，此时仍属草创阶段。咸丰十年(1860)至十一年(1861)间，曾国藩除调八旗营马队三百人外，还继续编练骑兵营，并将三营分拨给左宗棠、曾国荃和鲍超三军。

在曾国藩的大力提倡下，其他湘军将帅也相继编练马队，如李续宜、田兴恕、刘岳昭、曾国荃，其中后者尤其突出。曾国荃不满足于乃兄所拨给的马队，千方百计加以扩充，先后依靠从湖南采买马匹、向官文请拨马匹的办法，弄来大批战马，并请李鸿章代购洋枪装备马队，"国荃新立马队二百匹，冀得洋枪二百枚以利行阵"[105]。这样，他就革新了骑兵只用刀矛弓箭的传统，使中国骑兵向近代化迈出了重要的一步。同治三年(1864)攻陷天京时，见于奏报的曾国荃军马队已多达七营。

咸丰十年(1860)以后，特别是同治初三年中，湘军营制饷章仍在继续变动和多样化。其中李鸿章所部洋枪营的出现，西式操练法的部分采用，更是带有根本性的变动。同时，兵种也开始多样化，除原有水师、陆营外，骑兵大力推广藤牌兵，装备洋炮并脱离步营的专门炮兵部队也开始建立。其中，后者与洋枪营、西法训练的同时出现更是中国军队由中世纪向近代化迈进的第一步。当然，李鸿章这一步迈得既不光彩，幅度也不大，而迈出这一步的也不止他一人。

第四节　军饷的剧增与饷源的开辟

在"二多一快"的发展总形势的影响下，湘军饷需的供求也发生了巨大的变化：饷额大增，求过于供更加严重；同时，饷源也大为开拓，饷需的筹措也更为复杂。这种变化，虽然一般表现为数量的增加、地域的扩大、来源的增多，但有的却是根本性的变动。

咸丰十年(1860)至同治三年(1864)，湘军陆续扩充至五十多万人，势力达于十多省。这些军队虽然绝大多数在湖南募勇而成，并多由湖南供给初时饷需，但开拔至各省后，军饷的供求就大不相同。大致说来，可以分为三个类型。

一是河南、山东、直隶。这三省湘军数量少，饷额不大，在各省中不是清军的主力，与长江中下游又相距甚远。因之，一般是由各省自行解决，与其他湘军集团督抚基本上没有经济往来。二是四川以及与之相邻的陕西、甘肃、云南、贵州。这里湘军较多，是清军的主力，其任务主要是镇压地方性农民起义和少数民族起义。其中，四川面积最大，也最为富庶，虽经战乱，但为时不久，经骆秉章、刘蓉大力经营，各方面都有很大好转。与之相反，陕、甘、云、贵四省却越来越糟。这样，就使四川很自然地成为这个地区的军事中心和粮饷供应基地。三是两湖、两广、闽浙，以及江苏、安徽、江西等省，这九省是湘军的主要战区，绝大部分湘军的集中地。在军事指挥和军饷供求两个方面，虽各有各的情况，各有各的问题，但彼此既有矛盾，又密不可分，因而在一定程度上，它们又是一个整体。

以上三类的第一类，对湘军影响甚微，可以略而不论；第二类，特别是第三类，则关系湘军大局，必须深入探讨。

骆秉章咸丰十一年(1861)接任四川总督后，在对各起义军进行军事镇压的同时，又大力整顿吏治税政，杜绝中饱。在厘金方面，禁止各府县乱征，于省城设一总局，委派自湖南带来的彭洋中主持，并于水陆要冲设分局三十余所，分委廉能官绅主持。结果，取得很好的成效，在两年多的时间内收取包括捐银在内的税款四百多万两，平均一年约一百六十多万两。[106]田赋方面，湘军未入川前，四川大吏早已奏办按粮津贴，即地丁一两，加收津贴银一两。骆秉章接任川督后，继续照征。同治元年(1862)，骆秉章、刘蓉又大力整顿劝捐，停止各县杂乱无章、弊端甚多的劝捐，改为"按亩派银"，即先"预算一定之总额，分配于各属，区别等级"，定期交纳。各县再按其所分之总额，"按粮摊定，随粮并征"。每年共多达"一百八十余万，视地丁过二倍以上"。[107]这实际上也是一种变相的田赋。与津贴不同，劝捐有起征点，地丁额不足八分者免交。但绵竹则"四分以上起征"，"其初每两仅征银三两九钱"，[108]为地丁之三倍多。绵竹为富庶地区，摊额可能高于一般地区，因而起征点也随之压低。四川地丁正额，据曾为川督又任过户部尚书的王庆云的《石渠余记》记载，"今额"为一百零六万两，道光末年实际收入也在一百零五万两至一百零九万两之间。虽然一部分边远贫瘠州县免征津贴和劝捐，但这部分县地丁额本来就很少，故免征对总额并无多大影响。这就是说，劝捐、津贴、地丁三项，每年收入总额当约为四百万两。这样，再加上厘金税，每年全省财政当有五百多万两。由于天灾人祸，有时不免减收，仅以四百万两而言，也是颇为可观的收入。

与四川相邻的陕西，在西北号称富庶。但同治二年(1863)已经十分残破，"秦中自遭蹂躏，田野荒芜，商贾裹足，无人民可以耕种，无钱粮可以征收，无富户可以捐输，无厘金可以抽取"[109]。这有些夸大其词，同治三年(1864)上半年陕西还有四十万两财政收入，但同治二年(1863)，陕西南部确已陷入极为严重的财政危机。当时汉中一带的数万清军，无饷可领，欠饷高达八十多万两。其中湘军易佩绅部四千余人，欠饷至二十余万两。这年七月，清廷命刘蓉为陕抚，统率陕南各军，面对上述情况，刘蓉下令裁撤不得力各军以节军饷。由于无力补发欠饷，只能"量给盘费，其欠饷最多者，令其作为捐项，分别多少，赏给六、七、八、九品功牌顶戴"[110]，结果激起部队哗变，营官差弁被杀。同时，依靠四川的财力军力支援，刘蓉重新部署，进图汉中。

四川由于有了前述较为雄厚的财政基础，在供应本省军政开支和上百万的京饷的同时，又承担了支援邻省的重任。刘蓉是才离任的四川布政使，川陕又是唇齿相依的近邻，向以大局为重的骆秉章，自然大力支援。正如刘蓉所说："其所恃以进剿之师，即系川省防堵之师，军火饷糈无一不资于蜀。"[111]事实上，不仅刘蓉所部湘军军饷由四川月供八万两，就连此后的周达武部湘军援甘肃时，其一万人的军饷装备也由四川供给。此外，如石达开军转战四川、贵州、云南毗邻地区，四川派湘军追击，云贵两省自顾不暇，无力供应，全由四川自行筹饷供给。

三类的九个省，虽基本上为湘军集团所掌握，但各省经济发展水平、政治军事现状差别甚大；各省大吏自身情况也不大相同，彼此之间，特别是与曾国藩的关系，更有亲疏之分。这样，就必然在军饷的供求方面，出现错综复杂的情况。

湖南，一直是湘军最可靠的后方基地，在人力、物力、财力的供应方面，起了极为重要的作用。但咸丰九年(1859)、十一年(1861)为抗击入境的石达开军，省内军费开支猛增；同时很多地区沦为战区，正常经济活动遭到干扰，税收因而大减；再加上水灾时作，就使省内的财政经济十分困难。正如湖南巡抚所说："自九年石逆窜楚，元气因之大伤。(咸丰)十年以至(同治)元年，迭被水灾，民间渐形空乏。又江浙沦陷，货物不通，捐输厘金两大宗，较往时已减一二倍。"[112]据此，毛鸿宾在咸丰十一年(1861)冬奏请停拨所有协饷。但有的协饷仍不能不支应：危及本省的战争，如反击进逼桂林的张高友军，不能不派军出饷；京饷更是不敢不起解。这样，就致使求远大于供，从而不能不一再压缩开支。咸丰十一年(1861)冬，积欠湖南省内湘军军饷，"多者六七月，少亦四五月，勇丁日食大率向民间赊取"[113]。后来，又将本省绿营官俸银减三成，只发七成。

在这种情况下，曾国藩，特别是他初任两江总督时，仍力图在湖南取得更多军饷。一直得到曾国藩赏识保荐的黄冕，立即迎承意旨，倡议开征新税："于本省厘金外，加抽半厘"，即"本省抽百文者，另抽东局五十文"，[114]并设立东征局主办此事，专款专用，解拨给曾国藩直辖的部队。这种敲骨吸髓、税上加税的搜刮，不仅遭到藩司的多方阻挠，更激起省内绅民的怨恨。有人假借岳麓书院山长"丁伊辅学士之名，作一长函(致曾国藩)，力诋不便，传播远近，几将停办"。曾国藩的亲信党羽、东征局的士绅也假曾国藩之名回击，"作一长函，痛辨其非"。[115]与此同时，群情日日趋激昂，省城长沙"方事之初，民怨大沸，会垣近郡，几至罢市"[116]，有的地方甚至发生群起打毁东征局的事件。

但是，多年以来，湖南已经形成以曾国藩为后台，把持省内厘金、团练、劝捐等要津的士绅集团；而继骆秉章的各任巡抚，又是得到曾国藩保荐，善于仰承其意旨的人。在这样的官绅结合体面前，上述抗议浪潮不过是一朵小小的浪花。东征局不仅照办不停，且取得了很大的成绩。据曾国藩奏报，从咸丰十年(1860)七月开征，至同治元年(1862)六月，凡二十三个月，征得税银一百零九万两，钱三十万串(按一两银兑换制钱一千三百文折算，合银二十三万余两)，共计银一百三十二万两，平均每月五万七千余两。对此，曾国藩十分感激，致书黄冕："每于艰难绝续之交，得东征局饷，弥缝补救，俾免决裂，感赖实深。"[117]除东征局税款之外，湖南尚协济曾军月饷一两万。这就是说，湖南每月供给曾国藩军饷七八万两。

湖北，除地丁漕粮外，厘金向为饷源大宗。但咸丰十年(1860)至同治元年(1862)，这两项均因战局变动而大受影响，厘金尤为严重。"自去冬蜀中贼扰，井灶被焚，上游盐课已形短绌。今岁(咸丰十年)杭垣叠警，苏常失陷，商贾不前，厘金顿减。"[118]据总管粮台的阎敬铭报告，咸丰十年(1860)"春间全省厘金每月可得入款三十余万串，至五月遂止收七八万串矣，六月竟遂止四五万串矣"[119]！即锐减到只及原额的八分之一或六分之一。咸丰十一年(1861)，陈玉成军先挺进湖北，长期占领黄州、德安、随州，后来李秀成又至鄂南；其中陈玉成对当地的打击，尤为严重。"汉阳一府之厘，半于五六府；黄州一府之钱漕，半于五六府。"[120]现在或因陈玉成军迫近，厘局"惊散"而大受影响，或为陈军占领一无所收。

针对这种饷源日蹙的严重局面，胡林翼要求包括他自己和官文在内的各官员，暂不领取俸银养廉，并力图"另筹百万"之饷——包括开办官捐。他先倡自捐六千两，其他人纷纷响应，共得捐银八万两。在汉口开办房捐，荆州开办商捐、户捐，普遍推行减价捐输，以广招徕，并奏求山西、陕西等省协济，但所得均不多。故而军饷欠额直线上升，至咸丰十一年(1861)夏，总数竟达四百万之巨。部队因欠饷过多，颇有怨声，甚至还发生哨官密谋闹饷，事泄被杀之案。

同治元年(1862)，四川的情况好转；陈玉成军亦相继退出省境，厘金丁漕的收入因而日渐增多。但陈得才部太平军和捻军在陕西、河南活动，时需湘军防边，甚至越境出击。秋间，京山、应山、孝感、安陆、黄安等县，更一度失守。这就阻滞了税收好转的势头，使军费开支增加。同时，胡林翼死后，继任的李续宜又不久他调，由严树森接任，省政大权逐渐归入官文手中。而官文并不真正亲附湘军，与曾国藩又时有矛盾，再加上客观方面又存在困难，他对湘军的供饷就一改胡林翼的做法，而显分彼此：对仍归湖北统带的湘军，照旧竭力供应；对拨归曾国藩统带的湘军，就大不如前。如杨载福部水师，例由湖北供饷，同治元年(1862)七月时便已欠饷半年，八九月间，湖北始解来五万五千两。李续宜部也同样如此。李续宜为鄂抚时，湖北供应较为充裕；李续宜离鄂，特别是丁忧回籍后，就多方留难。至同治二年(1863)冬，湖北更正式声明，对向食鄂饷又拨归曾国藩指挥的杨载福、李续宜等军，只能供六成饷，其余由曾国藩设法补足。这样，就使李军陷于困境。正如曾国藩所说："月饷不满三成，实尝他军所未历之苦，萧军如此，成、蒋、毛亦岌岌不获一饱。士卒既怨鄂台，亦詈鄙人。"[121]曾国藩不能坐视这支主力部队因乏饷而溃败，不得不分饷接济，这就加重了曾国藩筹饷的负荷。

江西成了曾国藩征饷的重点。咸丰十年(1860)两江总督所辖三省：江苏，一时鞭长莫及；安徽或仍为太平军占领，或残破不堪；唯江西受战争影响较少，又较富裕。所以曾国藩一任总督，便宣布："以两湖为筹兵之源，而以江西为筹饷之源。"[122]并奏准以地丁漕粮所入归巡抚支配，厘金则由总督委员设局征收，所入径解曾军粮台备用。

但是，曾国藩这个以江西为核心的筹饷战略方针，在执行过程中却屡生波折，阻力主要来自两个方面。

咸丰九年(1859)，江西厘金所入达一百六七十万两，胜过地丁漕粮的收入。咸丰十年(1860)，由于江西省内，尤其是省外战争的影响，厘金收入不及上年一半，曾国藩于是又向田赋伸手，奏准每月提漕折银五万两（后改为四万）。江西每年地丁约一百一二十万两，漕粮折价，按户部奏定每石一两三钱计，完纳足额也只有九十万两。这就是说，曾国藩除了拿走全部厘金，又提走大量田赋收入，致使"本省只剩地丁及杂税十余万，二者并计不足百四十万"。而曾国藩又悍然下札每月提用地丁银三万。更何况，到了咸丰十年(1860)，特别是咸丰十一年(1861)，因太平军第二次西征，省内战争涉及面大，官绅纷纷要求减免，田赋所入不可能足额。而本省支出又不能减，如户部就奏准提四十万漕折银作为京饷。在这种情况下，巡抚藩司对曾国藩这样凶狠的搜刮，就不可避免地强烈反抗。藩司警告，"每年出入，不敷甚巨，若不预为筹计，必致贻误军需"，要求"裁兵而截饷"，并且私下斥责曾国藩"玩视民瘼""横征暴敛，掊克民生，剥削元气"，[123]是一个十足的假道学、伪君子。

曾国藩对于这样的要求，断然加以拒绝，并在咸丰十一年(1861)先后奏罢巡抚毓科、藩司张集馨，而代以他力保的沈葆桢、李桓，以为此后可以办事顺手，推行他的既定方针。但正如前述，沈葆桢"极欲自立门户"，谋求军事上自立自保，遂断然下令新招和扩充王沐、韩进春两军至八千余人。扩军就必须筹饷。同治元年(1862)九月，沈葆桢奏准截留原拨给曾国藩的月四万两的漕折银。这样意外的打击，使曾国藩有苦说不出，只能在日记中发泄："每月少此四万，士卒更苦，焦虑无已""江西抚藩二人似有处处与我为难之意，寸心郁郁不自得"，[124]甚至有时为此而"竟夕不能成寐"。此后，两人又为争夺厘金、九江关税闹得不可开交，公开决裂。

曾国藩、沈葆桢矛盾激化，公开决裂，使厘金征收陷入十分困难的境地。自厘金奏准拨归总督，曾国藩即委员在南昌、赣州各设一局主办，并在有关要地分设局卡，征收稽查。局卡多，人员多，弊端亦日多，敲诈勒索在所难免，因而引起了商民士绅的怨恨。而各府县正印官又仰承巡抚意向，不仅不支持局卡征收，有时还与局卡为难。这样，就使厘局成了官绅共同攻击的目标。各府县官"每称卡员苛索商民，抽厘太重，上告抚藩，下告绅董，以致卡员动多怨讟；而商民遂大长刁风，闹卡之案迭出"[125]再加上战局影响，商货流通不畅，厘金收入大减。曾国藩乃新派委员十多人至江西，大加整顿，查处不法局卡，至同治二年(1863)夏，"颇有起色"。

江西的厘金收入，虽由于以上原因，时有增减，但实际收入仍然可观，"四年共解七百余万"[126]。从咸丰十年(1860)六月起，至同治三年(1864)正月止，共四十四个月，平均每月亦多达十六万余两。同治三年(1864)二月，沈葆桢又不顾曾国藩直辖军欠饷多至十六七个月，江西军可发八成饷的状况，又奏准截留厘税一半，且不久太平军大举入境，厘金收入锐减。曾国藩此项收入也势必锐减，每月六七万两恐怕也难保证。此外，曾国藩还效法两湖，欲革新江西田赋征收。但所拟章程既不妥善，又因与沈葆桢大闹矛盾，也再无兴趣经营，因而对军饷的筹措实际上也无多大作用。

曾国藩在安徽的饷源也不充足。淮河两岸的北部地区，为捻军、苗沛霖、胜保的纷集之地；皖南长期为双方拉锯战区，社会经济破坏较大；滁州一带，既有李昭寿盘踞，又常为战火波及。这样，攻下安庆后，曾国藩军在本省较可靠的饷源基地只有安庆一府及六安、庐州两府的绝大部分地区。

在攻下安庆之前，湘军即在部分地区开办亩捐，由各地士绅设局，按亩征收。经办士绅趁机贪污自肥，弊端日多。攻下安庆后，改亩捐为抵征，查明各处熟田，每亩征收四百文。同治元年和二年(1862—1863)，共收钱九十六万串。此外，尚收米近万石。同治三年(1864)，恢复常制，改征地丁漕粮。

与此同时，曾国藩还在安徽各地开办厘金。但其做法，与两湖和江西先设省局，再设各分局，并统一委派经办官绅不同，而是湘军占领何处，即由该军统领委员设局开征，所得税款一般也径解其军粮台。因之，皖南歙县、屯溪、婺源、绩溪各局，由左宗棠、张运兰控制；沿长江两岸之华阳、大通、荻港、金柱关、运漕，乃至江宁之大胜关，由杨载福、彭玉麟、曾国荃控制；中部六安一带，则由李续宜控制。这种做法过去就有，咸丰十年(1860)后，曾国藩又在新恢复地区大力推行。如他致书左宗棠，令其在屯溪等地设局征厘："请公自行派员，自行收放。"[127]这样的厘局，实际上是各军后勤机构的组成部分，具有明显的军事性质。省厘金局则对它们起不了多大影响。不过，随着战争重心移至天京，曾国荃忙于指挥部队，李续宜离职回家，曾国藩又力图恢复正常体制，省厘金局对征收的控制权便日渐增强。

有些厘局收入相当可观。如华阳厘局咸丰八年(1858)每月就收入两万两，荻港局咸丰十一年(1861)每月解杨载福军就达一万两，大通厘局同治元年(1862)每月收入至四万串。同时，曾国荃军"每月所收各卡厘金，约计二万金"[128]。杨载福军所入不会少于此数。彭玉麟有江西吴城厘局入款，其沿江厘局所入，当不及曾国荃、杨载福。再加上曾国藩大营分润，估计同治元年(1862)沿江厘局所入，每月当有七八万两。同治二三年，随着战争的胜利，长江下游畅通无阻；而上海外围的胜利、苏州等地的攻克，又使上下游的货物流通量大增，沿江各厘局所入当会更多。在同治元年(1862)春，掌握六安一带厘局的李续宜军是湘军中最富裕的一支，曾国藩十分羡慕："饷项存储十万之多，何其富也"，并向李续宜"求借四万金，专济徽州各军"。[129]当时李续宜军固然有湖北供饷，但湖北饷源不充足，又有官文作梗，势不能如数按期供给，而李续宜竟然在开支军饷之后，还节余十万两巨款。由此可以推知其厘金收入必较曾国荃、杨载福所得还要多。

江苏是曾国藩的重要饷源。曾国藩接任江督后，即致书薛焕："纷传沪饷充盈，俯拾即是。"[130]并要求协济巨款。江苏为两江总督辖境，薛焕不能拒，立以十万两应命。

李鸿章领军到上海后，初时因情况不明，藩司吴煦又有意封锁把持，且亏空挪用太多，遂仿照曾国藩在江西的做法，将上海的财政收入一分为二：海关收入"至多不及二十万两（除扣英法四成）"，由吴煦继续掌握，负担常胜军月饷六万两、会防局月费三万两、镇江冯子材军饷三万两，以及各官养廉等项开支。[131]厘金局收入约三十万两，由他委员接管，担负至上海的淮军水陆军的各项开支。[132]几个月后，吴煦离职他任，上海财政全部为李鸿章所控制。这年冬，随着九江、汉口海关开征，上海的海关收入虽然大减，但厘金收入却大为增加。这首先是由于大力整顿，"日来厘捐各局蒙蔽"，"渐已弊绝风清，每月可多出经费一二十万"。[133]其次，随着淮军向前推进，厘局增设，税金也因而加多。如松江一带，"厘卡添设数处，月不过二万串"[134]，一年也多增十多万两的收入。最后，开征新税，如筹防捐，"专捐进口出栈之洋货及报新关出口之土货"；布捐，"专捐各路及浦东等处土布"；出口捐，"专征沙卫各船报常关出口所装各货"。[135]此外，还开征田赋。松江府同治元年(1862)收田捐二十余万串，同治二年(1863)收新漕十万石。

据了解情况又留心政事的周腾虎估计,"上海关税厘金所入,终岁毋虑五百万金"[136]。这是同治元年(1862)的估计。到了同治二年(1863),特别是同治三年(1864),虽然海关收入因九江、汉口开关而减少,但厘金所入加多,再加上田赋所得也越来越多,当超过五百万两大关。入数虽多,但支出也大。李鸿章所统淮军七万多人,每月就要支出五十多万两。常胜军、冯子材军、会防局及各官养廉,每月也需十多万两。仅此两项支出,就已超过所入,更何况还有必不可少的巨额京饷。这样,入不敷出的情况就更加严重了。但各地仍纷纷要求协济,其中,曾国藩要求尤为严切。夺取上海饷源是曾国藩命李鸿章东援的两个目的之一,且李鸿章初至上海,羽毛不丰,地位不固,不能也不敢将此事置之不顾。事实上,李鸿章至上海后不久,即不定期向曾国藩军供饷。据曾国藩手记,同治元年(1862)八月十三日至十二月二十三日,先后五次解款,总数近十四万两,[137]平均每月三万多两。估计以后数月,也照此规模解饷。同治二年(1863)夏秋间,曾、李两人商定每月上海协款四万,实际上并未如数按期解款,同治三年(1864)头三个多月,更只解"一批三万",平均一个月还不到一万。这使曾国藩大失所望。李鸿章则致书曾国藩,大诉其苦,说所部欠饷甚多,只能发半饷,"皖饷四万,义当供输。师意初似有积不能平者,或为人言所惑,鸿章则不敢不循弟子之礼。但使力所能竭,无不勉图报称;如实自顾不暇,当亦仰荷鉴原"[138]。从中可以看出,曾、李因争饷而关系紧张,李鸿章虽执礼甚恭，但实质性的方面却不肯退让。其他如左宗棠、杨载福、唐训方等，也纷纷要求协饷，甚至派人坐索，李鸿章更是千方百计地加以婉拒。

在这种内需外求的逼迫下，李鸿章力图扩大税收，创立各种名目捐税向上海商人要钱。如攻下苏州后，开办苏城善后捐。但上海不少商人托庇于外国侵略者，千方百计加以规避，即所谓"为洋人所挟持，难行我法"，有时甚至"领事出头抗庇，盖富商大半寄寓洋泾浜与各洋行"。[139]这样，官府的压榨就不如内地那样起作用，捐税一加再加，所得并不太多。咸丰年间，江苏官吏曾多次向外国商人借债以应急需。李鸿章到上海后沿袭成例，也多次借外债，曾通过买办王某一次借外债二十万两。外商则趁机大肆勒索，不断提高利率，"元年洋行借款利息不过数厘，二年不过一分"[140]，三年更猛增至二分。

应该指出，上海财政虽然困难，但李鸿章所部淮军薪饷的发给，仍然优于其他湘军。曾国藩在同治二年(1863)就指出这一点，并断定李鸿章部各军发满饷。李鸿章虽申辩只有黄翼升部如此，其他只发半饷，但事实上，其他各部也不止半饷。同治三年(1864)，李军各部就发满饷七个月，比之曾国藩直辖各军欠饷至十六七个月，弁勇甚至吃粥度日的情形，有天渊之别。

曾国藩寄予希望的广东也不能满足他的军饷要求。咸丰年间，湘军与广东在经济上只限于协饷的关系。同治元年(1862)二月，御史朱潮有令"四川、广东协饷，兵事责之曾国藩"之奏。曾国藩趁机上言："广东最号殷富，其财力为东南之冠，其地势亦宜供江、浙之饷。"[141]他要求把广东田赋、海关、盐税、劝捐和厘金五大财政收入之一的厘金，拨充皖浙军饷，并派大员督办征收。清廷批准了曾国藩的要求，派曾国藩的同年、副都御史晏端书前往主持。对此，曾国藩深为感激："以其为戊戌同年而派，朝廷之用心良可感矣。"并充满信心地认为，"大约所得每月在二十万上下，胜于江西厘金也"。[142]

但晏端书带领曾国藩保荐的随员到达广东后，却遭遇了严重阻力。广东厘金自咸丰八年(1858)开办以来，先为"奸商勾串洋人挟制阻挠"，后又为商人"承揽"，"一切任其垄断"，"本省绅耆士庶大半兼营商贾"。[143]有地位的大士绅甚至分包一税，如"木捐为叶翰林，鱼捐为潘编修，猪捐为梁侍读，大率皆此类之比"[144]。以本省税金接济地方色彩很浓的湘军，本来就容易引起大绅的抵触，再加上晏端书整顿厘金税政，自行收税，又与士绅兼商人兼包税者的切身利益相矛盾，这样，就不可避免在广东形成一股强大的民间抵抗浪潮。同时，厘金是本省官吏行政事务的一部分，也是官吏借以自肥的重要门径。曾国藩、晏端书自征自解的做法，既分了他们的权，又夺了他们的利；更何况广东也的确存在财政困难，如此一来，他们自然会与士绅相呼应，奋起反对。两广总督劳崇光致书曾国藩，缕述广东十余年来，已支出军饷一千多万两，亏空达三百余万两，系因各库"随时挪垫，各库遂皆为之一空"；而当时又"月需军饷一十三万有奇，只有抽厘银四万余两，随时点缀，不敷八九万"。劳崇光甚至直斥曾国藩此举，不仅是"喧宾夺主,为地主者不得过问",也使广东财政无法维持,"不识又应作何持筹,尚乞高明垂示焉"。[145]

面对这种情况,清廷决计扫除障碍,命刘长佑和曾国藩的好友黄赞汤接任督抚。黄赞汤曾在江西办捐输,大力支援过曾军。刘长佑旋调任直隶总督,又命晏端书继任。但是晏端书在广东前后达一年之久,厘金并无多大起色。黄赞汤同治二年(1863)春到任后不久,即致书曾国藩,虽然批评劳崇光不体谅曾国藩的"公忠体国之心",对曾国藩"词气悻悻",但又认为劳崇光有关广东财政状况的陈述,是"披露尽情,一无伪饰"。[146]他表示,短期内,广东无力为曾军筹措大批军饷。接着黄赞汤、晏端书又向曾国藩提出四六分享广东厘金的要求。清廷不得不又一次更换督抚,命毛鸿宾、郭嵩焘接替晏、黄。但毛鸿宾、郭嵩焘一时也无善策整顿厘金,不久,二人又大闹矛盾,遇事互不相下。在这种督抚不和的情况下,广东的吏治税政自然难期有多大起色。

在这样的重重阻力下,广东厘金虽然在同治元年(1862)七月就依照曾国藩奏定的办法开征,但结果并不好。至同治三年(1864)四月止,凡二十三个月,按粤三曾七分成,曾国藩军只得税金一百一十万两,平均每月不过四万七千多两(由曾、左两军分享),距曾国藩每月二十万的要求,竟相差四倍之多!

浙江是左宗棠军的主要饷源地。左宗棠虽于咸丰十一年(1861)底被委任为浙抚,但其时辖境几乎全被太平军占领,正如曾国藩所说:"新任浙抚,无尺寸之完土,无涓滴之饷源。"[147]浙江的湘军军饷,除了曾国藩奏拨的本年度的广信府各县钱漕，及原归左宗棠征收的河口、景德镇和婺源三处的厘金，只有依赖江西、福建、湖南、湖北的协济，以及广东厘金的拨款，其中福建协款较多，同治元年(1862)就解过二十四万两。[148]

随着部队胜利向前推进，辖境扩大，并与宁波等沿海府县连成一体，浙江本省的筹饷也日益开展起来。但新复各地，除了宁波一带，大多为贫瘠之区，富庶的杭、嘉、湖三府，或为战火所笼罩，或尚为太平军所占领。这样，宁波一带就成了左军唯一可恃的饷源之地。同治元年(1862)夏，左宗棠就看准了这一点，委派史士良任宁绍台道，并致书史士良："浙中饷银，全在宁波海口"[149]，令其悉心经营。

宁波历来是本省商业要地和著名港口，开为商埠后，又有新的发展。宁波商人散处各地，为全国著名商帮。当时，受战争影响，"商贩不免稀少。兼之洋商恃强隐射，蒙混免捐，而华商亦有冒充洋商，希图少捐者"[150]，但各项税金仍然可观。除海关税外，厘金收入，据李鸿章同治二年(1863)四月估计，每月可得十五万两。主持宁波厘局的人说，同治元年(1862)"一月得钱七八万，至十二月遂得钱十六七万"，同治二年(1863)"一载之中，竟得二百余万"。[151]宁波的劝捐收入也不少，如上虞同治二年(1863)上半年就捐银十六万两、钱近三万串。寄居外地的宁波人捐数更多，其中上海的宁波人尤为突出。"上海生意，宁波人甚多"，同治元年(1862)就捐银四十万。[152]寄居江西、湖南、四川等省的浙江籍官商也有不少捐款。此外，宁、绍、台三府州的地丁收入亦复不少，同治二年(1863)宁、绍二府就有二十余万两。

但宁波支出也大。仅中法、中英混合军就月支四万两，再加上宁波一带的原有兵勇军饷三万两，以及其他支出，总计亦达六七万两。如加上京饷，数额就更多了。当然，最大的支出是供应左宗棠军。如同治三年(1864)正月，就解左军银四万两、米二万石(约用银八万两)。此外，还要提供军火等物资。其中，米二万石更是每月定额必供之物。[153]粗略估计，宁波在同治二年(1863)冬和三年(1864)，每月供应左军不会少于十一二万两。

由以上可见，左宗棠军的军饷来源虽多，真正能得到的实数却有限，但左军军饷开支却十分可观。同治二年(1863)七月，左军军饷就月需银三十多万两。这时左军不过四万人，后增至约六万人，支出就更多了。这样，势必造成严重的欠饷。同治二年(1863)冬，有的部队已欠饷六七个月，甚至多达一年。

以上两类七省是湘军的主要供饷基地。从其供求状况，可以看到两个共同点：一是各省大吏或多或少存在各顾各、以本省利害为重的倾向。这不仅表现在非湘军集团成员劳崇光与曾国藩为争夺广东厘金而进行那样尖锐的交锋，湘军集团内部也为此时起波澜。前述沈葆桢与曾国藩争执，乃至公开决裂，只不过是其中最为突出的事例而已。其他如李鸿章与曾国藩、左宗棠与曾国藩、李鸿章与左宗棠、毛鸿宾与田兴恕，都因军饷发生过大小不一的矛盾。这证明，与清廷大权旁落，督抚将帅各自为政日益明显的总趋势相伴随，湘军集团也由过去相互支援、同心协力，逐渐向各自为政演变，呈现出涣散的景象。

各省共同点之二是，军饷供求关系严重失调。湘军集团虽然陆续控制了长江、珠江中下游及闽浙各省，饷源大为扩展，但部队扩充更快，军饷求过于供的情况更为严重。李鸿章的饷源最旺，但其部队也大部分不能按期如数发给月饷，沈葆桢军也只能发八成饷。其他各地的湘军军饷短缺更是严重，曾国藩的直辖部队尤为突出。这是因为曾国藩直辖部队至同治二年(1863)下半年已多达十二万人，曾国藩自言应月支军饷五十余万；再加上军火武器船舰的制造与购买，以及大营名称繁多的局所的日常开支，估计每月支出当近六十万。而其可靠的大宗饷源只有湖南、江西、安徽、上海、广东、湖北，同治二年(1863)情况最好，估计每月最多收入不过四十余万。这年秋后逐渐变坏，至同治三年(1864)，每月最多不会超过三十万。因为头三个月，广东只解九万两，上海只解三万，江西厘金又被截留一半，湖南除东征局照解外，协饷亦停。曾国藩自己也说："月需额饷五十余万，前此江西厘金稍旺，合各处入款，约可发饷六成，今年(即三年)则发四成。"[154]即同治二年(1863)每月发饷三十余万，同治三年(1864)则降至二十余万。

这样的收支状况，就不能不造成曾国藩直辖部队军饷的严重短欠。正如曾国藩在同治三年(1864)所说，"自去年以来，从无一月支至二两者，间或一月并未支得一两者"，累积竟"积欠至十八九个月不等"。[155]围攻天京的曾国荃军，"勇丁每月所领，不及一旬之粮，扣除米价等项，零用一无所出；兼之食米将尽，采办无资，勇夫啜粥度日，困苦万状"[156]。据此，曾国藩向清廷发出"颠覆将及"的警告。面对这种严重情况，清廷不得不筹出专款以济曾军。恰好这时阿思本舰队流产，清廷遂将此项余款五十万两，全部拨归曾国藩。曾国藩立派人先至上海提取二十二万两，分解曾国荃、鲍超等军，以缓和其无饷所造成的"业已火燃及眉"的危局。

除了以上两个共同点，还有一个值得注意的新情况。这就是咸丰十年(1860)以后，湘军在筹措军饷时，与外国侵略者有三种不同形式、不同性质的关系。一是军饷部分来自关税。当时不仅海关为侵略者所掌握，进出口贸易也大多为他们所控制。二是借外债。三是上海、浙江、福建等都发生了中国商人为逃税，纷纷托庇于外国侵略者，从而不同程度影响了税金的收入。这三点，虽然总的来说对湘军饷需的影响不很大，但它表明，随着外国侵略的深入，中国逐步半殖民地化，湘军在经济上也不可避免地要受到西方侵略者这样那样的影响。

第五节　洋务活动的发轫

湘军集团过去一直在两湖、江西、安徽活动，没有机会直接参与洋务方面的各项事务。曾国藩出任两江总督，特别是李鸿章进扎上海、左宗棠进军浙江后，这方面的事务和问题就纷至沓来，成为湘军集团军政活动的重要组成部分，从而给湘军史增添了新的内容。

曾国藩出任两江总督后不久，即咸丰十年(1860)六月，英法联军在北塘登陆，接着侵占天津，更于八月进逼北京。见僧格林沁、胜保两军连续溃败，咸丰帝一面准备北逃热河，一面征召各省兵勇入卫。在给曾国藩的廷寄中，更指名要鲍超带勇"克日赴京交胜保调遣。勿得藉词延宕，坐视君国之急"[157]。河南、山东、山西、陕西等省闻命即派部队数千，甚至万人来援，有的督抚还亲自带队。但是曾国藩却按兵不动，他与胡林翼和幕僚们就北援问题频繁磋商，反复议论。有不少人还写书面条陈，甚至远在南昌的李桓也为此上书曾国藩、胡林翼。

透过这些议论，可以看到湘军集团在这个问题上的隐衷。他们从君为臣纲这一封建主义基本原则出发，认为北援义不容辞，"凡为臣子之义，但有火速奔赴，不遑再计"[158]。李桓更进一步指出，如不北援会被认为是"坐视君国之急"，对清廷不忠。这对于"一介书生，致身通显，出自两朝特达，中朝并无系援"的曾国藩来说，就可能招来"不可拟议"的大祸。[159]但他们同时又认为北援不能影响安徽现有的战略部署。"东南大局系于湖北、湖南、江西三省鼎足支撑，实赖皖北皖南之屏蔽"，李鸿章更进一步指出，"皖南北皆不可撤退，兵家最忌退军，威不振时尤忌。我退一步，贼更进一步"。这样，就使曾、胡陷入左右为难的困境。对此，李鸿章提出"按兵请旨，且无稍动"的建议。[160]

曾国藩采纳李桓的建议，九月六日上奏申述不令鲍超北援的理由，并要求清廷在他与胡林翼两人中，指派一人统兵北援。这看起来是十分重视北援，对清廷忠心耿耿，而实际上是在拖延时间。因为奏报至京，诏旨至曾国藩的军营，仅路上往返就需要一个月。即清廷对曾国藩此折的批复，最快也在十月六日后数天才能到曾国藩处。而曾国藩估计和与战，安与危，最晚至九月当见分晓。如果清廷屈膝求和成功，北援自然取消。这样，按兵不动，既避去徒劳往返，更能避免因抽调北援军队而打乱原有部署。如战争仍在继续，清廷命曾国藩或胡林翼带兵北上，他们也决计过黄河以后，就"驻扎顺德等处，依太行山麓，扎营立寨"。名义上是"屏蔽山西、河南"，实际上仍是拖延观望，不愿把湘军用于对外战争，打击侵略者，从而保存实力，镇压太平军。

曾国藩这样做是经过深思熟虑的。他认为，"大抵天下有理有势。北援，理也，保江西、两湖三省，势也。吾辈但就目前之职位，求不违乎势，而亦不甚悖于理。"[161]所谓理，就是封建主义的根本原则；所谓势，就是本集团或个人所处的客观形势。这就是说，北援只是一种姿态，不能让人扣上"坐视君国之急"的大帽子，而确保江西、两湖的安全，维护湘军在安徽原有的战略部署，则必须切实坚持，不能丝毫动摇。曾国藩这种思想在给曾国荃的家书中，说得更为坦率，"安庆决计不撤围，江西决计宜保守"，而北援则"不必多兵，但吾与润帅二人中，有一人远赴行在，奔问官守，则君臣之义明，将帅之职著"。这样的北援会起什么作用，就不在他的考虑范围内了，"有济无济，听之可也"。[162]

北援问题虽然因屈辱的《北京条约》的签订而无形取消，

但这也暴露了湘军集团在中华民族与西方侵略者、地主阶级与农民阶级两组矛盾同时激化又交织而至时，首先考虑并需要集中力量去对待的，不是前者，而是后者——也就是牺牲民族大义，以维护统治阶级的私利。

北援问题解决后，特别是曾国藩大营进驻安庆后，洋务方面的事务日益繁多，但手下却缺乏这方面的人才。正如前述，这方面的人才大多集中在江浙，特别是上海。曾国藩除了自己多方搜求，还令李鸿章在上海网罗。但其中的上层人物有职务、有地位，或不能来，或不愿来。如冯桂芬就嫌道远，不愿来安庆。曾国藩只得延聘其中的下层人士。

王韬、周腾虎、蒋敦复、赵烈文、龚橙、齐学裘、华蘅芳、李善兰和徐寿，就是这批人中的名人。他们究心时政，熟悉中外情况。其中王韬、蒋敦复、龚橙、华蘅芳、李善兰等还利用在外国人所设书院洋行中工作的机会，对西方国家进行了较多的了解，李善兰、华蘅芳、徐寿还学习了西方近代科学。周腾虎虽然没有这样的机遇，但他在上海"遍历各洋行"，除了与在其中任事的友人往来，还与宝顺洋行西人碧利等人接触交往，"夷人识面者益多"[163]。赵烈文为周腾虎妻弟，与龚、王亦过从甚密，友谊甚笃。他不仅通过这些关系了解外国，如一次在龚橙处就借阅"英吉利书十余种"[164]，还至各洋行与洋商直接交往，此外，这批人大多社会地位较低，家境也不富裕，有的甚至穷困。他们常挟策上书，力图以自己才识改变这种处境，但官僚们却冷眼相待。蒋敦复甚至因此遭到迫害，"上书总督陈十事，语过峻，触当事者怒"[165]，不得不一度出家为僧以自全。

在这种四处碰壁，怀才不遇的情况下，王韬一度向太平天国献策，败露后，不得不远逃到香港。龚橙更走上邪路，与外国侵略者关系暧昧。蒋敦复则以学识从事著述，最后贫病交加而死。李善兰、周腾虎、华蘅芳、赵烈文、徐寿五人幸运地为曾国藩看中，聘入幕府，后四人还被曾国藩专片奏保。他们不仅就洋务方面各种问题，口头向曾国藩提供情况和建议，还上书议论内政外交。如赵烈文于咸丰十一年(1861)秋上书曾国藩，主张"用夷之道，还施于彼"，认为"西夷政修国治，民力富强，上思尽理，下思尽能"，[166]应该派人出国认真考察研究。华蘅芳、李善兰、徐寿三人，由于是当时国内水平最高的科学家，更为曾国藩提供了科学技术方面的知识。此外，曾国藩还网罗了丁日昌、容闳等人。丁日昌"曾游海国者八，著书曰《海外纪实》"[167]。容闳则为美国耶鲁大学毕业生。

这些人进入曾国藩幕府，协助他处理洋务方面的各种事务，拓展了他的知识范围，使他对西方各国有了较多的了解和认识。李鸿章在上海不仅吸收冯桂芬等人入幕，与西方国家驻上海的军政人员广泛接触，还亲自考察西方军队的训练和武器，乃至租界内的各种设施。左宗棠这方面虽不及李鸿章，但接触西方文明和军政人员的机会也日益加多。这就是说，曾国藩、左宗棠、李鸿章在咸丰十年(1860)后，特别是进入同治时期，对西方世界有了新的认识，在传统知识外添加了新的内容。

李鸿章、左宗棠的淮军进入上海、浙江,使湘军集团的洋务活动进入了全面开展时期。这种活动虽然既多且杂,但归纳起来可以分为以下三个方面。

首先是对外交涉方面。曾国藩虽早在鸦片战争时期就附和过穆彰阿的投降主义,说什么"此次议抚,实出于不得已。但使夷人从此永不犯边,四海宴然安堵,则以大事小,乐天之道,孰不以为上策哉"[168]。但这毕竟是个人私下的一时之见,而当时左宗棠、刘蓉的看法就不尽相同,甚至恰恰相反。左宗棠反对求和,要求"严主和玩寇之诛,诘纵兵失律之罪"[169]。现在曾国藩、李鸿章、左宗棠已相继登上政治舞台的最前沿,又处于中外交涉十分频繁的长江下游地区;且上要与清廷步调一致,下要内部协调,自然需要一个共同认可的对外政策。而共同政策的制定,自然基于对外国侵略者一致的认识和判断。在这方面,外国侵略者又打又拉的手法起了重要的作用。在第二次鸦片战争中,英法联军一方面攻占广州、北京;一方面又在广州、上海协助镇压革命;《北京条约》签订后,又提前退出北京。奕䜣因此反复向咸丰帝说明,"该夷并不利我土地人民,犹可以信义笼络","并非争城夺地而来"。[170]军机大臣沈兆霖也上奏,英法"以万余众入城而仍换约而去,全城无恙,则该夷之专于牟利,并无他图已可深信"[171]。曾国藩也得出类似判断:"洋人十年八月入京,不伤毁我宗庙社稷,目下在上海、宁波等处助我攻剿伐匪,二者皆有德于我。我中国不宜忘其大者而怨其小者。"[172]他甚至还从侵略者同意征收进口关税,交还海关税金一事,说他们

"颇有君子之行","正税子税,较我厘金科则业已倍之、三之,在彼固谓仁至义尽矣"。[173]

总之,曾国藩等与清廷亲贵重臣完全解除了过去对侵略者的疑惧与怨恨,相信他们只着眼于经济利益的掠夺,不想取代清王朝而成为中国的直接统治者。这样,双方自然不存在你死我活的根本冲突,清廷反而认为清王朝与革命力量之间才是生死搏斗。正如奕䜣所说,一个是"心腹之害",一个不过是"肢体之患"。在这种认识指导下,清王朝对外自然妥协退让,甚至不惜出卖国家主权,对内则进行血腥镇压。

正是从这种外和内狠的总方针出发,曾国藩指示军政官员,对于外国侵略者侵犯中国主权的行为,要迁就退让,即所谓"凡小事苟无大悖,且以宽舒处之"[174]。当时从《北京条约》中获得大量权益的侵略者,也不愿掀起新的侵华狂涛,一时不可能干出"大悖"之事,只在传教、商务、税收等方面,不断侵犯中国主权。曾国藩上述指示,就无疑为侵略者开了方便之门。如咸丰十一年(1861)八九月间,英国商人以船民"装载百货运赴下游,垄断独登,不完厘税",曾国藩令安庆厘卡,扣留二十船。但英国水师提督出面庇护,派兵船前来交涉,态度蛮横,曾国藩便认为这是:"极小之事"[175]、"宽舒处之",无条件放走被扣之船。对于侵略者傲慢狡诈的态度,曾国藩则强调要以"浑含气象"处之,"渠之欺侮诡谲,蔑视一切,吾若知之,若不知之,恍似有几分痴气者,亦善处之道也"。[176]这种装糊涂的伎俩,实际上使官僚们成了侵略者的受气包,结果是不言而喻的。

其次，关于借外兵助剿的问题。这是老问题，在咸丰早年镇压小刀会起义时，就曾经付诸实行过。咸同之交，这个问题又一次被提出，虽然在本质上与过去并无差异，但规模大了，且湘军集团也被卷了进来，甚至成为主角之一。

《北京条约》墨汁未干，法俄侵略者就竞相向清廷表示"愿为中国助剿发逆"，或说，"所有该国停泊各口之船只兵丁，悉听调遣"，或称要"拨兵三四百名在水路会击"。[177]咸丰帝据此命曾国藩等"悉心体察，如利多害少，尚可为急救之方"。曾国藩回奏（左宗棠所撰），认为湘军兵力不足，"在陆而不在水，金陵发逆之横行，亦在陆而不在水"，如俄法兵船进攻太平军，湘军陆上一时无力配合，因之，他要求照会俄法两国，应"俟陆军克复皖浙苏常各郡后"，再"派船助剿"。这样，既"许其来助，示以和好而无猜"，又"缓其师期，明非有急而求救"。[178]这就是说，原则上不能拒绝外国侵略者的助剿要求，否则，就可能产生新的猜疑，影响中外和好的大局。但如求助过急，助剿过多，将使外人更轻视清王朝，甚至索要难以答应的报酬。更为重要的是，攻克安庆后，曾国藩信心百倍，认为湘军有能力把太平天国镇压下去，不愿他人来抢功，或过多地分割这一即将完成的不世之功。"缓其师期"的拖延办法，正是照顾以上三点的锦囊妙计。而江浙的官绅不仅在咸丰三年(1853)、十年(1860)与外国侵略者勾结在一起，成功地固守了上海，在咸丰十一年(1861)又与外国侵略者进行更大规模的勾结，还力图促成"借助西兵规复苏常各属城池"。为此，清廷在同治元年(1862)二月，征求曾国藩的意见："是否可行。"三月，清廷又因英法公使要求派兵舰入长江，"协同防剿"太平军，再次令曾国藩妥议奏复。

曾国藩在复奏中重申前议：洋兵"防守上海则可，助剿苏常则不可"，但又说"不必重拂其意"，认为可以趁太平军与洋人构隙甚深之机，"听其进兵，我中国初不干求，亦不禁阻；或乘洋人大举之际，我兵亦诸道并进，俾该逆应接不暇"。[179]这样，曾国藩就从原来的立场后退，与江浙地主的意见一致了，或者说与他们接近了。但同年六月在《议复调印度兵助剿折》中，曾国藩与左宗棠、李鸿章再申初议，并强调指出："中华之难，中华当之"，要求清廷拒绝外国大举派兵助剿的提议。可见曾国藩在借师助剿问题上，与一味求庇于外国侵略者的江浙大地主有显著的差别。这在主观上虽有囊括镇压太平天国全功的集团利益的企图，但客观上却阻挡了外国侵略者趁机更多地干涉中国内政，索取更大的助剿报酬的企图，从而有利于维护民族利益。

最后，"自强"浪潮的掀起。《北京条约》签订后，沙俄公使在表示愿意出兵"助剿"的同时，还向奕䜣提出："发捻横行，均由火器不得力，欲派数人来京，教铸枪炮。"[180]不久，法国也做出了类似的表示。据此，同年冬，奕䜣上奏要求有关督抚"设法雇佣洋人铸造教导"。同年，曾国藩也提出，"师夷智以造炮制船"[181]。李鸿章至上海后，对西方的军队训练、武器装备目见耳闻，日多日广，认识因而大为提高。而且他还从日本在船炮制造方面取得很大成绩，不再惧怕"英人虚声恫喝"的事实中，引申出中国也应"皇然变计"的结论。他认为,"中国文武制度,事事超出西人之上,独火器万不能及",因之,"中国欲自强,则莫如学习外国利器"。奕䜣又据此在奏折中大谈"治国之道,在乎自强","自强以练兵为要,练兵又以制器为先"。[182]

上述过程表明,奕䜣、曾国藩掀起的"自强"浪潮是在西方侵略者直接鼓动下产生的。侵略者是想趁此在政治上更进一步拉拢和控制清王朝,在经济上推销军工和机器产品。正是从这个意图出发,同治五年(1866),英国侵略分子赫德和威妥玛相继在《局外旁观论》和《新议略论》中又敦促清廷采取各种自强的措施。而奕䜣、曾国藩等人,虽然大谈自强以抵御外侮,但同时又强调要防内,为此他们或说制造武器的技术"只可推之各省驻防旗兵学制","仍禁民间学习,以免别滋流弊";或担心"倘山陬海隅,有不肖之徒,潜师洋法,独出新意,一旦辍耕太息",[183]届时"官兵"就无法抵御。事实上,他们也力图通过这种自强,强化地主阶级武装的力量,从而更有效更快地镇压反抗力量。

奕䜣、曾国藩等倡导的自强包括购买西方武器,用西法训练军队,以及用西法制造船舰枪炮等三个方面。湘军集团对这三方面都采取了积极态度。其中前两项我们已经做了论述,应该再补充的是曾国藩等十分注意军权的控制,担心外国人趁机窃取兵权。为此,他们拒绝拨出淮军交与外国人训练,只愿聘请外籍军官担任教官。他们对阿思本舰队也采取了同样的态度。同治元年(1862),在英国人的怂恿下,清廷命总税务司英国人李泰国在英购买大小兵船八艘,同治二年(1863)秋驶抵上海。曾国藩认为这支舰队不仅要由他委派大员统领指挥，水兵也由湘军勇丁选派，每船只酌留洋兵三四人。但是，李泰国擅自与英国海军上校阿思本订立协定，把舰队指挥权交与阿思本，又雇用英国官兵六百人。清廷不仅无力改变这种既成事实，只能让曾国藩委任名义上的统带；而且，奕䜣还同意舰队速攻天京，"如得金陵，所得贼遗财物，就十分而论，以三分归朝廷充公，以三分半归阿思本，分赏外国兵弁；以三分半归中国官兵作赏"[184]。如湘军不能及时参与攻城，则天京的财物大部分归阿思本，小部分归清廷。这种既失去兵权，又将失去攻克天京的大功，甚至允许洋人掠夺城内巨额财物的决定，激起了曾国藩的强烈反对。他致书奕䜣，"或竟将此船分赏各国，不索原价"[185]。这实际上是要求将这支舰队遣散。再加上美、俄、法等国也对此举深表不满，奕䜣等只好让步，同意撤散。

至于后一项，即制造船舰枪炮方面，曾国藩在咸丰十一年(1861)就主张"访募覃思之士，智巧之匠，始而演习，继而试造，不过一二年，火轮船必为中外官民通行之物"[186]，并在安庆大营设"内军械所，制造洋枪洋炮"[187]；同治二年(1863)，还自造一小轮船。同治三年(1864)，左宗棠也在浙江自造一轮船，但性能均不佳，"不甚得法"，"驶行不速"。经此挫折，曾国藩派容闳赴美买造船机器；左宗棠也听从法国人日意格等人的建议，由他们监造，并派人赴欧洲购买机器。与此同时，李鸿章也先后在上海、苏州设立四个炮局，英人马格里主持的规模最大，拥有发动机、熔铁炉、铸型机等新式机器，每周能制造一千五百到两千发子弹和榴弹，甚至还能制造臼炮。

经过同治初期三年的摸索，取得了经验，再加上攻下天京，江南封建秩序恢复，至同治四年(1865)，曾国藩、李鸿章便有条件大力合作，对各原有军工厂进行调整和扩充。李鸿章先收购了上海一个初具规模的外资机器厂，接着又将原上海、苏州三个炮局与之合并，改名江南机器制造总局。容闳奉曾国藩之命采购的机器同年运抵上海，也一并归入总局。同治六年(1867)，又大加扩充，除了枪炮弹药外，还开始制造轮船。此外，李鸿章还将马格里主持的苏州炮局迁至江宁，并入金陵机器局（由安庆迁来的内军械所改建而成），专门制造枪炮。与此同时，左宗棠也在福州创办福州船政局，从国外购入近千吨各种机器；任命日意格为正监督，专门制造仿照"外洋兵船式样"的各种军舰，并于同治六年(1867)冬正式开工生产。为了更好地掌握各种技术，江南制造局设立了广方言馆，福州船政局设立求是堂艺局，翻译西方科学技术书籍，培养造船和驾船技术人才。

应该说，曾国藩、左宗棠、李鸿章的这类活动，对西方科学技术在中国的传播有积极意义，但同时也有明显的封建性、买办性，由此带来的问题和弊端也十分严重。这方面的深入探讨，不在本书范围内，这里只着重指出，这些工厂，特别是曾国藩、李鸿章开办的，主要是为镇压国内革命力量提供军火。安庆、苏州、金陵、上海各局固然如此，后来设立的江南制造总局也不例外。该局原定专造轮船，但实际上，"开局之初，军事孔亟，李鸿章饬令先造枪炮两项，以应急需"[188]，甚至为此不惜把造船机器改成造枪炮的机器。这样，这些工厂实际上成了淮军的军工厂。

军工厂主要是生产镇压革命的武器，购买西方武器、用西法训练部队，更不待言。可见，曾国藩、李鸿章与奕䜣等人的所谓自强，主要是对内，而不是对外。正如李鸿章所承认的："发、捻、苗、回诸贼，皆内地百姓，虽有勇锐坚忍之气，而器械不及官军之精备，可以剿抚兼施；若外洋本为敌国，专以兵力强弱角胜，彼之军械强于我，技艺精于我，即暂胜必终败。"[189]曾国藩也说："今年即能幸胜，明年彼必复来；天津即可支持，沿海势难尽备。"[190]结论自然是，对于外国侵略者，不能抵抗，也不必抵抗，唯一明智的选择是退让和妥协，甚至卖国求和。这就暴露了他们的自强，实际上是要在国内阶级斗争中强化地主阶级的镇压力量，增强本集团的实力和地位。

第六节　军政骨干的网罗

咸丰五年(1855)以来，随着湘军的壮大，胡林翼出任湖北巡抚，湘军集团的文武骨干人员也日益加多。咸丰十年(1860)至同治三年(1864)，湘军集团除了涌现出一大批统领、分统，更先后有二十人出任钦差大臣和督抚，如加上晏端书、黄赞汤，就有二十三人。作为清廷大权旁落时期的督抚，与过去相比，有三个特点：一是要处理更多的事务。除传统公事之外，还要统军作战，办理军饷捐税，物色各种人才，等等。二是对各种事务拥有很大的自主权。军队是自募自练自统，军饷是自筹自给，捐税是自征自用。三是有人事任免权。部队和新税(厘金之类)等新设系统人员，各府县，甚至道的官员，都可自由任免。清廷对于后三级官吏的任免，原有许多规定，胡林翼在湖北就置之不顾，曾国藩为两江总督后又踵而行之。同治元年(1862)径自委任府县等官二十人，其中，合例者只有五人，其余均为吏部所驳。曾国藩上奏大加驳斥："拘泥旧章，绳以格例，不稍示变通之法，则目前几无可委之员；不广开登进之途，则将来难收得人之效"，要求援胡林翼破格用人先例，"比照湖北章程办理"。[191]清廷自然照准。不仅这三级，甚至藩臬两司的任免，也往往为督抚所左右。当然，做法上有所不同。

为处理传统公事以外的各方面事务，各省督抚都设立了许多机构。咸丰十年(1860)，江西布政使就有"局务太繁，局名太多"之叹。[192]当时南昌就设有军需、善后、交代、捐输、支应、军器、厘金以及南北火药等局。各省此类机构多少不一，名称也不尽相同。有的局，如厘金局各省都设；有的局，如东征局，则为湖南所独设；其他，如善后局，各省大都设立，但职能不尽一致。如江苏善后局设于同治三年(1864)，"时兵燹之后，百废待举，凡公署、坛祠、学校之建置，以及城厢内外民房之给照，胥恃此局规划而经理之"[193]。而湖北善后局则设于咸丰七年(1857)，并参与军事方面的活动，"接善后局来函云，已议将是军(指刘腾鸿军)调赴浔阳"[194]。在这些地位较高、规模较大的机构之外，还有发审所、军械所、银钱所、忠义局、书局等机构。其中，忠义局是专门采访编录所谓忠烈人物的事迹，书局则负责出版各种古今书籍。此外，部队作战时，除了各级指挥官，还设有营务处。部队后勤供应方面有粮台，以及备将帅咨询、起草书札公文奏折的幕府。这个机构，督抚等大帅自然必须设置，就是统领也要设置，当然有规模大小、人员多寡之分。

以上种种机构，有许多不仅规模大，且自成系统。按其职能性质，考其隶属关系，大致有四大系统：一行政，即督抚、两司、道、府和县；二部队，即大帅、统领、分统、营官、帮办，乃至营务处；三税政，如在厘金局、省城总局之外，各地还设分局和卡，且不受地方官节制；四后勤，如粮台，即有总粮台、前路粮台、转运局、支应局、军米局之分。其中，除了行政系统，其他都未定型，尚未成为定制，但这并不妨碍它们成为督抚大帅手中战争机器的重要组成部分。不言而喻，这四大系统和其他机构，必须配备一大批军政骨干人员，才能有效地运转。这就是说，咸丰五年(1855)后，特别是咸丰十年(1860)至同治三年(1864)，湘军集团的骨干人员迅猛增长。但这种增长是极不平衡的。这是因为，各督抚大帅任期长短不一，权势大小不同，辖区政治经济状况各异，其中曾国藩直辖的军政骨干人员增长最快最多。这是由于一方面他拥有最好的条件，任期既长，统率的直辖部队又多达十余万，辖区更广达三省，甚至四省；另一方面他又拥有最高的声望，道光末期以来，曾国藩一直以理学家、古文家享誉全国，而咸丰朝他所取得的平乱业绩，更使他成了力挽狂澜的元勋，从而在地主阶级中产生了很大的吸引力。这就是说，曾国藩客观上需要大批文武人才，主观上又有能力吸引各类人才。

在以上情况的推动下，也迎合咸丰十年(1860)以后"两多一快"的发展形势，或者说，作为这一发展趋势的一部分，湘军集团又出现了以曾国藩为中心，大力网罗人才的高潮。

曾国藩接任两江总督后，面对日益宏大的局面和庞杂的事务，痛感人才不足。如安徽新复地区要办厘金，但缺乏办厘之人，"和州尚未委员，裕溪口、巢县、拓泉三处厘卡，亦尚无人可办。平日不储才，临事难于派员"[195]，于是更加亟亟网罗人才，"目下总以求才为第一义，仆已缄托各处荐人，如有来者，祈阁下优加礼貌"[196]。首先，自然在湖南搜求。冯某回湘，曾国藩即批示："皖南军事、吏事均有乏才之患，该守如回籍时，物色贤能之士，即邀同来营，相助为理，多多益善。"[197]但湖南一省人才终究有限，且身为两江总督、节制四省的钦差大臣，也需要了解四省情况，联络四省士绅。为此，他除了向吴廷栋等求访，还函求老友邵懿辰来营，后又派人专程去杭州邀请。同时，其他湘军集团督抚也纷纷网罗人才。如刘蓉为四川藩司时，见黄辅辰及其子彭年有才干，即先聘其子入幕；为陕西巡抚后，又专折奏保黄辅辰。刘蓉还仿照两湖经验，起用陕西士绅，"假手胥吏，不如任用士绅，以其情意易通，则弊端易祛也"[198]。

这样多方网罗来的人，大多为文职人员，他们被安置在各种局、处、所中办事；而领军作战的分统、统领，则大多由湘军各部队被提拔的营官担任。现将其中武职位至分统，或官至实缺总兵者；文职位至藩、臬、运三司，或享有盛名者，列表于后(见395页)。前者情况比较简单，后者则较复杂，往往一人或在两个以上局处办事，或又出任实缺官，或两者兼而有之。如一一注明，就太烦琐，故概以幕僚称之。

后表有许多问题和情况，需要进一步探讨和说明，现择其主要者分述于下。

其一，后表所列人员虽多至数百名，但远未囊括湘军集团的全部军政骨干。这有两方面原因：一是作者学力不足，只注意搜集曾国藩、胡林翼、左宗棠等首脑人物下辖的军政骨干人员资料(也不完备)，而对其他督抚两司和统领的属员关注不多，因而势必在后表中形成偏荣偏枯的现象。二是限于本书的性质，罗列过多就流于烦琐。这样，势必有不少分统和幕僚未列入后表。

其二，后表所录共三百二十四人，其中湖南籍二百一十八人，占总数的百分之六十七；湘乡一县又有六十二人，居湖南各县之首，占湖南人数的百分之二十八。这就是说，湘军集团仍然保持了特有的地方色彩。但也应该看到，与第二章第四节表中所列的情况相比较，也有了某些变化。如非湘籍人员数量增加，多达一百零六人，约占总数百分之三十三，比原来上升了百分之十二。更为重要的是原来非湘籍人员，绝大多数是湖南现任官吏，他们与湖南士绅关系融洽，是经士绅认可的人；而后表中的绝大多数非湘籍人，不是湖南官员，而是各省多少有点名气的人，或是他们推荐介绍的人。

其三，在后表非湘籍人员中，江苏、浙江、安徽和江西占有突出地位，人数多，名人也多。这四省历来是经济文化最发达的地区，高中级官僚多，文人名流多，因而在政治上有权势，文化上有影响。同时，曾国藩、李鸿章、左宗棠又为四省军政长官，需要联络地方势力，需要更多、更直接地了解情况。所有这一切，都使新起而又地方色彩较浓的湘军集团，不能不对四省地主阶级另眼相看，并刻意笼络，多方吸收其代表人物。

曾国藩等除了吸收四省有名望的学者文人，还求取三个层次的人才：一是网罗显露才干和有社会地位的人，如钱应溥、冯桂芬（在李鸿章幕）、万启琛、梅启照、李鸿章、金国琛、甘晋、薛时雨等。他们大多有进士、举人头衔，有一官半职，有的甚至官至道府。二是搜罗有才干的一般士人，如同治元年（1862）元月下旬，曾国藩接见忠义局士绅二十人，其中只有举人六名，曾国藩对他们细心考察，并分别记有"厚实有条理"，"文笔峻拔"，"年虽老，精神尚好"，"有浮滑气"等评语，[199]这显然是为将来选任人员做准备。这方面最突出的事例是曾国藩专折奏保周腾虎、刘翰清等六人。其中除了刘翰清先在胡林翼幕中保至同知，其他只有监生、从九之类的功名，但他们却以"博览群书，留心时事"，"识趣闳深"，"行谊卓然"，[200]为曾国藩所赏识，从而破格相待。三是注意提拔士族地主和文人学者及其子弟。如曾国藩所保举的周腾虎六人中，有两人是这类人才。刘翰清为乾隆时大学士，博学宏词科考试第一名，"人品学问冠绝当代"[201]的刘纶之五世孙。刘纶子三，一为进士郎，一为举人同知；纶孙逢禄亦为进士，更为著名学者；禄三子，两个举人、一个贡生，其中一人官至直隶州知州，一为知县（即翰清之父），"历摄剧邑"。赵烈文家族则自明末起即为地主，至清康熙朝赵申乔为湖南巡抚、户部尚书后，族中时有考中状元、探花、进士及举人之人，按察使、赞善、郎中、道员、知府、知县等官员，代不乏人，延绵不断。此外，如钱泰吉，为乾隆间名臣、卒赠太傅钱群的五世孙。群子汝恭，举人，安庆府同知；恭子复，大兴知县；复子，即泰吉，贡生，海宁训导，"工古文辞"。泰吉从兄仪吉，进士，官至给事中，也为道光时颇有名的学者，兄弟"以学行相磨"，人称"嘉禾二石"。[202]泰吉子应溥，以进士任小京官，与父同入曾幕。溥更相从数年，后经曾国藩保举而逐渐发迹，官至军机大臣。其他如方宗诚、朱孔彰及刘毓崧父子，俱为名流；至于一般士族子弟就更多了。此外，曾国藩等还向王茂荫等年高望重的人赠送银钱，时时亲往看望，优礼有加；与潘世恩之子曾玮及吴廷栋等也书信往来不绝；对死难名流遗族，如邵懿辰之妻与子，也多方优恤。通过以上多方面的活动，曾国藩就有效地网罗并团结了四省有影响的地主士绅，不仅扩大了本集团的力量和声势，还密切了官绅关系。

其四，表上所列人员，可分为军事、幕僚两大类。统领、分统一类军事人员共二百零一名，兼任军事、幕僚的二十六人，共二百二十七人，占总数的百分之七十。这表明湘军集团是以军事力量为主体发展起来的。幕僚一类，虽然人数较少，但情况却比军事人员要复杂，可进一步分为行政（包括税政、粮台)、幕宾、学者三种。学者一类，一般被安排在忠义局，特别是书局之内，做一些文字方面的工作；也有人上书言事，对军政问题提出看法和意见。同时，这类机构中，更多的是一般士人。"设书局、忠义采访局，以安置士之贤者，而给俸仅足赡其家，但能随人之才以成就之，故归之者如流水"[203]，即要察看各人才干，再行任用，故有时又令两局参与某些军政活动。如当景德镇失陷，祁门、休宁等地告急，"米粮接济已断，军民坐困其中，应如何设法支持"，曾国藩就令忠义局与营务处、粮台各"定一议"。[204]通过这类活动，就可以考察和锻炼其中人员的才干，从而达到选拔人才的目的。但学者们一般不参与军政活动。

行政、幕宾两类的情况则不同。行政人员中的一部分，如严树森、毛鸿宾、沈葆桢、恽世临、万启琛、李桓等人，原为两湖、江西的道府县级官吏，经胡林翼、曾国藩等保荐，逐渐提拔为司道督抚；另一部分，如胡大任、王家璧、阎敬铭、李兴锐、梅启照、范泰亨、周开锡等人，原为士绅或小京官，经曾、胡等奏调或选任，开始一般多任税政、粮台等非正印官，后来才逐渐提拔为实缺司道等官。至于幕宾，一般与大帅保持宾主关系，又大多为大帅门生戚友，初期有左宗棠、郭嵩焘、郭崑焘、刘蓉，咸同之间有李鸿章、李榕、李鸿裔、赵烈文等。其中左宗棠在湘抚幕中的权势虽是个别例子，但一般他们不仅负责起草各种公文书牍，还参与机要，乃至重要决策，甚至处于诤友的地位。如邓瑶为江忠濬幕宾，"招君与偕，用人行政之方，处己接物之道，君娓娓言之不倦"，有时甚至动色相争,"或有所争论至面赤疾呼",[205]除了极少数人,一般经过几年,大多也会和前两部分行政人员一样,被保荐出任府州司道、督抚,成为行政人员。

以上情况说明,幕僚虽可分为三类,但其中始终保持幕宾、学者身份的只是极少数,其他都先后出任各级行政官员。许多分统、统领等军事人员,如唐训方、李续宜、金国琛等人,也是如此。这证明,湘军集团虽以军队起家,但高度重视政权建设,因而总是选择得力的人来担任各级政府官员。这与曾国藩等认为掌有地方政权才能领军、整顿吏治是治本等思想是一致的,此举也是进一步贯彻这种思想的一项有力措施。同时,湘军开始是以士人为核心组建起来的,他们充当镇压革命的刽子手,固然是要保卫"名教",但也是趁此立功以进入仕途。大量保举军政骨干人员出任各级实缺官,极大地鼓舞了湘军大小头目,从而有利于巩固和扩大骨干队伍。

其五,与清廷通过文武科考试选拔人才的传统成法不同,湘军集团各级军政骨干人员,大多数是通过各种个人途径吸收进来的,经过一段时间的实际锻炼,再根据表现给予保举提拔。胡林翼、曾国藩、左宗棠等人,虽然对某些具体问题有不同的看法和做法,但大体上都是这样选拔人才的。曾国藩认为对人才应该"取之欲广,用之欲慎",并要注意选拔那些"有操守而无官气,多条理而少大言"的人。[206]他还进一步发挥,提出"五到二气"说:"不要有官气",而要有"乡气"的人,要选拔那些办事"身到、心到、眼到、手到、口到"的人，即遇事亲身考察，勤于分析研究，认真阅读来往公文的人。这就是说，要不拘一格网罗各方面的人士，但用人却要慎重，要选任那些踏实肯干、头脑清楚而又不腐败的人。既然开始就是广泛搜罗，再加上要照顾各种人事关系，自然有不少人是滥竽充数的。早在咸丰十年(1860)就有人指出这一情况："自春徂夏投效者率皆收录，月给薪水，俾令候差"，但"品类不齐，邪正难辨"，以致有人埋怨这是"以有用之财，养无用之人"，要求加以裁汰。[207]

但是，曾国藩重用和保荐的人，大体上符合上述要求，绝大多数人表现得既有才干，又较少腐败气习。如李榕，经郭嵩焘介绍，咸丰九年(1859)至曾国藩处为幕宾，两三个月后，曾国藩就赞赏他于事"颇能究心"，从此相从近十年。李榕既能出谋划策，又能上马领军作战，以后出任湖南布政使，办米捐时敢于触动一些大户，"径情直行，不恤人言"[208]，以致被劾罢官。李鸿裔在咸丰年间为兵部主事时，就"声誉翔起，公卿多折节枉交"[209]，甚得肃顺等人的赏识；咸丰末年先从胡林翼，旋即入曾幕，相从近十年，成为曾国藩的得力幕僚。范泰亨，在刑部为官时，"明习律令，所治狱皆手自定谳，吏不能欺"，"上游以为能"，声誉因而大起，"名动天下"。[210]经郭嵩焘推荐，范泰亨同治二年(1863)入曾幕，委办江西厘金，"钩稽综核，厘定旧章"，甚为得力，但旋即病死，曾国藩深为痛惜。钱应溥，同治初以小京官入曾幕，相从数年，"凡所赞画，悉合机宜"[211]。柯钺，经王茂荫推荐，咸丰末入曾幕，"殚心兵事，昼夜劳勤，每治军书，动中窾要"[212]。

网罗了一大批干才，曾国藩等人就有了得力的助手和属员，从而使他们所掌握的战争机器得以有效运转。

最后，表上所列学者，虽然与军政等类人相较数量不多，却有重大的影响和意义。他们大体上可分为两大类。一类或潜心学术研究，或醉心古文写作，或注意探讨社会政治问题，而不热心做官。如莫友芝，不仅精于书法，学问渊博，且早在道光时就享誉北京，曾国藩也对他十分钦服："黔南莫夫子，志事无匹双，万书薄其腹，廿载穷幽乡。"曾国藩为两江总督后，"屡欲官先生不可得，而先生顾乞文正檄，遍访江南遗书"。[213] 陈奂是道咸时期著名的经学大家，著作多达七八十卷，"东南之精于经学、小学者，岿然仅存矣"[214]。俞樾更是同光时期著作等身的学术大师。张文虎，"于名物、训诂、六书、音韵、乐律、中西算术，靡不洞彻源流"，尤"深于校勘之学"。[215] 张裕钊、吴汝纶则是著名的古文家，李善兰为著名数学家，其他如汪士铎、刘毓崧、刘寿曾、戴望等人，都是有名的学者。

另一类学者则多治程朱理学。曾国藩"督两江，提倡正学，皖士之号为讲学者尤众，有三圣七贤之目"[216]，即何慎修、方宗诚、涂宗瀛、洪汝奎、甘绍盘、倪文蔚等人。这些人在学术上并无成就，很难说是名实相符的学者，也不愿长年埋首故纸堆，后来大多进入仕途。如涂宗瀛官至总督，积累资产达百万之多，倪文蔚也官至巡抚。方宗诚虽只官至枣强县令，但搜刮四十万金，大刻自著书，到处散发，居然成为颇有名气的理学家。此外，如黎庶昌、薛福成、李士棻、吴嘉宾等人的诗文和学术，也有名于时。这样，再加上与曾国藩关系密切的唐鉴、何绍基、邵懿辰、吴廷栋、王茂荫、吴敏树、杨彝珍等，以及第二章表上所列的王闿运、王柏心，可以毫不夸张地说，当时长江中下游各省著名的学者、古文家、科学家，几乎被曾国藩等网罗殆尽。而长江中下游各省正是当时全国经济文化最发达的地区，在文化方面居于全国的前列，因而在事实上网罗了全国文化界大部分的名流。

取得这样的成就，固然是由于湘军集团拥有巨大权势，但也与曾国藩个人在文化领域的成就与见识分不开。他在古文写作方面，一扫桐城派古文狭隘平淡的流弊，"其为文，气清体闳，不名一家，足与方姚诸公并峙；其尤峣然者，几欲跨越前辈"[217]，并培养了张裕钊、吴汝纶这样的古文大家，从而附和者日众。在学术方面，越出狭隘死板的程朱理学立场，不仅主张义理、辞章、经济、考据"四者缺一不可"[218]，而且从统治者将人才收归己用的立场出发，湘军集团也会积极笼络以程朱理学相标榜的假道学家。如池州进士杨长年"著不动心说上文正"，李鸿裔在曾国藩处阅其文，对这种伪道学大加讥笑。曾国藩即言："尔须知我所谓名教者，彼以此为名，我即以此为教，奚抉其隐也"[219]，仍然对其优加礼遇。这也就使曾国藩在学术界和文坛中享有很高的声望，能结纳所有人，即所谓"文正公尤好士，又益以懿文硕学，为众流所归"[220]。这就是说，继湘军成为清军的主力部队，湘军头目掌握全国大部分省的政权之后，湘军集团又取得了第三项巨大成就，即成为文坛学术界的中心。而这又反过来大幅提高了湘军集团，乃至曾国藩的个人声誉。

姓名	籍贯	出身	职务	隶属	官至	备注
陈鸣志	新宁	贡生	分统幕僚	江忠义 刘长佑	按察使	
陈希祥	新宁		分统	骆秉章	提督	
陈宝箴	江西	举人	幕僚	曾国藩	湖南巡抚	
陈 湜	湘乡	士人	分统幕僚	曾国藩 左宗棠	江西布政使	参加甲午战争
陈 鼐	江苏	进士	幕僚	曾国藩 李鸿章	道员 署按察使	
陈春万	安徽		分统	左宗棠	肃州镇总兵	
陈金鳌	湖南		分统	曾国藩	南赣镇总兵	
陈济清	湘乡		分统	曾国藩	浙江提督	原名友胜
陈东友	湘乡		分统	曾国藩	金门镇总兵	
陈 奂	江苏	孝廉方正	幕僚	曾国藩 李鸿章	著名学者	
陈 嘉	广西		分统	席宝田	安义镇总兵	参加中法之战
朱希广	道州	农民	分统	胡林翼 多隆阿	总兵	同治二年战死
朱品隆	宁乡		分统	曾国藩	衢州镇总兵	
朱洪章	贵州	勇丁	分统	曾国藩	永州镇总兵	
朱桂秋		勇丁	分统	骆秉章 刘 蓉	总兵	
朱南桂	湘乡		分统	曾国藩	归德镇总兵	
朱明亮	湖南	士人	分统	左宗棠	道员	
朱星槛	湘乡	士人	分统	曾国藩	知府	
杨朝林			分统	多隆阿	郧阳镇总兵	
杨得胜	湖南		分统	刘 蓉	提督	同治五年战死
杨金龙	邵阳		分统	左宗棠	江南提督	
杨梦岩	凤凰厅	生员	幕僚分统	田兴恕	道员	同治元年战死

姓名	籍贯	出身	职务	隶属	官至	备注
杨鼎勋	四川		分统	曾国藩 李鸿章	湖南提督	同治七年伤疾，死于军中
杨在元	宁乡		营官	左宗棠	署台湾镇总兵	
杨占鳌	永顺		分统	曾国藩	署甘肃提督	
杨芳桂	宁乡		分统	左宗棠	南阳镇总兵	
杨复东	浏阳			骆秉章	开化镇总兵	
杨岩保	湖南		分统	田兴恕	古州镇总兵	
杨明海	长沙		营官	曾国藩 杨载福	兖州镇总兵	
杨昌濬	湘乡	生员	幕僚 统领	左宗棠	陕甘总督	
怵建基	顺天	进士	幕僚	胡林翼	湖南布政使	
戈鉴	靖州	生员	分统	席宝田	道员	同治十一年病死军中
储裕立	靖州	士人	分统	席宝田	道员	
张文虎	江苏	贡生	幕僚	曾国藩	学者	
张拔萃	醴陵		分统	左宗棠	广东水师提督	
张裕钊	湖北	举人	幕僚	曾国藩	古文家	
张锡嵘	安徽	进士 学政	幕僚 分统	曾国藩		同治六年战死
张荣贵	善化	武生	分统	胡林翼	署建宁镇总兵	咸丰七年病死
张春发	江西		分统	左宗棠 刘锦棠	湖北提督	参加中法之役
张由庚	四川		幕僚 分统	骆秉章	陕安道	
张诗日	湘乡		分统	曾国藩	宣化镇总兵	
张声恒	桂阳州		分统	左宗棠	署杭嘉湖道	同治二年病死军中

姓名	籍贯	出身	职务	隶属	官至	备注
张运兰	湘乡	士人	分统	曾国藩	福建按察使	同治三年俘死
张运桂	湘乡		分统	曾国藩	总兵	同治元年病死于军中
张岳龄	平江	士人	分统	曾国藩 左宗棠	甘肃按察使	
王之春	清泉		幕僚	曾国藩	安徽巡抚	
王钟华	长沙				金门镇总兵	
王载驷	湘乡		分统	曾国藩	提督	
王家璧	湖北	进士 小京官	幕僚	胡林翼 曾国藩	奉天学政	
王国才	云南	武举 副将	分统	胡林翼	安义镇总兵	咸丰七年战死
王万友	湘乡		分统	曾国藩	汀州镇总兵	
王仁和	湘乡		营官	曾国藩 左宗棠	平凉镇总兵	
王开化	湘乡	士人	幕僚 分统	左宗棠	道员	咸丰十一年病死
王开来	湘乡		分统	左宗棠	道员	
王开琳	湘乡		分统	左宗棠	总兵	
王 沐	湘乡	生员	分统	沈葆桢	道员	
王 吉	衡阳	行伍	营官	曾国藩	狼山镇总兵	
王明山	湘潭		代统 外江水师	曾国藩	福建陆路提督	
王永章	宁乡		分统	骆秉章	署湖南提督	中法之战病卒于军中
王可升	保靖		分统	曾国藩	宣化镇总兵	
王德榜	江华	监生	分统	左宗棠	贵州布政使	参加中法之战
王葆生	安徽	进士 知县	分统	骆秉章	湖南督粮道	

姓名	籍贯	出身	职务	隶属	官至	备注
王承泽	邵阳	举人	幕僚分统	刘长佑	道员	
李榕	四川	进士小京官	幕僚分统	曾国藩	湖南布政使	
李桓	湘阴	廪生道员	江西布政使	曾国藩	江西布政使	
李金旸	湖南	降将	分统	曾国藩	副将	咸丰十一年被处死
李能通	郴州	降将	分统	刘长佑		
李善兰	浙江		幕僚	曾国藩	科学家	
李云麟	汉军	生员	分统	官文	副部统署伊犁将军	
李兴锐	浏阳	生员	幕僚	曾国藩	两江总督	
李鸿章	安徽	进士道员	幕僚大帅	曾国藩	大学士侯爵	
李助发	湖南		分统	杨岳斌	河州镇总兵	
李家福	湘乡		分统	刘岳昭	昭通镇总兵	
李光燎	湘乡		分统	席宝田		
李泰山	宁乡			曾国藩左宗棠	肃州镇总兵	
李耀南	祁阳	士人	分统	曾国藩左宗棠	道员	
李祥和	湘乡		分统	曾国藩左宗棠	寿春镇总兵	同治六年战死
李宗羲	四川	进士知府	幕僚	胡林翼曾国藩	两江总督	
李鸿裔	四川	举人小京官	幕僚	胡林翼曾国藩	江苏按察使	
李明惠	新宁		分统	刘长佑	永州镇总兵	
李臣典	邵阳		分统	曾国荃	归德镇总兵	同治三年死于军中,子爵

姓名	籍贯	出身	职务	隶属	官至	备注
李续宜	湘乡	童生	统领	胡林翼	钦差大臣	
李续焘	湘乡		分统	胡林翼 多隆阿	宜昌镇总兵	
李长乐	安徽	行伍 伍弁	分统	李鸿章 郭松林	湖北提督	
李新燕	长沙				黄岩镇总兵	
李辉武	衡山		分统	骆秉章 左宗棠	甘肃提督	
李济清	湘乡		营官	曾国藩	绥靖镇总兵	
李良平	湘乡			左宗棠	凉州镇总兵	
屈 蟠	江西	廪生	幕僚 分统	曾国藩	道员	同治二年病死军中
罗志珂	宁乡			周达武	咸宁镇总兵	
罗荣光	乾州	童武	分统	曾国藩 李鸿章	乌鲁木齐提督	抵抗八国联军入侵战死
罗逢元	湘潭	武生 行伍	分统	曾国藩	提督	
罗遵殿	安徽	进士 道员	湖北 布政使	胡林翼	浙江巡抚	咸丰十年城破自杀
罗进贤	衡山	农民	分统	曾国藩 杨载福	提督	
罗孝连	郴州			田兴恕	贵州提督	
罗启勇	湘潭		分统	曾国藩 左宗棠	总兵	实授湖州协副将
丁义方	益阳		营官	曾国藩	湖口镇总兵	
丁宝桢	贵州	进士 知府		毛鸿宾	四川总督	
丁泗滨	长沙		营官	曾国藩	黄岩镇总兵	
丁日昌	广东	廪生 知县	幕僚	曾国藩 李鸿章	江苏巡抚	
田兴恕	镇筸	行伍	统领	骆秉章	钦差大臣	

姓名	籍贯	出身	职务	隶属	官至	备注
田兴奇	镇筸		分统	田兴恕	副将	咸丰十年战死
柯钺	安徽	举人	幕僚	曾国藩	刑部主事	同治二年病死
范泰亨	四川	贡生小京官	幕僚	曾国藩	吉安知府	同治三年病死
孙开华	慈利		分统	曾国藩	福建陆路提督	
孙衣言	浙江	进士道员		曾国藩	湖北布政使	
孙昌凯	清泉	铁匠武童	营官	曾国藩	海门镇总兵	参加中法之战
孙振铨	巴陵		幕僚	胡林翼	署安徽按察使	
甘晋	江西	进士小京官	幕僚	曾国藩	四品卿衔	
甘绍盘	安徽	生员	幕僚	曾国藩	道学家	
邓万林	长沙		营官	曾国藩	广东陆路提督	
邓日胜	宁乡			周达武	昭通镇总兵	
邓有德	宁乡			周达武	昭通镇总兵	
邓维善	安东	农民	分统	席宝田	提督	同治八年战死
朱子垣	新宁	生员	分统	刘长佑	道员	同治八年战死
赵启玉	浙江	士人知县	分统	骆秉章	知州	咸丰五年战死
赵克彰	湘乡		分统	李续宾多隆阿	总兵	
赵焕联	湘乡		幕僚分统	骆秉章	云南按察使	
赵烈文	江苏	监生	幕僚	曾国藩	直隶州知州	
伍维寿	长沙		营官	曾国藩	汉中镇总兵	

姓名	籍贯	出身	职务	隶属	官至	备注
梁洪胜	长沙		分统	胡林翼	提督	同治五年战死
梁美材			分统	曾国藩	总兵	
梁国桢	湘阴				绥靖镇总兵	
梁作辑	邵阳	廪生	分统	胡林翼	道员	
任星元	长沙	武生	分统	曾国藩	广东水师提督	
曹志忠			分统	曾国藩 李鸿章	湖南提督	
曹克忠	直隶	勇丁	分统	胡林翼 多隆阿	甘肃提督	
刘 典	宁乡	士人	幕僚 统领	左宗棠	署陕西巡抚	
刘岳昭	湘乡	童生	统领	骆秉章	云贵总督	
刘 璈	临湘	士人	分统	左宗棠	台湾道	
刘于浔	江西	士人	分统	曾国藩	甘肃按察使	
刘连捷	湘乡	士人	分统	曾国藩	布政使	
刘腾鸿	湘乡	士人 商人	分统	胡林翼	直隶州知州	咸丰七年战死
刘腾鹤	湘乡	士人	分统		知府	咸丰九年战死
刘松山	湘乡		统领	曾国藩 左宗棠	广东陆路提督	同治九年战死
刘锦棠	湘乡	监生	幕僚 统领	左宗棠	新疆巡抚 钦差大臣	男爵
刘倬元	宁乡	廪生	分统	左宗棠	署福建按察使	
刘义方	溆浦				腾越镇总兵	
刘鹤龄	溆浦		分统	田兴恕 骆秉章	提督	
刘明镫	永定	武举	分统	左宗棠	台湾镇总兵	
刘厚基	耒阳		分统	骆秉章	延绥镇总兵	

姓名	籍贯	出身	职务	隶属	官至	备注
刘坤一	新宁	廪生	统领	刘长佑	两江总督	
刘德谦	浏阳		分统幕僚	骆秉章毛鸿宾	道员	
刘胜祥	道州		分统	刘坤一	提督	一言新化人
刘毓崧	江苏	贡生	幕僚	曾国藩	学者	
刘齐衔	福建	进士知府	汉阳府知府	胡林翼	河南布政使	
刘才蕙	湘乡			左宗棠	山西按察使	
金国琛	江苏	生员	幕僚分统	胡林翼李续宜	广东按察使	
沈宏富	凤凰厅		分统	田兴恕	贵州提督	
沈葆桢	福建	进士知府	江西巡抚	曾国藩	两江总督	
沈玉遂			分统	左宗棠	河州镇总兵	
宋国永	四川		分统	曾国藩	福建陆路提督	
宋声平	宁乡	船工	营官	曾国藩	狼山镇总兵	
谭嗣同	浏阳		幕僚	刘锦棠	军机章京	
谭钟麟	茶陵	进士	幕僚	左宗棠	两广总督	
谭胜达	长沙		分统	曾国藩	正定镇总兵	亦言湘阴人
谭仁芳	湘阴		分统	多隆阿	实缺总兵	镇名待查
谭拔萃	湘潭	武童	分统	左宗棠曾国藩	宁夏镇总兵	
谭上连	衡阳	武童	分统	左宗棠	乌鲁木齐提督	
谭碧理	湘潭	武童			江南提督	
谭国泰	湘乡		分统幕僚	曾国藩	提督	
唐仁廉	东安		分统	曾国藩李鸿章	广东陆路提督	
唐义训	湘乡		分统	曾国藩	皖南镇总兵	

姓名	籍贯	出身	职务	隶属	官至	备注
唐协和	祁阳	士人	分统	胡林翼	襄郧道	
唐际盛	善化	士人	幕僚	胡林翼	湖北按察使	
黄润昌	湘潭	廪生	统领	曾国藩	按察使	同治八年战死
黄国尧	乾州	行伍	分统	曾国藩		咸丰八年战死
黄中元	长沙			曾国藩 李鸿章	宜昌镇总兵	
黄万友	湘乡		分统 幕僚	曾国藩 左宗棠	提督	同治九年病死于军中
黄万鹏	宁乡		分统	曾国藩 左宗棠	署乌鲁木齐提督	男爵
黄辅辰	贵州	进士	幕僚	骆秉章 刘蓉	凤邠道	
黄彭年	贵州	进士	幕僚	刘蓉	江苏布政使	
黄少春	宁乡		分统	左宗棠	浙江提督	
黄淳熙	江西	进士知县	分统	骆秉章	道员	咸丰十一年战死
黄鼎	四川	生员	分统	刘蓉 左宗棠	陕安道	
黄庆	湘阴	拳师	营官	曾国藩	提督	同治元年病死于军中
黄冕	长沙	知府	幕僚	曾国藩	迤东道	
黄虎臣	宁远	武生	分统	曾国藩	都司	咸丰六年战死
黄赞汤	江西	进士河督	广东巡抚	曾国藩好友		
彭楚汉	湘乡		分统	曾国藩 杨载福	福建水师提督	
彭毓橘	湘乡	士人	统领	曾国荃	布政使 男爵	同治六年战死
彭椿年	湘乡	士人	分统 幕僚	曾国藩	道员	

姓名	籍贯	出身	职务	隶属	官至	备注
彭山汜	衡阳	武举	分统幕僚	曾国藩		
倪文蔚	安徽	进士	幕僚	曾国藩	河南巡抚	
周达武	宁乡	农民	统领	骆秉章	贵州提督	
周绍濂	宁乡		分统	左宗棠	肃州镇总兵	
周康禄	宁乡	士人	分统	周达武	道员	同治十二年兵变自杀
周兰亭	湘潭			李鸿章	皖南镇总兵	
周开锡	益阳	士人	幕僚统领	胡林翼左宗棠	福建布政使署巡抚	同治十年病死军中
周惠堂	湘乡		分统	曾国藩	登莱镇总兵	
周宽世	湘乡		分统	胡林翼曾国藩	湖南提督	
周振南	宁乡		分统	左宗棠	建宁镇总兵	亦作振畹
周洪印	乾州	武弁	分统	骆秉章	总兵	
周荣耀	邵阳		分统	骆秉章	副将	咸丰五年战死
萧孚泗	湘乡		分统	曾国藩	福建陆路提督	男爵
萧庆衍	湘乡		分统	李续宜	提督	
萧翰庆	清泉	士人	分统	曾国藩	道员	咸丰十年战死
萧庆高	湘乡		分统	骆秉章	汉中镇总兵	同治五年病死于军中
萧德扬	湘乡		统领	刘蓉	汉中镇总兵	同治五年战死
萧开印	湘乡		分统	曾国藩	提督	
萧升高	湘潭	士人	分统	左宗棠	署河州镇总兵	
萧河清	善化		分统	多隆阿	提督	同治三年战死

姓名	籍贯	出身	职务	隶属	官至	备注
萧德纲	湘乡		分统	刘蓉	道员	同治五年战死
涂宗瀛	安徽	举人知县	幕僚	曾国藩	湖广总督	
严树森	四川	举人知县	幕僚	胡林翼	湖北巡抚	
郑金华	新宁		分统	刘长佑	肃州镇总兵	
吴宗国	长沙		分统	曾国荃	提督	同治五年战死
吴士迈	巴陵	士人	分统	左宗棠		
吴汝纶	安徽	进士	幕僚	曾国藩 李鸿章	古文家 知州	
吴廷华	安徽	士人县丞	分统	曾国藩		
吴坤修	江西	监生县丞	幕僚 分统	曾国藩	安徽布政使	
吴家榜	益阳		营官	曾国藩	瓜州镇总兵	
吴嘉宾	江西	进士	营官 幕僚	曾国藩		同治三年战死
游开智	新化	举人	幕僚	李续宜	广东布政使	
江忠信	新宁		分统	江忠源	副将	同治六年战死
董福祥	甘肃	降将	分统	左宗棠	甘肃提督	
江忠济	新宁	士人	分统	江忠源 骆秉章	道员	同治七年战死
江忠珀	新宁		营官	刘长佑	总兵	同治七年战死
江忠朝	新宁		分统	骆秉章 曾国藩	临沅镇总兵	
黎庶昌	贵州	贡生	幕僚	曾国藩	出使日本大臣	
毛鸿宾	山东	进士道员	湖南巡抚	胡林翼 曾国藩	两广总督	
毛有铭	湘乡	士人	分统	李续宜 曾国藩	道员	

姓名	籍贯	出身	职务	隶属	官至	备注
腾嗣武	麻阳		分统	曾国藩 李鸿章	郧阳镇总兵	
腾嗣林	麻阳		分统	曾国藩 李鸿章	苏松镇总兵	
冯 标	衡阳	行伍	分统 幕僚	曾国藩	凉州镇总兵	同治六年病死军中
冯焌光	广东	举人	幕僚	曾国藩	苏松太道 江南制造局总办	
席宝田	东安	廪生	统领		云南按察使	
席大成	桃源		分统	左宗棠	巴里坤总兵	
陶 模	浙江	进士 知县		左宗棠	陕甘总督	
陶茂林	长沙	武童	统领	多隆阿 左宗棠	甘肃提督	
陶定升	巴陵		营官	左宗棠	琼州镇总兵	
余际昌	湖北	武弁	分统	胡林翼	河北镇总兵	同治二年战死
余明发	醴陵		分统	左宗棠	甘肃提督	
余虎恩	平江	农民	分统	左宗棠	乌鲁木齐提督，武卫中军统领	二等男爵
翟国彦	新宁		分统	刘长佑	广东水师提督	
毕金科	云南	武弁	分统	曾国藩	游击	咸丰七年战死
许振祎	江西	进士	幕僚	曾国藩	东河总督	
许朝琳	衡山		营官	曾国藩	汉阳镇总兵	
汪士铎	江苏	举人	幕僚	胡林翼 曾国藩	学者	
薛福成	江苏	贡生	幕僚	曾国藩	副都御史	
薛慰农	安徽	进士	杭州知府	左宗棠	署金衢严道	
蒋凝学	湘乡	士人	分统	李续宜 左宗棠	陕西布政使	

姓名	籍贯	出身	职务	隶属	官至	备注
万启琛	江西	道员	幕僚	曾国藩	江宁布政使	
成大吉	湘乡		分统	李续宜	提督	实授乾州协副将
成发翔	衡阳		营官	曾国藩	巴里坤总兵	同治四年死于军中
成俞卿	衡山	士人武弁	营官	曾国藩	郧阳镇总兵	
熊建益	湘乡		分统	左宗棠	总兵	同治二年战死
熊焕章	湖南		分统	田兴恕	巴里坤总兵	
熊登武	湘乡		分统	曾国藩	福山镇总兵	
段 起	清泉	监生	分统	沈葆桢	广东盐运使	
魏喻义	桂阳州	生员	分统	左宗棠	道员	
魏光焘	邵阳	监生	分统幕僚	左宗棠	两广总督	
莫友芝	贵州	举人	幕僚	曾国藩	学者	
娄云庆	长沙		分统	曾国藩	湖南提督	
钟开兰	宁乡		分统	周达武	威宁镇总兵	
钟谦钧	巴陵	巡检	幕僚	胡林翼	广东盐运使	
胡中和	湘乡		统领	骆秉章	四川提督	
胡良作	郴州		分统	李鸿章	提督	
胡大任	湖北	进士小京官	幕僚	胡林翼曾国藩	山西布政使	
胡裕发	湘乡			曾国藩	镇筸镇总兵	
胡光墉	浙江	商人	幕僚	左宗棠	道员	
汤咏仙	宁乡			左宗棠	肃州镇总兵	
曾传理	湘潭	生员	分统	骆秉章	知州	
曾纪凤	邵阳	生员	分统	骆秉章	云南布政使	
曾国荃	湘乡	贡生	统领	曾国藩	两江总督	伯爵

姓名	籍贯	出身	职务	隶属	官至	备注
卫荣光	河南	进士编修	幕僚	胡林翼	江苏巡抚	
钱鼎铭	江苏	举人小京官	幕僚	曾国藩 李鸿章	河南巡抚	
钱应溥	浙江	举人小京官	幕僚	曾国藩	工部尚书 军机大臣	
钱泰吉	浙江	贡生	幕僚	曾国藩	学者	
饶应祺	湖北	举人小京官	幕僚	左宗棠	新疆巡抚	
洪汝奎	安徽	举人	幕僚	胡林翼 曾国藩	广东盐运使	寄籍湖北
洪德发	宁乡			曾国藩	署江南提督	
恽世临	江苏	进士知府		曾国藩	湖南巡抚	
华衡芳	江苏		幕僚	曾国藩	科学家	
徐 寿	江苏	生员	幕僚	曾国藩	学者	
容 闳	广东	美国哈佛大学毕业	幕僚	曾国藩		
庞际云	直隶	进士小京官	幕僚	曾国藩	署湖南巡抚	
程鸿诏	安徽	举人	幕僚	曾国藩	道员	一言为按察使
雷正绾	四川	武弁	统领	多隆阿 左宗棠	陕西提督	
栗 耀	山西	举人知府	幕僚	胡林翼	湖北布政使	
桂中行	江西	生员	幕僚	曾国藩	广西按察使	一言贵州人
石清吉	直隶	武进士武弁	分统	多隆阿	总兵	同治三年战死
葛承霖	湘乡	监生	分统幕僚	曾国荃	道员	同治六年战死

姓名	籍贯	出身	职务	隶属	官至	备注
欧阳利见	祁阳		营官	曾国藩	浙江提督	
欧阳正墉	湘乡	生员	分统	曾国藩官文	湖北按察使	
易良虎	湘乡	士人	分统	曾国藩	按察使	
易德麟	湘乡		分统	左宗棠	提督	同治八年战死
易开俊	湘乡		分统	曾国藩左宗棠	寿春镇总兵	
易佩绅	龙阳		分统	骆秉章	江苏布政使	
高连升	宁乡		分统	左宗棠	广东陆路提督	同治八年为变兵所杀
高德元	宁乡			周达武	普洱镇总兵	
简敬临	长沙		分统	左宗棠	衢州镇总兵	同治八年战死
骆秉章	广东	进士巡抚			四川总督协办大学士	
骆元泰	湖南	武弁	分统	刘长佑	总兵	
方友升	长沙		分统	左宗棠	衢州镇总兵	参加中法中日之战
方宗诚	安徽	举人	幕僚	曾国藩	道学家枣强知县	
方大湜	巴陵	秀才	幕僚	胡林翼	山西布政使	
石清吉	直隶	武进士武弁	分统	多隆阿官文	总兵	同治三年战死
阎敬铭	陕西	进士小京官	幕僚	胡林翼	大学士军机大臣	
梅启照	江西	进士小京官	幕僚	曾国藩	东河总督	
龚继昌	湘阴		分统	席宝田	郧阳镇总兵	
苏元春	广西		分统	席宝田	广西提督	参加中法之战
喻俊明	宁乡	船工	营官	曾国藩	浙江提督	

姓名	籍贯	出身	职务	隶属	官至	备注
喻吉三	宁乡	成衣匠	分统	曾国藩	总兵	
谢潜畲	长沙		营官	曾国藩	瓜州镇总兵	
郭崑焘	湘阳	举人	幕僚	曾国藩 骆秉章	四品京堂	
郭松林	湘潭		分统	曾国藩 李鸿章	湖北提督	
韦志俊	广西	降将	分统	曾国藩	总兵	
何永盛	湘乡	武童	分统	曾国藩	大名镇总兵	
何 璟	广东	进士 道员	幕僚	曾国藩	闽浙总督	参加中法之战
何胜必	湘乡		分统	骆秉章 刘蓉	肃州镇总兵	同治四年病死于军中
何绍彩	道州		分统	胡林翼 多隆阿	宜昌镇总兵	
何慎修	安徽		幕僚	曾国藩	道学家	
马盛治	广西		营官	席宝田	柳庆镇总兵	参加中法之战
马新贻	山东	进士 知府	幕僚	曾国藩	两江总督	
马德顺	河南		分统	曾国藩 左宗棠	处州镇总兵	后入淮军
马复震	安徽	士人	营官	曾国藩 左宗棠	阳江镇总兵	
俞 樾	浙江	进士	幕僚	曾国藩	学者	
晏端书	江苏	进士 巡抚	两广总督	曾国藩 同年		
章合才	湘乡		分统	曾国藩 左宗棠	苏松镇总兵	
鲍 超	四川	行武	统领	胡林翼 曾国藩	湖南提督	子爵
康国器	广东	巡检	分统	左宗棠	广西布政使	
武明良	溆浦	农民	分统	曾国藩	提督	

1. 欧阳昱：《曾文正不交权贵》，《见闻琐录》。
2. 黎庶昌：《曾文正公年谱》，卷8，同治元年正月。
3. 《穆宗实录》卷16，同治元年正月丙申。
4. 李桓：《李少泉观察（八月十五日）》，《宝韦斋类稿》卷61。
5. 李榕：《复姚秋浦观察》，《十三峰书屋全集》卷3，第5页。
6. 郭嵩焘：《郭嵩焘日记》卷2，同治元年正月廿八日。
7. 曾国藩：《金陵未克以前请不再加恩臣家片（同治元年正月二十二日）》，《曾文正公全集·奏稿》卷15。
8. 黎庶昌：《曾文正公年谱》卷8，同治元年二月。
9. 曾国藩：《遵旨议复请派员督办广东厘金折（同治元年三月初八日）》，《曾文正公全集·奏稿》卷15。
10. 静吾、仲丁：《王有龄书信（十一）》，《吴煦档案中的太平天国史料选辑》，第88页。
11. 曾国藩：《致沅弟（同治元年十二月十七日）》，《曾文正公家书》。
12. 李桓：《李少泉观察（四月初六日）》，《宝韦斋类稿》卷69《尺牍四十一》。
13. 《穆宗实录》卷48，同治元年十一月壬子。
14. 江世荣编：《曾国藩未刊信稿》，第120页，《复徐渭春中丞》。
15. 赵尔巽：《清史稿》卷438，《阎敬铭传》。
16. 《穆宗实录》卷82，同治二年十月辛卯。
17. 倭仁：《致曾涤生》，《倭文端公遗书》卷8。
18. 曾国藩：《曾文正公手书日记》，同治三年三月二十五日。
19. 葛虚存：《杂录类三十七则·沈葆桢》，《清代名人轶事》，第310页。
20. 冯桂芬：《苏州试院记》，《显志堂稿》卷3。
21. 黄炎培：《清代各省人文统计之一斑》，《人文月刊》（第2卷，第6期）。
22. 包世臣：《海运南漕议》，《安吴四种》卷1，《中衢一勺》卷1上。
23. 嘉庆《黎里志》，卷4《风俗》。
24. 秦锡淳：《锡金志外》，卷5。
25. 庄受祺：《寄傲山房记》，《枫南山馆遗集》卷4。
26. 周庞腾：《上江苏巡抚李少荃中丞书》，《毘陵文录》卷5。
27. 陈奂：《题丁友凤、友毅秋夜吟诗遗图并系以时事》，《三百堂文集》卷上。
28. 王炳燮：《苏城失陷记》，《毋自欺室文集》卷10。
29. 《避寇日记》（咸丰十年七月初四日），《简辑》第4册，第27页。
30. 朱潮：《申严军律折》，《宝善堂遗稿》卷1。
31. 左宗棠：《发给勒伯勒东札凭片》，《左文襄公全集·奏稿》卷3。
32. 彭泽益编：《中国近代手工业史资料》第1卷，第472—473页。
33. 梅朋、弗莱台：《上海法租界史（选译二章）》，《上海小刀会起义史料汇编》，第857页。
34. 《东方商埠述要》，《知新报》第22册（光绪二十三年）。案：有人说同治元年多至50万人，还有人说同治三至四年，仅英法租界就有33万人。
35. 光绪《松江府续志》，卷5。
36. 《申报》，1876年2月3日，第1页。
37. 李鸿章：《致左季高中丞》，《李文忠公全集·朋僚函稿》卷2。

38	吴大澂：《吴清卿太史日记》，《中国近代史资料丛刊·太平天国》第5册，第333页。	
39	冯桂芬：《借兵俄法议》，《显志堂稿》卷10。	
40	《辛酉冬沪津会防局设立各公牍》，《筒辑》第6册，第167—168页。	
41	静吾、仲丁：《薛焕书信（十一）》，《吴煦档案中的太平天国史料选辑》，第105页。	
42	薛福成：《书合肥伯相李公用沪平吴（丁亥）》，《庸庵文续编》卷下。	
43	曾国藩：《致澄沅两弟（咸丰十一年十月廿四日）》，《湘乡曾氏文献》第1册，第707—708页。	
44	姚莹：《桐城麻溪姚氏登科记》，《东溟文集》卷5。	
45	周天爵：《答刘庄年书（癸巳）》，《周文忠公尺牍》卷下。	
46	张裕钊：《庐江吴徴君墓表》，《濂亭文集》卷5。	
47	吴汝纶：《张靖达公神道碑》，《桐城吴先生文集》卷2。	
48	刘体智：《异辞录》，卷1，第27页。	
49	曾国藩：《曾文正公手书日记》，咸丰十年五月初十日。	
50	曾国藩：《李鸿章留营襄办片（咸丰九年五月二十六日）》《兴办淮扬水师派员先往筹办折（咸丰十年七月初三日）》，《曾文正公全集·奏稿》卷11。	
51	张士珩：《又堂府君行述》，《弢楼遗集》卷中。	
52	《钦定剿平粤匪方略》卷281，第19—20页。	
53	江世荣编：《曾国藩未刊信稿》，第6—7页，《致陈俊臣观察（一）》。此信言已力辞节制浙江，而此疏为咸丰十一年十一月十五日所发，故此信的时间应在此之前。	
54	李鸿章：《六月九日上曾相》《六月三日上曾相》，《李文忠公全集·朋僚函稿》卷1。	
55	李鸿章：《九月十二日复曾沅帅》，《李文忠公全集·朋僚函稿》卷3。	
56	李鸿章：《十月六日上曾相》，《李文忠公全集·朋僚函稿》卷3。	
57	李鸿章：《密陈剿捻事宜片（同治四年五月初六日）》，《李文忠公奏稿》卷8。	
58	李鸿章：《复曾沅帅》，《李文忠公全集·朋僚函稿》卷4。	
59	王尔敏：《淮军志》，第3章，第2节。	
60	王鑫：《与左季高先生（五年十一月二十四日）》，《王壮武公遗集》卷10。	
61	左宗棠：《答陶少云》，《左文襄公全集·书牍》卷2。	
62	左宗棠：《答骆儒门宫保》，《左文襄公全集·书牍》卷7。	
63	陈灃一：《曾国藩之滑稽三则》，《睇向斋秘录》，第12页。	
64	曾国荃：《复杨厚庵》，《曾忠襄公全集·书札》卷7。	
65	曾国藩：《东征局筹饷官绅请奖折（同治元年十二月二十七日）》，《曾文正公全集·奏稿》卷17。	
66	曾国藩：《致左季高（咸丰九年二月初十日）》，《曾文正公全集·书札》卷7。	
67	曾国藩：《致骆中丞（咸丰十年七月二十三日）》，《曾文正公全集·书札》卷12。	
68	曾国荃：《致伯兄（咸丰十年八月初一日）》，《湘乡曾氏文献》第8册，第4801页。	
69	《李朝斌致黄翼升书》，《筒辑》第6册，第315页。	
70	曾国藩：《唐镇义训裹奉遣撤字前右两营拟就两营挑选精锐别为一营请示遵行由》，《曾文正公全集·批牍》卷3。	
71	左宗棠：《答徐树人中丞》，《左文襄公全集·书牍》卷6。	
72	《钦定剿平粤匪方略》卷330，第2页。	
73	曾国藩：《致官中堂（同治元年二月初二日）》，《曾文正公全集·书札》卷18。	
74	李鸿章：《四月九日上曾相》，《李文忠公全集·朋僚函稿》卷6。	

75	刘长佑：《请饬江忠义来粤西片（同治元年闰八月初十日）》，《刘武慎公遗书》卷4。	
76	《左宗棠致曾国藩书（咸丰十一年六月廿一到）》，《简辑》第6册，第215页。	
77	唐训方：《双蹲投笔》，《唐中丞遗集·从征图记》。	
78	吴廷燮：《合肥段执政年谱初稿》，同治七年。刘、吴相斗之事，晚清人多有谈者，如《天咫偶闻》《异辞录》，均有所记。	
79	李鸿章：《十一月朔日复乔鹤侪中丞》，《李文忠公全集·朋僚函稿》卷6。	
80	柳诒徵：《彭玉麟致曾国藩书》（同治元年十一月九日到），《陶风楼藏名贤手札》，第3册。	
81	江世荣编：《曾国藩未刊信稿》，第17—18页，《复多礼堂将军》。	
82	曾国藩：《陈镇自明禀所部忠朴四营现暂扎池州之清溪到防日期由》，《曾文正公全集·批牍》卷3。	
83	李鸿章：《十月六日上曾相》，《李文忠公全集·朋僚函稿》卷3。	
84	李鸿章：《军需用款酌量变通片（同治四年二月十七日）》，《李文忠公奏稿》卷8。	
85	李鸿章：《九月十二日复曾沅帅》，《李文忠公全集·朋僚函稿》卷3。	
86	曾国藩：《致沅弟（同治元年九月十一日）》，《曾文正公家书》。	
87	曾国藩：《致李少荃中丞（同治二年三月初六日）》，《曾文正公全集·书札》卷21。	
88	曾国藩：《水师四营营务处袁丞秉桢禀陈酌拟整饬水师规条呈候批示由》，《曾文正公全集·批牍》卷3。	
89	柳诒徵：《彭玉麟致曾国藩信（六月廿一日）》，《陶风楼藏名贤手札》，第2册。	
90	曾国藩：《复彭雪琴少司马（同治元年六月二十六日）》，《曾文正公全集·书札》卷28。	
91	李鸿章：《六月二十五日上曾相》，《李文忠公全集·朋僚函稿》卷1。	
92	曾国藩：《复李少荃中丞（同治元年八月初五日）》，《曾文正公全集·书札》卷19。	
93	刘蓉：《官军追剿蓝曹各逆获胜疏（同治三年三月十七日）》，《刘中丞奏议》卷3。	
94	胡林翼：《陈报官军剿贼大胜会师蒲圻水陆并进疏（十月二十二日）》，《胡文忠公遗集》卷2。	
95	李思澄摹印：《胡文忠公手札》，二月十八日函。案：信中谈及罗遵殿代胡林翼为湖北巡抚事，而罗遵殿在咸丰九年四月，已授福建巡抚（后调浙江），故此信当为咸丰九年二月二十八日所写。	
96	曾国藩：《与胡宫保（咸丰九年正月二十四日）》，《曾文正公全集·书札》卷7。	
97	胡林翼：《致官使相言立小统领》，《皇朝经世文续编》70。以上所引资料未注明出处者，均出自此信，此信无年月，但信中言为设分统事与李续宜商议两三个月，又言李续宜母病，可能乞归，李续宜因母病回家为九年四月，故可判定此信为咸丰九年三四月间所写。	
98	曾国藩：《致鲍春霆（同治元年四月二十一日）》，《曾文正公全集·书札》卷18。	
99	曾国荃：《与伯兄》，《曾忠襄公全集·书札》卷4。	
100	曾国荃：《致伯兄（同治二年正月廿四日）》，《湘乡曾氏文献》第8册，第4967页。	
101	胡林翼：《官军分攻合剿大破援贼疏（六年八月十五日）》，《胡文忠公遗集》卷11。	
102	胡林翼：《致罗澹村方伯（四月十二日）》，《胡文忠公遗集》卷63。	
103	胡林翼：《致左季丈（二十二日）》，《胡文忠公遗集》卷61。	
104	曾国藩：《马队营制》，《曾文正公全集·杂著》卷2。	
105	曾国荃：《与李少泉中丞》，《曾忠襄公全集·书札》卷3。	
106	刘蓉：《中宪大夫署潼川府知府彭君墓表》，《养晦堂文集》卷9。案：据此文彭洋中任此职在咸丰十一年九月十五日骆秉章接任川督后，止于同治三年五月彭洋中调任潼川知府之时，最多不过三十一个月，平均每月当有十三四万两，一年约计当有一百六十万两。	

107	佚名:《四川财政考》,第4、24页。钟琦:《皇朝琐屑录》,卷34。
108	民国《绵竹县志》卷3,第5页。
109	黄彭年:《与倪豹岑书》,《陶楼文钞》卷12。
110	刘蓉:《查明汉郡失守情形疏(同治二年十一月二十二日)》,《刘中丞奏议》卷1。
111	刘蓉:《陈剿办先后事宜疏(同治二年十二月二十四日)》,《刘中丞奏议》卷2。
112	毛鸿宾:《请饬户部仍免提还协饷片(同治二年五月初十日)》,《毛尚书奏稿》卷9。
113	毛鸿宾:《缕陈军务情形并暂停协饷折(咸丰十一年十一月初一日)》,《毛尚书奏稿》卷4。
114	曾国藩:《裁撤湖南东征局片(同治四年五月二十四日)》,《曾文正公全集·奏稿》卷22。
115	江世荣编:《曾国藩未刊信稿》,第81页,《复蔡少彭观察(一)》。
116	李桓:《宝韦斋类稿》,卷96《宾退纪谈三》。
117	曾国藩:《致黄南坡(同治三年七月初九日)》,《曾文正公全集·书札》卷24。
118	胡林翼:《拟请减成收捐以济军食疏(八月十九日)》,《胡文忠公遗集》卷37。
119	曾国荃:《致伯兄(咸丰十年七月廿六日)》,《湘乡曾氏文献》第8册,第4795页。
120	胡林翼:《复曾使相(二十六日)》,《胡文忠公遗集》卷81。
121	曾国藩:《致郭意城(同治二年六月二十五日)》,《曾文正公全集·书札》卷22。
122	曾国藩:《拟设江西粮台及牙厘总局片(咸丰十一年五月初三日)》,《曾文正公全集·奏稿》卷11。
123	张集馨:《道咸宦海见闻录》(咸丰十年),第304、309页。
124	曾国藩:《曾文正公手书日记》,同治元年九月十三日、十四日。
125	曾国藩:《复马谷山(同治三年五月十三日)》,《曾文正公全集·书札》卷24。
126	曾国藩:《复郭意城(同治四年正月十八日)》,《曾文正公全集·书札》卷24。
127	曾国藩:《复左季高(咸丰十一年五月十二日)》,《曾文正公全集·书札》卷15。
128	曾国藩:《致沅季二弟(同治元年六月二十六日)》,《曾文正公家书》。
129	李思澄摹印:《曾文正公手札》,四月十六日致李续宜函。又案:《曾文正公家书》卷18,致李续宜信中所言,此四万已如数借与曾国藩。
130	曾国藩:《复薛觐堂中丞(咸丰十一年十二月十四日)》,《曾文正公全集·书札》卷28。
131	李鸿章:《七月二十六日上曾相》,《李文忠公全集·朋僚函稿》卷2。
132	江世荣编:《曾国藩未刊信稿》,第69页,《复张仲远观察(一)》。案:海关厘金两税收入多少,说法不一,如厘金收入,李鸿章就说只有二十万两左右。
133	曾国荃:《与李少泉中丞》,《曾忠襄公全集·书札》卷3。
134	李鸿章:《四月二十八日上曾相》,《李文忠公全集·朋僚函稿》卷4。
135	同治《上海县志》,卷2。
136	周腾虎:《上江苏巡抚李少荃中丞书(同治壬戌)》,《餐芍华馆遗文》卷2。
137	曾国藩:《各省协款》,《湘乡曾氏文献》第5册,第2875页。
138	李鸿章:《九月十九日复曾沅帅》,《李文忠公全集·朋僚函稿》卷5。
139	李鸿章:《四月十日复吴仲仙漕帅》,《李文忠公全集·朋僚函稿》卷6。
140	李鸿章:《八月三日复曾沅帅》,《李文忠公全集·朋僚函稿》卷6。
141	曾国藩:《遵旨议复请派员督办广东厘金折(同治元年三月初八日)》,《曾文正公全集·奏稿》卷15。
142	曾国藩:《致沅季弟(同治元年三月三日)》,《致沅弟(四月十一日)》,《曾文正公家书》。

143 毛鸿宾:《缕陈访闻粤东情形折(同治二年六月十三日)》,《毛尚书奏稿》卷10。本段文中所引毛鸿宾此折语,不再注。

144 《郭嵩焘致曾国藩书(同治二年八月廿六日)》,《简辑》第6册,第248页。

145 中国社会科学院近代史研究所资料室编:《曾国藩未刊往来函稿》,第223—227页,《劳崇光来函(同治元年八月廿七日到)》。

146 黄赞汤:《致曾节相书》,《绳其武斋尺牍》卷1。

147 曾国藩:《遵旨议复请派员督办广东厘金折(同治元年三月初八日)》,《曾文正公全集·奏稿》卷15。

148 左宗棠:《历陈饷项支绌片(同治二年正月二十七日)》,《左文襄公全集·奏稿》卷4。案:左宗棠在同治二年七月又奏,闽海关"每月向解五万两,见欠解十余万两"(卷6,《宁关洋税俟浙西肃清再行解京片(同治二年七月十四日)》)。似同治元年之二十四万,不包括闽海关之协款。

149 《史氏家藏左宗棠手札(一)》,《江浙豫皖太平天国史料选编》,第232页。

150 左宗棠:《与秦啸山提军》,《左文襄公全集·书牍》卷6。

151 陈其元:《庸闲老人自叙》。

152 段光清:《镜湖自撰年谱》,同治元年。但左宗棠在同治二年二月奏,言段光清已劝捐银二十余万两(《请赏还已革臬司原品顶戴片(同治二年二月二十五日)》)。

153 史士良:《同治二年三月初一日禀左宗棠》,《太平天国资料》,第170页。案:同治二年应为同治三年。另外参考了《江浙豫皖太平天国史料选编》中《史氏家藏左宗棠书札(十三)》的内容。

154 曾国藩:《江西牙厘请照旧经收折(同治三年三月十二日)》,《曾文正公全集·奏稿》卷20。

155 曾国藩:《复富治安将军(同治三年四月初一日)》,《曾文正公全集·书札》卷28。

156 《能静居日记》(同治三年二月廿五日),《简辑》第3册,第321页。

157 曾国藩:《复奏胜保请飞召外援折(咸丰十年九月初六日)》,《曾文正公全集·奏稿》卷12。

158 《北援集议(咸丰十年)》,《皇朝经世文编续编》卷83。此为李榕语,其他有关北援问题的引文,凡引自此文者,不再注。

159 李桓:《曾涤生制军(九月十四日)》,《宝韦斋类稿》卷55。

160 徐宗亮:《归庐谭往》,卷1。

161 曾国藩:《复胡宫保(咸丰十年九月十三日)》,《曾文正公全集·书札》卷13。

162 曾国藩:《致沅弟(咸丰十年九月十四日)》,《曾文正公家书》。

163 周腾虎:《餐芍华馆随笔》,卷2。

164 《落花春雨巢日记》(咸丰五年六月廿一日),《简辑》第3册,第44页。

165 蒋敦复:《丽农山人自叙》,《啸古堂文集》。

166 《能静居日记》(咸丰十一年八月初九日),《简辑》第3册,192、191页。

167 莫友芝:《和丁雨生(日昌)大令除夕用东坡除夜赠段屯田韵》,《郘亭遗诗》卷7。

168 曾国藩:《禀祖父母(道光二十二年九月十七日)》,《曾文正公家书》。

169 左宗棠:《上贺蔗农先生》,《左文襄公全集·书牍》卷1。

170 《筹办夷务始末(咸丰朝)》,卷69,第1—2页;卷71,第18页。

171 沈兆霖:《吁请回銮疏》,《沈文忠公集》卷1。

172 曾国藩:《曾文正公手书日记》,同治元年五月初七日。

173 曾国藩:《致李希庵中丞(同治元年正月二十七日)》,《曾文正公全集·书札》卷17。

174 曾国藩：《复姚秋浦（同治元年五月二十三日）》，《曾文正公全集·书札》卷19。
175 曾国藩：《复官中堂（咸丰十一年十月初三日）》，《曾文正公全集·书札》卷17。
176 曾国藩：《复李少荃中丞（同治元年八月十三日）》，《曾文正公全集·书札》卷19。
177 《筹办夷务始末（咸丰朝）》，卷69，第31页；卷71，第10页。
178 曾国藩：《复陈洋人助剿及采米运津折（咸丰十年十一月初八日）》，《曾文正公全集·奏稿》卷12。
179 曾国藩：《筹议借洋兵剿贼折（同治元年三月二十四日）》，《曾文正公全集·奏稿》卷15。
180 《筹办夷务始末（咸丰朝）》卷69，第22页。
181 曾国藩：《复陈洋人助剿及采米运津折（咸丰十年十一月初八日）》，《曾文正公全集·奏稿》卷12。
182 《筹办夷务始末（同治朝）》卷25，第1—10页。
183 《筹办夷务始末（同治朝）》卷25，第3、10页。
184 曾国藩：《夷务稿件》，《湘乡曾氏文献》第7册，第4451页。
185 江世荣编：《曾国藩未刊信稿》，第178页，《上恭亲王》。
186 曾国藩：《复陈购买外洋船炮折（咸丰十一年七月十八日）》，《曾文正公全集·奏稿》卷17。
187 黎庶昌：《曾文正公年谱》，卷7，咸丰十一年十二月。
188 曾国藩：《新造轮船折（同治七年九月初二日）》，《曾文正公全集·奏稿》卷27。
189 李鸿章：《筹议海防折（同治十三年十一月初二日）》，《李文忠公奏稿》卷24。
190 曾国藩：《复陈津案各情片（同治九年六月二十八日）》，《曾文正公全集·奏稿》卷29。
191 曾国藩：《拣调各员留皖委用折（同治三年三月二十七日）》，《曾文正公全集·奏稿》卷18。
192 张集馨：《道咸宦海见闻录》（咸丰十年），第308页。
193 民国《吴县志》，卷30。
194 李续宾：《复蓍九峰中丞》，《李忠武公书牍》卷上。
195 曾国藩：《致沅浦九弟（同治元年三月二十九日）》，《曾文正公家书》。
196 曾国藩：《复李筱荃（咸丰十年七月初七日）》，《曾文正公全集·书札》卷12。
197 曾国藩：《四川试用知府冯卓怀禀奉调大营差委自川启程日期由》，《曾文正公全集·批牍》

卷2。

198 刘蓉：《附派绅士李宗沆等清查叛产疏》，《刘中丞奏议》卷2。
199 曾国藩：《同官册》，《湘乡曾氏文献》第4册，第2303—2344页。
200 曾国藩：《保奏周腾虎等片（咸丰十一年十一月二十五日）》，《曾文正公全集·奏稿》卷14。
201 道光《武进阳湖合志》，卷22，第28页。
202 薛福保：《海宁州学训导钱先生墓志铭》，《青萍轩文录》卷3；朱福诜：《馆总裁嘉兴钱公墓志铭》，《碑传集补》卷4。
203 姚永朴：《素园丛稿·见闻偶笔》。
204 曾国藩：《致张凯章（咸丰十一年三月初五日）》，《曾文正公全集·书札》卷14。
205 黄彭年：《邓伯昭先生行状》，《陶楼文钞》卷4。
206 曾国藩：《复李筱荃（咸丰七年七月初七日）》，《曾文正公全集·书札》卷12。
207 李经羲：《上曾涤生钦使条陈营务书》，《开县李尚书政书》卷1。
208 曾国藩：《湘乡师相言兵事手函》。
209 黎庶昌：《江苏按察使中江李君墓志铭》，《拙尊园丛稿》卷4。
210 赵树吉：《刑部员外郎江西吉安知府范君墓志铭》，《郘郿山房文略》卷2。
211 朱福诜：《馆总裁嘉兴钱公墓志铭》，《碑传集补》卷4。
212 曾国藩：《范泰亨柯钺请恤片（同治三年十二月十三日）》，《曾文正公全集·奏稿》卷21。
213 姚永朴：《莫子偲先生》，《旧闻随笔》卷3。案：此诗亦见于曾之诗集。
214 曾国藩：《曾文正公手书日记》，同治二年五月初三日。
215 诸可宝：《张文虎传》，《畴人传三编》卷6。
216 冯煦：《蒿庵随笔》，卷2。
217 薛福成：《〈寄龛文存〉序（乙酉）》，《庸庵文外编》卷2。
218 王定安：《求阙斋弟子记》，卷22。
219 梁溪坐观老人：《道学贪诈》，《清代野记》下册。案：冯煦之《蒿庵随笔》卷2，亦记有此事，只言杨某，其他细节亦有所不同，但基本事实一致。冯煦之为清末大官僚，此事当有所据。
220 张裕钊：《唐端甫墓志铭》，《濂亭文集》卷6。

第八章

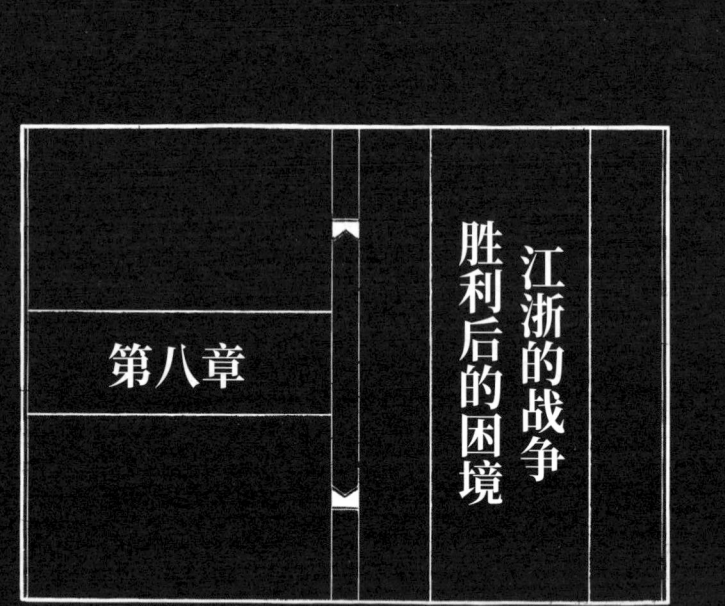

江浙的战争 胜利后的困境

第一节　苏南、浙江的争夺

攻占安庆后不久，曾国藩即图谋三路东进，攻占江浙，夺取天京，以实现其消灭太平军、镇压革命的夙愿。同治元年(1862)春，三路进兵计划最终确定：除左宗棠军已入浙江之外，李鸿章军至上海，攻取苏南；曾国荃军进逼天京，相机围攻。这样的分进合击，就使太平军陷入首脑被围、四肢被制、顾此失彼的绝境之中。

咸丰十一年(1861)十月，清廷因浙江全面告急，命左宗棠督办浙江军务。当左宗棠接到此项任命，部署东进时，太平军已经占领除了湖州、衢州等处之外的浙江绝大部分州县，并在毗邻皖浙的婺源、开化间集结大军，图谋西进。左宗棠决定不援被困的衢州，先顾既为饷源之地，又为入浙后路的婺源、景德镇、乐平等处的安全。为此，左宗棠命刘典等军驰援婺源。十二月至同治元年(1862)正月，两军在张村、马金街大战，太平军败走，左军乘胜攻占开化。这就保障了婺源一带的安全，巩固了后防，且使衢州一带太平军的北翼也受到严重威胁。二月，太平军为牵制左军进援衢州，威胁左军后路，又在遂安集结部队，欲反攻开化。左宗棠令各军先行出击，又败太平军，迫其退出遂安。两次挫败之后，太平军转而集中兵力进攻衢州李定太军及江山李元度军，左宗棠由遂安南下进援，战至三月，太平军败退金华。五月、六月两个月，太平军虽然先再度包围衢州，后又进攻遂安，但均被击退。

经过半年多作战，左宗棠终于牢牢地控制了衢州府的绝大部分地区，在浙江站稳了阵脚。与之相呼应，沿海宁波、台州两府的外国侵略者和地主团练也先后在四月大举反扑，攻占宁波和台州府各县，从而形成对太平军东西夹击的有利态势。同时，左宗棠军的实力也大为加强。从湖南调来的魏喻义、刘培元两军，从江西调来的王德榜、屈蟠两军，先后到达，并投入战斗。其中刘培元军还在衢州造船，积极筹建水师。原在浙江的李元度、李定太两军，经过改编，虽然汰去大部分，仍然保留精壮四千余人，战斗力反而提高了。与之相反，太平军不但内部的裂缝在扩大，原属天地会的花旗军陈荣部，公开抗拒主帅李世贤的调遣，甚至与太平军发生武装冲突；还在战略上陷入了越来越被动的局面，无力摆脱在浙江被东西夹击的局面，而且更为严重的是，天王洪秀全因曾国荃军进扎天京城下，自五月以来，不断严令李秀成、李世贤回救天京，李世贤不得不准备回援。这就是说，在浙江战区，太平军只能防御，无法再组织反攻。

七月，左军自衢州东向进攻龙游。太平军一面依靠城防工事，在城外要地筑垒固守，与城军相互支援；一面组织援军，与守军配合，不时主动出击。左军虽屡败援军，但攻城却一无进展。闰八月，蒋益澧军八千到达，左军更对兰溪、汤溪展开进攻。太平军虽因李世贤领军北援天京，兵力大减，但仍按侍王"密嘱"，凭借"龙、兰、汤为犄角，严、处为爪牙"的防御体系，进行顽强抵抗，致使左军进展缓慢，伤亡很大。如九月龙游一战，左军就伤亡近千人；十二月汤溪一战，也伤亡副将何万华以下三百余人。三城虽然屹立未动，但在外围,左军却屡获胜仗,攻下多个据点,且严州、寿昌等城亦被左军占领。在左军如此持久的强大攻势下,太平军中有人失去了信心,不断出现叛降事件。同治二年(1863)正月,汤溪守将彭某暗中向蒋益澧乞降,并诱捕主将李尚扬等八将领,使蒋军顺利攻入城中。汤溪易手,如洪水决堤,使太平军防御体系在一两天之内土崩瓦解,龙游、兰溪乃至金华守军纷纷东撤。左军乘胜东进,攻占义乌、江浦、诸暨、桐庐等地,迫近杭州、富阳。与此同时,由宁波的外国侵略者所组织的常捷军、常安军和清军,也于同月攻占绍兴,对杭州形成有利的半月形大包围圈。

但是,左宗棠没有为这样的有利形势所陶醉,以全军进攻杭州、富阳,而是"檄饬各营勿贪克复省城之功,冒进而忘大局;勿惮江皖迂阻之劳,就易而昧戎机"[1]。并令已升至浙江按察使的刘典带领所部回驻严州,相机进援皖南;布政使蒋益澧军会同康国器的粤军进图富阳。当时浙江太平军大部分坚守杭、嘉、湖,一部分正向皖南转移。且江苏太平军在李鸿章、曾国荃军压迫下,也可能乘虚蹈隙向皖南、江西转移。如左军全力进攻杭州,那就会面临前路有坚城强敌,后路因兵力空虚而有遭偷袭的危险,甚至还有被切断的可能。左宗棠上述部署正是考虑到这一点,摒弃只顾局部利害的狭隘眼光,着眼于战争全局,把局部与整体统一起来。

二月,左宗棠令蒋益澧等开始进攻与杭州相邻,又为其西面要地的富阳。水师先行,烧毁太平军船只数百,夺炮船十余号,进泊富阳对岸。陆营继进,围攻县城。四月,陈炳文、汪海洋等太平军来援,一面进屯富阳城外新桥,一面进攻左军后路新城。左宗棠督各军竭力反攻,并令水师奇袭杭州,蒋部大将熊建益战死,但太平军援军也因要回顾杭州而不得不撤回。因攻城仍无进展,七月,左宗棠增调康国器陆营、德克碑的常捷军前来会攻。八月七日,左军发起总攻,德克碑"督勇环放枪炮,自未至酉",蒋益澧派队助之,"遂彻夜轰击"。次日黎明,蒋益澧又亲自带队助攻,"德克碑更加奋迅",[2]立破太平军倚城之大垒。蒋益澧督各军乘胜扩大战果,大举出击,终于攻下富阳及其附近各垒。

攻下富阳后,左宗棠即积极筹划进攻杭州。他认为太平军以杭州为老巢,以余杭为犄角,均盼嘉兴、湖州之援,并资其接济,而嘉、湖来杭之路又在余杭。于是,左宗棠乃分兵两路,以蒋益澧军攻杭州,魏喻义、康国器军攻余杭。八至十二月,左军在两处虽未获得决定性进展,只攻破城外要垒多处,但长期围攻却给太平军造成巨大压力。年底,海宁守将蔡元隆终于叛变投降,接着桐乡守将又于同治三年(1864)正月叛降,再加上先降于李鸿章军的平湖、乍浦、海盐,太平军于杭州北面的藩篱已尽撤,只余下西面余杭一条通道,太平军的处境更形危殆。在这种情况下,左宗棠决计把进攻重点转向杭州。二月,蒋益澧会同德克碑对杭州连续发起猛攻。二十三日之战,左军伤亡四百余人。在这样的长期围困和猛烈进攻之下,太平军守军先后发生两起暗中向左军洽降之事,主帅听王陈炳文益形动摇,并于次日弃城西走,余杭守军亦同日西撤,接着,左军又乘胜攻占了一些小县城。至此,除了湖州、嘉兴，浙江又重新归入清王朝的统治之下。

与左宗棠军相呼应，李鸿章军也在江苏南部向太平军展开进攻。

李鸿章军陆军六千五百人，除两营外，于同治元年(1862)三月至四月初分批到达上海。这时英法军、常胜军已攻下嘉定、青浦，正计划对黄浦江东岸的太平军展开进攻，以期进一步巩固上海的防务。为此，英国提督何伯多次面催李鸿章进兵浦东。李鸿章不愿"重拂其意"，如命照办。不久，忠王李秀成带领大军反攻，在太仓歼灭清军五千人，并乘胜进攻宝山、嘉定、青浦等地，英法军立即要求李鸿章"来领事馆会晤，商议如何布置对太平军的战争，并明确规定清朝方面在联合作战时供给的兵额"[3]，要求李军"移守南桥，以防金山卫各贼回窜"[4]。李鸿章又遵命照办。英法侵略者这种俨然以上海主人和战区指挥者自居的状况，深刻地反映了西方国家已经在经济、政治、军事上全面控制了上海，上海也成为他们侵略中国的基地。腐败的清廷和江浙官绅固然乐意接受这一可耻的半殖民地秩序，就是较为奋发、颇能自立的湘军集团，也不能不承认既成事实，不敢"重拂其意"。

但是，侵略者凭借武力建立的半殖民地秩序，却遭到太平天国革命者强有力的抵抗。以忠王李秀成为首的太平军，四月，先在南桥镇阵毙卜罗德，继在太仓大举反攻，后又围攻侵略军和清军固守的嘉定，迫其狼狈逃回上海，并俘获英军九人。五月，又进围青浦、松江，连败常胜军、英法侵略军，夺获大量洋枪弹药，胜利攻克青浦，进占徐家汇、虹桥，直逼上海城。侵略军这种连次挫败，狼狈退守上海的情景，正如李鸿章所说，"逆焰大张，西兵为贼众所慑，从此不肯出击"[5]。在此期间，李鸿章军由于南汇太平军守将叛降，顺利收复南汇、川沙，并在七宝、新桥等处力挫太平军。其中新桥之战较为激烈，太平军围攻程学启营垒，一天之内使其伤亡二百余人，程学启与滕嗣武亦受伤，李鸿章趁太平军进攻疲乏之际，率军往援，内外夹击，致使太平军伤亡数千人。

与此同时，曾国荃、彭玉麟水陆两军也于五月初进抵天京城下。天王数次严令李秀成回援。李秀成迫于君命，除了留少数部队防守青浦、嘉定等地，其军大部分撤离上海战场。这就是说，曾国藩三路同进，迫使太平军陷于顾此失彼的被动局面的战略，已经初步实现。李鸿章抓紧这一有利的形势，一面加紧联络外国侵略者，积极扩充部队实力，更换部队的旧式武器，再加上六月上旬抵达的淮扬水师，大幅提升了自己的政治地位和军事力量；一面及时与英法侵略军、常胜军展开进攻，先后攻占了金山卫、青浦。七八月间，太平军虽然反攻青浦，进至法华、静安寺一带，再次逼近上海，但在中外反革命军凶狠地反击下，仍不得不退回嘉定。九月初，英法联军两千多人和常胜军、淮军又联合攻占嘉定。

此后，英法侵略军不再直接参加战斗，而由常胜军、淮军在前线作战，他们则以各种方式给予支援，并确保后方上海的安全。在以前的各次战斗中，英法军主要凭借性能优良的火器，特别是大炮取胜。如四月中攻占青浦之役，仅英法陆军就有大炮四十多门，如再加上常胜军和法国的一艘浅水军舰，大炮的总数更为可观。九月初，再占嘉定之役，英法联军动用的大炮也有近二十门。侵略者拥有占绝对优势的炮火，既能大量杀伤太平军，又能轰塌城墙，因而得以迅速攻占各种目标。这样的战斗，正如一个英国人所指出的："我们用远程大炮打死了数以百计的太平军，而我们自己却在他们的小炮和简陋火器的射程之外。"[6]而清军、淮军则跟在他们后面占城杀人。如九月初的嘉定之战，李鸿章就承认：英法军"卯刻齐开大炮、炸炮，轰塌南门城垣四十余丈，守贼不支，遂冒烟竖梯爬入"。太平军由西门突围，李军乘机大杀，"在西北门兜剿，贼冲突不得，擒斩投诚极多"。[7]过去的战争证明，湘军长于野战，而拙于攻城；太平军则相反，长于守城，拙于野战。对于武汉、九江、安庆等城，湘军经过旷日持久的奋战，付出巨大代价才得以攻占。淮军由于与侵略军常胜军合作，并装备了大量洋炮，弥补了不善于攻坚的缺点，从而成为野战攻坚兼长的军队。

嘉定失守后不久，慕王谭绍光为防止敌军进犯苏州等地，乃先发制人，调集大军反攻，围困李鸿章军四营兵力于四江口。程学启督各营援救，两天之内，营官大都受伤，阵亡员弁十三名，伤亡勇丁六七百人。李鸿章深恐被围之军覆没，乃增调援军，并常胜军近两千人，大举反攻。结果太平军大败，全军撤回昆山，并折损一万多人。而天京、浙江战线也日趋紧张，太平军再也无力大举进攻上海，淮军则趁机大举进犯苏常太平军根据地。

长期以来，太平军常熟守将钱桂仁、骆国忠与伪装归附的长洲团练头目徐佩瑗相互勾结，图谋叛乱。嘉定、青浦再次易手后，骆国忠认为时机已到，遂于十一月底袭杀忠于革命的将领弁勇，举城投降。常熟北临长江，南邻苏州，东接太仓，骆国忠的叛降，不仅使太仓处于东西夹击的形势，且严重威胁太平军苏南根据地首府苏州的安全。太平军调集大军围攻叛军。李鸿章一面由长江水路增援常熟，先以常胜军前往，后又派刘铭传、黄翼升水陆数千人增援；一面令程学启带七千人，会同常胜军两千多人攻太仓。十二月至同治二年(1863)正月，双方在两地大战。进攻太仓之常胜军以大败告终，伤亡三百余人，狼狈退回松江；常熟方面的太平军也略占优势，夺回福山。二月，新任常胜军统领戈登带两千余人(内有炮兵二百人)增援常熟，以重炮猛轰太平军。慕王谭绍光见久攻不下，援军又纷集，常胜军大炮火力强，遂撤围退回苏州。

三月，淮军、常胜军再攻太仓，先以大炮猛轰四个多小时，然后向炸塌的城墙缺口冲锋。这样反复三次，才将太仓攻下。四月，又攻占昆山。这样，苏州北、东两个方向就完全暴露在中外反革命联军面前。为攻夺苏州，李鸿章将已增至四万多人的部队分为四路：程学启部主攻苏州；李鹤章、刘铭传部及淮扬水师进窥江阴、无锡；潘鼎新等分守金山卫等地，以固后路；戈登常胜军则应援前三路。刘铭传军于四月，先攻占江阴、常熟之间要塞杨舍，并于八月攻占江阴，进攻无锡，使无锡、常州太平军不敢大举进援苏州。程学启、戈登于六月先攻占苏州南面的吴江及其附近乡镇要地。为牵制嘉兴太平军反攻吴江，驻防后路的潘鼎新等也南移，攻占嘉善的西塘。南路得胜后，程学启即进占娄门外的跨塘等处。八月中，程、戈与新近调来的李朝斌太湖水师合力打退李秀成指挥的反攻，乘胜攻下"水陆要枢，苏垣锁钥"的宝带桥。九月、十月两个月，又相继攻占苏州外围要地黄埭、蠡口、浒关，并攻毁娄、齐、葑、盘四门外长墙十余里，堡垒二十余处。在这种危急的形势下，以郜永宽为首的八位太平军将领，遂暗中向戈登、程学启乞降。李秀成见军心不稳，天京因孝陵卫失守告急，乃引军西去。郜永宽等叛将更无忌惮，竟于二十四日刺杀慕王谭绍光。次日，程学启等顺利进入苏州。但一天后，这八个叛徒也为李鸿章所杀。

占领苏州后不到十天，淮军又攻占无锡。至此，苏南只余下常州、江宁、镇江三府部分地区尚在太平军手中。根据这一情况，李鸿章决定以李鹤章、刘铭传等军进窥常州、宜兴等地，以策应攻天京的曾国荃军，而令程学启、潘鼎新、李朝斌进窥嘉善、嘉兴，与左宗棠军相呼应。

程学启等初时进军极为顺利，在十一月的一个月内，依靠守将叛降，先后占领平湖、乍浦、海盐、嘉善等城。十二月，进逼嘉兴之后，却碰到硬钉子。如二十四日，程学启分五路进攻，利用火力优势，炮轰千余发，守军奋起反击，一直战至次日下午两三点钟，虽攻下城外营垒数处，但伤亡弁勇五六百人。同治三年(1864)正月底，程学启又用大炮猛轰六七个小时，炸塌城墙十余丈，遂趁势冲锋爬城，但守军以整桶火药"燃泼下城"，攻者伤亡数百名，狼狈撤退。二月十六日，程学启令各军发起总攻，以大炮连续轰击三昼夜，轰坍城垣数十丈，冲锋爬城四次，仍被守军击退。十八日，程学启亲自领军"肉薄以登"，始得攻入。但"弁勇伤亡极多"，程学启亦受伤，不久毙命。

攻下无锡后，刘铭传等即西向进攻常州，战至十二月，只攻下城外太平军营垒多处。李鸿章一面从程学启军及后防军中抽调部队增援，多方设法请戈登领常胜军前来参战；一面听从戈登的意见，继续攻常州，并由常胜军及淮军的水陆军组成联军，进攻"江浙之通衢，常州、金陵之后路"宜兴。同治三年(1864)正月、二月，先经过几天争夺，攻占了宜兴，接着又诱降守将，占领溧阳，并向金坛挺进。太平军见形势日益危急，乃分军奇袭敌军后方，攻占杨舍、福山，围攻常熟，一时间苏州、太仓、无锡大为震动。李鸿章立令常州方面停止进攻，并抽调大批部队增援常熟。这时戈登等也在金坛遭到挫败。戈登等进至金坛后，沿袭老战术，将"许多重炮移至距城数百码内"，"炮轰连续数小时"，然后向缺口发起冲锋。但守军一直埋伏在工事内，当他们开始登城时，就突然反击，"猛投砖石，势如暴雨"，接着又组织反冲锋，"用长矛搏战"，攻军只得"混乱败退"。这样的攻防战连续进行了三次，守军固然伤亡很大，攻军也"损失了十四个军官和约占七分之一的雇佣兵"。[8]戈登等自金坛败退溧阳后，又在驰援常熟战斗中大败，伤亡兵勇三百多人，阵亡外籍军官八人，丢枪四百支。经过半个月的激烈战斗，太平军奇袭常熟之战，仍以失败告终。接着戈登又督常胜军参加三月常州最后的攻城战。太平军誓死固守，"戈登的大炮队用榴弹炮和铁筒炮扫射都没有用处，城墙缺口处第一批太平军被炮火扫光了，第二批太平军又立刻补上"[9]。外籍军官十九人受伤，十人阵亡，淮军伤亡更多。这样战至四月六日，常州终于被攻破。守军主将护王陈坤书又领众巷战，使敌兵伤亡一千多人。护王被俘后，慷慨陈词："欲保守常州以为金陵（天京）掎角，奈事不成，只有尽忠！"[10]

第二节　天京的攻占

同治元年（1862）二月，曾国荃及新募勇丁至安庆，旋即东行，与上年就已进扎无为的部队会合。三月，与彭玉麟水师合力攻占巢县、含山、裕溪口、西梁山等地。四月，又南渡与水师合力攻占金柱关、芜湖、东梁山。五月，曾国荃军攻占秣陵关、大胜关，进逼雨花台要塞扎营。彭玉麟军攻占江心洲，进泊护城河。这一连串胜利，使湘军既进逼天京城下，又牢牢地控制了安庆至天京的水陆通道，从而为攻夺天京奠定了坚实的基础。

湘军突然兵临城下，使已有两年平静生活的天京军民顿时陷入慌乱之中。天王洪秀全更是惊惧交加，力图趁湘军初来立足未稳，将其歼灭或驱逐。为此，他严令李秀成领兵回援。李秀成不得不从上海战线撤军，在苏州召集将领会商对策，并派李明成领军先回援天京。李秀成认为当时只宜固守天京，待久顿坚城之下的湘军懈怠，方能予以打击。六月，李明成等援军与天京守军，多次进攻曾国荃军，但均被击败。

洪秀全见状，更急切要求李秀成自领大军来援，甚至派大员至苏州坐催。七月中旬，李秀成在苏州再次召集诸将会议，决定分兵三路，两路在皖南：一攻宁国，一攻金柱关。其目的在于牵制湘军进援曾国荃，并相机夺取濒江要隘金柱关，切断或威胁曾国荃军与大本营安庆的联系。李秀成自领十多万人为第三路，围攻天京城下的曾国荃军。

曾国藩很快就获悉两次苏州会议的情况，并为曾国荃军筹集大量军火粮饷，以对付即将发生的大战，"银米子药等事，吾必设法多解，竭平日之力办之"。同时，函嘱乃弟："临战之际，预先爱惜士卒精力，以备届时辛苦熬夜。"[11]战斗开始后，"总以不出壕浪战五字为主，如看确贼之伎俩，偶然一战，则听弟十分审慎出之，余但求弟自固耳！"[12]事实上，五月以来，正如曾国荃所说，"敝军日来惟以挖壕筑垒为事"[13]，还对各营抬枪、小枪普遍检验一次，汰旧用新，并购进洋枪洋炮，同时，又进行缜密部署：命其弟曾贞干军扎营西门外之江东桥，与雨花台下大营相互支援，并与水师相连，维护后勤补给线。这就是说，对即将爆发的大战，曾氏兄弟不仅做了充分的后勤准备，构筑了坚固的工事，进行了周密的部署，还定下了精明的战略战术，即与水师相配合，以防守为主，迫使太平军攻坚，予以大量杀伤，然后选择有利时机，进行短促反击。再加上安庆战役以来，因屡获大捷，湘军士气又十分高昂。这样，曾国荃军就具备了立于不败之地的各种条件。与之不同，李秀成军虽然众至十多万人（加上李世贤军），是天京城下湘军水陆三万余人[14]的数倍。但李秀成意在速解天京之危，以便腾出时间和力量去抗击左宗棠、李鸿章对苏浙的进攻，因而不能不陷入曾氏兄弟迫其攻坚的圈套。

闰八月中旬，李秀成大军集结完毕，二十日开始，约会天京守军，连日大举进攻。二十五日后，李秀成更亲督各军力攻东路，以洋枪洋炮猛烈轰击，"开花硼炮，横飞入营，烽燧蔽天"，接着向湘军发起冲锋，"齐声大噪，束草填壕，岌岌欲上"。曾国荃见状，急忙亲自带队策应，"亦为飞子伤颊，血流交颐"。九月初，李世贤军至，太平军又大举进攻，"多用箱箧实土于中，排砌壕边，明防炮子于上，暗筑地道于下"。地道火药轰发，"一声霹雳，烟焰上冲，飞入天半，营墙各崩塌十数丈"，太平军"踊跃争先，呼声动地"冲入。[15]面对这样凶猛的进攻，湘军依靠原有工事，且赶筑内墙内壕，俟敌军靠近始大举反击，致使太平军即便伤亡惨重，仍无法攻入。如十二日一战，太平军伤亡七八千人，而湘军"阵亡者不过数十人，受伤亦不过二百余人"[16]。

这两次攻守战最为激烈，曾国荃军处境也岌岌可危。正如曾国藩所说："金陵危险之症，在闰月廿一、二、三日伪忠王初到之时，昼夜围扑，粮路几绝。其次则九月初三、四日伪侍王初到之时，贼之攻扑太猛，官军劳伤过甚，岌岌有不可支之势。"[17]此后，太平军虽仍不断发动进攻，但声势和规模却越来越小。曾国荃军虽伤亡不少，且疾疫流行，致使"每新营中此时真能出力者不满八十人，老营不过百六七十人"[18]。但王可升、杨心纯等援军五千多人也相继到达，极大缓解了兵力严重不足的情况，且有条件组织反击。这样，战至十月初，李秀成终于认识到再围攻下去只是徒损精锐，无补大局，于四日下令撤围，停止进攻，但仍留部分精锐坚守秣陵关、六郎桥等处营垒，以拱卫天京。

鲍超军为与曾国荃军东下相配合，三月，也在皖南大举东进，先后攻占石埭、泾县。五月初又进围宁国府城，经过反复争夺，屡败辅王杨辅清等，终于在六月中旬，攻占府城。此后，因时疫流行，勇夫病者万余人，死者日达数十人，致使部队大量减员，只能据城自守。闰八月，杨辅清、黄文金、陈坤书等，按李秀成苏州会议的部署，为策应天京城下对曾国荃军的攻击，大举反攻金柱关、宁国府城等地。杨辅清一路连败鲍超，逼攻宁国府城，并于九月收复宁国县城。陈坤书一路有数万之众，并由东坝拖过小战船数百号，水陆并进，反攻金柱关、芜湖等处。在彭玉麟、杨载福指挥下，湘军水陆两军拼死抗击，屡打胜仗，战至九月底，陈坤书等终于被迫停止进攻。黄文金等在十月虽然仍在围攻宁国府城，并在西河败鲍超军，但府城完好如故，且一隅之胜利，也不可能对三路进攻之大局产生多大影响。这就是说，李秀成三路反攻，重点打击曾国荃军的计划，虽然给湘军集团造成很大压力，但正如曾国藩儿子所说："金陵官军危迫之时，大人昕夕忧勤，见客稀少，人心惶惶，莫能安枕"[19]。曾国荃军最终还是坚持了下来，牢牢地站稳了脚跟。

停止进攻曾国荃军后，天王又部署了进北攻南战役。为此，洪春元等先北渡长江，挺进皖北。与之相呼应，李世贤等则在南岸进攻金柱关、青阳等地。其目的在于接应陈得才的西征军，从而深入湘军后方，威胁武汉，牵制乃至解除湘军对天京的严重威胁。

北路先遣军于十月中旬，自天京昼夜北渡。这时皖北一带湘军兵力单薄，"毫无准备"，含山、巢县、和州等地很快就相继被太平军攻占。但曾国藩旋即发现太平军意图，令新募淮军九营分守无为、庐江，又命萧庆衍、毛有铭两军，由固始南下驰援。曾国荃也分兵来援，力阻太平军西进。十一二月间，各支援军即在无为一带成功地堵截了太平军的攻势，从而出现暂时的相持状态。同治二年(1863)正月，后续主力部队又大举北渡，攻占浦口、江浦。李秀成亦随即过江，进抵巢县。三月，除分军进逼无为、庐江以为牵制，李秀成自领大军围攻石涧埠，断其粮道，绝其文报，昼夜环攻不休。曾国荃闻报，立以八营来援，与守军约期内外夹攻，曾国藩也赶调鲍超军北来增援。李秀成见援军大至，遂引军西北走，连攻庐江、舒城、桐城，最后又猛攻六安州，均不能下。这时，陈得才已西入陕南，无法联系，六安一带粮食紧缺。在这样前进无望、久留不能的情况下，李秀成于四月初下令停止西进，撤六安围，全军东返。湘军遂趁机再占含山、巢县、和州。为策应李秀成军，南岸李世贤军也在十一月开始行动，与杨载福等水陆湘军在金柱关外围的三叉河、新圩、薛镇、黄池等地，反复争斗，战至同治二年(1863)三月，李世贤军终于不支，被迫退走溧水、丹阳。黄文金等军，虽先后攻占祁门、石埭、青阳、建德等地，但在曾国藩的鲍超军、左宗棠的刘典军、沈葆桢的韩进春军联合反击下，连遭败挫，所得各城亦旋即易手,呈现出明显的劣势。正是基于皖南这一总形势,再加上江忠义、席宝田两军已由湖南调至江西,即将投入战斗,曾国藩才敢于将主力军鲍超北调,增援石涧埠。

同治元年(1862)十月至二年(1863)四月,曾国藩直辖军先在天京城下站稳了脚跟,后又挫败了太平军进北攻南计划,这样,再加上左宗棠、李鸿章两军在江浙的胜利,就使太平军陷于头脑被困、四肢被制、坐待宰割的危险境地。而太平军在这样的危急关头,内部问题却越来越多,越来越严重。随着革命形势日益恶化,再加上长期的深宫生活,天王洪秀全不仅思想上沉溺于宗教,战略上只知天京安危,还赏罚不明,任人唯亲,遇事固执,处事粗暴,从而导致内部矛盾加剧,人心涣散。对此,李秀成深有感触,在两次苏州会议上,就发出团结对敌的呼吁:"如欲奋一战而胜万战,先须联万心而作一心。"[20]湘军的压力那样大,内部问题如此之多,就使那些不坚定的分子纷纷投降变节。如皖南、苏州等地区,就相继有童容海、吴建瀛、骆国忠等一批降将,甚至在天京城下的四十六天大战中,也出现过招之即降的事。正如曾贞干所说:"有降贼四十人……由盛字放哨探路者呼来","明知其非诈,而实懒于收降,且此门一开,来者必接踵而至"。[21]对以上状况早有了解的曾国藩,在同治二年(1863)一二月间实地视察安庆以东曾国荃等军时所获情报,又得到进一步证实。兴奋之余,"从未敢以贼势稍衰入奏"的曾国藩,立即专片奏报:与过去军政严整,一切"粗有条理"的情况相反,现在的太平军,领导混乱,军心涣散。"城中群酋受封至九十余王之多，各争雄长，苦乐不均，败不相救"，甚至各将领"不甚服伪天王、忠王之调度"。军队作风也大不如前，"昔年粤贼所至，筑垒如城，掘壕如川，坚深无匹，近亦日就草率"，并断言，"终足以制该逆之死命"。[22]他确信，再经过一个时期，就可以获得完全的胜利。

曾国藩这一判断是符合双方实际情况的。当时太平军虽然岌岌可危，但还有一定实力。湘军虽然最终胜利在望，但力量不足。事实上，曾国荃军三万余人，在四十六天大战中，至九月十八日，已伤亡千百人，加上病死者，折损就更多了；加之又不断分兵北援，曾国荃痛感兵力严重不足，不得不在天京城下停止进攻。而太平军也因集中兵力进北攻南，更无力在天京城下再进行反攻。这种双方都无力进行大战的状态保持了约半年之久。四月，李秀成大军自六安东退，途中进围天长、六合。这时，曾国荃深恐李秀成挥师东向，进军运河以东里下河完善之区，乃决计师法围魏救赵，在天京城下发起新的进攻，使李秀成不敢东向，而不得不回救天京，从而使天京攻守战由前期转入中期。前期是太平军发动大规模进攻，中期则是湘军对天京城外各要隘发动一系列进攻，以期达到合围的目的。

四月下旬，曾国荃趁守军因数月休战而懈怠，下令乘夜偷袭雨花台要塞，结果一举成功。曾国藩在奏报中大肆渲染战况之激烈，甚至说俘杀太平军六千余人。实际上是"乘贼不备而入，杀贼无多，我兵死亦止二人"[23]。雨花台地势高，紧邻城墙，其上筑有石垒，江南大营力攻数年而不能下，攻下此地具有较大的军事和政治意义。李秀成一闻败耗，便于五月初撤天长、六合之围，匆匆率军南渡回救天京。杨载福、鲍超等水陆军乘胜再占两浦，并截击渡江太平军，接着又发起九洑洲之战。根据杨载福、曾国荃商定的计划，先攻占九洑洲对面南岸的下关、草鞋峡、燕子矶等处。十五日，湘军大举进攻九洑洲，太平军顽强抗击，"千炮环轰，片刻不息"，并伺机出击，湘军损失惨重，即所谓"损我精锐，几不可以数计"。激战一天，湘军毫无进展。当夜，西南风大作，湘军乘风纵火猛攻，燃及太平军营房，遂乘机跃过重壕，"肉薄齐登，前锋即殪，后者更进，逾者被戕，践尸复登"，[24]终于攻下九洑洲。湘军虽然伤亡两千余人，但攻占了天京大江两岸要隘，拔除了大江中最后也是最大的障碍，从此太平军不能渡江而北，湘军则在大江中畅通无阻。

攻占雨花台和九洑洲后，曾国荃军即直逼聚宝门、印子山，曾国藩也调鲍超、萧庆衍两军南渡，以便合围天京。但鲍军进驻神策门江岸后，疾疫大作，且皖南、江西又告吃紧。太平军黄文金等西进江西，六月在湖口、都昌一带连败湘军，曾国藩乃调鲍军西援，合围遂成泡影。太平军方面，李秀成虽于五月初回师天京，但所部在四十六天大战和进北攻南两役中，折损十多万人，且苏州、杭州同时告急，也无力反攻，只能从苏常等地搬运粮食物资入城，以图长期坚守。曾国荃在六至九月间，采用逐点进攻战术，先后对近城要地印子山、上方桥、江东桥、高桥门、七瓦桥等十余处发起猛攻，并悉数加以占领；十月中，又分军进扎孝陵卫。至此，除了城北神策、太平两门，天京其他各门已无法对外联络。十一月初五，湘军以地道火药炸塌城墙十余丈。天京的处境已十分危急。几天后，自苏州无锡赶回天京的李秀成，有鉴于此，毅然向天王提出"京城不能保守"，"让城别走"的计划，即放弃天京，向江西转移，然后再会合在陕鄂一带活动的陈得才军，徐图振兴。但天王坚决加以拒绝。同治三年(1864)正月，湘军又攻占钟山顶上之天保城，并在太平、神策两门外强筑营垒，派队扼守，从而达到了合围天京的目的。

合围以后，天京攻守战就进入后期。与中期主要是外围要隘的争夺不同，后期主要是城墙攻守。天京城大，城墙既高且厚。城下的曾国荃军通过增募和调拨，陆续增至五万多人。邻近之东坝等地尚有鲍超等军，可以备旦夕之调。曾国荃的兵力虽较厚，但洋炮不多，唯有采用挖地道，施火药以炸塌城墙的老办法。但挖地道既费时又易被侦察，而太平军又善于守城。城中存粮虽不多，但李秀成一面开城放出妇女，至二月中旬已达万人，以节省粮食；一面下令军民广种小麦，三月中彭玉麟就说："二麦将熟，满地无余土，而又下种，遍城青秧。"[25]可见这两项措施，对城内粮食供应不无小补。双方这种状况，就使后期攻守战既激烈又持久。

自三月始，太平军攻城日趋猛烈。曾国荃令各军在神策、朝阳、金川、太平等门，逼城筑垒，以掩护开挖地道。太平军则据城射击，在外城根和城内修筑月墙，并侦察地道所在，或挖横壕，或破坏地道。结果，地道大部为守军所破，有的地道虽引爆火药，但药量不足，作用不大。这样，战至五月，地道三十余处均告失败，而伤亡却多至四千余人。此外，曾国荃还收买叛徒献城，因被及时发现而失败。对此，清廷极为不满，催责甚紧，且命李鸿章领军前来会攻。这使得立志要独取克城大功，一心不让他军分掠城内财物的曾国荃，既愤且急，煽动湘军将领："他人至矣，艰苦二年与人耶？"众皆曰："愿尽死力。"六月初，湘军不惜一切代价，发起最后猛攻。曾国荃一面令勇丁割柴草数万捆，一俟堆积与城齐，即行强登；一面利用上月攻占的地堡城既紧靠城墙又居高临下的地势，在其上架炮日夜不停地轰击，使守军不能在城上立足，以掩护开挖地道。李秀成督守军出城奋力反击，虽将柴草烧毁，但未能攻破保护地道口的大垒。十六日，地堡城附近的地道火药被引爆，炸塌城墙二十余丈，湘军遂乘势发起冲击，头队四百余人，顷刻毙命，二队继进。其他各门湘军亦乘乱同时攻入。守军再也无力堵击，天京终于陷落。

入城后，湘军除了与守军巷战，就是大杀大抢。与过去大杀降人俘虏不同，这次主要屠老幼。正如目击者所说，"沿街死尸十之九皆老者，其幼孩未满二三岁者亦研戮以为戏"，而精壮男人反而"死者寥寥，大半为兵勇扛抬什物出城"。至于抢掠，在"唯知掠夺"的将领带领下，弁勇不顾建制队列，疯狂地掠夺，即所谓"贪掠夺，颇乱伍"。守卫司令部的弁勇也不顾职守，"皆去搜刮，甚至各棚厮役皆去，担负相属于道"。[26] 为掩盖这一空前罪行，湘军又到处放火，大火燃烧了八天之久！繁华的天京，著名的古都，就这样成了一片废墟。三十二年之后，城内仍"满地荒寒气象。本地人言：发匪（即太平军)据城时并未焚杀，百姓安堵如故"，但湘军"一破城，见人即杀，见屋即烧，子女玉帛扫数入于湘军，而金陵遂永穷矣。至今父老言之，犹深愤恨！"[27]湘军这样热衷于掠杀，就使守军生存者一部分得以缒城外逃，一部分一千多人在李秀成带领下，保护幼天王(洪秀全病死于四月，其子继位)隐蔽于清凉山中，当夜趁乱奋勇冲出。李秀成途中因与大队走散而被俘，不久，即被杀于南京。

天京陷落后，太平军余部尚有两大支，即东进至湖北东部一带的陈得才的江北军，以及在湖州的黄文金和在江西的李世贤、汪海洋等江南军。两支军各有数十万人。

陈得才、赖文光等，自咸丰十一年(1861)，奉英王陈玉成命远征"西北"，至同治二年(1863)，转战湖北、河南、陕西三省，所部逐渐扩充至数十万人，并占领了陕南的汉中及其附近各县。同治三年(1864)正月，天京危急，陈得才闻讯，即分三路东返，回救天京。启王梁成富一路虽途中被阻，返回了陕西，但捻军张宗禹来会。僧格林沁督满蒙骑兵与河南等处兵勇，官文督旗营骑兵和水陆湘军合力堵截，力阻陈得才等东趋。三月至七月间，两军相持于应山、随州、黄州、麻城、罗田、蕲水、英山等地。后来，陈得才等虽进至安徽六安、霍山一带，并先后获得阵斩旗营马队舒通额、湘军石清吉的胜利，但曾国藩所派援军大至，且天京失陷，全军失所依归，士气陡落。十月，僧格林沁在霍山将陈得才军分割包围，马融和等各领所部约二十万人叛降。陈得才见大势已去，乃服毒自杀，余部西走，与赖文光、张宗禹等会合，北走河南。

幼天王等自天京突围后，即由洪仁玕、黄文金等迎入湖州。但此城三月以来，就一直为左宗棠、李鸿章两军所围攻，不是久留之地。洪仁玕等决计转移江西，会合李世贤、汪海洋，再设法联络陈得才。七月初，幼天王至广德；下旬，黄文金弃湖州，与幼天王等，经皖浙边境，八月下旬至江西铅山、玉山等地。但这时江西战场已大变。上年末，李世贤按李秀成计划，就食江西，俟秋收时，再回救天京。接着自杭州突围的汪海洋、陈炳文等军亦至。清廷以杨载福督鲍超军援江西。同治三年(1864)春夏间，两军在弋阳、金谿、抚州、崇仁、南丰等地反复争战。六月中，鲍超在抚州大败汪海洋等，接着陈炳文以所部六万人投降。势益孤弱的李世贤等，遂南走新城、南丰。当幼天王到江西时，李世贤、汪海洋两军已转移广东、江西两省交界地区。这样，幼天王等就成了四面皆敌的孤军，再加上黄文金又在转移途中病死，无得力大将指挥，这支孤军的处境就更加险恶。九月初，孤军由新城匆匆南走，旋即被尾追而来的席宝田军击溃，幼天王等人相继被俘，余众由谭体元带领投汪海洋。十月，幼天王和干王洪仁玕被杀于南昌。

转战广东、江西毗邻地区的李世贤、汪海洋等，在鲍超等军压迫下，在九十月间相继转移至福建南部，大败湘军张运兰和福建提督林文察军，并占领漳州、汀州等地。清廷命左宗棠至福建督师。此后，李世贤等虽连续获胜，阵斩林文察，击败刘典，但左军渐集，李鸿章所派郭松林等八千人也从海上运至厦门。同治四年(1865)春，左宗棠督各军四面围攻李世贤等，连获大胜，并于四月攻占漳州。李世贤西走，五月初，全军覆灭于永定，余部依汪海洋，李世贤只身变服而逃。与此同时，汪海洋也连遭败挫，退走广东镇平，筑垒积粮，力图自固。左宗棠督各军四面加以围困。李世贤脱险来依，汪海洋竟不顾大局，乘夜加以刺杀，致使军心更加涣散，降者纷纷。八月，因屡战不利，汪海洋弃镇平，转战广东、江西边区。十月，汪军攻占广东嘉应州，左宗棠督军四面围攻。十二月，汪海洋战死，众人推谭体元为统帅，继续坚守十余日，谭体元即率军突围南走，全军旋即覆没于黄沙嶂。谭体元因伤被俘，于同治五年(1866)正月被左宗棠杀害。

第三节　胜利后的困境

天京被攻下，战火一熄，湘军集团特别是曾国藩兄弟与外部各方及其内部积累已久的矛盾就一起爆发了出来，曾氏兄弟成了众矢之的。正如其亲信郭嵩焘所说："侯相兄弟克复金陵，竟犯天下之大忌，群起而力诋之。"[28]这种种矛盾及其爆发情状，可以归纳为以下五个方面：

首先是与满族贵族的矛盾。那拉氏上台执政后，虽然更加重用曾国藩，但并未放弃戒备防范之心，驾驭之术更为高明。除了竭力分化湘军集团，力求分而治，僧格林沁等还不时搞点"小动作"。如同治元年(1862)，淮北地主武装头目苗沛霖，因湘军进逼，不得不退出寿州、正阳关，投靠僧格林沁，并在僧格林沁处对湘军"痛加诋毁"[29]，僧格林沁立即据此上奏指责湘军"不能虚心驾驭"[30]。苗沛霖摸准了僧格林沁与湘军集团的矛盾，就利用此来恢复自己的地盘，并屡次向湘军挑衅，杀伤湘军勇夫，甚至"屡禀动称楚师勾通捻匪，僧邸屡牍动称派员详查楚师与苗练不和，孰直孰曲"。在这种情况下，正如曾国藩所说，湘军如反击苗沛霖，"与苗党开仗，必与僧邸南北水火"。[31]而僧格林沁不仅是亲王，也是满族贵族最信任的武装力量的统帅，在那拉氏心目中有着十分重要的地位。这样，曾国藩只好采取"优容"的态度，"不动声色"地命令湘军撤出寿州。此外，曾国藩部将蒋凝学、李世忠与僧格林沁部将陈国瑞、宋庆之间，时起冲突，甚至偶有火并，也是上述矛盾的侧面反映。

在对僧格林沁采取委曲退让的同时，曾国藩向满族贵族提出劝告，甚至进行有分寸的反击。同治元年(1862)闰八月和十月，在《请简亲信大臣会办军务片》《近日军情仍请简派大臣会办军务片》中，曾国藩剖陈前线军情之严峻，要求清廷特派"在京亲信大臣，驰赴大江以南，与臣会办军务"，而这位大臣应是"德器远胜于臣者"，其责任是"主持东南大局"，他愿退居次要地位，"臣亦竭力经营而左右之"。同治二年(1863)四月，在《近日军情并陈饷绌情形片》中，更因沈葆桢截留江西拨归曾军的漕折银，痛切陈述兵饷奇绌，以致发生"饷溃兵逃"的严重事件，并要求清廷派大员前来接替他的钦差大臣或两江总督之职。同治三年(1864)四月，在《江西牙厘请照旧经收折》中，曾国藩更痛斥沈葆桢三次截饷，既有违江西巡抚应归两江总督和钦差大臣节制的体制，又骄横恣肆，不近人情，并说："臣处自闻截去江西厘金之信，各军人心惶惶，转相告语，大局实虞决裂。"

以上四件折片，虽然有这样那样的差异，如有的直接向满族贵族摊牌：我可以下台，可你们谁也代替不了；有的绕弯子，表面上斥责沈葆桢，实则直指沈葆桢的后台满族贵族。其中心思想无非是说，现在形势还很严峻，满汉地主阶级的共同敌人太平军仍有强大力量，必须团结对敌，而这种团结的关键就是维护现有力量结构，继续让他统率的湘军充分发挥能量，不要玩弄各种手段去过多地削弱他个人的权威、分化排挤湘军集团。曾国藩的这一番"苦心"，满族贵族是了解的。他们这样做只不过是稍加抑制，使湘军集团不要过分强大、曾国藩等不要得意忘形，而不是要改变对湘军集团的方针，根本上动摇曾国藩的地位。因之，清廷对曾国藩的请退，总是多方抚慰。这就是说，双方都没有越出足以破坏团结的界线。曾氏兄弟的心腹幕僚赵烈文在同治三年（1864）四月，对这种情况做了洋洋数百言的论述。他认为"中堂（指曾国藩）近岁主眷日衰，外侮交至，无他，不得内主奥援耳"：咸丰末年予曾氏以重权，是因为"朝廷四顾无人，不得已而用之"；后来曾氏屡立大功，"声威日甚，内外虽欲从违，震其事功而莫敢为难。同治改元至今，东南大局，日有起色。泄沓之流以为已安已治，故态复萌"。[32]这就是说，清廷为形势所迫而重用曾国藩，现在形势大为改观，就开始"故态复萌"。赵氏发出这样议论后两个月，曾国荃军攻下天京，形势根本改观，清廷就不止"故态复萌"，而是"变本加厉"了。

攻下天京后，清廷特别关注两事，一是幼天王、李秀成等首领人物的下落；二是天京城内巨额财物的分配。早在同治二年(1863)，正如本书第七章第五节所述，恭亲王就提出瓜分财物的办法。但湘军一攻入天京，就大肆抢夺，装入私囊，并放火消灭罪迹。而曾氏兄弟则在奏报中不仅谎称"全无财货"，且言破城巷战杀死太平军十余万人，幼天王已自焚身亡。清廷自然不会相信这些谎言，且不久有关幼天王突围的报告也接踵而至。再加上曾国藩不请旨，就把李秀成处死。这样，就使清廷更加不快，甚至产生疑虑。富明阿正是在这种情况下来到江宁，"托言查看旗城，其实僧王有信，令其查访忠酋真伪及城内各事"[33]。善于迎承意旨的御史贾铎等人也纷纷上折，或"谓官军复城，残毁地方，无异贼至"[34]；或"请饬曾国藩等勉益加勉，力图久大之规，并粤逆所掠金银，悉运金陵，请令查明报部备拨"[35]。清廷据此在七月十一日廷寄中查问有无大宗金银，以便拨作"各路兵饷赈济之用"。数天后，又两次廷寄查问幼天王下落。清廷这样做，主要目的不在追究事件本身，因为幼天王突围已成铁的事实，要曾氏兄弟及其爪牙交出已入私囊的财物也不可能。而李秀成更是被俘半月后才被处死，且传首各地示众，假冒的可能性几乎不存在。其所以一再查问追究，主要是想借此向曾氏兄弟表明，朝廷不可侮，警告他们不要被胜利冲昏头脑，"曾国藩以儒臣从戎，历年最久，战功最多，自能慎终如始，永保勋名，惟所部诸将，自曾国荃以下，均应由该大臣随时申儆，勿使骤胜而骄，庶可长承恩眷"。[36]其言下之意显然是，如骄横不听劝诫，那就要受到严厉惩处。

其二，湘军集团内部的各种问题和矛盾也愈演愈烈，有的甚至无法控制，公开爆发出来。

左宗棠与曾国藩长期以来，虽然能团结对敌，但一直存在着隔阂。不仅在咸丰十年(1860)前，时起矛盾，就是在这以后，也因调兵筹饷，时有摩擦。曾国藩在家信中就说过："余因呆兵太多，徽祁全借左军之力，受气不少。此后余决不肯多用围城之呆兵矣！"[37]对左宗棠不满是十分明显的。攻下天京后，曾氏兄弟奏报幼天王已自焚死，左宗棠则据实奏报幼天王已突围。清廷要求曾国藩明白回奏，并令其参办有关失职人员。曾国藩在回奏中，不仅为自己的失误多方辩护，且言："杭州省城克复时，伪康王汪海洋，伪听王陈炳文两股十万之众，全数逸出，尚未纠参。"[38]如此明显的攻击，左宗棠自然不会容忍，立即在《杭州余贼窜出情形片》中痛加驳斥。这样，两人就由时有摩擦而公开冲突。正如时人所言，曾国藩疑左宗棠"张皇其词而怒，特疏诋之；左公具疏辨，洋洋数千言，辞气激昂，亦颇诋公"，两人从此绝交，"彼此绝音问"。[39]

除了曾国藩、左宗棠，其他如郭嵩焘与毛鸿宾、李鸿章与左宗棠、郭嵩焘与左宗棠、江忠义与席宝田、彭玉麟与杨载福、曾国荃与诸将、朱品隆与唐义训等人的矛盾也在加剧。彭玉麟与杨载福早在咸丰四五年就开始闹矛盾，至同治元年(1862)，杨载福"三次乞假，其意以雪琴大司马位出其上，悻悻不平，而为此也"[40]。一直到次年，杨载福仍要求罢归，将外江水师交与彭玉麟统带，彭玉麟也以去官相抗。朱品隆与唐义训之间的矛盾，更发展到战场上败不相救的地步。曾国荃自恃为曾国藩的亲弟，战功又高，遇事飞扬跋扈，引起诸将反感，正如王闿运所说，"群言益欢，争指目曾国荃"；"诸宿将如多隆阿、杨岳斌(载福)、彭玉麟、鲍超等欲告去，人辄疑与国荃不和"。[41]事实上，曾国荃与诸将也有较深的矛盾，与彭玉麟、杨载福的关系尤为紧张。双方有事相商，往往"声色俱厉"，年深日久，遂致"嫌隙已深"。[42]这众多的矛盾，有的虽经调解，自我控制，未再发展；但有的仍然闹到公开决裂、势不两立的地步，如郭嵩焘与毛鸿宾，郭嵩焘与左宗棠，就是如此。

这一系列摩擦决裂，对湘军集团，对曾国藩，都不能不是严重的打击。左宗棠，湘军的倡建人之一，有着广泛而深厚的影响，是仅次于曾国藩的二号人物，且当时又位至总督，领有六万余人的大军。如此，两巨头的决裂，再加上沈与曾、郭与毛、左与郭的公开冲突，就不能不使湘军集团维持多年的团结濒于瓦解。至于那些没有公开暴露出来的矛盾，除了严重损害湘军集团的团结，有的矛头也直接指向曾国藩。如杨载福因彭玉麟官位高出自己，愤而请退，实际上是对曾国藩荐举不当、赏罚不公的抗议。诸将与曾国荃不和，也同样如此。如彭玉麟咸丰十一年(1861)与同治三年(1864)两次上书，要求曾国藩"大义灭亲",处分曾国荃。曾国藩不但不答应这样做,反而严词斥责:"舍弟并无管、蔡叛逆之迹,不知何以应诛?不知舍弟何处开罪阁下,憾之若是?"[43]彭玉麟之意显然不是说曾国荃有叛逆行为,而是说其劣迹太多;不是求"诛",而是要求罚。曾国藩如此歪曲,意在包庇其弟,堵人之口。这既骄纵了其弟,使曾国荃有恃无恐;也使诸将感到他们兄弟一体,从而对他产生不满,不断出现"告去"者。

其三,军纪败坏,舆论同声谴责。曾国藩一向看重部队战斗力而不甚注意部队纪律。如鲍超军一直军纪败坏,正如郭嵩焘说:"所过残灭如项羽。"他对鲍超军所造成的惨状,也不能不"为之流涕"。[44]陕西巡抚刘蓉也致书曾国藩,庆幸鲍军不入境:"鲍君无意西来,所过又多残暴,诚不愿其复至,恐如梳如篦,遂至如剃。"[45]但曾国藩对鲍超却十分赞赏,信任有加。在这种情况下各军相率效尤,如朱品隆军占领皖南石埭后,"将房屋拆毁,以作柴薪,归民捉去,为伊搬运",以致"城乡内外,房屋完全者百无一二","归民有官兵不若长毛之叹"。[46]强盗窃贼向有兔子不吃窝边草的戒条,但湘军并不守此戒。他们在本省靖州,对"铺户民房骚扰不堪,统带官皆不省","上下数十里风水林木俱为一空,洵所谓贼如梳,兵如篦也"。[47]曾国荃军在天京的种种暴行不过是这种积年恶习最集中的体现。曾国藩的直辖军如此,其他军队也不例外。李鸿章在苏南更有过之而无不及,如在无锡,"克复后,计民居十不存一。城中则贼毁其二，土匪毁其一，留防勇丁之所毁，殆不啻十之六"[48]。

这样长期又大规模的暴行，不仅给劳动群众，也给一部分地主商人，乃至官宦家族带来严重伤害，从而激起了人们的广泛议论和痛恨。如王家仕（曾国藩、左宗棠好友王柏心之子），他不仅痛斥鲍超"军无纪律，旌旗所过，仅存焦土"，还进一步把矛头指向整个湘军："至若一时将帅，使东南数千里民之肝脑涂地，而诸将之黄金填库，民之妻孥亡散，而诸将之美女盈门。"[49]王家仕这样的人尚且如此愤怒，其他与湘军无渊源、遭其迫害的人的愤怒就不难想见。人们对曾国荃在天京的暴行尤为痛恨，正如李鸿章所说："沅翁百战艰苦，而得此地，乃至妇孺怨诅。"[50]为了谴责揭露曾国荃惨无人性的暴行，有人还写出剧本，"谱成《梨花雪传奇》十六折，情文并茂，可歌可泣"[51]。这样强烈的舆论虽然不能动摇曾氏兄弟的地位，但可以形成相当大的舆论压力，而曾氏兄弟政治上的对手也会借此加以攻击。奕䜣亲信、军机大臣曹毓瑛（江阴人）就是如此。他不仅多次打击曾国藩特别保荐的周腾虎等人，且痛斥湘军暴行，并进而影响其同乡。"江阴陈子怀痛诋涤相，以为自湘军平贼以来，南民如水益深，如火益热。其狂吠如是，亦出曹之蓝本。"[52]而江宁将军富明阿不仅亲自到金陵察看，且致书曾国荃，斥责其部队劫掠。

其四，部队日趋腐败，战斗力锐减。这首先是由于将领腐败。营官以上将领经济收入本来十分丰厚，如李续宾咸丰六年(1856)接统罗泽南军,至咸丰八年(1858)三河败死,据曾国藩奏报,就已积存银数万两。但他们贪得无厌,仍以各种非法手段大肆搜刮。"大都带勇专为牟利,其虚籍克饷,智计百出,视绿营又加厉焉。"[53]"吃空饷"就是这种"智计"中最为常见的一种。如同治元年(1862),鲍超军一万多人,病故伤亡逃走共减员四千余,占总数三分之一,但仍千方百计领取全饷。有的情况还更严重。左宗棠曾经函告曾国藩,朱品隆、唐义训两军"人数实不足额,仅止半成有零"。左宗棠又自承,"敝部亦间有此弊,现已撤革二营官,挐治一幕友矣"。[54]曾国藩回信:"亦有所闻,欲求一破除情面之人前往点名,殊不可得。近日各营弊端甚多,不仅缺额一事,鄂中积习有更甚于此间者。若军务不速完竣,正不知迁流之何极耳。"[55]问题是很严重:一,空额高达百分之五十;二,曾、左及湖北各湘军均有;三,曾国藩对此竟缺乏清除的办法。此外,统领还勒令部下献助公费银,甚至无端勒索,分统、营哨官则借此克扣军饷。如鲍超军,"积欠本已不少,而该营官、哨官每于发饷之时,借划边米价为名,又复多方克扣"。[56]

各级军官搜刮来的财货,除了回籍大购家产外,就在军中大肆享乐。早在咸丰十年(1860),胡林翼就奏参营官段某,"迭次离营,潜宿民房,并带同勇丁,清唱纵乐"。这说得比较含糊,问题也被缩小了。他在批牍中就说得较为清楚,"乃近闻桐城陆路各营,颇有匿眷室于近营民房,将弁兵勇,夜不归宿者",他要求各统带,"严行董戒,痛除声色烟赌"。[57]可见带家室，吃洋烟，夜不归营，已经成了普遍现象。同年，曾国藩也反复禁止水师吃洋烟，"水师近日食洋烟者颇多，国藩昨有一咨戒饬之，又有复厚庵一信申戒"，但他对此能否有效也不自信，"不审有所补救否？"[58]事实上，以上种种习气，不仅未能禁绝，反而愈演愈烈。如同治二年(1863)，曾国荃报告其兄："弟近来严禁弁勇娶妇，将营哨官先有家眷在河下安泊者，驱之远飏。令下之后，有弁勇在此吃粮而又娶妇者杀之，已杀一亲兵一散勇矣。"[59]过去湘军虽流行洋烟赌博，但带家室只限于少数高级将领。咸丰十年(1860)后，这几种病毒迅速传染，竟积重难返，以致曾国藩禁烟已无信心，曾国荃军不仅将弁甚至勇丁也多带有家室。湘军集团一直以绿营腐败，特别以江南大营覆灭为"殷鉴"。如前引胡林翼的《饬各统带查办各营》中，就力诫不要像江南大营那样"摇心荡志"，"或恋家室之私，或群与纵酒酣歌，或日在赌场烟馆"。但不满四年，湘军已与江南大营的做派相距无几。这不能不严重削弱部队的战斗力。正如王闿运所说："朱品隆、唐义训、李榕诸军皆以持重不战，全军为上，及李续宜诸将成大吉、毛有铭等，专求自全。湘军锋锐始顿。"[60]曾国藩也承认，"军兴日久，诸将视贼如先世之夙债，得偿固佳，欠亦不恶，催之不动，责之不畏"，如"唐镇株守徽、休两城，从不带队出与刘、王会剿"，"非仅唐镇为然，鲍、朱亦殊出情理之外"，"希部(即李续宜)亦非能打恶仗，蹈危险者"。[61]正是在这样的事实面前，曾国藩逐渐感到："湘勇之力,渐不能穿鲁缟。"**62** 攻下天京后,不仅意味着大敌已去,且各级军官在抢劫中大发横财,甚至一般勇丁也有所获。这样,军心就更加浮动,人人思回家享乐,"各军纷纷请假"。正如曾国藩所说:"同治三年,江宁克复后,余见湘军将士骄盈娱乐,虑其不可复用。"**63**

最后,官兵尖锐对立,哗变成风。将领日趋腐败,营私舞弊,势必导致官兵尖锐对立。正如左宗棠所说:将领"位尊金多,自为之念重",勇丁对之仇恨也愈深,各种不满言论流传日广日多,军中所以有"红顶心黑之谣"。**64** 有的甚至在军营张贴匿名揭帖,但平时迫于军法,一般不敢公然反抗。除了私下传播这类言论以发泄心头积怨,他们还私下结盟,加入哥老会。据说"哥弟会(即哥老会)之起,始于四川,流于贵州,渐及于湖南,以及于东南各省",并且逐渐向湘军渗透,"在营者往往与同营同哨之人结为兄弟,誓同生死"。**65** 咸丰末年有人估计,"勇丁入会者,亦十之三四"**66**。曾国藩在同治四年(1865)也承认:"结盟之事,尤为莫大之患,近年以来各营相习成风,互为羽翼",而且认为"抗官哗饷,皆由于此"。没有组织,弁勇是一盘散沙;建立了秘密组织,就可以团结起来,进行斗争。曾国藩虽然看到问题所在,却找不到对付的办法,"实乏禁遏之良法"。**67** 事实上,咸丰十一年(1861),胡林翼军的左营哨官、什长等,就曾经因"歃血要盟,闹索口粮"而被处死。**68** 进入同治后,这类事情就日益加多。同治元年(1862),蒋益澧军在长沙闹饷,事后倡首五人被杀。同治二年(1863)，汉中湘军一营因欠饷哗变，杀死营官差弁。同治三年(1864)。在攻夺天京进入最后关头时，曾国荃军一营"勇丁索饷"，分统"戮之，合军鼓噪，缚营官闭营拒守"[69]。同月，祁门一带的湘军，又发生抢劫粮台的大案。

攻下天京，特别是太平军余部被消灭后，留驻原地候饷待撤的湘军，更因欠饷补发无期，或不能全额，而迭次爆发索饷等斗争。这一斗争，时起时伏，为时既长，波及地区又广，情况复杂。按地区言，先后波及九个省。在江苏，刘松山军索饷，拒不北渡"剿捻"。在皖南，金国琛、唐义训、朱品隆三军索饷哗变，殴打前来处理此事的皖南道员，甚至闭城拒守。在江西，韩进春军因索饷烧营哗变。在福建，娄云庆军因"待饷不至，日难半饱"而"饥噪"。在湖北，鲍超军因湖广总督拒绝其进驻武汉在先，又迟不发饷于后，遂在金口哗变。接着蒋凝学、成大吉两军也因饷，或不听命擅自开拔，或"烧营谋变"，杀伤统领。在贵州，周达武军一部因减饷及反抗屠杀会众，据城劫持分统而哗变。在陕西、甘肃，先有陶茂林、雷正绾两军，后有刘松山、高连升两军哗变。就斗争性质而言，多数属经济类型，只要一发饷，甚至打折扣地发饷，斗争就平息了。如娄云庆军哗变，江西饷至就悉听指挥。但有的一开始就有强烈的政治性质。如高连升军的哗变，就是兵勇反抗高连升图谋诛杀哥老会员。因之，斗争比较坚决，兵勇不但杀了高连升，且与前来镇压的军队开仗。有的则是以经济斗争始，以反清斗争终。鲍超军在金口哗变后，就一直南下，沿途杀官攻城，最后加入太平军余部。就时间而言，以同治四年(1865)三月鲍军兵变始，至十二年(1873)周达武军止，前后共历时近十年，其中同治四年(1865)是高峰期，兵变达十一次，占总数十五次的百分之七十三。当然这只是规模较大的，并不是此期全部兵变次数。对以上兵变，不论其性质如何，曾国藩、左宗棠等大都加以残酷镇压，如高连升军就被屠杀一千三百多人。

以上五个方面，初看头绪繁杂，细究则关键只有一个，那就是曾国藩的军权太大，部队太多。曾国藩早就意识到了，"长江三千里，几无一船不张鄙人之旗帜，外间疑敝处兵权过重，利权过大"[70]。在这种情况下，出路不外进退两途。所谓"进"就是带这支军队推翻清王朝，取满族贵族地位而代之。但这样做风险太大，不仅部队战斗力锐减，湘军内部的矛盾也很尖锐，沈葆桢，特别是左宗棠就不会听命。且曾国藩当时五十四岁，已呈暮年景象，长子纪泽又从未亲历军政事务。而其弟国荃不仅正值壮年，历著战功，自有部属，且权位观念很强，强悍难制，对他并不服帖，有时甚至态度蛮横，以致不得不向乃弟呼吁："愿弟等敬听吾言，手足式好，同御外侮，不愿弟等各逞己见，于门内计较雌雄，反忘外患。"[71]这样，即使侥幸成功，一时黄袍虽可加身，但他死后难保家门之内不为争大位而内讧。对战略问题向持审慎态度的曾国藩，显然不会下此险着。[72]这就只有退之一途，"勇退是吾兄弟一定之理，而退之中次序不可凌乱，痕迹不可大露。"[73]而退的实质，就是放弃兵权，解散部队。攻下天京后十九天，即七月七日，曾国藩就在《贼酋分别处治粗筹善后事宜折》中提出："臣统军太多，即拟裁撤三四万人。"十余天后，又以曾国荃有病，奏请开浙江巡抚缺回籍。十月中，奏报裁军两万多，由曾国荃押带回籍。一年多后，除了水师改编为经制兵长江水师，陆营鲍超、刘松山等军一万多人留军，其他曾国藩直辖军也先后被裁撤。这样大规模的裁军，不仅消除了清廷疑忌的根源，且前述其他方面的问题，如部队日趋腐败，战斗力锐减，哗变成风等问题得到彻底解决；社会舆论的谴责、内部矛盾的尖锐等问题也得到缓解。在曾国藩裁军的同时或稍后，左宗棠将所部六万余人，裁去四万多，江西将所辖军大部分裁去，只留下刘胜祥、孙昌国，湖南裁去席宝田等军。湖北除先裁撤成大吉军之外，后又裁撤三十余营。多达五十多万人的湘军，除了李鸿章之淮军已自成体系，其余四十多万，至同治五年(1866)，已先后裁撤三十余万；留而未撤者除前述外，尚有湖南的周洪印军，四川的周达武、刘岳昭、刘鹤龄等军，广东的高连升军，以及陕西、湖北、福建等省小支湘军，总数估计不过十余万。左宗棠用兵西北，曾国荃再出镇压捻军，湖南进军贵州，虽有招募，但为数不过十万人。随着边远地区战争的结束，上述各省秩序的稳定，这两部分湘军，除了少数如刘锦棠军一部，其他绝大多数也先后被遣散。

1. 左宗棠：《克复绍兴桐庐府县城池折》，《左文襄公全集·奏稿》卷4。
2. 左宗棠：《克复富阳县城折》，《左文襄公全集·奏稿》卷7。
3. 《英国驻上海代理领事麦华陀致卜鲁斯信（六）》，《太平天国史料译丛》第1辑，第38页。
4. 李鸿章：《奏报近日军情折（同治元年四月二十九日）》，《李文忠公奏稿》卷1。
5. 李鸿章：《西兵退出嘉定折（同治元年五月初九日）》，《李文忠公奏稿》卷1。
6. 塞克斯：《太平天国问题通信·致〈每日新闻〉编辑的信》（1862年8月29日），《太平天国史译丛》第1辑。
7. 李鸿章：《九月六日上曾相》，《李文忠公全集·朋僚函稿》卷3。
8. 呤唎：《太平天国革命亲历记》，第627—629页。
9. 贺翼柯：《戈登在中国·五清朝的胜利》，《太平天国史料译丛》第1辑，第240页。
10. 李鸿章：《克复常州折（同治三年四月初七日）》，《李文忠公奏稿》卷6。
11. 曾国藩：《致沅弟（同治元年六月八日）》，《曾文正公家书》。
12. 曾国藩：《致沅季弟（同治元年六月十日）》，《曾文正公家书》。
13. 曾国荃：《复黄南坡》，《曾忠襄公全集·书札》卷5。
14. 曾国荃军初来共二十七营约一万三千多人，不久其弟曾贞干军到达，加上所收降卒，至六月，正如曾国藩所说已达二万一千人，加上水师约四千人（时有变动）及后来增援的王可升、杨心纯等五千余人，合计三万多人。
15. 曾国藩：《缕陈金陵各营苦守情形折（同治元年十月二十七日）》，《曾文正公全集·奏稿》卷17。
16. 曾国荃：《致伯兄（同治元年九月十二日）》，《湘乡曾氏文献》第8册，第4870页。
17. 曾国藩：《复黄南坡（同治元年九月二十九日）》，《曾文正公全集·书札》卷20。
18. 曾国荃：《复伯兄（同治元年九月十八日）》，《湘乡曾氏文献》第8册，第4889页。
19. 曾纪泽：《禀父亲（同治元年十一月十四日）》，《湘乡曾氏文献》第9册，第5777页。
20. 许瑶光：《谈浙·再谈七年浙江筹防事略》，《中国近代史资料丛刊·太平天国》第6册，第594页。
21. 曾国葆：《致沅兄（同治元年闰八月二十九日）》，《湘乡曾氏文献》第9册，第5609—5610页。
22. 曾国藩：《沿途察看军情贼势片（同治二年二月二十七日）》，《曾文正公全集·奏稿》卷18。
23. 《能静居日记》（同治二年五月十四日），《简辑》第3册，第274页。
24. 曾国藩：《攻克江浦口九洑洲江面一律肃清折（同治二年五月二十七日）》，《曾文正公全集·奏稿》卷16。
25. 《彭玉麟致曾国藩书》（同治三年三月廿三日到），《简辑》第6册，第251—252页。
26. 《能静居日记》（同治三年六月二十三日、十六日），《简辑》第3册，第376、370页。
27. 谭嗣同：《谭嗣同全集》下册，《书简·上欧阳中鹄（十）》。
28. 郭嵩焘：《复李竹浯广文如崑》，《云卧山庄尺牍》卷6。
29. 曾国藩：《曾文正公手书日记》，同治元年九月二十四日。
30. 李鸿章：《九月六日上曾相》，《李文忠公全集·朋僚函稿》卷3。
31. 曾国藩：《致沈中丞（同治元年十一月十九日）》，《曾文正公全集·书札》卷20。
32. 《能静居日记》（同治三年四月），《简辑》第3册，第346页。
33. 《能静居日记》（同治三年七月二十一日），《简辑》第3册，第386页。

34	东培山民:《一澄研斋笔记》,卷4。	
35	《能静居日记》(同治三年七月二十一日),(简辑)第3册,第385页。	
36	《穆宗实录》卷109,同治三年七月己酉。	
37	曾国藩:《致沅弟(同治二年五月初二日)》,《曾文正公家书》。	
38	曾国藩:《裁撤湘勇查洪福瑱下落片(同治三年七月二十九日)》,《曾文正公全集·奏稿》卷21。	
39	陈其元:《曾左友谊之始末》,《庸闲斋笔记》卷4。	
40	郭嵩焘:《郭嵩焘日记》卷2,同治元年四月初三日。	
41	王闿运:《湘军志·曾军后篇》。	
42	曾国藩:《致沅季两弟(同治元年五月十五日)》,《曾文正公家书》。	
43	曾国藩:《复彭宫保(同治三年十月二十四日)》,《曾文正公全集·书札》卷29。	
44	郭嵩焘:《郭嵩焘日记》卷1,咸丰十一年七月十七日。	
45	刘蓉:《致曾相国书》,《养晦堂文集》卷7。	
46	曾国藩:《批梅守锦源十一月二十二日禀》,《曾文正公全集·批牍》卷3。	
47	光绪《靖州直隶州志》,卷12,第8—9页。	
48	施建烈:《纪无锡县城失守克复本末》,《中国近代史资料丛刊·太平天国》第5册,第267页。	
49	王家仕:《彤云阁遗稿·答耀卿书》,见王柏心《百柱堂全集》。	
50	李鸿章:《六月十九日复郭筠仙中丞》,《李文忠公全集·朋僚函稿》卷7。	
51	柴萼:《黄婉梨》,《梵天庐丛录》卷16。案:此剧本描绘天京破城时,湘军杀黄女全家,又意图霸占她,迫使她计杀仇人而后自杀的事实。这一事实,《梨花雪》及黄女有关此事的自述和遗诗,在清末曾广泛流传,影响甚大。	
52	赵烈文:《能静居日记》,同治四年九月九日。	
53	唐炯:《成山老人自撰年谱》,卷4,第39页。	

54 左宗棠：《与曾节相》，《左文襄公全集·批牍》卷2。

55 曾国藩：《复左制军（同治二年十一月二十日）》，《曾文正公全集·书札》卷23。

56 曾国藩：《致孙小山护抚（同治四年四月十六日）》，《曾文正公全集·书札》卷20。

57 胡林翼：《特参不守营规之现任游击疏（五月初三日）》，《胡文忠公遗集》卷37；《饬各统带查办各营》，卷86。

58 李思澄摹印：《曾文正公手札》，八月六日致李希庵函。案：此信刊本中也有著录，但这几句话被删去了。

59 曾国荃：《复伯兄（同治二年二月廿三日）》，《湘乡曾氏文献》第8册，第5009—5010页。

60 王闿运：《湘军志·江西篇第四》。

61 曾国藩：《复左制军（同治二年九月二十五日）》，《曾文正公全集·书札》卷22；《复左制军（同治二年四月十五日）》，卷21。

62 曾国藩：《复李少荃中丞（同治二年六月十二日）》，《曾文正公全集·书札》卷23。

63 曾国藩：《笔记十二篇·兵气》，《曾文正公全集·杂著》卷4。

64 左宗棠：《答曾节相》，《左文襄公全集·书牍》卷6。

65 刘崑：《请饬在籍大员帮办团防折（六年九月）》，《刘中丞（韫斋）奏稿》卷2。

66 崔暕：《哥老会说》，《辟邪纪实》下卷。

67 曾国藩：《统带精毅营席臬司宝田禀军营纷纷哗噪，诚为世变大忧，未事之防，管见所及凡数端，缕陈察核由》，《曾文正公全集·批牍》卷3。

68 胡林翼：《陈报自太湖督兵回剿启程日期疏》，《胡文公全集》上册，第419页。

69 《能静居日记》（同治三年三月十七日），《简辑》第3册，第332页。

70 曾国藩：《致李宫保（同治三年四月初三日）》，《曾文正公全集·书札》卷23。

71 曾国藩：《致沅弟（同治元年六月二十日）》，《曾文正公家书》。

72 民国后有些记载，说彭玉麟、王闿运等曾劝说曾国藩独立，被曾国藩拒绝。事无佐证，且与笔者论点不悖，故不赘述。

73 曾国藩：《致沅弟（同治三年二月十一日）》，《曾文正公家书》。

第九章

晚期的战争
权力再分配格局的形成

第一节 "剿"捻的波折

在太平军皖北根据地沦陷，英王陈玉成英勇就义后约一年，即同治二年(1863)，捻军也遭到沉重的打击，主要根据地雉河集失守，主要首领张洛行被俘死难。不久，虽因僧格林沁军北调山东、直隶，张宗禹又一度收复雉河集，但这年冬，随着僧格林沁再度南下，张宗禹仍不得不引军西撤。同治三年(1864)夏，张宗禹等与西征太平军会师河南，联军东向救援天京。但在僧格林沁军、官文指挥的湖北湘军的打击下，太平军、捻军连次大败，陈得才军几乎全军覆灭。赖文光深感势孤力单，在与突围而出的张宗禹会合后，合军北走河南。

过去捻军虽奉太平天国正朔，接受封爵，甚至经常联合行动，但仍然保持很大的独立性。捻军各大支各自为政，"居则为民，出则为军"等固有缺点，也一直未能克服。这虽有多方面的原因，但当时全国革命形势高涨，太平军吸引并抗击了清军的主要军事力量，从而使捻军有较为宽松的活动余地，却是其中的主要原因之一。现在不仅太平军已经基本上被消灭，捻军也遭到了沉重打击，而且，敌人正从四面八方压来。在这种险恶形势下，张宗禹等捻军首领，终于感到必须与太平军紧密团结在一起，必须彻底改变自身固有的缺点。为此，他们愿意听从赖文光的领导。正如赖文光后来回忆："其时江北兵士无以依归者共有数万，皆是蒙亳之众，其头目任华邦、牛宏升、张宗禹、李蕴泰等誓同生死，万苦不辞，请予领带以期报效。"反清意志坚强的赖文光，也想保住并发展这支革命力量，以实现他"复国于指日"的愿望，[1]遂慨然允诺，肩此重任。

经过赖文光、张宗禹等改编，这支军队呈现出前所未有的新面貌，正如时人所说："几于发捻不分，故捻逆所作为与发逆无稍异。"[2]李鸿章也说："蒙、亳捻匪向以掳掠为生，性多蠢顽，本无大志"，但"自粤逆赖文光与之合伙，以洪、杨各逆军法诡谋部勒其众"后，就大不相同，成为清王朝的严重威胁，即所谓"患几不测"。[3]可见，捻军已经完全抛弃半军半民的旧传统，成为一支正式军队，甚至太平军化了。许多被清军打散的太平军战士，也闻讯纷纷来归，李世贤部下大将首王范汝增，就是其中最著名的代表人物。这种变化是多方面的。除了在外形方面，如像太平军那样留长发，扎红巾，打黄旗，还根据当时军力对比悬殊的新情况，采取两项根本性措施。一是扩大骑兵，至同治四年(1865)四五月间，据曾国藩奏报，已拥有骑兵万余。后来一部分步兵也配备马匹，一个骑兵甚至不止一匹马。这既能保证部队可以长时间、远距离地奔驰，又能在临战时，迅速行动，发起凶猛的冲锋。二是采取新的战略战术。建都天京后，太平军主要从事阵地战，以及形式不同、实则一致的城市攻守战。有时也打运动战，其目的是争夺城市和地盘。如今捻军实力既小，又无根据地可守，中国疆域辽阔，清军不能处处设防。正是根据这一情况，赖文光决计抛弃过去的战略战术，一意从事运动战，并在实践中总结经验教训，不断提升战力。

捻军北走河南后，在安徽歼灭陈得才军的僧格林沁，不久也跟踪而至。同治四年(1865)正月，捻军走鲁山、叶县等地，佯趋省城开封，旋即直下东南，围攻汝宁，扬言将南入湖北，诱使僧格林沁尾追，并相机在鲁山击杀其大将恒龄、苏伦保。加上此前阵斩的巴杨阿、舒通额，僧军已丧大将四人。二月下旬，捻军在确山与僧军稍一接触，即东北走，经许州、扶沟等地，进入山东曹州、菏泽、汶上等地，东渡运河，在济南、沭阳、赣榆、邳县等苏鲁广大地区，忽东忽西，或南或北，诱使僧军穷追不舍。自确山起，僧军尾追已历两个多月，行程数千里，部队疲惫不堪，僧格林沁自己也"手疲不能举缰索"。至此，捻军认为歼敌良机已到，遂在曹州府城西的高庄集严阵以待。四月二十四日，僧格林沁军闯入预设阵地，激战至当夜，僧军被歼灭一万多人，其中骑兵六千几乎全部覆灭，僧格林沁本人也死于捻军刀下。

这一胜利有着巨大的军事和政治意义。僧格林沁在咸丰十年(1860)对外战争中，虽因严重挫折而实力顿减，声望陡落，但经过几年努力，实力又有显著回升。这不仅表现在实力大增，所部扩充至三万余人，其中骑兵更以众多而剽悍著称；且先后成功地镇压了张洛行的捻军、苗沛霖军、山东的教军和陈得才的太平军，从而再次成为满族贵族在政治上、军事上平衡湘军集团的唯一重大砝码。这样地位的军队覆于顷刻，不言而喻，对满族贵族是晴天霹雳，既使其政治上失去可自立自恃的支柱，又使其军事上面临燃眉之急。当时黄河两岸虽有不少清军，但以僧格林沁军最为强悍众多，一旦覆灭，河南、山东，甚至京师也陷于岌岌可危的险境之中。面对这种情况，清廷不得不腼颜求援于湘、淮军。在僧军覆灭后第五天，即四月二十九日，清廷命曾国藩仍以钦差大臣赴山东督师，两江总督由李鸿章署理，甚至令曾国藩接旨后，即带亲军小队，轻骑就道，兼程北上；并令淮军刘铭传部迅速北渡，以加强直隶防务。

针对清廷这样急切的心情，曾国藩首先向清廷指出，捻军虽获大胜，但黄河正在"盛涨"，水势湍急，不可能北渡；且李鸿章已派潘鼎新十营，乘轮船驰援直隶，京师防务稳固。其次，李、陈捻军的实力，特别是骑兵已有很大加强，必须迅速扩大骑兵规模。战略也有很大改变，"已成流寇，飘忽靡常，宜各练有定之兵，乃足以制无定之贼"，即在"直隶宜另筹防御之兵"，"齐、豫、苏、皖四省，宜另筹追剿之师"。他北上，亦不能处处兼顾，如以徐州为老营，也只能顾及毗邻四省的十三府州。正是根据这一战略设想，他再三辞谢节制直隶、河南、山东三省的重任。最后，陈述湘军弁勇不愿北行，只能抽调刘松山一军，外加亲兵三千人。而能归他指挥的淮军也只有刘铭传、周盛波二军(不久再加上潘鼎新、李昭庆等军)。为解决兵力不足，必须以湘军成法，募徐州一带人为勇，这就"约须三四个月"。[4]总之，曾国藩认为捻军势力强大，已成流寇，必须从长计议，采取新的战略战术，不宜操切从事，更不能惊惶失措。至五月下旬，诸事准备就绪，曾国藩始将总督印信移交李鸿章，自领亲军北行，并奏调李鸿章之弟李鹤章总理营务处。闰五月八日，抵清江浦。

这时捻军已由山东南下皖北，力图恢复雉河集一带故地以为根本。但这一带，自同治二年(1863)冬再度失守后，安徽大吏知捻军不忘故地，就筑城设治(即涡阳)，复守以重兵。捻军进围涡阳，布政使英翰以大军守城，自领轻骑突围救援。曾国藩闻讯，由清江浦移驻临淮，并调黄翼升水师，易开俊、刘松山等湘军，以及淮军周盛波、刘铭传，豫军宋庆和皖军等进援。捻军围攻四十余日，见援军大至，乃分两路西撤入河南。张宗禹等至郏县、鲁山、南召等地，八九月间，又转至南阳、邓县一带活动，并一度围攻南阳。赖文光、任柱等至许州、舞阳后，东折经上蔡、汝阳、周家口，北至睢州、考城，再入山东的曹州、东明。曾国藩见战局重心转移，仍按原定计划，八月初，将大营移驻徐州。

清廷因捻军全军一度西趋，命曾国藩移驻许州，督办皖、鄂、豫三省军务，并防堵捻军进入山西、陕西。这说明清廷尚未领会曾国藩各次奏折中所述的战略意图，仍是头痛医头，脚痛治脚。对此，曾国藩在《遵旨复陈并请敕中外臣工会议剿捻事宜折》中，再次申述其"练有定之兵，制无定之贼"的原定战略方针。他认为"捻匪"可到之处，约有八省，分为三路：苏、皖、鲁三省及河南东部为东路，河南西部及鄂、陕两省为西路，黄河以北为北路。他只能顾东路，其他两路由有关大吏负责。对于东路，他仍坚持以徐州为大本营，济宁、临淮、周家口为行营，四处各驻重兵，囤积军火粮米，再配置适当的机动兵力以为游击之师。这"四处"不仅是"捻匪必经之途"，且濒临运河、淮河，在战守后勤补给方面，都便于发挥湘军水师优势。这样，就可以迎头拦击，改变"节节尾追，着着落后"的被动局面。同时，曾国藩虽然把捻军描绘成十恶不赦的魔鬼，但私下却不能不承认"官兵又骚扰异常，几有贼过如篦，兵过如洗之惨。民圩仇视官兵，于贼匪反有恕词，即从贼亦无愧色"。[5]曾国藩深知不切断这种关系，就无法打败捻军，为此，他发布告示，制定章程，委派专人进行凶狠而又狡诈的清圩。他要求各州县（亳、蒙、宿、永四属为重点）圩寨：一公举圩长、副圩长，由大营和各州县发给执照。二坚壁清野，丁口物资一律入圩。三"分别良莠"，"全未从匪者"，"偶从与胁从者为自新良民"，均入良民册；"首倡为乱及甘心从逆者"入莠民册。实行连保连坐，五家连保，"有事则五家连坐，圩长具保结于州县，有事则圩长连坐"。莠民"在外则到处追剿，在籍则擒拿正法"。[6]这样，既能断绝捻军的物资供应，又使那些倾向捻军的圩寨和民众不敢与捻军往来；而坚决革命的"莠民"也被孤立暴露出来，难逃被斩尽杀绝的结局。

九月至十二月，进至曹州、定陶的捻军赖文光、任柱等分路在徐州、济宁、丰县等地，与张树珊、李昭庆、潘鼎新等军交战，连次挫败后，复合军折回河南，又遭到屯驻周家口、归德的刘铭传、周盛波的拦击。与此同时，攻南阳不下的张宗禹，南下新野、枣阳失利，欲北图洛阳又受阻，乃东趋与赖文光等会师。之后，又分路入新野、光州、信阳，威逼湖北。这时，驻防麻城的湘军成大吉部索饷哗变，赖文光等趁机南入湖北，叛军纷纷加入，军势更壮。同治五年（1866）正月，赖文光等先克黄陂，后又歼灭湖北湘军梁洪胜部于黄冈。此期，张宗禹虽一度进入湖北，但旋即折回河南，东北走，在运河以东的苏、鲁、豫毗邻地区与湘、淮军周旋。赖文光西走河南后，曾国藩为加强机动兵力，令他部填扎周家口，将刘铭传军改为游击之师。赖文光克黄陂不久，尾追而至的刘铭传督军攻城，捻军稍事抵抗即撤出，北返河南，转战豫皖毗邻地区。

清廷见捻军趋湖北，于正月命曾国荃为湖北巡抚。曾国荃接任后，一面裁汰旧勇，一面令彭毓橘等先后募湘军一万三千多人。曾国藩又奏调鲍超军一万两千人至湖北（另增募骑兵十二营，三千余人），以加强西南兵力。再加上刘松山六千人（包括易开俊部）、曾国藩的亲军三千，曾氏兄弟直辖的湘军大支兵力已近四万人。曾国藩见捻军集中于河南、山东，欲渡运河而东，决心加固运河防线。四月，与山东巡抚阎敬铭沿河巡查，命各分地段，疏浚河身，增堤置栅，置兵扼守，派水师巡防。六月，又奏请兴修朱仙镇至正阳关（濒临淮河）、沙河、贾鲁河防线，朱仙镇以北至黄河南岸（中经省城开封），无河可扼，则挖壕以守。这就形成东以运河，西以沙河，南以淮河，北以黄河的四道防线，并以济宁、徐州、临淮、周家口和开封等重点设防城市为四道防线的重要支撑点。这一部署，不仅体现了曾国藩以"有定之兵，制无定之贼"的战略意图，也是他一贯主张的以静制动、以主待客、水陆相依等原则，在新形势下的进一步发挥。

但是，曾国藩这一计划的实施存在很大的困难。首先，从总体看，欲四面设防而缺一。北面既有黄河天险，又有直隶总督刘长佑的水陆军在北岸驻防。南面西部有曾国荃的湘军，东部有淮河天险和皖军。东面既有曾国藩自带的湘、淮军，又有沙河、运河两道河防。与这三面大致周密的设防不同，西面的陕西虽有刘蓉的湘军，但当时陕甘回民起义方兴未艾，刘蓉一军实无力再兼防捻军。其次，与其他督抚矛盾丛生。曾国藩先与山东巡抚阎敬铭、河南巡抚吴昌寿有矛盾，并加以奏参，继任者恐蹈覆辙，自然有戒心。事实上，新任豫抚李鹤年就对沙河、贾鲁河防线兴筑不力。曾国荃后又与湖广总督官文大闹矛盾，官文虽因此罢职内调，但触怒了满族贵族。再次，兵力不足。除湘、淮军约八万人外，再加豫、皖等省军，总兵力已达十多万。但散扎数省，且各省军听命于巡抚，曾国荃更远在数千里以外。因之，曾国藩仍痛感兵力不足，特别是骑兵不足。原来计划以湘军营制，招募淮、徐一带人为勇，但也只成军数营，于事无济。同时，淮军自成系统，李鸿章又视淮军为私有，曾国藩不能不予以照顾，指挥自然不完全得心应手。最后，清廷不仅对战争缺乏远见，只知头痛医头，脚痛医脚，还求胜心切。对此，曾国藩虽多次进言，但皇上仍执迷不悟。同时，攻下天京以后，清廷对湘军集团，特别是对曾氏兄弟，正如前文所说，已经采取抑制的方针。这样，曾国藩的战略方针在执行过程中，一旦遭到大的挫折，清廷和有关大吏就不会予以优容。对于以上种种问题，曾国藩多少有所觉察，也预感到将会出现风波。"凡发一谋，举一事，必有风波磨折，必有浮议摇撼"，"无论何等风波，何等浮议，本部堂一力承担"。[7]

二月至五月间，捻军既不能渡运河而东，又连次败挫，中间虽一度进至亳州、怀远等老根据地，但因大批同情者、支持者在清圩中被杀，民众不敢再与其往来，致使其失去支持。这就迫使捻军不得不于六七月间重返豫西南。曾国藩见捻军西趋，遂移驻周家口，以便居中指挥。八月，张宗禹、赖文光等合军，趁朱仙镇以北壕墙尚未修成（由于豫抚李鹤年督修不力），由中牟东进，在开封附近冲破豫军防线，进入山东，直扑运河防线。因不能突破运河防线，捻军西退至河南中部，并在许州决计分为两大支。赖文光、任柱为东支，仍以豫、鲁、苏、皖为活动地区；张宗禹、邱远才等为西支，则往陕西、甘肃联络回民起义军，力图开辟新的局面。分军后，西捻即西走，从东南入陕，于十月初越秦岭，进至华阴；东捻军先东趋，直插山东，猛攻运河防线，后又经河南，至湖北东北部地区。

捻军两次冲破沙河、贾鲁河防线后，曾国藩担心的风波终于出现，甚至越来越凶猛。御史朱镇、阿凌阿等纷纷以"办理不善"，"督师日久无功，请量加谴责"为由，甚至指责他"骄妄"。[8]清廷不仅将这些参折发交曾国藩，而且，在八月底，命李鸿章"赴徐州驻扎，就近调度淮湘各军防务"；数天后，又催李鸿章速行，"不必瞻前顾后，致有耽延"。[9]至十月中，当得知西捻入陕，清廷"曷胜焦急"之余，更严加斥责，"曾国藩总统师干，身膺阃寄，各路将士均归调度，从未筹及陕、洛防务。办理一载有余，贼势益形蔓延，现在关中又复被扰，大局糜烂至此，不知该督何颜以对朝廷"。[10]数天后，更命李鸿章接任钦差大臣，曾国藩仍回两江总督本任。与此同时，有关地方的官绅，也对曾国藩大加责难，如河南士人就做对联："弃馆就官，官无食；去僧来曾，曾丢人。"[11]前半句讽刺河南幕友钻营为官，结果反而得不偿失；后半句则挖苦曾国藩制捻不力，丢人现眼。在这种情况下，曾国藩只好把钦差大臣关防交与李鸿章，并于同治六年(1867)三月回到江宁两江总督本任。

东捻军十一月至湖北，曾国荃督军应战。两军在麻城、黄陂、德安、应城、京山、云梦等地周旋。十二月上旬，赖文光见湘军尾追已疲，突将郭松林军六千余人包围于安陆之臼口，战至当夜，郭军大部被歼，阵亡将弁六十余人，郭松林亦重伤被俘，几死。余军经彭毓橘等奋力救援，才免于全军覆灭。接着又歼淮军张树珊部数百人于德安府之杨家河，阵斩张树珊。两次大胜后，捻军乘胜抢渡汉水，图西进川、陕，与张宗禹等西捻军靠拢，但被湘军水师所阻，被迫退回臼口、樊城。这时，曾国荃军，刘铭传、周盛波等淮军，鲍超军和一部分豫军，向捻军作大包围，欲一举将其围歼于鄂中地区。同治六年(1867)正月十五日，捻军大败刘铭传于尹隆河，眼看刘军就要覆灭，这时鲍超军以一万六千之众奋力来援，捻军经不住这意外的打击，遂由大胜转为大败，损失惨重，不得不北走河北唐县、信阳，复入鄂东麻城、蕲州等地。二月中旬，在蕲水六神港歼灭彭毓橘军大半，共三千余人，阵斩彭毓橘及其将弁三十余人。赖文光等见抢渡汉水屡次被阻，又遭尹隆河大败，元气大伤，遂放弃西进川、陕意图，于五月北走河南，趁淮军大部集中鄂、皖，突然东向，冲破运河防线，直插山东东部地区。李鸿章坚持曾国藩原定战略,除了加强运河防线,又兴筑胶莱河和六塘河两道防线,并加强机动兵力,加紧尾追和拦击。东捻军虽然突破胶莱河防线,却无力再突破运河防线,在苏鲁边区被淮军围歼几尽。赖文光领余部南走,于十二月五日,覆灭于扬州附近。捻军进入运河以东后,虽有湘军扼守防线,甚至作战,但湘军只是偏师,战斗基本上由淮军包揽。

西捻军十月入陕西,正是陕甘回民起义再次高涨之时。同治二三年间,经多隆阿、刘蓉两军残酷镇压,陕西日趋平静,杨载福接任陕甘总督后,甘肃也有所好转。但至同治四年(1865),谭玉龙军溃于前,雷正绾军哗变于后。同治五年(1866),又有省城兰州兵变。回民起义军趁机扩展,日益强大。在这种内外交逼的情况下,杨载福一筹莫展,向清廷自陈才力不胜,病体难支,要求辞职。八月,清廷命左宗棠为钦差大臣,并接任陕甘总督,但左宗棠迟迟不能到任。这样,甘肃固然在风雨飘摇中维持残局,陕西也是捉襟见肘。西捻军入陕后,奉命尾追的鲍超军,多方拖延,拒不西行。曾国藩只好命刘松山、张锡嵘军西援,但刘松山军迟到年底始到,而陕西不仅只有刘蓉军一万四千人差可恃,且这时甘肃回民军已东进至陕西的洛川、宜君。刘蓉顾此失彼,迟迟不能对已至华阴的西捻军进行像样的攻击。而西捻军这时似已探悉回民军行踪,欲渡渭水北上会师,但其所扎木筏被山西水师烧毁。十余日后,即十月十四日,刘蓉所调集的萧德扬军方东行至华州。北渡不成后,张宗禹等决计西向,相机打击刘蓉军。十九日两军大战，刘蓉军被歼近千人。相持十余日后，十一月初，西捻军突然大举向西安挺进，接着又东南走蓝田，经商雒北趋临潼，再次迫近西安。萧德扬等就这样被牵着鼻子，在后尾追近一个月，本已人困马乏。再加上这时新罢巡抚之职的刘蓉与继任巡抚乔松年相互奏参，乔松年在军饷方面故意刁难，以致部队饥寒交迫，军心更形涣散。张宗禹见歼敌时机已成熟，遂在西安附近十里坡设伏以待。十二月十八日，经过一天激战，湘军大败，"唯见浐桥、灞桥兵勇尸骸满地，委弃军械甚多"[12]。统领萧德扬以下三千人被歼。加上此前被歼的，刘蓉奏报已多达四千人，实数可能在五千人以上。

十里坡大捷后，西捻军移扎西安附近之秦渡镇，稍事休整。同治六年(1867)正月，与新到之刘松山军在西安附近交战数次后，即于二月西走，在郿县渡渭水而北。此后数月，就一直在渭水以北的同州、西安、乾州等府州活动，原在宜君、中部一带的回民军也南下。回、汉两支反清武装，除了进行这样的战略合作，还在不少战役中，相互协调行动。如四五月就合攻富平，"此次捻、回合股"，"陕回勾结捻匪欲图东渡"。[13]乔松年也奏报，捻军"势极穷蹙，遂复勾结回逆数千人，连夜由富平满城一带东趋"，甚至说捻、回合并，"前由咸阳窜近省城之回，经各军击败后，已并入捻中"。[14]这样说虽不准确，但说明捻、回会不时联合作战。左宗棠不仅早就预料到，还要力图阻止这种联合。他认为："捻之伎俩胜于回，人数易于添凑，若听其日聚日多，纵横流毒，诚恐由腹心而肢体，中原将无完土矣。"因而决计采取"先捻后回"，"先秦后陇"的方针。[15]这一方针不仅能集中主要兵力，打击最危险的捻军；同时，捻、回合作尚处在初步探索阶段，他们远没有消除历史形成的种种隔阂，一旦双方各自的压力轻重悬殊，就会失去同患难、共命运的紧迫感，各顾各的历史悲剧就必然重演。从这方面说，左宗棠的方针，也是封建统治者挑拨民族关系的惯技，在新形势下的继续和发展。

六月，左宗棠自带北路军，由潼关入陕，之后刘典中路军、高连升南路军也先后到达，全军约一万七千人。在湘军的强大压力下，西捻军被迫逐步向陕北转移，于十月连占绥德、安塞、延川。但陕北为贫瘠山区，且东阻黄河，北为口外草地，西为回民军势力范围，活动地域狭小；再加上东捻军危急的消息也辗转传到，张宗禹等就决计东走山西。左宗棠等早就担心捻军渡黄河东走，命山西按察使陈湜加紧河防，并令刘松山、郭宝昌等由白水、洛川进宜川，阻截捻军东渡。但刘军后队李祥和部被回民军围歼，刘松山不得不回援。趁湘军混乱之际，张宗禹于十一月下旬从宜川黄河冰桥东走，经山西西南角，直插河南怀庆，再折而北走直隶定州、保定、边马至北京房山。

西捻军这一神速行动，使满汉统治者陷入极度惊慌之中。左宗棠、李鸿章和山东、河南、安徽巡抚纷纷带兵来援，再加上崇厚统领的由洋人管带的洋枪队千余人，在黄河以北的山东、直隶竟集中了十余万清军。而这时东捻军早已覆灭，西捻数万人虽英勇奋战半年多，但仍陷入西阻运河、北阻减河、南阻黄河、东临大海的包围圈内，左冲右突，无法突出重围，于同治七年（1868）六月覆灭于山东的茌平，张宗禹也不知所终。这就是说，与东捻军一样，西捻军也最终败于曾国藩提出的、李鸿章坚持的河防战略。

第二节　边远地区的战争

在镇压捻军的同时和之后数年，湘军还在云、贵、陕、甘四省对苗、回等少数民族起义进行镇压。在此之后，左宗棠又指挥以湘军为主力的清军，进行收回新疆的战争。这一系列战争，不仅性质不同，且为时达十年，跨越数省，情况极为复杂。现按时间先后、地域远近划为三个地区，分别叙述于后：

一　贵州、云南

田兴恕军在贵州败挫后，继韩超为巡抚的张亮基，又经营三年，仍无成效，至同治四五年之交，更因思南、都匀告急，上折要求湖南巡抚委派席宝田或李元度领军西援。同治五年（1866）三月，湘抚李瀚章命李元度带六千人，新任贵州布政使兆琛募勇五千，外募练丁两千，再加上原在湘黔边境的周洪印军万人，分三路入黔。以后又陆续增募万人，共三万多人。同时鉴于田兴恕"过图速效，急进省城"的失败教训，命各军"步步为营，头头清理"，"每克复一府一县，必慎择官吏，招集流亡，举行屯政，鼓励团练，搜集匪首。急善后之图，以顾官军后路"。这样的战略，自然首先注重邻近湖南的贵东地区,"务使贵东一律肃清,再图他剿"。[16]当时贵东苗、号军分为两大集团:号军在北面,以石阡的荆竹园为中心,以朱明月为首领,以刘义顺为谋主。朱明月自称明崇祯帝十二世孙,"僭号嗣统三年",仅"石阡境内不下十五六万人,能战者数万"。余庆、瓮安还有人马,这是黄号。此外,思南、平越、遵义等府州,还有白、青、红三号,"亦附明月","首尾一气"。[17]苗民起义军在南面,分布在镇远、黎平等府,以台拱为中心,张秀眉为最著名首领。

六月,李元度由铜仁西进石阡,指向荆竹园。兆琛由沅州至清溪、镇远,周洪印亦由天柱领军来会,分军进扎镇远府、卫两城,进军邛水,指向台拱。李元度、兆琛两军虽小有进展,攻占了一些堡寨,但苗、号军据险设寨,节节抵抗,并不时分军乘虚奔袭湘军后防。十一月、十二月,苗、号军更分军七八万,奔袭湘黔边界之晃州、沅州、思州、铜仁等府、厅城。其中晃州攻防战,竟达三昼夜之久。原在湘西边境防守的戈鉴军抵挡不住这样大规模的进攻,李元度、兆琛不得不分军回援,义军趁其混乱,予以打击。这样战至同治六年(1867)五月,兆琛已深感无能为力,奏称:"周洪印一军均各分防楚黔边界,臣军惟紧护屯营,相机进剿,伺隙而动,为且战且耕之计,并紧扼思州一带,俾无窜越。"[18]这就是说,防守成了他们的主要任务。李元度军攻荆竹园也日久无功。三月,湘军改变战略,"专意攻剿河西号匪,以断荆竹园贼援"[19]。新任湘抚刘崐,决计重新部署,令席宝田募勇万人,并奏革兆琛职,周洪印则降级留用,两军也被汰去大半。同时，刘崐、席宝田认为"苗匪顾恋巢穴，向不敢深入楚疆，其屡次犯边，原以牵制我入黔之师"[20]。就是说，他们断定苗军不敢以主力大举东进，只能以偏师进行骚扰性进攻。据此，他们改变过去同时进攻苗、号军的战略，转而集中兵力先攻号军。年底，席宝田军与李元度军会攻荆竹园。同治七年(1868)正月初，他们以凌晨奇袭战术，突破号军防线，攻入荆竹园，屠杀近万人，焚屋两万间。之后不久，席宝田军南下攻苗民军，李元度仍渡乌江，与四川派来的唐炯、刘鹤龄湘黔军，于夏季合力攻下号军另一重要据点偏刀水及其附近各寨。而余庆、瓮安、平越等地的号军也在同年秋，被唐炯、刘鹤龄军镇压。李元度军在攻下偏刀水后，除留一部驻防石阡外，其余裁撤，由李元度带回湖南原籍。

号军被镇压，苗民军势益加孤危。席宝田军南下，在沅州麻阳击走策应号军的苗民军后，虽于四月进至贵州邛水，但因兵力不足，席宝田又丁忧回籍，一直不敢大举进攻。十一月，席宝田假满回营，新增的黄润昌军也到达前线，始按原定计划，大举进攻清江、镇远一带苗寨。战至同治八年(1869)正月，先用越寨进攻战术，攻下清水北岸各寨，接着又攻占镇远、卫府两城和一大批苗寨。二月，便渡过清水，攻下清江厅城及其境内近两百个苗寨。这时唐炯、刘鹤龄军已进至黄平。三月，黄润昌欲打通与唐、刘军的联络通道，自镇远引兵西进，席宝田亦派悍将荣维善率十二营同进，连战四日，攻下施秉县城和沿途苗寨。第五日攻黄飘苗寨，"行四五里，两山夹恃，道路逼窄"。苗民军早在此设伏以待，等湘军前队一过，大队进入埋伏区，伏兵"四起，乱石火枪于林箐中前后迸发"，前队回援，也被包围。战至黄昏，除了苏元春等突围而出，黄荣以下三千多人悉数被歼。席宝田统军入贵州后，"专事雕剿，每战辄令各营挑选精锐若干，裹数日粮，飘忽驰逐，势如风雨。然所至散处寨落，纵焚掠"[21]。这次攻下施秉后，"苗薙发来归者三千余人，皆乞勿遽进兵，谓指日可期归附"[22]。但他们既自恃其"雕剿"故技，又想乘胜焚掠，发横财，以为苗民请降必不设备，遂凌晨进兵，结果几乎全军被歼。

自黄飘大败后，湘军数月不敢大举进攻，至冬始渐趋活跃。同治九年(1870)四五月，更攻下要隘新城岩门，并与唐炯军会师，使台拱处于半月形的包围之中。但这时发生了三个方面的问题：一、湖南粮价上涨，饥民斗争纷起，会党又迭次起义。二、军饷不继，席军军饷积欠已至一百八十万两。三、唐炯与川督吴棠、贵州大吏矛盾重重，亟欲离军，遂引军北撤，退扎牛场。川督黔抚则据此立撤其军，令周达武回贵州提督本任，带领所部湘军五千多人由川援黔。在这种情况下，刘崐、席宝田认为不宜大举进攻，令各军巩固清江以北占领区。十月，席宝田始引军南渡，先攻下外围各苗寨，然后一举攻占台拱。同治十年(1871)三四月间，席宝田军又先后攻占丹江、凯里。台、丹、凯是贵东苗民军占领区的腹心地区，台拱更是经营多年的政治军事中心，正如湘抚刘崐所言："沦陷多年，逆首悍酋萃为渊薮，结镇远、施秉各苗为爪牙，胁天柱、思州民屯相响应，几有不可收拾之势。"[23]这样，再加上以前失守的荆竹园，即贵州东部苗、号两大支起义军就被湘军基本镇压了下去。而贵州其他地区，如北部的遵义一带的号军，早在同治五年(1866)，其大部就已被四川总督骆秉章指挥的刘岳昭等湘军镇压，其中绥阳之战尤为激烈，湘军久攻不下，最后"决水灌城，断贼樵牧"[24]，才得占领。同治六年(1867)，西部毕节的猪拱箐苗号军据点，又被岑毓英部滇军攻下（刘岳昭军只起牵制作用）。这就是说，贵州各族人民持续近二十年的大起义，至同治十年(1871)已基本上被镇压了下去。此后，张秀眉等还在战斗，不时给湘军以打击，但不久均被席宝田、周达武的湘黔军所镇压，张秀眉等首领也相继牺牲。

在同一时期，以回族首领杜文秀为代表的各族人民也在云南掀起轰轰烈烈的反清武装斗争。由于中间有贵州各族起义军的阻隔，湘军一直未参与镇压云南的斗争。同治初年，湘军在骆秉章、刘蓉指挥下，虽曾数次由四川进入云南，但每次为时甚短，对云南战争全局影响不大。但随着四川局势日趋安定，云南却日益混乱危急，清廷依靠四川和湘军挽救云南的意向也越来越急切。同治三年(1864)春，清廷命四川湘军统领刘岳昭为云南按察使，次年，又升刘岳昭为云南布政使。在此前后，清廷又先后任命四人分任云贵总督、云南巡抚，但其中除了劳崇光至昆明任总督，其他三人鉴于总督潘铎被杀、巡抚徐之铭身败名裂，均托病拒不到任。在这种情况下，清廷又于同治五年(1866)春，升刘岳昭为巡抚，并命其迅速带领所部入境任事。但刘岳昭军为贵州苗号军牵制，不能入滇。同治七年(1868)春，清廷又升刘岳昭为云贵总督，岑毓英为云南巡抚。

这时刘岳昭所部只有七千人，虽有招募万人的计划，但后来实际上只增募两千五百人，合起来尚不足万人。而这时以杜文秀为首的回民起义军，不仅多达三十万，引兵围攻省城，而且，早已在大理建立政权，占领全省绝大部分州县。刘岳昭区区万人，显然无力挽回危局，只能依靠在云南征战多年的岑毓英的滇军，以及叛降的马中龙回民军，并利用岑毓英、马中龙的矛盾以自固。即所谓"马如龙则倚岳昭自固，师事岳昭；岳昭亦资其力弹压回众"[25]。"凡有部署征伐，一推岑公。"[26]事实也的确如此。同治六年(1867)下半年，杜文秀进围昆明，与之相响应，昭通府回民军也攻占寻甸，并欲南下东川、曲靖两府，切断云南与四川、贵州的联系。同治七年(1868)春，驻扎贵州西部的刘岳昭令所部进攻寻甸，以保昆明饷道，并亲自前往督战。战至年底，不但未攻下，反而全军败退。同治八年(1869)夏，刘岳昭军再攻寻甸，运用战、抚两手策略，才得以占领。而在此期间，省城方面经岑毓英与马如龙两军力战，情况已大为缓解。这说明，湘军不仅数量少，战斗力也不强，在云南只能起很次要的作用。六月，刘岳昭留湘军一部防守寻甸、曲靖，确保通川黔饷路安全，其余增援省城。九月初，刘岳昭也带亲兵营进驻省城。至年底，省城外围仅存的回民军据点土堆，也被滇军、湘军联合攻破。此后，云南战争格局大体上是湘军防守东路昭通、曲靖等府，而其他州府的攻战则全仗岑毓英、马中龙两军。经过同治九年(1870)至十一年(1872)近三年的战斗，岑毓英、马中龙两军先后攻下数十个州县，并于十一月攻下大理，杜文秀自杀身亡。

二 陕西、甘肃

镇压西捻军后，左宗棠于同年十月，由直隶返西安。这时，董福祥等占据靖边、怀远，活跃于延安、绥德、榆林三府州，饥民溃勇相依附，有十余万之众。陕西回民军马正和、白彦虎等以甘肃宁州的董志原为基地，势力达于庆阳、凤翔、邠州、延安等府州，众达二十余万。肃州、西宁、河州、金积堡等地回民起义军尚不在此数。经过一年多补充，左宗棠所统军已达一百二十多营，其中除了郭宝昌等部，绝大部分为湘军，此外还有金顺、穆图善、张曜等军。同时，原陕西巡抚乔松年，也因与刘蓉互劾，与湘军集团交恶，不欲在左宗棠手下办事而引退，清廷立以左宗棠亲信、助手刘典代之。在这种大举进攻条件初具的情况下，左宗棠决定采取先东后西的战略，即先清陕西，再图甘肃。近期作战则采取"先平土匪，然后合力剿回"[27]的方针，即先打击董福祥等，肃清榆、绥、延三府州，再进军甘肃东部，围攻回民军。这样，不仅使先东后西的战略得到贯彻，确保了山西和口外蒙古各旗的安全，也能孤立回民军，形成从东北两面加以包围的有利态势。

十二月，刘松山军自山西永宁渡河至绥德，迭次大破董福祥等，十余日即直逼镇靖堡。本来就只图劫掠的董福祥这时惊惧交加，数日后即投降。同治八年(1869)二月，左宗棠移驻乾州。刘松山、高连升两军在哥老会策动下，先后哗变，高连升被刺死。在进行血腥镇压和整编后，左宗棠各军分三路大举西进。在此之前，回民军见左军逼近，自董志原先后分兵东进延长、甘泉、韩城等地；后又分兵南下，图越秦州、凤县，以牵制左军，阻其西进，但均大败退回。至是见左军大举来攻，遂以其军之半，护家口辎重北撤金积堡，余军仍踞董志原，以阻击左军。这样轻弃根据地，全军后撤的不智之举，不仅使董志原迅速失守，家口辎重也因遭到袭击而损失惨重。初战大胜后，左宗棠一面令军巩固已占地区，追击散处保安、宜川、延安等地义军余部；一面下令在已复地区兴办开垦，拨给荒地，发给种子农具，以安置降众和灾民。五月，左宗棠移驻泾州，部署各军再次大举进攻，令刘松山西趋定边、花马池，以图金积堡；其他军分向固原、环县、秦州。

同时，左宗棠还为应付剿抚之争而大费心思。穆图善于同治六年(1867)继杨载福接署陕甘总督，而金积堡回民军首领马化隆利用兰州兵、饷两缺的窘境，一面向穆图善输送银米，乞求招抚，穆图善一力允诺，迭次奏请奖励，使其官至副将，加提督衔；一面大力巩固其在宁夏、灵州一带的地位，并暗中支援陕西回民军与左军相对抗。当左宗棠这次大举进逼时，马化隆在积极备战、支援败退的陕西回民军的同时，又上书左宗棠，代陕西回民军乞降。穆图善也坚持前议，竭力主抚。对此，左宗棠虽在奏折中声称于剿抚两议并无成见，察看"抚局虚实"以后，再做出决策。但同时，他却密函刘松山："以大局言之，则金积堡为陕、甘必讨之贼，此时不早为之所，恐后此噬脐无及。"并要刘松山吸取过去进攻金积堡失败的教训，"慎密图之"。[28] 可见，左宗棠看出马化隆的乞降只是权宜之计，并且认为这一役是甘肃战争全局的关键，即所谓"西事关纽全在金积"。事实上，马化隆既是西北流传甚广的伊斯兰教白山派（新教）教主，有广泛的政治号召力，也是甘肃各回民军中军力和财力最为雄厚的。这样，镇压马化隆自然就可以收到"此关一开，全局在握"[29] 的效果。

七月，刘松山军由陕北清涧进至甘肃花马池，接着，与陕西回军大战于灵州境。与此同时，张曜、金顺等军会师磴口，正由北而南，直逼宁夏，从而形成夹击金积堡的态势。这时，马化隆故技重演，一面乞抚，给刘松山军送米粮十万斤；一面派兵攻下灵州城，决秦水以阻刘军进攻。这种两面手法，虽然骗不了刘松山，但绥远将军定安和穆图善等旗人大员却上奏指责左宗棠破坏抚局。以满汉地主阶级根本利益为重的左宗棠，虽然深知"与旗员闹口舌是吃亏事，与前任争是非非厚道"，但仍悍然不为所动，"不能将就了局，且索性干去而已"。[30] 十月，刘松山攻破灵州及其附近各堡寨后，进逼金积堡，左宗棠又调雷正绾等军北援，统由刘松山指挥。此后，马化隆据险固守，檄西宁、河州等回民军来援，并乘虚蹈隙，分军奔袭左军后方。刘松山等虽攻破一些堡寨，但伤亡甚众，且定边被马化隆军袭取，其粮路断绝。同治九年（1870）正月，更呈现一派危殆的景象。刘松山伤死于先，雷正绾等军又败退于后。回民军趁机反攻，并分军进入陕西甘泉、韩城、郃阳等地。满汉官员纷纷指斥左宗棠，清廷也命李鸿章领军西援，欲取左宗棠而代之。

刘松山伤死后，左宗棠命刘松山侄锦棠接统其军，坚持在金积堡、吴忠堡等地鏖战，并分军进攻深入陕北的各回军。战至二三月，马化隆迭次败挫，入陕各军纷纷败退。这样，形势终于颠倒过来，湘军又占了明显优势。在以后半年中，湘军在加紧封锁金积堡，不断打击运粮军的同时，又连续向其外围堡寨发起攻击。至十一月，外围堡寨五百多座，或破或降，悉数被湘军占领。金积堡城墙虽周九里、高四丈、厚三丈，但内无粮草，外无接济。在这种情况下，过去多次乞降的马化隆自然更无意决战到底，终于交出军械投降。不久，左宗棠以隐匿洋枪不交等罪名，将马化隆及其骨干，甚至一部分勇丁，共一千八百多人全部杀害。

　　攻下金积堡后，左宗棠就积极准备镇压河州回民军。河州北距省城兰州不过三百里，西与西宁回民军相近。不拔除河州，省城安全就无法确保，进军西宁也会受到干扰。同治十年(1871)秋，左宗棠军一部先攻占洮河东岸的康家岩，一部绕至狄道渡过水流湍急的洮河，接着合军攻破河西黑山、三甲集等地，十一月逼攻河州东面要地太子寺。回民军顽强抵抗，左军分统二人先后战死，全军不得不败退。但马占鳌等不仅不敢乘胜大举反攻，反而在同治十一年(1872)二月，当左军整顿补充卷土重来时，执意卑辞求降。在交出大批军械马匹后，左宗棠同意马占鳌的乞降，并将河州回民军改编为三旗，令马占鳌统带。至此，甘肃东部三大支回民军只剩西宁一支。

　　西宁回民军马本源、马桂源，与马化隆一样，虽接受清廷招抚，出任西宁知府等官职，但仍不时与清军为敌，甚至出兵援救马化隆。陕西回民军白彦虎等也因左军压迫，相继逃至西宁，回民军声势益大。解决河州回民军后，左军进军西宁已无后顾之忧，左宗棠遂决意西进。七月，左宗棠由安定入驻兰州。八月，刘锦棠率新从湖南招募的湘军赶至碾伯，与先期到达的友军会师。马本源等也积极备战，从西宁撤出回民和部队，据险设防，并派兵扼守大小峡口。刘锦棠久攻不下，左宗棠奏调宋庆、张曜军自神木、宁夏南下，移扎灵州等地，替出谭拔萃军以厚刘锦棠军兵力。十月，刘锦棠军破大小峡口，马桂源等逃入巴燕戎格厅，西宁附近各小支回民军先后投降。此后，马桂源虽联络大通回民军继续抵抗，但两个多月后，回民军不是被攻破，就是投降，只有白彦虎领两千余人脱走。

金积堡、河州、西宁三大回民军相继被镇压，甘肃东部成为湘军稳固的后方后，左宗棠就决定集中兵力进攻西部肃州回民军。东距兰州千里以上的肃州，自同治四年(1865)起义以后，以马文禄为首的回民军就成功地抗击了乌鲁木齐提督成禄等军的进攻，并在接受"招抚"的条件下，继续控制肃州。同治十一年(1872)，左宗棠派徐占彪军十二营西进，连败回民军，进至距肃州三里的沙子坝。同治十二年(1873)又加派金顺等军合力攻城。肃州虽然被包围封锁，但城高墙厚，仍坚不能下；且白彦虎军和割据新疆的头目所派的四千人，又相继抵达，使守城军力量大为增强。八月，左宗棠自兰州至肃州督战，马文禄乞降，左宗棠不许，决计要斩尽杀绝。但猛攻数天，勇丁死伤五百多人，仍不能下。九月，马文禄竟只身赴左营投降，除了驻城外的白彦虎军先期西走新疆，肃州的其余回军全部瓦解。左军入城后，与曾国荃军攻入天京一样，兽性大发，竟屠杀手无寸铁者数千人！马文禄等人被凌迟处死。

三　新疆

同治三年(1864)，在陕甘回民起义影响下，新疆各族人民也举起反清大旗。几个月之内，起义席卷了绝大部分地区。窃取领导权的各族上层分子，随即纷纷割据称王，对人民依旧进行暴虐的封建统治。金相印更勾引中亚浩罕的阿古柏助攻喀什噶尔汉城。阿古柏趁机攻取库车、阿克苏等南疆各城，建立名为哲德沙尔汗国，自立为汗。同治十年(1871)，又攻占北疆乌鲁木齐、吐鲁番等地。英国趁机插手，送给阿古柏大量武器，与之订立密约，以换取种种特权，为将来霸占新疆做准备。沙俄也接踵而至，甚至出兵占领伊犁地区。这样，新疆的问题就由原来中国的内部斗争，转变为中国反抗英俄及其代理人阿古柏入侵的战争。

攻占肃州后，清廷命金顺、张曜西进哈密。同治十三年(1874)，又命景廉为钦差大臣，督办收复新疆军务。但这一部署不久即因同治帝病死，以及海防塞防之争而中断。李鸿章认为"新疆不复，于肢体之元气无伤，海疆不防，则腹心之大患愈棘"[31]，竭力主张把收回新疆的军费，移作加强沿海防务之用。左宗棠则认为"二者并重"，而当时必须迅速收回新疆，否则，就是"自撤藩篱，则我退寸寇进尺"，[32]甘肃等地也将不保。在文祥等人的支持下，清廷采纳左宗棠的意见，并于光绪元年(1875)三月，命他代替景廉为钦差大臣。这时左宗棠已六十三周岁，按当时人的平均寿命，已是暮年，正如左宗棠示子书中所说："吾年已衰暮，久怀归志；特以西事大有关系，遽尔抽身，于心未尽，于义未可"[33]，决心不畏艰险，与英俄及其代理人周旋到底。

当时用兵新疆，较之内地各省，要困难千百倍。后勤方面，作为前进基地的甘肃，本来就是著名的贫困省区之一，加上连年战乱，人民流离失所，生产严重破坏，根本无力提供人力、物力的支援。这样，巨额军粮马料等物资，必须在外省采购，经过三千里以上的长途运输，才能运至哈密等地，从而使运费远超过物资本身的价格。而当时清廷的国库几乎无款可拨，指拨各省的协款本来就不易如数解到，再加上李鸿章等海防论者和其他大吏从中作梗，就使每年筹集以百万计的巨款成了十分棘手的难题。对此，左宗棠除了大力争取各省协饷外，又向洋行借款五百万两，加上清廷直接拨给的洋税二百万两，就有上千万巨款。此外，左宗棠还在节流上狠下功夫。除了坚持原有的河西走廊运输线外，左宗棠又坚决开辟北线，即在归化、包头等地采买粮食，再向西穿过草原，运至巴里坤等地，并允许商人包运。这既加快了运粮的速度，又节省了大量运费。在哈密等地兴办军屯、民屯，大力促进粮食生产，也起了类似作用。至光绪二年(1876)，运存粮食多达四千万斤。与此同时，左宗棠对各部队大加整顿。当时归他节制的军队，大致可以分为三大支，即景廉、成禄、金顺等满族贵族所带的兵勇，刘锦棠的湘军，以及张曜等其他地方军。其中第一支不仅虚额多，战斗力差，且将帅既昏庸，又享有政治特权。对于这支军队，如一概排除，将会引起清廷的不快和疑心。左宗棠遂区别对待，先参革最腐败的成禄。对于景廉，左宗棠既称赞其为人正派，又指出其才干平庸，不能担大任，使清廷不得不将其内调，而对金顺则加以保留，并将他们所带部队，大加裁汰改编，交金顺统带。至于后两支，特别是湘军，战斗力较强，是西征军主力，但左宗棠也令其稍加整编，严格训练。以上三大支经整顿后，总数约七万人，其中湘军两万余人（包括徐占彪、董福祥两部）。经过这一番整顿，左宗棠排除了腐败昏庸不易节制的旗员，裁汰了大批无战斗力的弁勇，杜绝了吃空额的恶习，从而极大增强了西征军的团结，提高了部队的战斗力，节约了大量军饷。此外，左宗棠还采购洋枪洋炮，并在兰州设立制造局，仿造后膛枪炮，使部队的武器装备有了较大改善。

在完成这一系列准备工作后，光绪二年（1876）三四月，刘锦棠率军出关，与先期抵达哈密的张曜会师；左宗棠也由兰州移驻肃州，以便就近指挥。在战争指挥方面，左宗棠坚持"缓进急战""先北后南"两条方针。所谓"缓进急战"，就是先做好充分准备，战斗一旦打响，则必须果断迅速地进攻，不给敌人以喘息的机会。上述种种周密的准备，正是这一方针前半段的体现。"先北后南"，就是先集中兵力收复天山以北地区，然后再进攻天山以南地区。六月，张曜军留防后路，刘锦棠西进与先在济木萨驻防的金顺军会师，接着合军进占阜康。早已投靠阿古柏的白彦虎等敌军，见清军西进，将主力集中在乌鲁木齐北十里的古牧地。同时，在水源充足的黄田构筑工事，置兵防守，黑沟驿、甘泉堡一路则不置一兵，企图引诱清军走水源奇缺的后一路，以使其陷于既有坚城强敌之阻，又饥渴难持的困境，然后趁机予以打击。刘锦棠识破敌人诡计，将计就计，派人至甘泉掘泉引水，佯作由黑沟驿西进之势，大军却连夜驰奔黄田，抢占高地，趁敌人惊慌失措之际，发起猛攻，结果敌军大败。刘锦棠、金顺乘胜挥师直逼古牧地，先击败阿古柏派来增援的数千骑兵，接着攻占附近高地。清军围攻数日，白彦虎等犹如惊弓之鸟，连弃古牧地、乌鲁木齐，狼狈逃窜。这一役为时不到十天，却连克要地名城，歼敌上万，雄辩地证明了"缓进急战"方针是正确的。收复乌鲁木齐后，天山以北除玛纳斯南城外，各城阿古柏军相率闻风溃逃。经过两个多月的围攻，玛纳斯南城最终被攻下。戡定北疆后，秉着缓进急战方针，左宗棠命刘锦棠等肃清残敌，休整部队，加紧积聚粮草军火。同时将金顺部四十营，整编为二十营，留防北疆，并从关内增调二十余营，加强刘锦棠军，替出防守哈密、巴里坤的张曜、徐占彪，以备南征。

当左宗棠军收复北疆，准备南征时，英国公使威妥玛至天津拜会李鸿章，说阿古柏愿意臣服清廷，作为中国的属国，要求停止进兵。李鸿章立即欣然同意，将此意转告总理衙门。后者又立即函告左宗棠。左宗棠在复信中揭露了英国侵略者保护阿古柏的险恶用心，并表示在今后的战争中，有把握取得胜利。事实上，阿古柏仍在达坂、吐鲁番、托克逊加强城防工事，增派援兵，以抗拒清军进攻。但其内部上层之间矛盾重重，且南疆各族人民对这个入侵者的暴虐统治早已恨之入骨，日思反戈相向。如吐鲁番就不断有人冒险投奔清军，迫切希望摆脱阿古柏的统治，即所谓"每言欲仍归天朝，盖经外国征敛之苦，愈知复载之恩也"。"闻南八城回情亦不服安集延(即阿古柏)，盖畏其诈力驱迫，而仍思宽大旧恩之故。"据此，左宗棠反复告诫各将，"此次大军所至，非申明纪律，严戒杀掠不可。如能以王土王民为念，则南八城易复，而亦可守矣。"[34]这样，就在政治上把阿古柏等外来侵略者，与南疆被胁迫的各族人民严格区分开来。至于军事作战方面，左宗棠认为必须分兵两路，一攻达坂，一攻吐鲁番，使敌人不能互相救援。

光绪三年(1877)三月三日，刘锦棠军由乌鲁木齐南至柴窝铺，侦知敌人尚不知清军行动，便连夜急行军进围达坂。次日黎明，守敌始发现已被包围，慌忙据城抵抗，阿古柏也两次派军增援，但均被击退。就这样战至第四天，攻下达坂，守军或降或歼，无一得脱。接着，刘锦棠分军一支增援攻吐鲁番的张曜，自领大军进攻托克逊。已成惊弓之鸟的敌军，大肆抢劫，准备弃城南逃，当地群众冒险报信，请求迅速进军。刘锦棠挥师急进，途中大败敌军，一举收复托克逊。与此同时，张曜、徐占彪两军也分别从巴里坤、哈密西进，会师后连克要隘，于十三日进逼吐鲁番。这时刘锦棠所派援军亦到，三军合力奋击，守敌除一部脱走外，其余全部投降，吐鲁番遂告克复。

三城克复，打开了进军南疆的大门，但左宗棠秉其缓进急战的既定方针，命令各军原地休整，等秋凉时再大举南下；同时加紧积聚粮食，储运军火。而这时迭遭惨败的阿古柏，既不敢率部纳降乞命，更无力重整残兵败将，最后只好在忧惧交加中，仰药自杀以求解脱。阿古柏一死，所谓哲德沙尔汗国便立即四分五裂。当阿古柏次子哈克护送其尸体离开库尔勒的第二天，其部下大将艾克木汗就自立为汗，并将防务交予白彦虎，自领军移扎阿克苏。接着哈克在赴喀什噶尔途中，为其兄伯克所杀。最后伯克又与艾克木汗大开战端，后者兵败后投奔沙俄。在这种情况下，原来被裹挟的南疆一些上层分子也亟欲反正，有的甚至大胆付诸行动。七月下旬，经过补充的刘锦棠军三十二营，分批从吐鲁番、托克逊南下，张曜军作为第二梯队随后跟进，以固后防。白彦虎不敢抵抗，连弃库尔勒、喀喇沙尔南逃，沿途大肆抢掠，胁迫居民同走，并掘堤放水，妄图阻止清军追击。刘锦棠军克服重重困难，督兵急追，疾驱千里。九月，大败白彦虎，收复库车。残敌溃逃，拜城、阿克苏各族人民，纷纷开城迎接追军。十一月，刘锦棠军又在喀什噶尔大败白彦虎、伯克两军，白彦虎、伯克领残兵投奔沙俄。刘锦棠军接着又收复了和田。至此，南八城全告克复。以后投靠俄国的白彦虎等人虽不时入侵，但均被刘锦棠等军击退。

但沙俄侵略者还霸占着伊犁地区。沙俄侵占伊犁后，曾表示一俟清军收复新疆，即交还中国。其实，这是企图永远霸占的诡词，因为他们断定清军无力收复。现在天山南北均告克复，沙俄失去借口，清廷也于光绪四年(1878)冬末派吏部侍郎崇厚至俄，要求交还伊犁。光绪五年(1879)，崇厚与沙俄订约，虽索还伊犁九城，但割让大片领土，并给沙俄在甘肃、新疆、蒙古其他特权。这一卖国罪行，遭到了除李鸿章一小撮人以外的全国上下一致的谴责，刘锦棠等西征军将士更义愤填膺，决心与沙俄拼死一战。在爱国热潮推动下，清廷召还崇厚治罪，改派曾纪泽继续交涉。左宗棠则积极进行军事部署，命刘锦棠分军三路，准备进兵伊犁。年近古稀的左宗棠，这时虽忧劳成疾，曾口吐鲜血十数口尚不能止，但他决心为祖国而战，于光绪六年(1880)夏，不顾恶劣的自然条件，从肃州移扎哈密，以便就近指挥进军伊犁。七月内召，左宗棠又荐刘锦棠为钦差大臣。在左宗棠、刘锦棠强有力的军事支持下，曾纪泽发挥才智，终于从沙俄手中索还一部分领土和权益。

收复新疆，对于维护多民族大家庭的团结，对于确保祖国领土完整，有着昭如日月的重大意义。这是西征将士，特别是湘军的功劳；作为统帅的左宗棠更是起了决定性的作用。他不顾年老多病，不计个人安危，不怕艰苦生活，一心贡献余年的爱国精神，将永远值得人民怀念！

第三节 权力再分配格局的形成

以满族贵族为主体的满汉地主阶级联合专政，以及与之相适应的权力分配，因遭到太平天国起义强有力的打击，严重削弱，陷于解体的境地；湘军集团则乘势而起，取得了凌驾而上的权势和地位。这种战时权力分配，实质上是满汉地主阶级联合镇压共同敌人的一种临时合作形式。一旦国内战争接近尾声，或告结束，这种合作形式就失去了存在的基础，势必要进行新的调整或大变动。而大变动不外两途：不是满族贵族恢复其原有权力和地位，就是湘军集团乘胜前进，取而代之。断然大量裁撤部队，表明曾国藩既无力，也不愿取而代之。由此确信曾国藩无更大政治野心的满族贵族，在迭遭惨重打击之后，也无力恢复其原有权势。这样，进行大变动，自然不可能，唯一的出路则是通过逐步调整，建立比较稳定的满汉地主阶级联合专政的新体制。这就是说，曾国藩大裁军具有重大的政治意义和作用，这不仅使湘军大为削弱，从此步入晚期；同时，这也是湘军集团力求与满族贵族建立新的统治体制的最具诚意的体现。但这并不意味调整是在和谐谦让中进行的，恰恰相反，整个过程，充满了钩心斗角，交织着错综复杂的矛盾，甚至还有无情的打击。

这种调整，在攻下天京前，就曾出现过。同治元年(1862)，湘军进至淮北，与僧格林沁军驻地相邻，两军时有摩擦。同治三年(1864)，唐训方实任安徽巡抚后，僧格林沁、富明阿等更亟欲去之而后快。富明阿先两次密奏唐训方置蒙城安危不顾，清廷命僧格林沁查复。僧格林沁虽查实"两奏皆虚"，却以唐训方"未亲救蒙城，究属调度乖方"[35]复奏。而清廷见这时苗沛霖已被消灭，淮北局势大为缓和，(正如王闿运所说："淮甸无事，无所用湘军矣!"**36**)竟据僧格林沁复奏,命唐训方以布政使降补,遗缺由非湘系乔松年接任。胡林翼死后湖北巡抚由李续宜接任,不久李续宜即回任安徽,严树森接任鄂抚。但严树森一到任,就迭次被奏参。后虽经曾国藩代为洗刷,得保其位,但同治三年(1864)春,官文仍以"把持兵柄"奏参,使之落职,由非湘系大员接任。太平军、捻军相继被消灭,大敌一去,"无所用湘军"的地区越来越多,这类事也就接踵而至。

同治四年(1865),先后有三个湘军集团头目被免去督抚官职。正月,先以小事罢斥两广总督毛鸿宾,由满族贵族瑞麟接任。恽世临长期在湖南为官,经曾国藩保荐,升至布政使、巡抚,竭力为曾军筹饷。正如曾国荃所说:"全赖次帅及当轴诸公殷勤转馈"。攻下天京后,曾氏兄弟欲再加保奏,"克城后,曾面请家兄另具一疏,敷陈湘省维持大局之高谊,家兄亦深以为然"。**37**恽世临恐被人目为曾国藩的党羽,竭力辞谢。这样深自谦退仍然逃避不了攻击。御史贾铎上折奏参,清廷派大员查办,虽奏复所参多不实,但仍给以降四级调用处分。恽世临去职后不久,湘军元老陕西巡抚刘蓉又遭到连续围攻。醇亲王奕譞爪牙蔡寿祺首先发难,毫无根据地指责刘蓉是向权贵行贿才得到高官的;并对曾国藩、曾国荃、骆秉章、李元度等人大加非议责难,要求清廷大"振纪纲",对他们严加训诫,甚至给以处分。清廷据此命刘蓉明白回奏。在回奏中,刘蓉对蔡寿祺污蔑之词,痛加驳斥。清廷对刘蓉回奏虽有"词气失平,殊属非是"的批评,总的说来是肯定的。风波似已平息,但不久,又有两人奏参,清廷又据此大翻前案，说刘蓉在驳斥蔡寿祺污蔑的前折中，"语多过当，有乖敬慎"[38]，给刘蓉以降一级调用处分。奕䜣策动蔡寿祺上奏显然是为了打击湘军集团，剥夺他们的权力，树立清廷的"纪纲"。这自然激起了曾国藩、左宗棠等人的不满，左宗棠认为蔡折"意在推倒一时豪杰，可骇可笑"[39]。曾国藩也对刘蓉"以复奏一疏降调，如此名奏议而反获谴，颇不可解"[40]。时任陕甘总督的杨载福更以"民情爱戴"为由上奏，为刘蓉请命。这样，再加上复查大员又力陈刘蓉政声甚好，清廷不得不将刘蓉的处分，改为革职留任。就在刘蓉被围攻的同时，僧格林沁军覆灭于山东，满族贵族依靠这支嫡系部队平捻，以削弱湘军集团势力的愿望终于落空，不得不起用曾国藩督师，其两江总督遗缺则由李鸿章接署。湘抚恽世临被罢斥后，遗缺也由李瀚章接任。这表明清廷正在采用湘、淮并用的策略，使其互相牵制，以便分而治之。

这种权术早在攻下天京前就已施展过。同治三年(1864)五月上旬，当天京攻守战进入最后阶段时，清廷突然命李鸿章"迅调劲旅数千，及得力炮队前赴金陵"合攻，并说："曾国藩身为统帅，全局在胸……总以大局为重，不可稍存畛域之见。"[41]接着又于五月十九日，命李鸿章"恪遵前旨，不分畛域，拨兵助剿，或亲往会攻，毋稍避嫌推诿"[42]。这样，曾氏兄弟如不让李鸿章来会攻，或李鸿章拒不派兵，在政治上是不遵旨，在道义上有以私妨公之嫌。如双方立即照办，不仅李鸿章可以分攻克天京之功，从而压低曾氏兄弟的声望，而且，可以扩大曾国藩与李鸿章的矛盾。在此以前，曾、李为军饷，为征调黄翼升、程学启、郭松林三军，已有过多次，甚至较为严重的争吵和冲突。如为调回黄、程两军，曾氏兄弟致书李鸿章就多达十余次，并形之奏章。但李鸿章拒不应命。对此，曾国藩"甚怒，拟参（黄翼升）革职，褫去黄马褂，不准留苏，来皖察看差遣，已缮稿矣！"旋因李军攻下苏州，黄翼升有大功，才未发奏。这是明参黄翼升，实则发泄对李鸿章的不满。而李鸿章对曾国藩这样咄咄相逼和强索军饷也大为不满，在致曾国藩的信中，"意甚不平，牢骚满纸"。[43]这次如李鸿章前来会攻天京，那就会使矛盾激化起来。事实上，早在清廷命李鸿章前来会攻之前，即四月二十日，因天京久攻不下，曾国藩就与乃弟函商，欲奏请李军前来会攻，并指出这样做有"两可""两不可"。两可即减轻湘军负担，加速进攻步伐；两不可：一"少荃近日气焰颇大，恐言语意态以无礼加诸吾弟"；二"淮勇骚扰骄傲，平日恐欺侮湘军，克城时恐抢夺不堪"。因之，他请曾国荃决计："弟若情愿一人苦撑苦支，不愿外人来扰乱局面"[44]，他就不奏调，并设法婉拒李军前来。曾国荃既要全占克城大功，又要独吞城内财物，自然坚拒李军前来。但曾氏兄弟不便正面抗拒诏旨，只能在奏折中施展欲迎还拒的伎俩：或转引"李鸿章来函，言苏军将士太劳，宜少休息"；或言天京城高墙厚，李军"开花炮之能否收效，尚未敢必"。[45]而其致曾国荃的上引信件中却说："渠处炸炮最多而熟，可望速克。"出尔反尔，其为婉拒托词是不言自明的。在给李鸿章的信中更提出曾国荃军将领"有所疑畏"，"东军富而西军贫"，李军如来会攻，两军逼扎一处，"恐相形之下士气消沮"。为此,他要求李鸿章提供大量军饷,以便"放饷之期,能两军普律匀放"。当时曾国荃军多达五万人,李鸿章显然无力负担。接着曾国藩又提出严重警告:"东军屡立奇功,意气较盛,恐平时致生诟谇,城下之日,或争财物。"[46]这就是说,会攻天京,必将导致湘、淮军冲突。

与此同时,李鸿章与左宗棠也在闹矛盾。正如李鸿章自己所说,与左宗棠"从前原极相好,今则嫌隙矣!"[47]矛盾是多方面的,主要是权力之争。李军越境进攻嘉兴等地,不仅"纵火大掠",且大肆搜刮,"湖丝盐利皆浙所应有者,则尽占之;嘉杭富户及土匪地棍之曾充乡官者,则诱至而收其罚款"。[48]军饷奇绌的左宗棠,失去本境如此巨额饷源,自然不能容忍,必然伺机报复。当时,李鸿章虽自成局面,但满汉统治阶级中,除曾国藩以外,并无靠山,且所部仍有不少湘军,或与湘军有紧密联系的人。这样,如再与曾氏兄弟势如水火,就会与整个湘军集团对立起来,陷于内外交逼的困境。正是基于这样的多方衡量,李鸿章决计不攻天京,以免加剧与曾氏兄弟的矛盾。对此,曾国藩深为感激,正如他在致乃弟信中所说:"观少荃屡次奏咨信函,似始终不欲来攻金陵,若深知弟军之千辛万苦,不欲分此垂成之功者。诚能如此存心,则过人远矣!"[49]经过此番周折后,曾国藩、李鸿章两家关系越来越亲密。曾国藩不仅依靠淮军镇压捻军,对李鸿章与淮军的特殊关系也十分尊重,除了"遣撤营头",必先与李鸿章商量,"其余或进或止,或分或合,或保或参,或添部幕,或休息假归",虽由曾国藩"径自主持",如李鸿章有不同意见,也请李鸿章"密函见告"。曾国藩甚至对李鸿章说："吾二人视剿捻一事，须如李家、曾家之私事一般。"[50]对此，李鸿章也积极响应，以致曾国藩在家书中说："少荃宫保于吾兄弟之事，极力扶助。"[51]曾国藩与心腹幕僚密谈时甚至说："我与少荃势同一家。"[52]正是在这个基础上，曾国藩以长子纪泽之女，许与李鸿章季弟季荃之子，使两家关系得到巩固。在矛盾尖锐复杂的统治阶级中，凭借姻亲关系，两大家族的关系往往变得更为紧密，互相依靠。正如曾国藩在致李鸿章的信中所说："来示谓中外倚鄙人为砥柱，仆实视淮军、阁下为转移，淮军利，阁下安，仆则砥柱也；淮军钝，阁下危，则仆累卵也！"[53]

清廷湘、淮并用，使其相互牵制，虽然没有对曾国藩造成多大麻烦，但加剧了湘、淮间的矛盾。这主要表现为李鸿章与左宗棠的矛盾日多且尖锐。左宗棠说："少荃得淮军之心，而湘人不甚附之"，斥责淮军"冗杂殊甚，其骄佚习气实冠诸军"。[54]围攻西捻军时，左宗棠、李鸿章逼处直隶、山东境内，李鸿章甚至骂左宗棠"阿瞒本色"，"不知胡文忠当日何以加许推重也"。[55]而清廷则时而抑左右李，时而抑李右左。如刘松山阵亡金积堡，陕甘震动，清廷就命李鸿章统军入陕，欲使李鸿章代左宗棠。塞防与海防之争，又采纳左宗棠的意见，拒绝李鸿章的建议。这样，左宗棠与李鸿章的矛盾加剧，争相向清廷邀宠，表忠心，清廷则因其相互制约，巩固了自己的地位。

同治五六年间，湘军集团与满族贵族权力再分配的斗争，不仅仍在继续，且出现一个小高潮。同治五年(1866)三月，曾国荃出任湖北巡抚时，总督官文不仅把持一切要政，且致使弊端丛生。对此，权力欲极强的曾国荃自然不能容忍，四五月就在整顿的名义下，向营务处、粮台、牙厘总局等要害部门伸手，密折奏参敢于抵制的署布政使唐某；并把矛盾指向唐某的后台官文，"督臣秉性宽厚，年已七旬，大事则任其挟持，小事则听其蒙蔽"[56]。清廷虽然罢斥唐某，但同时不仅仍令曾国藩与官文"和衷商榷"，且故意抑曾抬官。正如曾国藩致曾国荃信中所说："凡有廷寄，皆不写寄弟处，概由官相转咨。"[57]这显然是示意：曾国藩必须尊重官文。这样，官文自然有恃无恐，两人的矛盾也就愈演愈烈。八月，曾国荃遂专折奏参官文，列举其"劣迹"七条。这时，捻军活跃河南，时图入鄂，而官文无能、曾国藩敢战又是人所共知的事实。在这种情况下，清廷不得不将官文革职调京，但仍保留大学士衔。正如曾国藩所说："处分当不甚重。"相形之下，曾国荃却处境狼狈。正如曾国藩致其子信中所说，"京师物论亦深责沅叔而共恕官相，八旗颇有恨者"，以致"心绪极不佳"。[58]清廷更以各种借口，严词训斥曾国荃："近日叠奉谕旨，谴责严切，令人难堪，固由劾官、胡二人，激动众怒。"[59]左宗棠对此很气愤，"都下诸公犹颇以沅浦为不然，是何肺腑。时事横决至此，议论仍然颠倒如故，心窃忧之"[60]。这样，曾国荃自然不安于位，再加上后来军事迭次大挫，就不能不于同治六年(1867)冬告病请退，遗缺由非湘系郭伯荫接任。

官文、曾国藩之争，湘军集团虽先获小胜，但仍以失败告终。其他各次，此类小胜也未获得。这里的权力之争分两种情况：一是趁湘军失利而夺其督抚、钦差大臣之职。同治五年(1866)，刘蓉因上年迭次被围攻不安于位，七月托病请退，清廷立即照准，命非湘系乔松年继任陕西巡抚。年底，更以刘蓉军大败而革其职。十月，因河防失败，师久无功，再加上多次被奏参，为廷旨申饬，曾国藩不得不奏请另简钦差大臣，清廷顺水推舟，立命曾国藩回两江总督本任，以李鸿章继任。陕甘总督杨载福也在类似情况下告病请退，清廷命左宗棠继任，其闽浙总督遗缺则由非湘系吴棠接替。同治六年(1867)，刘长佑又被革职。早在同治二年(1863)，因直隶、山东群众纷纷起义，危及北京安全，清廷束手无策，不得不任命刘长佑为直隶总督。刘长佑到任后，督各军进攻，但原归僧格林沁指挥的旗籍大将恒龄、苏克金不听指挥。刘长佑不敢奏参，"遇事优容，不作声色"。这样优容退让并未获得好处，反而招来连次攻击。僧格林沁不仅纵容部将至刘长佑处寻衅闹事，而且，先无端奏参，致使刘长佑遭到部议革职处分(清廷改为降三级留任)；接着又奏参刘长佑"专倚南方勇丁，恐一经示弱，日久轻视北方"[61]。所谓南勇，即指湘军，北方则实指清廷。其实刘长佑调到直隶的湘军多时不过三千人，欲编入练军的也只有两千余人，根本谈不上专倚南勇。清廷却据此命刘长佑裁撤湘军。总之，满族贵族虽不得已而任命刘长佑为直隶总督，但又不放心，多方控制，时加抑制。至同治六年(1867)，清廷便以镇压山东、直隶"枭匪""教匪"不力，将刘长佑革职，由官文继任直隶总督。官文落井下石，奏令刘长佑带所募湘勇回籍而不给军饷，致使刘长佑狼狈南归。曾国藩对此大有兔死狐悲之感，在刘长佑带队过江宁时，赠金三千以解其困。其实，经刘长佑追击，这次"枭匪""教匪"起义已近尾声，满族贵族不过寻找借口，排除异己而已。

二是内外矛盾交叉造成的。瑞麟继毛鸿宾为两广总督后，时任广东巡抚的郭嵩焘对其昏庸无能，一听幕僚主使，越来越不满。同治四年(1865)秋，郭嵩焘上奏请病解职，并附片奏参瑞麟。清廷不准开缺，并命左宗棠查实复奏。左宗棠复奏，对郭嵩焘颇加指摘，对瑞麟抨击更甚。清廷除了下令驱逐瑞麟幕僚徐某，对郭、瑞同样传旨申饬。其实，左宗棠早对二人不满，在此次复奏前后，多次加以奏参，认为两人才不胜督抚之任，"恐两广兵事尚无已时，若得治军之才如李鸿章、蒋益澧其人，祸乱庶有瘳乎？"[62]但瑞麟既为大学士，又为满族贵族，不可动。郭嵩焘虽为湘军元老，与左宗棠既为小同乡，又有私交。但郭嵩焘为曾国藩亲家，且左宗棠亟欲为其干将蒋益澧谋优缺，于是就倾力排挤郭嵩焘。同治五年(1866)二月，清廷命郭嵩焘来京，另候简用，以蒋益澧继任广东巡抚，满足了左宗棠的愿望。但蒋益澧也未能久处其位，次年，即被瑞麟奏参落职，遗缺由非湘系的李福泰接任。

从同治四年至六年(1865—1867)这三年的情况看，似乎满族贵族一往无前，湘军集团束手受制。实际上这是不可能的，也不符合事实。因为一方面，满族贵族于这三年，乃至以后整个同治朝和光绪初年，即自僧格林沁军覆灭，一直未能组建一支精锐能战的嫡系部队。成禄、景廉两军在肃州一带长期困守，一无建树，最后不得不加以裁汰改编，金顺军也只略胜一筹。而在人才方面，自多隆阿、僧格林沁败死后，满族贵族中未再出现能战的将才。成禄之腐败，景廉之昏庸，使清廷不得不改变以景廉为督办新疆军务的钦差大臣的决定。政务人才也同样如此，昏庸的崇厚被视为满族贵族中难得的洋务人才，被派往沙俄交涉收回犁伊，结果丧地辱国，被判处重刑。

另一方面，湘军虽然绝大部分被裁撤，但仍保留了一部分，且被裁撤、散处民间的将弁勇丁仍可随时招募成军。湘军集团虽然不断分裂，但并未瓦解，鲍超、彭玉麟、杨载福等干将，与曾国荃有很大矛盾，甚至对曾国藩也不无意见。但他们对曾国藩仍很尊重，甚至在曾国藩死后，追思不已。如同治十一年(1872)鲍超闻曾国藩病死，"为位而哭。自胡文忠公卒后，鲍公遇岁时伏腊及生辰，必设文忠位，焚冥楮若干，以志追感。文正既没，鲍公亦循是礼，矢以毕生"[63]。类似情况还有，如赵烈文于曾国藩死后，每年正月初一日早起，拜天、孔子及祖先毕，必拜曾国藩遗像。左宗棠虽与曾国藩公开决裂，但一闻曾国藩病死，即自撰挽联："谋国之忠，知人之明，自愧不如元辅"，并在家书中说："曾侯之丧，吾甚悲之"。[64]此后对曾国藩的儿子甚为照顾，与曾国荃的交谊也还不错，"沅公甚感左君相待之厚"[65]。同时，左宗棠不仅如前述，对刘蓉、曾国荃被围攻，对蔡寿祺攻击骆秉章、曾国藩等，深为愤慨；后获知刘蓉、杨载福被解职，又专片奏称两人"在事日久，尚能以勤民爱国为心；臣与该两臣相知有年，自顾才力无以踰之"[66]，并要求他们不要急于离任。这就是说，左宗棠虽与曾国藩绝交，但并未与湘军集团决裂，反而在满族贵族以上种种歧视和打击的刺激下，集团意识又回潮了，滋长了。事实上，这几年颇得清廷重用的左宗棠，在这方面也不无亲身感受。同治七年(1868)，左宗棠领军援直隶，追击西捻军，曾为僧格林沁之大将，又为"醇邸所激赏"的陈国瑞，竟胆敢诱招左军勇丁，截夺左军的装备。对此，左宗棠上折奏参，清廷却"姑示包容"，命陈国瑞归左宗棠节制。陈国瑞有恃无恐，不仅不听左宗棠的命令，反而致书左宗棠："言其坐视贼之纵横，一筹莫展。且汝不能管束勇丁，被我招来，汝不用以打仗，我用以打仗，军械我亦用以打贼。极其丑诋。"[67]这样胡作妄为，抗拒主帅，结果却只给予"革留"处分，并命其改归英翰调遣。如此纵容包庇陈国瑞这个亡命之徒，不能不给左宗棠留下深刻的印象。

总之，湘军集团仍掌握着一支相当可观的部队，拥有更为雄厚的军事潜力；以曾国藩为中心的向心力仍然存在，头目们的集团意识更未丧失。更何况曾国藩与李鸿章的关系又大为加强。而以满族贵族为主体的清廷却越来越虚弱，无法组成一支稍具战斗力的嫡系军队。活跃官场的贵族们，又大都昏庸无能。这种状况使满族贵族在这十余年中不仅不敢对湘军集团采取过于激烈的政策，而且不得不继续依靠他们处理各种棘手的难题。此期〔同治四年(1865)至光绪三年(1877)〕的内政外交主要有：镇压捻军和云、贵、陕、甘少数民族起义，消灭阿古柏匪帮，收回沙俄侵占的伊犁地区，以及处理马嘉理案和天津教案，等等。其中马嘉理案的交涉由李鸿章负责，镇压捻军和处理天津教案虽由李鸿章、曾国藩先后承担，但基本方针则为曾国藩所定。此外，其他各项，从出主意，决大计，定战略，到贯彻执行，无一不是湘军集团一手包办的。这样，清廷就不能不给湘军集团以权势和地位。事实上，此期除曾国藩、左宗棠出任钦差大臣之外，仍有一大批湘军集团头目出任督抚。总督，不计漕、河两督，共八缺，巡抚十五缺，而湘军大员出任总督，多时一年有六人，少时也有两人，平均每年三点六人。为巡抚者，多时七人（只一年），少时三人，平均五点六人。人数虽不少，但与鼎盛时的同治前三年的总督平均近四人、巡抚平均近六人相对比，则大为逊色。如不计入总督中已明显分裂出去的沈葆桢，平均数就更形锐减。

但同时，淮系为督抚者则与日俱增，李鸿章、李瀚章兄弟并为总督竟达四年之久，其他淮系干将丁日昌、刘秉璋、潘鼎新、张树声也先后出任巡抚。其中一年有两人者凡四年，有三人者凡两年。而旗员出任督抚者却很少，如总督有两年无一旗员，有六年只一旗员，其他五年也只有两个旗员；巡抚只一年有两个旗员，一年一个也没有，其他各年也只有一人。与太平天国起义前相对照，满族贵族对省级政权的控制，真有一落千丈之势。更为重要的是，以前督抚凡事受清廷控制，几无自主之权，而咸同两朝的督抚，在兵权、财权，乃至官吏任免权等方面，无不可自行其是，清廷无力，也无从控制。正如刘长佑所指出的："外省之兵，时多时少；外省之饷，或省或费，朝廷固有不能尽悉者。亦惟予以便宜，责成各督抚，揆时度势，量力为之。"[68]这就使清廷几有被架空之势。当然，清廷在外交方面，在协调各省行政方面，还有一定的权力，但也不能完全做主，不同程度地受到督抚，特别是湘、淮两大集团的魁首的影响和左右。如关系到内政外交，并具有重要战略意义的塞防与海防之争，就完全为左宗棠、李鸿章所左右，清廷只有听从左宗棠或李鸿章的选择。这固然与满族贵族无能庸碌，遇事心中无数有关，但也是因其手中无实力，不能不依靠湘、淮两大集团。当然，他们可以玩弄权术，使本来就有矛盾的两大集团势如水火，相持不下，争相向其邀宠，从而增强自己的权威。

总之，与鼎盛时期相比，湘军集团的权势被极大削弱，而淮军集团的权势则与日俱增。这就使湘军集团与满族贵族分掌大权的双峰对峙局面，变为三方分享大权的格局。这一权力再分配格局的形成，使双峰对峙局面所必然具有的紧张关系大为缓和，甚至消失，从而有利于满汉地主阶级统治体制的稳定。同时，这也使满族贵族的权势有所回升，但并没有也不可能改变清廷大权旁落的这一历史事实。

1	《赖文光自述》,《中国近代史资料丛刊·太平天国》第2册,第863页。
2	王韬:《汉口贼情》,《瓮牖余谈》卷3。
3	李鸿章:《捡歼巨酋请奖吴毓兰等片(同治六年十二月二十七日)》,《李文忠公奏稿》卷12。
4	曾国藩:《遵旨赴山东剿贼并陈万难迅速筹情形折(同治四年五月初九日)》,《曾文正公全集·奏稿》卷22。
5	曾国藩:《钦奉谕旨复陈折(同治四年七月初八日)》,《曾文正公全集·奏稿》卷22。
6	王定安:《求阙斋弟子记》,卷11《剿捻上》。
7	曾国藩:《铭字营刘军门铭传禀防河事宜俟抵周口与潘张二军通力合作由》,《曾文正公全集·批牍》卷3。
8	黎庶昌:《曾文正公年谱》卷11,同治五年十二月。
9	《穆宗实录》卷183,同治五年八月乙卯;卷184,同治五年九月辛酉。
10	《穆宗实录》卷186,同治五年十月己亥。
11	顾家相:《河南讥曾文正公联》,《五余读书廛随笔》卷下。
12	乔松年:《报呈省城危急请调援军折(同治五年十二月廿一日)》,《乔勤恪公奏议》卷12。
13	《富平县志稿》,《中国近代史资料丛刊·捻军》第3册,第322—323页。
14	乔松年:《报陈朝邑截剿窜贼восhing vict 获胜仗情形折(同治六年六月十一日)》《附陈近日军情片(同治六年六月十一日)》,《乔勤恪公奏议》卷13。
15	左宗棠:《与蒋芗泉》《答杨石泉》,《左文襄公全集·书牍》卷8。
16	《钦定平定贵州苗匪纪略》卷15,第20—21页。
17	罗文彬:《平黔纪略》卷13,同治五年五月初七。
18	《钦定平定贵州苗匪纪略》卷19,第4页。
19	刘崑:《筹划西路援黔各军防剿情形片(六年五月)》,《刘中丞(韫斋)奏稿》卷2。
20	刘崑:《攻克荆竹园歼除首逆折(同治七年)》,《刘中丞(韫斋)奏稿》卷3。
21	唐炯:《成山老人自撰年谱》卷4,第18页。
22	光绪《湖南通志》,卷179。
23	刘崑:《连破羊条各寨克复台拱厅城并扫除贼巢折(九年闰十月)》,《刘中丞(韫斋)奏稿》卷7。
24	骆秉章:《骆文忠公自订年谱》卷下,同治五年。
25	王定安:《平滇篇》,《湘军记》卷15。
26	郭嵩焘:《诰授光禄大夫刘公墓志铭》,《养知书屋文集》卷19。
27	朱德棠:《续湘军志·平回前篇》。
28	左宗棠:《与刘寿卿》,《左文襄公全集·书牍》卷10。
29	左宗棠:《答文博川相国(未辛)》,《左文襄公全集·书牍》卷11。
30	左孝同辑:《谕孝威兄弟(腊月十六)》,《左文襄公家书》卷下。
31	李鸿章:《筹议海防折(同治十三年十一月初二日)》,《李文忠公奏稿》卷24。
32	左宗棠:《复陈海防塞防及关外剿抚粮运情形折(三月初七日)》,《左文襄公全集·奏稿》卷46。
33	左孝同辑:《谕孝宽(丙子五月初六日)》,《左文襄公家书》卷下。
34	左宗棠:《答刘克庵》《与张朗斋》,《左文襄公全集·书牍》卷17。
35	《唐训方复黄翼升书》(正月廿六日到),《简辑》第6册,第309页。

36　王闿运:《湘军志·临淮篇》。

37　曾国荃:《复郭意诚》,《曾忠襄公全集·书札》卷8。

38　《穆宗实录》卷137,同治四年四月丁亥;卷148,同治四年七月壬午。

39　左宗棠:《与杨石泉》,《左文襄公全集·书牍》卷7。

40　曾国藩:《曾文忠公手书日记》,同治四年八月十七日。

41　曾国藩:《遵旨会师筹剿金陵折(同治三年五月二十二日)》,《曾文正公全集·奏稿》卷20。

42　曾国藩:《奉旨复奏并陈近日军情折(同治三年五月二十七日)》,《曾文正公全集·奏稿》卷20。

43　《能静居日记》(同治二年十一月初三、八月初九),《简辑》第3册,第299、293页。

44　曾国藩:《致沅弟(四月廿日)》,见吴相湘主编《能静居日记》第1册《赵烈文〈能静居士日记〉的史料价值》的附注。案:此信不见于已刊的曾国藩家书。

45　曾国藩:《遵旨会师筹剿金陵折(同治三年五月二十二日)》《奉旨复奏并陈近日军情折(同治三年五月二十七日)》,《曾文正公全集·奏稿》卷20。

46　曾国藩:《复李宫保(同治三年五月十五日)》,《曾文正公全集·书札》卷24。

47　陈其元:《庸闲老人自叙》。

48　左宗棠:《答曾节相》,《左文襄公全集·书牍》卷6。

49　曾国藩:《致沅弟(同治三年元月十日)》,《曾文正公家书》。

50　曾国藩:《复李宫保(同治五年三月十六日)》,《曾文正公全集·书札》卷25。

51　曾国藩:《致沅弟(同治六年正月廿六日)》,《曾文正公家书》。

52　赵烈文:《能静居日记》,同治六年九月十七日。

53 曾国藩：《复李宫保（同治六年十月初六日）》，《曾文正公全集·书札》卷26。

54 左宗棠：《答曾沅浦》，《左文襄公全集·书牍》卷9；《谕孝威（闰四月十九日）》，《左文襄公家书》卷下。

55 李鸿章：《七月十五日复曾相》，《李文忠公全集·朋僚函稿》卷10。

56 曾国荃：《密陈枭司狡诈疏（同治五年五月二十七日）》，《曾忠襄公全集·奏疏》卷1。

57 曾国藩：《致澄沅两弟（同治五年十一月七日）》，《曾文正公家书》。

58 曾国藩：《谕纪泽（同治六年正月十七日）》，《湘乡曾氏文献》第2册，第1115页、1118页。

59 曾国藩：《致澄弟（同治六年二月五日）》，《曾文正公家书》。

60 左宗棠：《答周受三》，《左文襄公全集·书牍》卷8。

61 邓辅纶：《刘武慎公年谱》卷2，同治六年。

62 左宗棠：《复陈近日贼情恳请收回节制三省各军成命折（同治四年九月初七日）》，《左文襄公全集·奏稿》卷15。

63 陈昌：《霆军纪略》卷14，同治十一年。

64 罗正钧：《左文襄公年谱》卷6，同治十一年二月。

65 《郭嵩焘致曾国藩书（同治六年五月十八日）》，《简辑》第6册，第268页。

66 左宗棠：《恩恩敕下杨岳斌刘蓉悉力支持片（同治六年正月初十日）》，《左文襄公全集·奏稿》卷21。

67 江世荣编：《薛福成日记》（同治七年闰四月廿四、廿五日，六月十五日），《捻军史料丛刊》第3集，第282、285页。

68 刘长佑：《直隶军宜速成疏（同治六年正月二十日）》，《刘武慎公遗书·奏稿》卷12。

第十章 余论

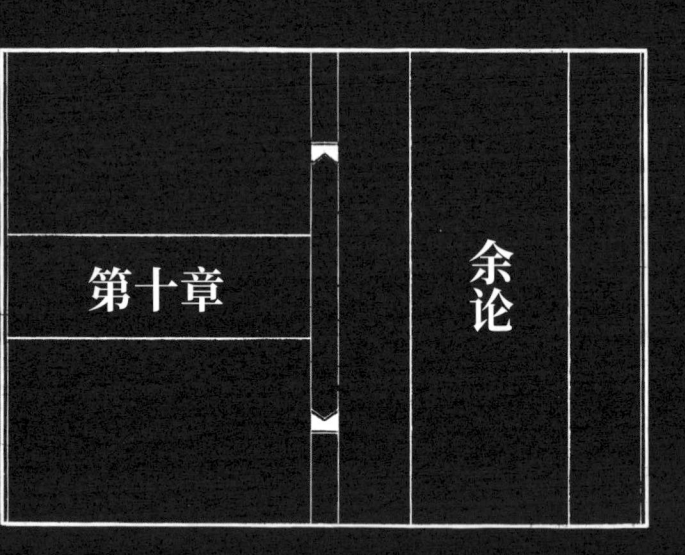

从咸丰三年至光绪三年(1853—1877)，这二十五年中，湘军走完了从创建、发展、鼎盛至基本结束的全部历程。此后虽又延续了一个时期，在中法、中日战争期间还一度呈现回潮之势，但为时很短，不过是退出历史舞台前的回光返照，对整个湘军史并无多大影响，可以略去。而湘军战争的性质，成功的原因，及其对当时社会和以后历史的影响，却不能略去。现分四个方面，论述于下。

一、战争的性质

湘军二十五年的战争，大体上可以分为镇压人民群众起义，以及收复新疆两大类。二者性质不同，结果也大异。后者是维护国家领土完整的正义战争。当海防塞防同时告急，李鸿章弃西保东主张甚嚣尘上之时，左宗棠不仅提出塞防、海防并重，对李鸿章的谬论痛加驳斥，使人们洞悉其危害性，还亲自指挥以湘军为主力的清军西征，消灭了阿古柏匪帮，并为收复伊犁地区进行了坚决的斗争。如果没有左宗棠挺身而出，没有刘锦棠、张曜和金顺等将士的英勇作战，而让李鸿章的谬论得逞，新疆必然要落入英俄之手，甘肃、青海也将成为蚕食对象。左宗棠、刘锦棠等人在这方面对国家的贡献是巨大的，是昭如日月的事实。

湘军镇压以太平天国为中心的革命运动，虽然与此不同，甚至完全相反，但问题也更为复杂，必须进行深入细致的讨论，才能得出较为正确的结论。评价湘军集团与太平天国革命之间的斗争，主要有两个问题，对封建主义是维护还是反对？对向西方学习，发展资本主义抱什么态度？

太平天国革命者对待封建主义的态度是自相矛盾的。他们与封建统治的集中体现者清王朝作殊死斗争，对孔丘及其儒学采取激烈的行政措施，甚至宣布天下田，天下人同耕；但不久，甚至同时，又对儒经和孔丘给予肯定和赞许，并事实上承认地主土地所有制，从而使刚刚举起的反封建火炬光焰大减。与之不同，湘军集团不仅从未爆发出反封建的火花，反而对其全面加以维护，著名的《讨粤匪檄》就是他们这方面的宣言书。这种不同不是偶然的。农民阶级受封建主义压迫剥削，又深受其毒害，虽然会反抗，但始终无法冲破其藩篱，结果必然陷入自相矛盾的困境。而封建主义是地主阶级利益的集中体现，湘军集团自然要一边倒，全面维护。

至于第二个问题，实际上是一个问题的两个层次。早在鸦片战争后第一年，洪秀全就吸取基督教某些教义，创立了拜上帝教。这种向西方学习的方式虽然走了弯路，但勇气可嘉，更减少或避免了盲目性。事实上，在两广农民群众火热斗争的推动下，上帝教也为组织农民起义发挥了较大的作用。后来，洪仁玕更把洪秀全这种勇于向西方学习的精神引入正路。洪仁玕是洪秀全的族弟和密友，上帝教最早的信徒之一，后来因被清军阻隔未能参加金田起义，流亡寄居香港数年。在这几年中，他通过观察和学习，对西方文明有了较为全面的认识。正如一个英国人所说，他是"我所认识的最开通的中国人。他极熟悉地理，又略识机器工程，又承认西洋文明之优越。家藏有各种参考书，对于各种题目，皆有研究的资料"[1]。咸丰九年(1859)春,由香港到达天京后不久,洪秀全就封他为总揽朝政的精忠军师,洪仁玕也趁此向洪秀全建言献策,著名的《资政新篇》就是其中最为突出的篇章。《资政新篇》不仅正确地分析了国际形势,指出只有大胆学习外国先进的东西,才能使国家富强。同时,还建议大造火车轮船,开矿筑路,奖励发明创造,给予专利权,允许私人开办各种企业,直至设立银行,发行钞票。洪秀全对他并不完全言听计从,如宗教方面,就拒绝了他的正宗基督教三位一体的言论;对《资政新篇》中的一些条款,也有所保留或拒绝。但对以上各条建议则欣然采纳,或批"是",或批"此策是也"。可见洪秀全认真作了审阅,并思考其正确与否。接着洪秀全又批准其作为正式文件公开出版,从而使其具有了权威性并产生了社会影响。这就是说,洪秀全完全同意在中国实行资本主义经济的建议。发展资本主义经济的宏愿,虽因革命形势日益逆转而无法实现,但咸丰十一年(1861),李秀成还在苏州、太仓先后设立工场,聘请西人制造武器和炮弹。

与此同时,地主阶级中有远见的士大夫也开始探求向西方学习之路。鸦片战争后不久,魏源就在《海国图志》中全面介绍了西方国家的情况,提出"师夷之长技以制夷",主张用西法制造兵舰轮船等军工民用产品,甚至允许私人设立工厂。这实际上是要在中国创办资本主义工厂,但长期无人理睬。曾国藩等组建湘军后,也只知采买一大批洋炮,其他置而不议。咸丰十年(1860),随着中外反革命联合的形成,湘军势力向江浙扩张,曾国藩向清廷提出"师夷智以造炮制船"

的主张，次年又在安庆仿造洋枪轮船；但并未雇请西方技术人员，基本上仍采用旧工艺。同治元年(1862)，李鸿章创办了上海炮局，雇佣西人，购买机器，制造军火武器，此类工厂也愈办愈多，规模越来越大。有的附设翻译馆，翻译外国科学书籍；或附设学堂，培养造船和驾驶人才。但这类工厂是官办的军工厂，资金的筹集、产品出路、经营管理等方面，与资本主义企业有本质的区别。咸丰十一年(1861)，李鸿章创办招商局，次年大招商股，成为官督商办、具有资本主义性质的企业。此类企业之后虽日益加多，但其领导权操在官僚手中，具有明显的封建色彩，弊端甚多，十分腐败，商人往往望而却步。

事实证明，只学习西方科学技术，只开办工厂，而不发展资本主义生产关系，新的生产力不可能得到迅速发展。中国虽早有资本主义萌芽，但由于封建统治者听其自生自灭，甚至加以摧残，所以一直得不到发展。随着西方经济侵略的深入，19世纪五六十年代，沿海一些人开始创办工厂。魏源更在四十年代为其产生而呼吁。这就是说，鸦片战争后三十年间，发展资本主义已经成了越来越迫切需要解决的现实问题。对待这一关系中国命运的大问题，从以上不难看出，曾国藩、李鸿章与洪秀全、洪仁玕的方针不同。后者向西方学习起步早，勇气大，虽然走了弯路，但洪仁玕还是把这种勇气引入正途，颁布了全面发展资本主义经济的纲领。与之相反，前者向西方学习，起步晚，行动缓慢。虽创办了军工厂，甚至还开办了带有资本主义性质的官僚商办企业，但由于有明显的封建主义色彩，实际上不过是"进一步退半步"的小脚女人的步伐，与魏源，特别是与太平天国革命者那样阔步前进的气势，有着天渊之别。不言而喻，按照太平天国革命者的方针，19世纪五六十年代出现的资本主义企业的涓涓细流，就将变为涤荡陈腐，使历史车轮迅猛向前的洪流。

总之，湘军集团镇压以太平天国为中心的革命高潮，不仅维护了腐朽的封建统治，也扼杀了资本主义快速发展的可能性。这就是说，湘军集团进行的战争及其胜利，延缓，甚至妨碍了中国近代化的进程。对维护国家领土完整、中华民族大团结做出重大贡献的新疆之战除外，但这只有短短的两年，根本不可能改变湘军战争的反动性质。

二、成功的原因

这一成功是多种因素促成的，归纳起来可以分为主观、客观两个方面。

主观方面。人们往往会想到，甚至归因于曾国藩个人素质和才干。这不无道理，也不乏事实根据，但回顾湘军史，就会感到这是简单化了此事。曾国藩固然是湘军奠基人，并对咸丰十年(1860)至同治三年(1864)湘军的大发展，起了主要作用。但江忠源倡议建立湘军水师，左宗棠更与曾国藩同为建立湘军的倡议人。咸丰五年(1855)至八年(1858)间，曾国藩先败于九江，继困于南昌，后又丁忧回籍。而在这期间，左宗棠、胡林翼却在大力扩充部队，收复湖北以及江西大部分地区，并将两湖建设为湘军的后方基地。这不仅挽救了危局，且为咸丰十年(1860)后湘军大发展，打下了坚实的基础。同治、光绪年间，曾国藩解除兵柄，乃至病逝后，湘军在陕、甘、新疆的所作所为，更是由左宗棠一力承担。总之，不是曾国藩一人之力，而是王鑫、罗泽南、李续宾、杨载福、曾国荃等一班人之力。其中曾、左、胡三人的作用尤为突出，可以说是相互补充，缺一就不可能有后来那样的局面。

这一班人能脱颖而出，自然要归因于咸丰时的阶级斗争形势。以满族贵族为主导的地主阶级当权派，昏庸腐败，挡不住革命狂涛的冲击，不能不让出大部分历史舞台，从而为其他阶层和集团，提供走上斗争前沿的机会。这一机会，虽对各省地主是均等的，但只有湖南地主抓住了它，并取得了成功。这自然与湖南经济文化的崛起，颇有特色的文化传统和阶级斗争状况有着因果关系。在这种环境培育下，曾、胡、左一班人，既笃信程、朱理学，有顽固的封建主义世界观，又热衷经世致用之学，有丰富的才识。同时，他们绝大多数出身中小地主，甚至贫寒士人家庭，祖辈艰难创业，清淡乃至贫苦的生活，自身勤学苦读，等等，又使他们洞悉民情，并具有坚韧耐劳的习性。具有这样素质的一班人集结在一起，自然会有巨大的能量。更为重要的是，他们在二十五年中，不仅保持了自己的素质，还采取了许多有力的措施。这有以下几点。

第一，讲究节操。曾国藩屡次败挫，其中靖港、九江、祁门三次尤为严重，他也三次以自杀表示他至死不改的顽固立场。如靖港大败，他在战地就三次投水自沉，被救起；回到长沙后，又"草遗疏及遗嘱凡二千余言，密令季弟靖毅公市槥，将以是夕自裁"[2]。劝者纷纷，左宗棠说"事尚可为，速死非义"，但他"瞑目不语"，[3]决心一死。湘潭捷报至，才"再起视事"。江忠源守庐州，城破时，本可脱险，但他就是要以自杀来显示他的忠贞。罗泽南重伤将死，还说"武汉未克，江西复危，不能两顾。死何足惜，事未了耳！"[4]同时，曾国藩、胡林翼、左宗棠、江忠源、彭玉麟、罗泽南、李续宾、刘蓉、杨载福、刘长佑等，都清廉自守。

第二，团结对敌。湘军集团虽有矛盾，但攻下天京前，除沈葆桢这样半途加入者外，大头目们虽有时不合，但都能互相支援，一致对敌。如曾国藩就保荐重用左宗棠，而左宗棠在曾国藩被困江西时，也在湖南竭力组织力量，多方救援。胡林翼对曾国藩更是大力支援，把所部主力鲍超军拨归曾国藩指挥。当鲍超流露出不乐意时，胡林翼又两次致书告诫："不得妄萌他念"，要他"一心敬事涤帅，毋得稍有怠玩。自来义士忠臣，于曾经受恩之人，必终身奉事惟谨"。[5]当曾国藩亲信李元度，因遭曾奏参，欲投他人时，胡林翼也对李元度做这样的告诫。这实际上是曾、胡这样的大头目，控制部下大将的一种权术。谁提拔你，谁就是你的恩主，必须忠心不二，否则，就不是义，就要受惩处。事实上，曾国藩也对李元度加重奏参。

第三，协调满汉统治阶级内部关系。作为新起的湘军集团，随着权日大，功日高，必然引起原有大官僚，特别是满族贵族的不安，从而采取相应的限制措施。曾国藩被免去湖北巡抚，与湖南巡抚骆秉章、江西巡抚陈启迈的矛盾和冲突，就是这种情况的生动例证。这对湘军的发展自然极为不利。胡林翼在湖北，左宗棠在湖南，先后与官文、骆秉章成功地建立了合作共事关系，首先突破了这个难题。官文是满族贵族派驻两湖的代表，身负监督湘军的重任。因之，胡林翼的成功，就等于打开了湘军集团与满族贵族紧密合作对敌的大门。在这个基础上，出任钦差大臣的曾国藩，又成功地在广度和深度上，进一步推进了这种合作关系，从而扫除了妨碍湘军大发展的内部阻力。

第四，组建新型军队。曾国藩提出"改弦更张"和"赤地新立"两原则，使湘军成为由士绅统带，主要以中小地主出身的士人为骨干，自募至撤，以朴实乡民为勇丁，基本上不杂入绿营弁勇的新型军队。这样，就在制度上、人事上与经制兵绿营完全区分开来，从而有效地避免了绿营的种种弊病。与此同时，又加强训练，一面认真操练冷热兵器、战斗阵法，以及跳坑跑坡等军事技能；一面精心进行思想灌输，使以三纲为核心的说教成为通俗易懂、亲切感人的家人父子式的教育。再加上有意建立的同乡、师生、戚友等人际关系，湘军就成为当时清军中最团结、最有纪律、最有朝气、最有战斗力的部队。

第五，建立可靠的后勤保障。咸丰三年(1853)，曾国藩就提出自筹军饷，并为此而自办捐输。虽然成效不大，但毕竟指明了方向。左宗棠、胡林翼实际掌握两湖军政大权之后，改革漕粮的征收，任用士人办厘金，整顿吏治。这样，就有效地团结了地主阶级各阶层，充分发挥了他们的积极性，使两省成为能提供大量人力、物力、财力的后方基地，也终于找到了建立可靠后勤保障的途径。这一发展过程，使曾国藩更加深信，自筹军饷关键在于掌握地方政权，军权必须有政权做后盾，两权必须结合兼有。经过曾国藩等在公私文件中反复宣传，再加上迫于形势，清廷终于接受这一观点，任命一批湘军头目为督抚，使各地湘军后勤保障体系得以陆续建立。

第六，制定正确的战略战术。战争是政治的延续，是阶级斗争的最高形式，正确的战略离不开正确的政治判断。曾国藩吸收历代王朝镇压农民起义的经验教训，把农民起义分为"窃号之贼"和"流贼"。前者不仅称帝称王，占城拓地，且不轻弃其所占土地和城市，后者则恰恰相反。他认为太平军属于前一类，捻军则属于后一类。据此，他力主用河防战略，将捻军逼入一定地区，然后集中兵力加以消灭。对太平军，则针对其建都长江中下游天京，以安庆、武汉为门户的布局，力主先集中力量争夺中游的武汉、九江，然后再图下游的安庆、天京。左宗棠、胡林翼竭力经营两湖，江忠源倡议建立水师，则为实现这一战略，开辟了长江通道，提供了可靠的后方基地。与此同时，又针对太平军惯于守城等特点，不断总结经验教训，提出围城打援等战术。此外，在晚期的各次战争中，湘军也制定了符合客观情况的战略。左宗棠收复新疆，采取缓进急战，先北后南的战略，就是其中最为突出的案例。

总之，曾国藩、左宗棠、胡林翼等人，在程朱理学的指引下，凭借多年积累起来的经世之学，并不断总结经验教训，不仅成功地调整了满汉统治阶级的内部关系，调动了两湖地主阶级，特别是中小地主的积极性，组成了紧密团结的湘军领导集团，同时，还成功地组建了湘军，建立了两湖后方基地，制定了正确的战略战术。这就是说，在政治上形成了团结对敌的局面，在军事上具备了战胜对方的条件。

客观方面，则有敌我友三方情况不同的原因。湘军集团自身虽然具备了获得战争胜利的各种因素，但这三方的状况却可以对这些因素起促进或抑制，甚至瓦解的作用，从而严重影响战争胜利规模的大小、速度的快慢，乃至胜败。当然，这三方中起主要作用的是敌，即以太平天国为中心的反清革命力量。其他两方也不可轻视。所谓"我"，即湘军以外的其他清军，特别是绿营、八旗经制兵；而所谓"友"，即指先入侵中国，后又与封建统治者勾结起来的西方侵略者。

金田起义后，八旗绿营不断遭到惨重打击，太平军得到迅速发展，使满族贵族不得不使用湘军，从而为湘军集团在政治上调整满汉关系，军事上发展实力，提供了机会和条件。细考这场战争，就会发现，它不仅贯穿交织着两个过程，即在太平军发展壮大的同时，八旗绿营则在不断削弱；在湘军不断发展壮大的同时，太平军也在不断削弱。而且，两者存在没有前者就没有后者的内在关系。事实上，咸丰年间，如果没有湖广总督吴文镕、杨霈军的溃败，就不会有湘军的初步发展；如果没有江南大营的覆灭，就不会有湘军的大发展。同治朝，没有僧格林沁军的溃败，就不会有湘、淮军的"剿"捻；没有成禄、景廉的腐败，就不会有左宗棠的新疆之行。正是这一连串的大败，造就了湘军成为清军主力的机会和条件。

西方侵略者为达到其变中国为半殖民地，乃至殖民地的目的，在发动两次鸦片战争的同时，还密切关注中国各种政治势力的动向，发现并扶植其中的亲西方势力。通过多年的实践和观察，他们终于确信太平天国政权是国家主权的坚决捍卫者，清政府则是可以通过又打又拉，加以驯服的对象。至咸丰十年(1860)，侵略者这一做法，终于收到了预期的效果。清政府对他们的态度，由虚骄、仇恨、畏惧，逐渐转变为怀疑、释然，从而为中外联合镇压革命铺平了道路。早在咸丰前期，作为又打又拉方针的一部分，外国侵略者就与地方军政大吏勾结，先在上海联合绞杀了小刀会起义，后在广州联合抗拒天地会军。咸丰十年(1860)后，这种合作更大规模地开展起来。侵略者不仅提供交通运输工具、各种贷款和大量军火武器，派出现役军人训练清军，帮助清军制订作战计划，建立华尔——戈登式的中外混合军，甚至还出动数以千计的海陆军，与清军联合作战。毫不夸张地说，中外反革命基地上海的保全，就全靠外国侵略者的力量；而江浙部分地区，特别是苏、常、松、宁等府的争夺，外国侵略者也起了极为显著，甚至是决定性的作用。与之相反，外国侵略者对太平军却多方加以封锁，严厉禁止偷运武器，拘捕参加革命的西方人。

至于革命力量方面，虽然其活动席卷全国，声势浩大。但是，作为中心的太平军：第一，提不出切实可行的纲领。如《天朝田亩制度》，没有把小农土地所有制与地主土地所有制分开，且其中有关生产分配和生活等方面的种种规定，又充满了绝对平均主义的空想。这样,自然不能充分调动农民反对地主的积极性,无法与农民建立持久的血肉相连的关系。第二,领导集团在革命初期诚然是团结的,但随着革命的胜利开展,领导者权势日大,生活日益优裕,争权夺利的趋势也日益严重,终于导致大举内讧,演变成天京事变的惨剧。其后,虽未再发生大规模内讧,但家族主义、分散主义却日益严重,以致号令不行,人心日益涣散。第三,太平军固然具有自己的特点,战斗力很强的军队,但在战略战术上,却僵化少变,屡犯错误。建都天京后,被胜利冲昏了头脑,一反过去集中兵力的方针,把全军分为北伐、西征和防守天京三个方面军。结果,三方面均感兵力不足,不得不从扬州、汉口撤军,以援救北伐军,加强皖北。这既没有挽救北伐军的覆灭,又使湘军争得时间,得以从容建成。以后虽然集中兵力与湘军争夺中游的两湖和江西,并获得很大战果,但天京事变又丧失了这一大好形势。咸丰十年(1860),湘军进入先攻安庆、再图天京的大发展时期。太平军虽有与之针锋相对的第二次西征计划,但李秀成却不认真执行,坚持其重下游、轻上游的战略。而洪秀全、陈玉成后来又不审时度势,仍如过去坚守武昌、九江、吉安等城那样,死守安庆、天京。这实际上是为湘军提供了围城打援,歼灭太平军有生力量的时机与地点。结果,人地两失,终至全军覆灭。至于捻军、天地会军,乃至西南、西北各少数民族起义,虽然为这次革命高潮增添了光彩,但他们或走入流寇主义的困境,或囿于地方主义、种族主义的圈子,甚至同省同族的各支起义军,也不能建立统一的领导，从而给湘军提供了各个击破的机会。

客观方面的敌我友三方，虽然立场大异，但事实证明，他们却从不同方向，给湘军提供了帮助、机会和条件。这样，再加上主观采取的各项正确的措施，湘军集团自然能成功地镇压以太平天国为中心的革命运动，从而取得巨大的胜利。

三、对当时社会的影响

长达二十余年，波及内地各省的两个阶级大搏斗，是一场八级地震，强大的冲击波无一例外地给各阶级、清政权，乃至湘军自身，带来了巨大的影响。对此做详尽论述，虽不是本书的职责，但又不能完全略而不述，其中与湘军有关的部分，更不能不做较多的探讨。

首先是对地主阶级的影响。在农民革命的外力打击下，地主阶级出现较大的变动，一部分沦落，一部分上升，其中军功地主尤为突出。与以往以八旗绿营为主力，由原有军政大员指挥的战争不同，这次是由湘、淮两大集团领导指挥，以湘、淮军为主力，而八旗绿营则因迭遭惨败而没落。这就使一大批原来属于庶民的中小地主，甚至非地主，凭借军功上升为士族大地主，甚至贵族，而原来的大地主、大官僚一部分则反而下降，甚至沦没。与此同时，因遭到太平军和农民群众各种形式的打击，一大批地主也遭到了同样的下场，有许多甚至家破人亡；而一部分地主，则利用战时特殊情况，经营商业、金融业，甚至依附湘、淮军，而大发战争财，也跃升为大地主。地主阶级内部的这种反方向变动，在各省因战争波及深浅和军功地主多寡的不同，而有很大差异。大致可以分为三类。各举其突出者，分述于后。

山西是受战争直接影响最小的一省，但部分地主商人仍然遭到沉重打击，"各殷户家资皆在买卖，其买卖在三江两湖者十居八九。自粤匪窜扰以来，南省半为贼扰，山西买卖十无一存"[6]。但票号业却大起，"咸丰初年，筹饷例开，报捐者纷纷，大半归票商承办其事"，以后更经营各种公款的汇兑，以致"规模愈宏"。[7]这就是说，另一部分地主商人大为发展。其他如依靠胡林翼起家的阎敬铭也在山西大占土地。他"办山西荒务，几举山西之荒田而有其半"[8]。浙江、安徽是受战争直接影响最重的地区。相当一部分地主遭到沉重打击，皖南"故家富室荼然中隳，或荡然无遗者，不可以算数"[9]，六安"被难尤惨，巨家大族无不荡然"[10]。浙江则"昔时温饱之家，大半均成饿殍"[11]。再加上因战乱和瘟疫，又有大批人死亡和外流，就出现了许多无主无人耕种的土地。这一大批土地中有不少为本地农民，或外来客民所有。但与此同时，安徽、浙江这一类地区，不仅有不少逃脱打击的地主，还有一批新起的地主。如胡光墉把商业金融与筹办军饷结合起来，经过十多年，便由一个贫寒的小店员，一跃而成为全国闻名的富豪。而合肥、庐江等几个县，还有一大批军功地主，如李鸿章、瀚章、鹤章等兄弟六人，"合六房之富，几可敌国"，拥有巨额田产房产，芜湖"街长十里，市铺十之七八皆五房创造"。[12]1936年，有人至合肥调查，李家田产仍占东乡田亩总额的三分之二，约有五十万亩。其他淮军将领虽不及李家，但为数也很可观。如周盛波、盛传兄弟，仅捐田就达四千余亩。

湖南在咸丰二年(1852)至五年(1855)中，多次被太平军、两广天地会军侵入省境，虽然使少数地主受到打击，但作为湘军的故乡，先后涌现出一大批以军功起家的新贵。据本书第二、第七两章所列表统计，湖南籍湘军大小头目，为督抚二十四人，为藩、臬、运三司者二十六人，为实缺提镇者一百一十五人，为道员者二十八人，为分统者五十四人，共二百四十七人。以上除第一个数字外，其他都有遗漏，后三个尤多。如再加上为营官，官至知府的人，总数恐将近千人。这一大批人在湘军长期服役时，享有优厚薪饷和公费银，为数更多的截旷银等收入。如刘典咸丰十年(1860)始出为统领，至同治四年(1865)撤军回籍，仅主动上交的截旷银，就多达六万两。彭玉麟虽领军的时间长，但统带营头最多也只十营，后来"军务告竣，除已报销饷项及阵亡恤赏养伤各银外，下余应归私囊银近六十万"[13]。除了以上合法或半合法收入，还可克扣军饷，包揽货运，贪污税款。与此同时，上至统领，下至弁勇，又抢夺成风。"官军平奠东南，湘军将卒多以劫掠致富"，而"淮军则尤甚。每克一城，子女玉帛，悉为军人所有"。[14]其中，最突出的是对天京的抢劫，"获资数千万，盖无论何处，皆窖藏所在也"[15]。除以上两个方面外，凡兼为地方督抚、司道等官者，又有大量养廉和陋规收入，贪污名目更是繁多。这样，就使湘军将帅纷纷成为富豪。"郭松林为著，号称四百万，席宝田、陈湜次之，余则百余万、数十万"[16]。其中，席宝田分给十子，各二十四万两，加上公产及捐助之数，当近三百万两。曾国荃有田万亩（亦言六千亩），房产、钱庄尚在外。郭嵩焘有租六千石，现银万两，陈士杰有田约三千亩，曾国藩有田两千亩，其长子后来的家产更达百万，欧阳利见有田千亩。其他人虽乏资料，但都不同程度地拥有较多家产。早在咸丰五年（1855），曾国藩就说："每月营官帮办薪水二百六十两，章程本过于丰厚，故营官周凤山家已成素封。"[17]当时的营官就成"素封"，以后的营官及其以上头目，就更不待言了。这就是说，湖南出现了数以百计的军功地主。此外，还有一部分依附湘军经商致富。如曾国藩把淮盐运销，"改为商运商销，掣得引票者亦饶于资"，衡阳魏某"掣皖票最多，设局大通，居中转运"，遂"致奇赢"。[18]

其次是对以农民为主体的下层群众的影响。太平天国革命失败后，只有小部分地区封建地主土地所有制遭到较大打击，小农土地所有制有所加强；其他绝大多数地区，地主阶级内部虽有沉有浮，但总的状况并无改变，农民的处境依然如故，"农家举室终岁勤勤，徒为富家作牛马，每至衣食不给"[19]。地主的压榨并未稍减，江苏官府承认，"苏属风气往往佃欠无多，业户不特请官比追，抑且以枷号为常事"[20]，从而迫使农民不得不卖妻鬻子以偿租谷。一遇灾年，更是大批死亡。光绪初年，河南、直隶，特别是山西，连年大旱，赤地千里，死者竟达数百万。

一般情况下，湖南和皖北合肥、庐江、桐城等地农民的处境与其他省相比，其困苦程度有过之而无不及。这是因为两者的军功地主最多。军功地主虽然在本质上与士族地主并无区别，但由于是靠军功起家的暴发户，不免把军队中的习气带到家中，因而更张扬、残暴、贪婪。如曾国荃在家大建宅第，"规模壮丽，有似会馆。所伐人家坟山大木，多有未经说明者"[21]。其他强买坟山田亩者也不一而足。更为恶劣的是随意滥杀。曾家父子"居乡，乃恃势特甚，所请于官，必从之而后已。其四弟澄侯尤甚，有所恶，辄以会匪送官请杀之，杀五六十，不能释一也……县开码头，故事必杀牲以祭，或劝杀人，遂杀十六人祭之"[22]。其他湘军将领如江忠源兄弟在新宁也同样横行霸道，郭嵩焘就感到太过分了，致书婉劝江家兄弟，不要在家乡积怨太多。此外，在经济上，他们除了广购田产，大造房屋花园之外，还大事经商，"如票号，如当店，以及各项之豪买豪卖，无不设法垄断"[23]，曾国荃就在长沙设有钱庄。淮军头目在这方面也同样如此。"中兴功臣强横不法者，无过合肥李相国家。占人田宅，奸人妻女，戕人性命，诸恶孽几不可以数计。向官斯土者，慑其声势，不敢一语抵牾。"[24]李氏家奴某"因钱财细故"，将乡民高某打死，李氏子侄"闻之，一笑而已"，[25]加以包庇。县令孙某与巡抚欲依法办理，李鸿章竟斥之为酷吏，运用其影响，使孙某罢官，巡抚调京离任。此事虽广为流传，人言啧啧，甚至入于小说，但并不能动李家一根毫毛。他们在经济方面的巧取豪夺，更远远超过曾国荃之流。

至于数十万被诱骗参加湘军的农民，除极少数上升蜕变为军功地主外，一部分当了牺牲品，埋骨他乡。仅据光绪《湖南通志》记载，湖南死亡人数就近五万人，湘乡一县，据县志记载其死亡人数也有两万多。这些数字极不完备，正如同治《浏阳县志》卷八所说："军兴以来，死事者甚多，今祀所村仅一千九百零三人，盖佚者多矣。"实际死亡人数，估计当达十多万人。大部分生还者，可以分为保有官阶的和一般勇丁两个部分。据曾国藩同治七年(1868)估计，武职保至三品以上者，就多达数万人。这批人亡命敢战，却无文化才干，虽保至提督官阶，仍大多屈居弁勇，营官也当不上。撤军后，虽"以大衔借补小衔"的办法，一部分被安插在经制兵中任都、守、千、把等小军官，但这类官缺有限，大多数不免落选，与一般勇丁一样回家为民。这一大批被裁汰为民的弁勇，虽可以领到补发的欠饷，但多数被打了折扣。如彭玉麟部水师十营，就只领到同治二年、三年(1863—1864)的欠饷，其余十一个月，合计十万两欠饷，却被强令作为捐输以加广衡、清两县及衡州府的学额了事。再如，在浙江的李元度军，同治元年(1862)大部分被裁汰时，更只领到一个月的军饷，其余被一笔勾销。那些领到足饷或大部分欠饷的弁勇，特别是持有劫掠财物的弁勇，回籍后，极少数能成为小地主或自耕农，绝大多数却无此幸运。因为到手的欠饷不过数十金、上百金，在军功地主哄抬土地价格的情况下，购不了多少田产；且其中不少人在军中沾染上嫖赌和吸鸦片的恶习，区区数十金，用不了多久，就挥霍殆尽。

这就使数以十万计的回籍弁勇，不久就陷于贫苦的境地。曾国荃承认："湘省提、镇无隔宿之粮者多矣。"[26]保至提镇一二品大员者尚如此，其他一般弁勇就不难想见。这样饥寒交迫的悲惨境地，与湘军大头目们穷奢极欲的生活相照，就形成鲜明的对比，使他们感到被出卖了，被抛弃了。

再次是对官府的影响。湘军集团人员出任各省督抚后，对辖境吏治，都进行了不同程度的整治。但由于战争环境，各种人事牵制，任期不长等原因，往往不能收到预期效果。例如，曾国藩为两江总督，明知布政使丁日昌行为不端，却不能不用。胡林翼、左宗棠主持两湖政务时，吏治整顿成效最大，但胡死左去后，吏治就旧态复萌。至于其他非湘军的人出任督抚，则积习如前，不知整顿，更谈不上改进了。同时，战争期间，大办捐输，滥保军功，也极大助长了官场的腐败。

早在同治元年(1862)，曾国藩就说："默思所行之事，惟保举太滥，是余乱政。"次年，又说："名器日滥，弟等实执其咎；治军多年，愧歉莫大于此。"曾国藩一克武汉，保三百人，约计百人保三人，二克武汉，官文、胡林翼竟保至三千余人。以后更滥，"近年每百人保二十人者，几成常套"。[27]其他督抚将帅之滥保自然有过之而无不及。与此同时，为筹措军饷，又开办捐纳实职官。商人地主纷纷出钱买官，"以致市侩之徒，皆成暴贵"，甚至"有众商伙捐，一人出名赴官，众人随同牟利"。[28]军功和捐纳之外，再加上科举出身的正途，就使官吏队伍越来越庞大，仕途越来越拥塞。同治末就有人指出："向来道员候补最少，近则各省或多至数十员，府、厅、州县数以百计，佐杂则以千计，每逢衙参之日，官厅几不能容。"[29]又如，福建盐务官定额十七人，光绪十三年、十四年(1887—1888)，候补者竟有一百多人。这就使各级政府人浮于事、因循敷衍的陋习更加严重，贪赃枉法之风也愈演愈烈。督抚两司往往高价出卖官缺，曾国荃"晚年为江督，贿赂公行"[30]。而得实任官职者，一旦大权在手，便疯狂地进行搜刮。一个官僚"在滇，见前任贪赃婪劣，所不忍言，以为滇去京师远"，可能是特殊情况；后来与友人谈四川、贵州、湖北、河南的吏治，始知"楚事、豫事，则亦犹夫滇"[31]。光绪初年山西大荒，死者以百万计，但巡抚曾国荃、布政使葆亨竟分吞赈灾银数十万，各官纷起效尤，以致闹得沸沸扬扬，最后杀一知州了事。官吏这样贪赃枉法，再加上沉重的封建剥削，人民就生活在水深火热之中，不得不奋起反抗。而督抚大吏则援引战争时期成例，大肆滥杀。如沈葆桢光绪头五年为两江总督，就"残忍滥杀，胜于军事时代"，每派道员往各属查办事件，"频行授以信矢"，即予以擅杀之权，"故一时杀戮至多"，"平均每日得五十人"。这样，他在任期内，除去请假陛见，约计四年，那就要屠杀七万人。和平时期如此残忍，实为骇人的兽行！

最后是阶级斗争。在地主、官府残酷剥削压迫下的农民，被抛弃的退伍弁勇，不仅纷纷投入各种会党、秘密宗教，从而使哥老会、金丹教、斋教等，又大为活跃起来；而且，在他们的组织下，进行各种斗争，甚至举起武装起义的大旗。

这方面，湖南最为突出。被遣撤的湘军弁勇是核心。他们"一旦奉撤回籍，无管带则放纵之心生，无口粮则饥寒之念迫。疲弱者不免沟壑，强犷者必至跳梁"[32]。这时，在军中已广为发展的哥老会，就成了组织他们进行斗争的核心，并得到更为广泛的发展。官府虽严加搜捕，但"会匪愈办乃愈觉其多"。郭嵩焘在一封信中就开列二十四个县，并说："以迄郴、桂两州，无岁不有蠢动。虽立时破案，而旋散旋聚。"[33]这样，再加斋教等活动，湖南在同治三年(1864)后的十一年中，竟爆发各种形式的斗争近二十次，波及二十余县。其中武装起事就有十五次，湘乡一县多达三次，益阳、龙阳哥老会众还一度攻占这两个县城。官府为了镇压湘潭朱亭哥老会起事，竟调动六千人的大军。

面对这样的斗争局面，官绅们惊呼："群匪如毛"，"伏莽时时窃发，了无忌畏"。有的府县官绅过于紧张，竟闹出笑话："昨道州突报阑入，郡中遂大震骇。其实不过一劫案，并未体察，乃至闭城停考，茫无布置，真可大噱。"[34]以军功起家的新贵们也认识到："吾楚之非乐土，不待智者而知。"[35]曾国藩兄弟不仅这样想，甚至还议及避难："人多言湖南恐非乐土，必有劫数。湖南大乱，则星冈公之子孙，自须全数避乱远出。"[36]事实上，同治六年(1867)哥老会众也企图给曾氏兄弟以打击，"侧闻此次会匪起事，专为报仇起见，且系想报仲兄办会匪之仇"[37]。有人建议曾家移居皖南，曾国藩加以拒绝，认为皖南也不安全，"顾天下滔滔，孰是真可安处者"[38]。曾国荃在致乃兄信中也同样认为处处有危机，处处不安全，"方今直省之民，以今各直省之道治之，不久恐酿成变故"。"滔滔皆是，何处可以托足，只好听之而已。"[39]

同治三年(1864)后的十一年的阶级斗争，不论是湖南还是别的省，与道咸之际那几年相比，其激烈程度虽远为逊色，但曾氏兄弟对两者的态度却恰恰相反。当年他们是何等嚣张，而现在又是这样惶恐。这是耐人寻味的。造成这种状况的原因很多，最主要的是满汉统治者在大搏斗中被拖得筋疲力尽。其实，以农民为主体的革命力量，也损失巨大，在相当长的时间内，根本无力进行足以危及封建统治的大斗争。但曾国藩却只知己而不知彼，过高估计对方，自然就再也不能重振当年那样的斗争意志。

湘军虽然挽救了清王朝的覆灭，却无力消除，甚至稍为缓和社会矛盾。事实上，地主阶级因军功地主大批出现，清政府因捐输滥保，以及沿用战时滥杀成例，而愈益腐败、贪婪和凶残。与之相对立的以农民为主体的下层群众，除了少数地区有所改善，被骗入伍又退伍的弁勇，除少数蜕变上升之外，都仍然生活在水深火热之中，从而使两大阶级矛盾持续处于尖锐状态。

四、有形的衰亡和无形的延续

湘军集团无严密的组织，甚至还是多中心，更无自己的纲领和主义。这样的集团，一旦国内战争结束，军队被遣散，就必然走向衰亡。光绪十年(1884)，湘军集团尚有六人任总督(河督不计)，四人任巡抚。之后，由于左宗棠、彭玉麟、杨载福、曾国荃、刘锦棠、郭嵩焘、蒋益澧、刘典、鲍超等人相继去世，湘军集团出任督抚的人，就越来越少了。至光绪二十年(1894)，只有三人任总督，无一人出任巡抚。光绪二十八年(1902)，其中的两江总督刘坤一又病死。刘坤一在咸丰末年，就是独当一面的著名的湘军统领，同治四年(1865)又升至江西巡抚。以后，不仅连任两江总督十三年之久，中日战争中又为钦差大臣，统领湘军和其他清军，与日军作战，而且，在光绪帝退位与否、东南互保等重大政治事件中，起了极为重要的作用，从而显示了他作为湘军集团首领的地位和能量。刘坤一死后，湘军集团虽尚有二人出任总督，但四年后，一死一罢。从此，湘军集团就再也无人出任督抚。武职实任提督，出仕状况大致与此相同。江南、甘肃、福建、浙江、四川、贵州等省提督，以及长江水师提督，长期由湘军将领把持。其中，江南提督持续四十二年，一直由湘军将领担任。即从同治三年(1864)至光绪三十二年(1906)。但此后实任提督就再无湘军将领。因之，可以说，刘坤一的死是湘军集团消亡的标志。

湘军集团虽然退出历史舞台，但其政治影响却长期存在。这主要表现在以下两个方面。

大政方针方面。曾国藩等虽曾面临并经历过许多政治难题，但最突出、最大的难题只有三个：一是外国的侵略；二是劳动群众的反抗；三是前两者并作交织而至。对外，曾国藩一贯主张屈膝求和，对内则力主镇压。简而言之，就是外和内狠。当两者交织并发时，仍然是这个方针。咸丰十年(1860)，英法联军逼近北京，清廷命曾国藩、胡林翼派鲍超军北援，抗击英法侵略军。曾、胡既巧妙地应付了清廷，未派兵北援，又未改变其围攻安庆的战略决策，从而成功地贯彻了外和内狠的方针。同治九年(1870)，天津爆发群众性的反教会斗争，当时身为直隶总督的曾国藩，面对法国的军事恫吓，不仅滥杀平民，处分官员，以满足法国的无理要求，而且，还向清廷指出：鸦片战争以来，"办理夷务，失在朝和夕战，无一定之至计，遂至外患渐深"。现在"外国强盛如故"，"中国目前之力，断难遽启兵端"。"倘即从此动兵，则今年即能幸胜，明年彼必复来。天津即可支持，沿海势难尽备"。**40**这样，对外国侵略者自然愈抵抗就愈糟，愈早求和就愈好。作为曾国藩门徒的李鸿章，不仅恪守外和内狠的方针，在历次对外交涉中，以和为"至计"，并且常引用曾国藩的理论。如中法战争时，李鸿章就说："为今计，不如款以保和，一开衅，即不可收拾。与之战，法始必负，继必胜，终必款。"**41**

战争的胜负，双方武器的优劣固然重要，但双方的内外政治形势、经济实力、战争性质、官兵素质，也同样不可忽视。但曾国藩、李鸿章却片面强调其中的一两个因素，特别是外国侵略者的船坚炮利，认为中国必败。在这种迷信思想指导下，中国失去了本来可以取胜，或者少受损失，免遭屈辱的机会。如天津教案发生不久，法国即与普鲁士爆发大战，且连次失利，本土危急，根本无力在东方大举用兵。但曾国藩见不及此,力主屈膝求和。中法战争时,法国武器装备固然占明显的优势,但中国这方面当时也有较大改善,且在反侵略、保卫祖国的正义感召下,中国军队在越南和沿海,又连次击败法军,取得重大胜利。但李鸿章并未因此得到启发,从迷信中猛醒过来,仍然固执地认为法国不可战胜。结果,战场上连次得胜的中国,竟在谈判桌上屈服,签订了丧权辱国的条约。虽然如此,曾国藩的方针,仍然照样执行。义和团运动时,当清廷下诏对列强宣战,刘坤一、张之洞和袁世凯等督抚大吏,却在辖境镇压反对帝国主义的群众,并与列强勾结,搞东南互保。这种情况不仅见于清末,也见于中华民国。

另一方面,湘军集团与满族贵族统治者的权力斗争,也产生了长久而又重大的影响。咸同时期形成,并得到确立的满汉统治者平分权力的格局,至光绪时继续存在。正如王闿运所说:"今之督抚,与战国之君相似,皆自以为是,则无不是也","湖广官吏之视总督,若实封斯土者,凡所议建,莫敢枝梧"。[42]非湘、淮两大集团的督抚也同样如此。张之洞"督两广时,黜陟大权,一人独揽,抚藩以下,畏其气焰,唯唯听命而已"[43]。对待清廷,虽然做法上有所不同,但遇事专断则一。如财政方面,度支部就诉说:"臣部有考核外省庶政、议准议驳之权,……乃近年各省关涉财政之件……往往事前既不咨商,用后亦不关白。"[44]义和团运动时,江浙、两湖、皖赣、两广、山东等督抚,竟公然违抗清帝宣战诏旨,与列强勾结,使几占全国半数的省置于战争状态之外。督抚这样专权，如此跋扈，使满族贵族深为不安，力图加强自身的权力。事实上，早在义和团运动前，满族贵族就趁湘、淮两大集团自然削弱之机，逐步增加旗员总督的任命。之后，清廷更加紧推行这一方针，不仅将旗员总督增至五人，占总督九缺的一半以上，且在新政名义下，集权中央，如改户部为度支部，颁布新规定，削弱督抚财权，集权于度支部。

与此同时，曾国藩早年结交满族贵族首席军机大臣穆彰阿，使自己迅速发迹，后来更是通过组建湘军，造成兵为将有，进而挽救清王朝命运，左右政局的经验，也在代代相传。如李鸿章，就始终牢牢地控制淮军，视为李家私物，同治九年(1870)又继曾国藩为直隶总督和北洋大臣。在此后二十四年中，李鸿章利用这一权势很大的职位，结交醇亲王奕譞，不断加强淮军，控制北洋海军，并进而影响，甚至左右内政外交。甲午中日一战，湘、淮军连次大败，一落千丈。光绪七年(1881)和八年(1882)后，李鸿章与刘坤一相继死去，但袁世凯又继之而起。袁世凯出身名门望族，先辈两代与曾国藩，特别与李鸿章和淮军有很深的关系。袁世凯青年时期就投奔淮军统领吴长庆，得到重用和提拔，后来又为李鸿章所赏识，多次以"胆略兼优"，各项措施"无不洞中窍要"等考语奏保。声名因之大噪的袁世凯，投靠那拉氏心腹荣禄等人，编练新建陆军，跃升为山东巡抚，义和团运动一结束，更升至直隶总督、北洋大臣。这时，李鸿章的亲信杨某就向袁世凯进言，要他学习曾国藩、李鸿章的经验："今公继起，如能竭其全力，扩训新军，以掌握新军到底，则朝局重心隐隐'望岱'矣！"[45]为达此目的，为对付满族贵族的歧视，袁世凯以各种卑污手法，外结权相庆亲王奕劻，内结那拉氏宠奴李莲英，并全力编练和控制北洋六镇，使自己成为最有军事实力的人物。

载沣等亲贵执政后，更变本加厉地推行集权中央、削弱汉族统治者权力的方针，袁世凯就成了眼中钉，立即遭到罢斥，接着又成立了皇族内阁。亲贵们以为这样就能改变咸同时期逐步确立的满汉统治者平分权力的格局，恢复满族昔日的主导地位。其实，这不仅达不到预期的目的，反而加剧了满汉统治者之间的矛盾，并使自己处于更加孤立的险境，大清再也经不起风浪了。

历史的发展是曲折的。以湘军集团为主导的满汉统治者，镇压了具有强烈反封建和发展资本主义倾向的太平天国革命，滚滚向前的历史车轮似乎停滞不前了。但实际上却隐伏着更深刻、更严重的危机。这种危机表现在原有的问题不但未改善，反而更加恶化。如军功滥保和捐纳滥开就使原来本已庞大的官吏队伍更为膨胀，贪污、因循等腐败现象也随之恶性扩散，从而更加严重地削弱了封建国家机器的功能。同时，湘、淮两大集团所带来的两大结果，又使封建统治阶级内部潜伏着严重的不安定因素。秦汉以来的历史证明，高度的中央集权是封建王朝赖以生存的正常体制，一旦大权旁落于军政大吏，往往就是王朝倾覆的先声。熟悉这一历史事实和教训的满族贵族，对兵为将有，满汉地主平分政权的格局，自然深感不安，力图集权中央，削弱汉族官僚权势。继承这两大结果已近半个世纪之久的汉族官僚对此自然十分愤懑，奋起反对，有的更千方百计保持自己的权势。

咸同时期的大量事实已经证明，满族贵族已经腐败无能，他们被迫放弃主导地位，让出很大部分政权，换取了以湘军集团为代表的汉族地主的支持，才得以渡过难关。可见，满汉地主的团结，正是清王朝赖以生存的关键。以载沣为首的亲贵们，年轻鲁莽，见不及此，结果就使自己孤立无援。与此同时，新的革命风暴正在酝酿。其所以能形成，主要原因是以农民为主体的下层群众革命情绪高涨，资产阶级革命力量日益发展壮大。但先在湘军中得到发展，后又急剧向长江、珠江流域扩散的哥老会也起了重要的推动作用。太平天国革命留下的影响，也为新的革命贡献了自己的力量。正是在这样的多方面因素促进下，终于爆发了辛亥革命。陷于孤立的满族贵族，顿时惊慌失措，一筹莫展，只得拱手让权于袁世凯，而袁世凯旋即不得不自行退位。

早在同治六年（1867），曾国藩与其心腹幕僚赵烈文，就私下讨论过清王朝的前途。曾国藩说："民穷财尽，恐有异变。"赵烈文则进一步指出，异变的爆发"殆不出五十年矣"。四十四年后，不仅果然爆发了辛亥革命，且满族贵族拱手让权于袁世凯，各省封建政权迅速瓦解，纷纷独立的情景，也与赵烈文当时所说"异日之祸，必先根本颠仆，而后方州无主，人自为政"颇有相似之处。曾国藩虽有所保留，但大体上同意赵烈文的预测，所以他又说："吾日夜望死，忧见宗祐之陨。"[46]可见，曾国藩等人已觉察到自己的军政活动，虽然保护了清王朝，但又给它带来了隐忧。事实上，袁世凯就是"兵为将有"的第三代传人。满汉平分政权的格局，是导致满族贵族集权中央、削弱汉族统治者权势以及自身被孤立的远因。袁世凯上台后，虽然摆布了清廷，但同时，又通过与临时政府谈判，窃取了中华民国总统的宝座，后更帝制自为。这样，就阻滞了正在蓬勃发展的资产阶级革命，从根本上维护了封建主义。洪宪帝制流产后，"兵为将有"更有了充分发展的形势，演变为军阀割据。

咸丰时，中国不仅有农民反封建的革命高潮，英法联军的入侵，且清王朝高度集中的中央大权，也开始旁落于军政大吏之手。湘军集团在成功处理这两大内外矛盾的同时，又通过"兵为将有"，不断扩大军政权力，使满汉平分政权的格局得以确立。前两大内外矛盾正是中国近代社会的两大主要矛盾，即中华民族与帝国主义、人民大众与封建主义的矛盾在当时的具体表现。而后者也不只见于清末，至中华民国，更有恶性发展，形成中央政府几同虚设，地方由军阀割据的局面。这就是说，清末乃至民国的统治者面临的主要矛盾和政治局面，与湘军集团当年面临的是相似、相通，甚至相同的。这样，他们自然会从湘军集团成功的经验中，吸取教益。正因为如此，湘军集团，特别是曾国藩，才长期被统治者吹捧，甚至被圣贤化。

1	富礼赐：《太平天国》,《天京游记》第6册，第955页。	
2	李元度：《曾文正公祠雅集图记》,《天岳山馆文钞》卷16。	
3	左宗棠：《铜官感旧图序》,《左文襄公全集·文集》卷1。	
4	郭嵩焘：《罗忠节公年谱》,下卷。	
5	胡林翼：《致鲍春霆镇军（十月初八日）》,《胡文忠公遗集》卷77。	
6	徐继畲：《潞盐刍议致王雁汀中丞》,《松龛先生奏疏》卷下。	
7	李宏龄：《山西票商成败记·序》。	
8	文廷式：《志林》。	
9	程鸿诏：《俞五丈像赞》,《有恒心斋文》卷10。	
10	吴廷栋：《答陈寿卿太史书（戊午）》,《拙修集》卷8。	
11	左宗棠：《沥陈浙省残黎困敝情形片（同治二年二月初四日）》,《左文襄公全集·奏稿》卷4。	
12	欧阳昱：《中兴功臣家》,《见闻琐录》。	
13	彭玉麟：《喜收复金陵二首》,《彭刚直公诗集》卷2。	
14	刘师培：《论中国资本阶级之发达》,《国粹与西化：刘师培文选》,第263。	
15	柴萼：《曾忠襄公》,《梵天庐丛录》卷4。	
16	徐珂：《可言》,卷7。	
17	曾国藩：《致四位老弟（咸丰五年四月二十五日）》,《曾文正公家书》。	
18	杨恩寿：《候选道李君传》,《坦园文录》卷8。	
19	同治《长兴县志》,卷8。	
20	《江苏省例·续编》,同治十年《不准妄枷佃户并收禁》。	
21	曾国藩：《曾文正公手书日记》,咸丰十年九月廿八日。	
22	《曾文正公之父与弟》,《清朝野史大观》第7册。	
23	李桓：《上王夔石中丞书》,《宝韦斋类稿》卷93。	

24 欧阳昱:《孙佩兰》,《见闻琐录》。
25 左桢:《高开元案》,《甓湖草堂笔记》卷4。
26 曾国荃:《致伯兄(同治九年八月初七)》,《湘乡曾氏文献》第8册,第5288页。
27 曾国藩:《复沈中丞(同治二年五月十七日)》,《曾文正公全集·书札》卷22。
28 裘德俊:《胪陈时务八条疏(同治元年)》,《皇朝道咸同光四朝奏议》卷1。
29 张廷骧:《时政谠论》,《不远复斋见闻杂志》卷1。
30 文廷式:《志林》。
31 谭宗浚:《止庵笔语》。
32 杨恩寿:《安置遣回湘勇议》,《坦园文录》卷5。
33 郭嵩焘:《致伯兄家书十》,《云卧山庄尺牍》卷8。
34 黄文琛:《复张柘泉大令弟》,《思贻堂书简》卷5。
35 刘蓉:《与曾相国书》,《养晦堂文集》卷8。
36 曾国藩:《致澄沅弟(同治九年六月六日)》,《曾文正公家书》。
37 曾国荃:《致伯兄(同治六年五月十三日)》,《湘乡曾氏文献》第8册,第5115页。
38 曾国藩:《复郭筠仙中丞(同治六年九月初八日)》,《曾文正公全集·书札》卷26。
39 曾国荃:《致伯兄(同治十年四月十四日)》,《湘乡曾氏文献》第8册,第5214页。
40 曾国藩:《复陈津案各情片(同治九年六月二十八日)》,《曾文正公全集·奏稿》卷29。
41 《光绪朝中法交涉史料》卷22,(一〇〇八)北洋大臣李鸿章来电(光绪十年六月二十一日到)。
42 王闿运:《湘绮楼日记》,光绪三年九月三日,光绪元年十月十三日。
43 欧阳昱:《孔宪谷》,《见闻琐录》。
44 转引自《清末中央与各省财政关系》,《中国近代史论丛(政治)》(第二辑第5册第1章)。
45 萧一山:《一百七十满汉权力之争》,《清代通史》第六篇。
46 《能静居日记》(同治六年六月二十日),《简辑》第3册,第411页。

征引书目

(报刊附后)

一至三画

《一澄研斋笔记》 东培山民　民国廿三年刊
《十三峰书屋全集》 李榕著　光绪廿五年刊
同治《上海县志》 应宝时修　同治十一年刊
《上海小刀会起义史料汇编》 上海社会科学院历史研究所编　上海人民出版社刊
《小谷山房杂记》 张亮丞著　光绪廿二年刊
《广阳杂记》 刘献廷著　商务印书馆刊
《三百堂文集》 陈奂著　民国廿四年刊
《山西票商成败记》 李宏龄著　民国六年刊

四画

《水窗春呓》 欧阳兆熊著　中华书局刊
《不远复斋见闻》杂志　张廷骧著　民国六年刊
《止庵笔语》 谭宗浚著　民国十一年刊
《从戎纪略》 朱洪章著　光绪十九年
《从征图记》 唐训方著　西山草堂刊
《见闻琐录》 欧阳昱著　民国廿五年刊
《中兴将帅别传》 朱孔彰著　民国廿五年刊
《中复堂遗稿》 姚莹著　同治四年刊
《中兴别记》 李滨著　宣统二年刊
《五余读书廛随笔》 顾家相著　民国九年刊
《毛尚书奏议》 毛鸿宾著　宣统二年刊
《云卧山庄尺牍》 郭崐焘著　同治九年刊
《开县李尚书政书》 李宗羲著　光绪十一年刊
《心白日斋集》 尹耕云著　光绪十年刊
《双梧山馆文钞》 邓瑶著　咸丰十年刊
《王侍郎奏议》 王茂荫著　光绪十三年刊
《王文勤公奏稿》 王庆云著　民国廿三年刊
《王壮武公遗集》 王鑫著　光绪十八年刊
《王壮武公年谱》 罗正钧著　光绪十八年刊
《玉池老人自叙》 郭嵩焘著　光绪十九年刊
《天岳山馆文钞》 李元度著　光绪六年爽溪精舍刊本

《天咫偶闻》　震钧著　光绪三十三年甘棠转舍刊本
《天影庵全集》　李寿蓉著　民国三十二年湖南印务馆刊本
光绪《巴陵县志》　姚诗德、郑桂星修　光绪十七年刊
《太平天国》　中国史学会编　上海人民出版社刊
《太平天国史料译丛》　王崇武、黎世清编译　中华书局刊
《太平天国史译丛》　北京太平天国史研究会编　中华书局刊
《太平天国革命亲历记》　王维周译　中华书局刊
《太平天国史料》　金毓黻、田余庆等编　中华书局刊
《太平天国史料丛编简辑》　太平天国历史博物馆编　中华书局刊
《太平天国史料专辑》　上海古籍出版社刊
《太平天国资料》　中国社会科学院近代史研究所《近代史资料》编译室编　中国社会科学出版社刊

五画

《可言》（天苏阁丛刊二集）　徐珂　民国三年刊
《四川财政考》　佚名　民国三年刊
《餐芍华馆遗文》　周腾虎著　光绪三十一年刊
《平黔纪略》　罗文彬著　民国十七年刊
《平定贵州苗匪纪略》　陈邦瑞编　光绪二十二年刊
《东华续录》　王先谦纂　光绪十年上海广百宋斋刊
光绪《东安县志》　黄心菊修　光绪二年刊
《左文襄公全集》　左宗棠著　光绪十六年刊
《左文襄公家书》　左宗棠著　民国九年仿宋线装本
《左文襄公年谱》　罗正钧著　光绪二十三年刊
《龙冈山人文钞》　洪良品著　光绪十七年刊
光绪《龙山县志》　符为霖修　光绪四年刊
光绪《汉阳县志》　张行简纂　光绪十年刊
《圣武记》　魏源著　世界书局精装本
光绪《永明县志》　万发元修　光绪三十三年刊
《毋自欺室文集》　王炳燮著　津河广仁堂刊
《乐园文钞》　严如熤著　道光二十四年刊
《出自敌对营垒的太平天国资料》　皮明庥编　湖北人民出版社刊
《归庐谈往》　徐宗亮著　光绪十二年刊
同治《长沙县志》　刘采邦修　同治十年刊

同治《长兴县志》 赵定邦修 同治十三年刊
光绪《宁远县志》 张大煦修 光绪二年刊
民国《宁乡县志》 周震鳞修 民国三十年刊

六画

《安吴四种》 包世臣著 光绪十四年刊
同治《安仁县志》 张景垣修 同治八年刊
《亦复如是》 青城子著 撷华书局刊
《行素斋杂记》 继昌著 光绪廿七年刊
《异辞录》 刘体智著 《辟园史学四种》本
《江浙豫皖太平天国史料选编》 南京大学太平天国研究室编
《乔勤恪公奏议》 乔松年著 乔氏自刻本
《有恒心斋集》 程鸿诏著 光绪刊本
《百柱堂全集》 王柏心著 光绪廿四年刊
光绪《耒阳县志》 于学琴修 光绪十一年刊
《光绪朝中法交涉史料》 故宫博物院文献馆编印
《刘中丞（韫斋）奏议》 刘蓉著 思贤讲舍刊
《刘中丞奏稿》 刘崐著 光绪十一年刊
《刘武慎公遗书》 刘长佑著 光绪廿六年刊
《刘武慎公年谱》 邓辅纶著 光绪廿五年刊
《刘坤一遗集》 刘坤一著 中华书局刊
《成山老人自撰年谱》 唐炯著 宣统二年刊
《合肥段执政年谱初稿》 吴廷燮著 民国廿七年刊
《自治官书偶存》 刘如玉著 光绪二十四年刊
《守默斋杂著》 何应祺著 同治十年刊

七画

《李忠武公遗书》 李续宾著 光绪十七年刊
《李忠武公年谱》 傅耀林著 《湘军人物年谱》本
《李文忠公全集》 李鸿章著 光绪三十四年刊
《李文恭公奏议》 李星沅著 光绪五年刊
《李文恭公文集》 李星沅著 同治四年刊
《妙香室丛话》 张培仁著 《笔记小说大观》本

《汪穰卿笔记》 汪康年著 商务印书馆刊
《汪梅村先生文集》 汪士铎著 光绪七年刊
《沈文忠公集》 沈兆霖著 同治八年刊
《杨勇悫公奏议》 杨岳斌著 光绪廿一年刊
《花随人圣庵摭忆》 黄濬著 上海书店出版社刊
《志远堂文集》 邹钟著 光绪二年刊
《苏邻遗诗》 李鸿裔著 光绪十七年刊
《劬庵文稿》 罗正钧著 民国九年刊
《坚白斋集》 龙汝霖著 光绪七年刊
《求阙斋弟子记》 王定安著 光绪二年刊
同治《攸县志》 王元凯续修 同治十年刊
同治《芷江县志》 盛庆绂等修 同治九年刊
光绪《应城县志》 罗缃等修 光绪八年刊
民国《吴县志》 曹允源等纂 民国廿二年刊
《吴煦档案中的太平天国史料》 静吾、仲丁编 三联书店刊
《志林》 文廷式著 台湾《印文芸阁先生全集》本

八画

《瓮牖余谈》 王韬著 申报馆刊
《学仕录》 戴肇辰编 同治五年刊
《周文忠公尺牍》 周天爵著 同治七年刊
《殁楼遗集》 张士珩著 民国十一年刊
《青萍轩文录》 薛福保著 光绪八年刊
《郁鄦山房文略》 赵树吉著 光绪十一年刊
《松龛先生全集》 徐继畬著 民国四年刊
光绪《松江府续志》 博润修 光绪十年刊
《拙修集》 吴廷栋著 六安求我斋刊
《拙尊园丛稿》 黎庶昌著 江南李氏广明阁刻本
《坦园文录（坦园丛稿）》 杨恩寿 光绪四年刊
《国朝馆选录》 沈廷芳辑 清刻本
《经德堂文集》 龙启瑞撰 光绪四年刊
《养知书屋文集》 郭嵩焘著 光绪十八年刊
《养晦堂文集》 刘蓉著 光绪十一年刊
《养和堂遗集》 陈光亨著 光绪十九年刊

《林文忠公政书》 林则徐著 商务印书馆刊
《宝善堂遗稿》 朱潮著 光绪八年刊
《宝韦斋类稿》 李桓著 光绪六年刊
道光《宝庆府志》 黄宅中修 道光廿九年刊
《张大司马奏稿》 张亮基著 左文襄公全集本
《罗忠节公遗集》 罗泽南著 长沙木刻
《罗忠节公年谱》 郭嵩焘撰 同治二年刊
《枫南山馆遗集》 庄受祺著 同治十三年刊
《怡志堂文初编》 朱琦著 同治三年刊
《苗防备览》 严如熤著 道光廿三年刊
嘉庆《宜章县志》 陈永图修 嘉庆廿年刊
光绪《武进阳湖县志》 王其淦修 光绪五年刊

九画

《柏堂师友言行记》 方宗诚著 台湾文海出版社刊
《皇朝琐屑录》 钟琦著 光绪廿三年刊
《皇朝经世文编》 贺长龄编 广百宋斋刊
《皇朝经世文续编》 盛康编 思补楼刊
《显志堂集》 冯桂芬著 光绪二年刊
《咸同贵州军事史》 凌惕安著 民国廿七年刊
《咸同中兴名贤手札》 郭庆蕃辑 台湾文海出版社影印
《胡文忠公遗集》 胡林翼著 光绪十四年刊
《胡文忠公手翰》 胡林翼著 江阴金氏刊
《胡文忠公手札》 胡林翼著 李思澄摹印本
《胡文忠公年谱》 梅英杰著 民国十八年刊
《骆文忠公奏议》 骆秉章著 台北文海出版社影印
《骆文忠公奏稿》 骆秉章著 光绪骆氏自刻本
《骆文忠公自订年谱》 骆秉章著 思贤书局刊
《思益堂集》 周寿昌著 光绪九年刊
《思贻堂全集》 黄文琛著 同治十二年刊
《郘亭诗钞》 莫友芝著 同治五年刊
《柈湖文集》 吴敏树著 思贤讲舍刊
《柈湖诗录》 吴敏树著 同治八年刊
《春在堂杂文》 俞樾著 台湾文海社影印

《南村草堂文钞》　邓显鹤著　民国二十六刊
《赵恭毅公剩稿》　赵申乔著　乾隆六年刊
同治《浏阳县志》　王汝惺修　同治十二年刊

十画

《倭文端公遗书》　倭仁著　光绪廿年刊
《桐城吴先生文集》　吴汝纶著　光绪三十年刊
《陶楼文钞》　黄彭年著　民国十二年刊
《陶风楼藏名贤手札》　柳诒征编　民国十九年影印本
《素园丛稿》　姚永朴著　京务印书局刊
《郭嵩焘日记》　郭嵩焘著　湖南人民出版社刊
《能静居日记》　赵烈文著　台湾学生书局影印
《能静居日记》(太平天国史料丛编简辑本)　赵烈文著　中华书局刊
《浮邱子》　汤鹏著　同治四年刊
《唐确慎公集》　唐鉴著　光绪元年刊
同治《桂阳直隶州志》　王闿运撰　同治七年刊
同治《益阳县志》　姚念杨修　同治十三年刊

十一画

《庸闲斋笔记》　陈其元著　宣统三年刊
《庸闲老人自叙》　陈其元著　台湾文海出版社刊
《庸庵全集》　薛福成著　上海醉六堂刊
《庸庵笔记》　薛福成著　上海扫叶山房刊
《清史稿》　赵尔巽等撰　中华书局新刊
《清代野记》　梁溪坐观老人撰　民国三年刊
《清朝野史大观》　小横香室主人编　中华书局刊
《清稗类钞》　徐珂编著　中华书局刊
《清代通史》　萧一山著　台湾商务印书馆刊
《清代名人轶事》　葛虚存编　上海会文堂书局刊
《清代学者生卒及著述表》　萧一山著　民国三十二年刊
《清实录》　伪满影印本
《清泉县志》　王闿运修　同治八年刊
《梵天庐丛录》　柴萼编著　民国十四年刊

《啸古堂文集》 蒋敦复著 同治七年刊
《续碑传集》 缪荃孙编 江楚编译书局刊
《绳其武斋折稿偶存》 黄赞汤撰 同治三年刊
同治《常宁县志》 玉山修 同治九年刊
嘉庆《常德府志》 应先烈修 嘉庆十八年刊
《惕庵年谱》 崇实著 光绪三年刊
《绿漪草堂文集》 罗汝怀著 光绪九年刊
《移芝室全集》 杨彝珍著 光绪廿二年刊
中国近代史资料丛刊《捻军》 上海人民出版社刊
《捻军史料丛刊》 江世荣编 商务印书馆刊
同治《新修麻阳县志》 姜钟琇等修 同治十三年刊
《绵竹县志》 王佐等修 民国九年刊
《淮军志》 王尔敏著 中华书局刊
《随槎录》 罗镇嵩著 光绪十八年刊

十二画

《曾文正公全集》 曾国藩著 传忠书局刊
《曾文正公家书》 曾国藩著 商务印书馆刊
《曾文正公手书日记》 曾国藩著 中国图书公司刊
《曾文正公手札》 曾国藩著 李思澄摹印
《曾国藩未刊信稿》 江世荣编 中华书局刊
《曾国藩未刊往来函稿》 曾国藩著 岳麓书社刊
《曾文正公年谱》 黎庶昌著 大达图书供应社刊
《曾忠襄公全集》 曾国荃著 光绪廿九年刊
《湖南文征》 罗汝怀编纂 同治十年刊
《湖南文献汇编》 湖南省文献委员会 上海书店出版社刊
《湖南褒忠录初稿》 郭嵩焘等编 同治十二年刊
光绪《湖南通志》 卞宝第、李翰章等修 商务印书馆影印
宣统《湖北通志》 吕调元修 民国十年刊
《学艺斋遗书》 邹汉勋著 光绪四年刊
《遂翁自订年谱》 赵畇著 光绪二年刊
《璞山存稿》 曹蓝田著 光绪廿二年刊
《椒生随笔》 王之春撰 岳麓书社刊
光绪《善化县志》 吴兆熙等修 光绪三年刊

《续修舒城县志》　吕林钟等修　光绪三十三年刊
《湘军志》　王闿运著　成都墨香书院刊
《湘军记》　王定安撰　江南书局刊
《湘军志平议》　郭振墉著　清闻山馆刊
《湘军兵志》　罗尔纲著　中华书局刊
《湘绮楼文集》　王闿运著　上海广益书局印
《湘绮楼日记》　王闿运著　商务印书馆刊
《湘绮府君年谱》　王代功编　湘潭罗氏湘绮楼刊
《湘乡曾氏文献》　曾国藩等撰　台湾学生书局影印
《湘乡曾氏文献补》　曾约农编　台湾学生书局影印
《湘乡师相言兵事手函》　曾国藩撰　光绪二十六年刊
同治《湘乡县志》　齐德五修　同治十三年刊
光绪《湘阴县图志》　郭嵩焘撰　光绪六年刊
光绪《湘潭县志》　王闿运撰　光绪十五年刊
《道咸同光名人手札》　商务印书馆影印
《皇朝道咸同光四朝奏议》　王延熙、王树敏辑　光绪二十八年刊
《道咸宦海见闻录》　张集馨著　中华书局刊
《道咸以来朝野杂记》　崇彝著　北京古籍出版社刊
《睇向斋秘录》　陈灨一著　文明书局印
《榆巢杂识》　赵慎畛著　浙江官纸总局刊
《彭刚直公诗集》　彭玉麟著　光绪十七年刊
同治《溆浦县志》　齐德五修　同治八年刊

十三画

《辟邪纪实》　崔暕编　同治十年刊
《蒿庵随笔》　冯煦著　民国十六年刊
《钦定剿平粤匪方略》　朱学勤撰
《碑传集补》　闵尔昌编　台湾文海出版社影印
《筹办夷务始末》　民国十九年故宫博物院影印
光绪《零陵县志》　嵇有庆等修　光绪二年刊
民国《蓝山县图志》　邓以权等修　民国廿一年刊

同治《新宁县志》 张葆连等修 光绪十九年刊
同治《新化县志》 甘启运等修 同治十一年刊
《新喻县志》 文聚奎等修 同治十二年刊
《靖州直隶州志》 吴起凤等修 光绪五年刊
《锡金志外》 华湛恩纂 道光廿三年刊
《豸华堂文钞》 金应麟撰 光绪元年刊

十四画以上

《暝庵杂识》 朱克敬著 《笔记小说大观》本
《霆军纪略》 陈昌著 上海申报馆仿聚珍版
《镇海县志》 洪锡范修 民国十二年刊
《谭嗣同集》 谭嗣同著 中华书局刊
《窳櫎札记（窳櫎日记钞）》周星诒 民国廿四年刊
嘉庆《黎里志》 徐连（达）源撰 嘉庆十年刊
《甓湖草堂五种》 左桢撰 民国十二年刊
《魏源集》 魏源著 中华书局刊
《醒睡录》 邓文滨著 上海申报馆仿聚珍版
《濂亭》 张裕钊著 光绪廿一年刊
《镜湖自撰年谱》 段光清著 中华书局刊
同治《衡阳县志》 罗庆芗修 同治十三年刊
同治《鄞县志》 唐荣邦修 同治十二年刊

征引报刊目录

《人文》（月刊） 上海 民国廿年
《中和》（月刊） 北京 民国三十一年
《申报》（日报） 上海 光绪二年
《甲寅》（周刊） 北京 民国十五年
《知新报》（旬刊） 澳门 光绪廿三年
《清代档案史料丛辑》 故宫博物院明清档案部编 中华书局刊
《湖南历史资料》 长沙 湖南省人民出版社刊

敬悼罗尔纲师

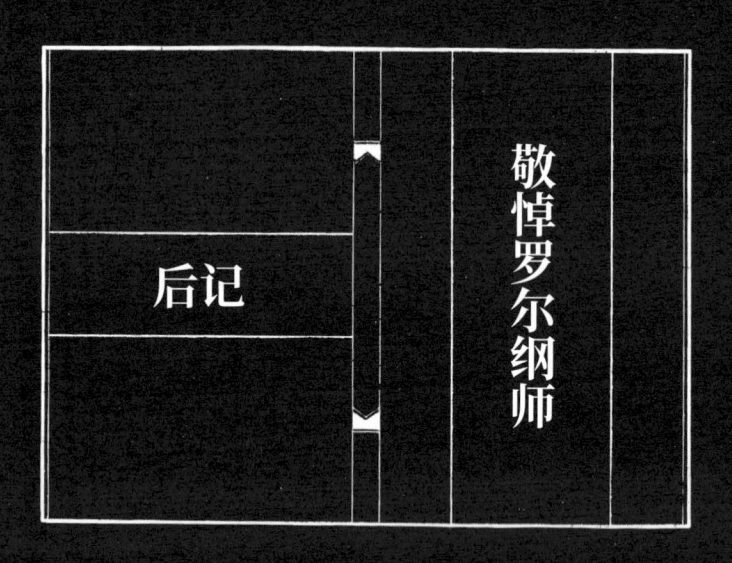

后记

尔纲师辞世转眼就一周年了。回忆四十二年师门受教，心潮难平，欲为文纪念，又难于下笔。因为尔纲师著作等身，为学精深博大，不仅是太平天国史、晚清兵制史的开拓者和奠基人，还对金石学、训诂学和古典小说进行了专门研究。从《水浒传考证》之精细，见解之独到、资料之丰富，就可以看到师在非专擅之领域，也有很高的造诣。我学识浅薄，自然不敢在这方面有所论述，然半个世纪师门受教，却有不少亲身感受。

1955年岁末，我考取尔纲师的副博士研究生，次年去南京见老师。初出大学校门，又是第一次见面，不免有点紧张，但一见面，尔纲师的朴素、亲切、谦和，就使我的局促无影无踪。接着，他又为我精心安排太平天国史发蒙课，亲自带我参观堂子街太平天国纪念馆、颐和路南京图书馆。目睹琳琅满目的文物图书，耳听尔纲师不厌其烦的讲解教诲，翻阅已具雏形的《太平天国史料丛编》稿本，我这个未涉科研的青年，不知不觉就走向太平天国史这扇神圣科学殿堂的大门，既感到它的浩瀚，又体会了治学的艰辛，甚至还多少了解了发掘史料的门径。上完这堂课，回到北京后，我一面按规定学习马克思主义原著，一面学习写论文。一年之后，我的第一篇论文《太平天国后期土地制度实施问题》就写好了，并获得了一些好评。没有南京那堂课，这篇论文肯定写不出来。

1957年后，国内风波迭起，研究生制度也被一刀切取消了。我虽有幸仍然留在近代史研究所，但先后参加运动,下放劳动,调做行政工作,直至1961年,才回到科研本行。此前,尔纲师也调到所内,家也由南京搬到北京,我们师生见面更方便了。这时虽无师生之名,但凡有请益,尔纲师从不厌烦,总是悉心指导。八十年代,我萌发了写《湘军史稿》的愿望,尔纲师立即大加鼓励,给予指导;脱稿时,尔纲师已近九十高龄,我本不欲再事打扰,可尔纲师坚持要审阅全稿,又亲自撰写序言,前后费时达一个月之久。可惜我太不争气,做事虎头蛇尾,虽遵师教,多方搜集史料,也用心写作,但收尾工作粗糙,以致印出后,错误甚多,辜负尔纲师之苦心。每一念及,悔恨不已。然尔纲师巍巍学者风骨,则铭刻于心,不敢稍忘。

尔纲师毕生淡泊自甘,生活上俭朴如老农,不知高档享受为何物,唯一业余爱好就是看电视中的京剧节目。其他可用时间,不事交游,不喜荣华,不出风头,只知潜心研究工作,就是众望所归的荣誉和职位,也避之唯恐不及。如太平天国博物馆,师既参与创建,又为这方面不可替代的权威,是最适宜的馆长之选。但尔纲师再三推辞不就,甚至已经发表公布了,也坚辞不已,只愿到近代史研究所,做一个冷冷清清的研究员。尔纲师被选为两届全国人民代表大会代表、两届全国政协委员,虽不能辞,但每有活动,辄局促不已,很不适应。然与学人谈论学术,不仅精神振奋,言谈娓娓不倦,还往往一语破的,抓住问题的关键。对所涉及的史料,所发生的年月日,虽至耄耋之年,仍能准确无误一一道来,使在座者惊叹不已。对学术方面的公益事业，他更热心倡导，忘我投入。如二十世纪五十年代编纂的、多达一千二百万字的《太平天国史料丛编》，尔纲师不仅是主持者、倡导者，还做了许多重要具体工作，但出版时，却坚持不要署自己的名，不要一分钱稿费，钱汇至北京，也如数退回。

尔纲师一贯平等待人，宽厚待人。对来访者，不论身份高低，一律热情相待。总是亲自让座、沏茶，忙个不停。对来访的学人，甚至青年学人，从不以权威前辈自居，热情招待之后就静坐下来参与讨论，听取意见，甚至反对自己的意见。八十年代，有人在《安徽史学》撰文，与师商榷，反对太平天国科举考试始于辛开元年(1851)广西永安的说法。尔纲师立即为文肯定了作者的意见，承认自己的错误；还给编辑部写信，请他们在他文前加写按语，以他为"的"，展开讨论，以期在史学界形成相互切磋、修正错误的好学风。在这方面，我个人更有亲身体会。五十年代初入师门，在太平天国土地问题上，我就撰文不同意尔纲师的一些看法，尔纲师在审阅初稿时，不但不批评斥责，还赞许我能广泛收集资料，并询问文中提及的《相城小志》的详细情况，用笔记下来。以后，在李秀成变节问题上，我与尔纲师的观点完全对立，并写了《李秀成变节问题刍议》一文，加以论述。但尔纲师一如既往待我，从未有一丝一毫不悦。

当然，尔纲师也批评我，开导我。老师知我多嘴快舌，好发表议论，就多次劝我慎言。在专业方面，尔纲师的批评也很委婉：对初稿上的错误，或夹纸条，见面时，再翻出一一指正；或用纸条写好，贴在旁边，从不涂抹径改。尔纲师于书法不甚讲究，但大至所著书的手稿，小至私人信件(包括给我的信)，甚至在我初稿上写的纸条，都是一笔不苟的楷书，从不写草书。有时函件页数较多，尔纲师必加上封面，亲自用针线装订成册。我初不在意，后来见多了，虽敬服老师之精细，凡事不苟，但又觉得太麻烦了，甚至窃笑有点古板。后读尔纲师《生涯六记》，方知师少年时期，就饱受遇事"忍耐、小心、不苟且的教育"；尔纲师并且认为"做历史研究的人，应该具有一种精密的能力……而养成这种精密的能力，就须先有小心、忍耐和不苟且的习惯"，犹如醍醐灌顶，至此我方知这是尔纲师毕生治学力行不怠的主张，也是言传身教，希望我改正有时粗心大意、字迹潦草的老毛病。可恨我冥顽不灵，直至近年才有所觉悟，以致犯下"为山九仞，功亏一篑"的错误。

回顾近半个世纪师门受教的往事，我虽有负师教之处甚多，追悔莫及；然师淡泊自甘，不慕荣华，不钻营取巧的风骨，则不敢须臾忘，誓必终身力行不殆！

附：建议为百家争鸣提倡一种好风气——互相切磋、承认错误的好风气。鄙见以为，提意见的同志应本着学术为公、与人为善的态度，以和风煦日的文笔提出商榷的意见，而被提意见的同志则应以闻过则喜和有则改之、无则加勉的态度去接受批评。

著者承认错误是对人民负责的应有态度，而提意见的同志则应有与人为善的态度，为百家争鸣提倡一种好风尚。

20世纪60年代初，笔者着手收集湘军史资料，后因事耽搁，直至1983年，才开始写初稿，又历六载，方得脱稿。自知才疏学浅，错误必不可免，唯有敬祈读者指正，以便他日改正。拙著写作期间，尔纲师以八十多岁高龄，于百忙中，常加督促指导，甚至成月累日，亲自审阅写序；同时，顾亚、何龄修、张海鹏、朱东安等同志也大力给予帮助，特此致以衷心的感谢。

家世简述

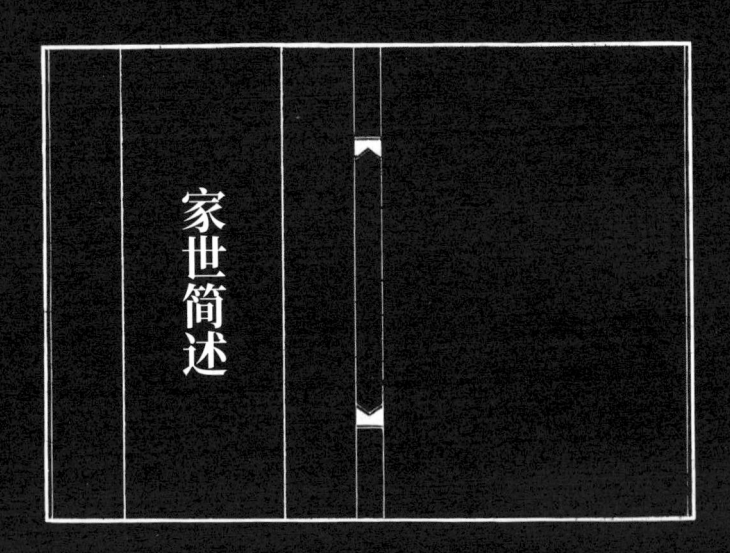

我家世代为湖南衡阳岘山乡人，所居村反车塘坐落在丘陵环抱、方圆八九里的小平原上。发源于西面长乐山区的武水，把小平原分为南北两大块：北部有傍山而建的龙氏宗祠，有水面广数十亩的人工湖——燕子塘，居民多数为我龙姓族人；南部则散居蒋、欧阳、丁等姓，还有同样傍山而建的蒋、欧阳两姓宗祠。

燕子塘龙姓，定居于此约四百年，向无大富大贵之人，我曾祖承业公以上更世代为农民，至祖父登梁公（字屏汉）始为乡村塾师。旧时乡村私塾有两种：一种叫蒙馆，教儿童发蒙识字，课本为《三字经》《幼学琼林》《论语》等书，死记硬背，不讲文义字义；另一种叫经馆，教儒家经典以及《古文观止》等书，讲文义，学作文。前者老师束脩微薄，社会地位低；后者束脩较多，地位也较高。屏汉公虽是后一类塾师，但家中一直还同时务农，雇有长工一人；二弟谷初公及其二子也同样在田间劳作。这样，再加上族产田数亩，家境就日益好起来，到了二十世纪二十年代，不仅在反车塘附近有田产十多亩，盖了六大间土坯瓦房，还在相距约十里的山区，购有山林一大块、田数亩。三十年代屏汉公病逝，再加上抗日战争的影响，家境渐不如前，未再增加一分田。四十年代，立初公三兄弟分家，每家只分得田数亩，加上所佃族产大约不足十亩。五十年代，土地改革，三家因无人亲自耕种，都被定为地主。

屏汉公生于清同治六年（1867）九月十三日，卒于民国二十三年八月二十二日（1867年10月10日—1934年10月1日）。祖母贺氏生于同治九年(1870)，卒于1960年，享年九十岁。我生得晚，又少不更事，祖父的音容笑貌只有一点点印象，已经无从回忆了。祖母性情温和，一天到晚劳作不休，从未见过她老人家生气骂人。他们有三子一女：

女名科坤，嫁谭梓霖。其长子谭靖夷，高级工程师，先后任柘溪、乌江、欧阳海等工程总工，中国工程院院士。次子谭澄夏，高级会计师。三子谭光亚，中学教员。

长子名科葵，先名见利，后以字行，字立初。生于清光绪十三年正月初二(1887年1月25日)，清末先毕业于衡清师范学校，后毕业于长沙湖南公立法政学堂；同时，还秘密加入孙中山领导的同盟会，辛亥革命胜利后，转入国民党。大革命时期任国民党县党部秘书、常委，农民教育讲习所所长，与共产党人蒋啸青合作无间。同时，又鉴于本乡无新式学堂，先在本族祠产中划出部分田产，创办初等小学，免费招收本族和外姓子弟入学。后又与钟武乡(现岘山乡的一部分)士绅协商，在栀山嘴创立高等小学一所，屏汉公出任首任校长。马日事变后，立初公成为当政者捕杀的对象，不得不四处躲藏。广西李宗仁军反蒋，进至湖南，立初公创办《革命日报》，自任主笔。李军战败退走，只得远走广州，参加反蒋活动，任《民力报》编辑。反蒋各派瓦解后，立初公北返，在江苏、安徽，为朋友做一些文字工作。抗日战争前一年，经朋友介绍，至国民政府军事委员会军法执行总监察部任少校、中校督察员。后又随之辗转迁至重庆，并调任军令部上校副员。虽然名称不同，官阶有高低，但都是做文字方面的工作，公余之暇还做点学术性的写作，从不奔走钻营，阿附权贵。1943年，因年老多病，厌官场腐败，自行辞职回乡。家乡沦陷后，日寇烧杀掳掠，怒火中烧的立初公常常赋诗以抒心中难抑的悲愤。光复后摆脱衡阳头面人物的纠缠，一心一意，任船山中学(衡阳市一中)高中部语文教员，并一度出任船山二分校校长。新中国成立后，转至成章中学(衡阳市八中)。1958年，因年老离职。1970年10月3日(九月初四日)，病逝在反车塘旧宅，享年八十三岁。

立初公先娶妻杨氏，生于光绪十三年十一月二十二日(1888年1月5日)，殁于1960年，享年七十二岁。生三女，长女盛兰，嫁刘志昆，有一子。次女盛菁，嫁全德懋，生一子一女。三女盛芷，嫁罗亮发，生二子二女。后娶次妻丁文，衡阳市郊白沙洲人，生于光绪二十七年十月二十六日(1901年12月6日)，殁于1957年8月，终年五十六岁。生二子一女，女名盛英，湘潭市中心医院药剂师，嫁彭德，有二女。长子名盛运，1929年8月11日(七月初七日)生，北京大学毕业，中国社会科学院近代史研究所研究员、学术委员会委员，著有《湘军史稿》《向荣时期江南大营研究》，主编《清代全史》第七卷、《太平天国学刊》第三辑，与人合著《太平天国运动史》，以及论文若干篇。娶妻王璧，生于1931年10月13日，北京朝阳中医医院副主任医师，生一子二女。

立初公次子名晚大，西安交通大学毕业，高级工程师，华北电力公司张家口供电局副总工程师，生于1944年12月18日(十一月初四)，殁于1996年2月26日，终年五十一岁。晚大暴病，英年早逝，震动公司上下，副总经理在题为《为你送行》的悼文中（发表在该公司自办的供电报上）不仅说晚大是他的"良师益友"，还对晚大"干练的作风""一丝不苟的态度""光明磊落""坦诚刚直"的品格，表示了深深的敬佩。娶妻岑秉莲，河北省新保安人，张家口供电公司职工，生二女。

屏汉公次子科蔚，字谷初，生于光绪十八年八月二十二日（1892年10月12日，一直在家务农），民国三十五年十二月二十五日（1946年1月23日）病逝。娶妻刘氏，生于光绪十六年十月十三日（1890年11月24日），卒于1960年10月1日。生一子名盛遇，字莘聘，上过中学，在家开过药店，后做中医师。娶妻欧阳美吉，生二子一女。

屏汉公三子科庄，字邃初，号亮铎，生于光绪二十六年十二月九日（1901年1月28日）。少年时随父读书，后至长沙雅礼中学(?)上学，我少时见其家中有好几本英文原版书，大人说是亮铎公上学时带回来的。后大约未毕业即南下广州，考入以国民党中央名义主办的政治讲习班。这时，正是第一次全国代表大会之后，国民党实行联俄、联共、扶助农工三大政策，南方各省，特别是两广和湖南，革命风气日益高涨，许多青年学生纷纷南下，报考黄埔军校和其他学校，亮铎公就是他们中的一员。讲习班教职员中，有不少共产党人，如毛泽东、李富春。我见过其家中收藏的政治讲习班毕业纪念册，每个教职员、学员都有照片，这是我第一次见毛泽东像，亮铎公那时二十多岁，英气勃勃。可惜土改时，家中所有藏书都去向不明，这本纪念册也难以寻觅了。大革命以后，国民政府成立，亮铎公在行政院实业部工作，其间得过一次盲肠炎，时立初公恰也在南京，于是函告家中，听说要开肚割肠，全家人听了无不骇然。抗日战争中，亮铎公先在河南邓县任难民开垦处处长，后至重庆某军军部任秘书，做文牍方面的工作。抗战胜利后，亮铎公一度在南京警官学校任职，后至某军军部任秘书，仍做文牍方面的工作。新中国成立后不久，曾在市政府一个部门做事，不久被捕劳改。1970年解除劳改回家。1973年六月初四日病逝于黄狮塘老家，享年七十二岁。

亮铎公先娶妻丁氏，光绪二十四年正月初一（1898年1月22日）生，殁于1959年12月3日，享年六十一岁。生二子，长子盛作，生于1922年5月20日，殁于1949年8月17日。娶妻蒋氏，后改嫁，生二女。

盛修，亮铎公次子，字用九，与表兄谭靖夷同为我乡著名英才，儿童时即聪明过人，在新民中学上初中时，屡获优等生称号，多次减免学费。他不但文理两科成绩优异，且书法亦好，毛笔大字尤为出色。记得我族六修族谱告成，举行盛大庆典，祠堂大门对联就是他书写的。当时他年少个子小，站在凳子上，悬腕书联，围观者无不啧啧称赞。高中考入全省最有名的湖南省立一中。毕业时，因日寇大举南侵，家乡沦陷，遂间道至广西桂林，虽考取广西大学，但因日寇又攻入广西，无法入学，只得与大队难民徒步逃至贵州。当时举目无亲，衣食无着，更不知军统局是专做坏事的特务机关，便考入军统局息烽电讯技术训练班。后幸与在重庆的亮铎公联系上，经多方努力，一毕业，或未毕业，即至亮铎公所在军任书记员。抗日战争胜利的当年，考取武汉大学和北方某大学，因家贫，难于筹措路费和学费，便就近入武汉大学有公费补助的司法专业学习。在校积极参加学生运动，1946年，或次年，秘密加入中国共产党。新中国成立后，先在武汉学生联合会任秘书长，后调至新民主主义青年团武汉市委任部长（此据谭维球言，当时谭维球常与用九见面）。审干肃反中，因历史问题受审查，调至武汉29中学任教员，不久更被划为右派，至农场劳改。长期悲愤难抑，心情忧郁，遂至精神错乱。后虽平反昭雪，但已久病难愈，身体衰弱，1993年，终于一病不起。我乡有名青年英才，就这样悲惨地走完了他坎坷孤独的人生道路。大约1985年，他来北京，找最高人民法院上访，住我家数日，这时精神仍有些错乱，有一天很晚仍外出未归，我们全家四处寻找，直至晚上十点，我才在北京火车站一个黑暗角落，发现他抱着头蹲在地上打盹。这时我不觉悲从中来，这难道就是我少年时崇拜的用九哥！

亮铎公后娶次妻程志慧，湖北蕲春人，高中文化，生于民国九年（1920），殁于1955年2月。生子女各一，女名萍，师范学校毕业，中学教员，嫁唐安维。子名维新，1939年2月28日生于湖北，大学毕业后，任湖北利川市财经学校副校长、利川市政协常委，高级讲师。妻唐光彩，湖北人，财经学校职工。

自承业公至今，我们家族已历七代，为时百多年，人多事繁，我生得也晚，虽未见过承业公，对屏汉公也只有模糊印象，但十四五岁前，一直生活在以祖母为首的大家庭中，与用九哥、显微侄同桌吃饭，耳濡目染，得知不少家世资料。作为家乡小有名气的塾师，坚持耕读传家的屏汉公，一生坚持三个要点：一是命二叔父子与长工同样劳动，耕田、养鱼、喂猪，力求自给自足。二是尽心尽责教授学生，注意自身国学修养，购买了不少线装古籍，除了常见的书，还有《资治通鉴》《史记》《汉书》《船山遗书》等大部头名著。后者更是明末清初集儒学大成的宗师，至今仍为学人所推崇。因为家中藏书多，少年时期我与用九哥，每年六月都要在烈日下晒书一天，以防虫咬霉变。三是不仅洁身自好，安贫乐道，坚决不做欺压乡邻，包揽词讼的劣绅；而且家中一般经济往来也不过问，更不精明。因此，这方面留下不少可供笑谈的轶事。正因为如此，屏汉公特别钟情孔子："君子有三畏，畏天命、畏大人、畏圣人之言"，颜其居为三畏庐。但是，屏汉公并不是两耳不闻窗外事，一心只读圣贤书。事实上，他对日益艰危的国事忧心忡忡，故特取字屏汉。

在屏汉公言传身教的影响下，立初公清末就秘密加入同盟会，以后又转入国民党，大革命时期更拥护联俄、联共、扶助农工的三大政策，积极参加衡阳国民党的各项工作，与共产党人紧密合作，出任农民运动讲习所的领导，以致不少人以为他是共产党。2006年6月9日《衡阳日报》在《湖南革命先驱蒋啸青》一文中，尚提及立初公与蒋啸青创办蒸湘中学。马日事变后，他也因此成为当局千方百计追捕的对象，不敢在衡阳市居住，乡下老家也不能落脚，只能四处躲藏，屡濒于危。有一次栖身鸡心庵(佛寺)，不知怎么走漏了消息，当局连夜前来抓捕，幸好立初公半夜起来小便，发现远处灯笼火把，及时逃走，才得以躲过杀人如麻的浩劫。亮铎公向往革命虽不及乃兄那样曲折、动人心弦，但大革命前，也和当时湖南追求进步的青年一样，从长沙弃学南下广州，考入政治讲习班。进入四十年代，两公虽先后进入国民党政府军政系统工作，位至上校，但他们没任过一个部门的主管，更不知带兵打仗为何物，只是凭着文字修养较好，做文书草拟方面的工作。同时，他们还坚持清廉自守，屏汉公逝世后，大家庭更未增加一亩田、一间屋。

　　两公不仅处世为人力求做一个正派士人，且一直保持士人的爱好。亮铎公喜好书法，自号龙潭清客，四十年代从山东带回大量孔庙名家书法石刻拓片，以便年老归田欣赏临摹。立初公四十年代在重庆数年，公余之暇，不是奔走钻营，而是潜心苦读，埋头著述，完成二十余万言《读孟漫谈》。辞职回老家后，教授之余也孜孜不倦，手不释卷，对王船山遗书更情有独钟，似欲有所发挥，进而有所著述。可惜的是，几经世变，立初公的诗文大都散失不存。现在我手中仅有《五修自序》《六修族谱序》等文数篇（现存于《慕江龙氏七修族谱》卷首、卷3，文前署名见利）、五言古风诗一首；但屏汉、立初、亮铎三公所保持的为人正派，不贪污、不阿附，关注国家命运，喜好阅读的品德却薪尽火传，深深地影响着他们的子孙。晚大弟英年早逝，张家口供电局不仅举行盛大追悼会，还在单位机关报上发表悼文，盛赞晚大弟办事"一丝不苟"，为人"光明磊落"、"坦诚"、"刚直"。愿我家人世代坚守这样的品德勿替。

龙盛运

2011年3月15日于灯下

附立初公五言古风诗一首，此诗为纪念抗日战争时中国军队坚守衡阳四十七日而作：

田横五百士，史书犹称之，矧兹浩然气，沛乎塞两仪。
坚利胜甲兵，深峻逾城池，平时无异迹，穷时乃见奇。
此气不可磨，磨则人心危，此气若兴张，海宇自清夷。
南国有衡阳，船山作宗师，集义立学说，日在兹土滋。
孕育三百载，大道沦髓饥，兴亡课责任，顽懦可健儿。
何物狂狼豕，荐食[1]竟及兹，兹土多仁人，摩须自有时。
临难不苟免，人人显英姿，攙枪[2]何是惧，此仆彼仍随。
宗子信是城，可毁不可移，拼得必死躯，大节千秋垂。
于以震宇内，于以慑岛夷，于以立正义，于以振纲维。
忠骨封京观，巍巍纪功碑，精忠化国魂，永奠民族基。

1 荐食：言日军不断侵略，贪得无厌。
2 攙枪：慧星的别称，亦作搀枪。古人以为慧星现，必有兵灾。